U0098584

你認識誰

人脈經營黃金法則

決定你是誰？

賀斐／編著

一個人事業上的成功，百分之八十五主要靠人際關係、人脈資源……

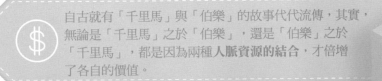

自古就有「千里馬」與「伯樂」的故事代代流傳，其實，無論是「千里馬」之於「伯樂」，還是「伯樂」之於「千里馬」，都是因為兩種**人脈資源的結合**，才倍增了各自的價值。

人脈＝錢脈，你認識誰，決定「你是誰」！在今天的商業社會，人際關係學、人脈學更是成為一門廣受重視的專門學問。

成功學之父卡內基說：「一個人事業上的成功，有百分之十五是由於他的專業技術，另外的百分

之八十五主要靠人際關係、人脈資源和處世技巧。」

前言 FOREWORD

　　成功，不在於你知道什麼或做什麼，而在於你認識誰。

　　每個人來到這個世界上都渴望有所作為、渴望成功，雖然成功對於不同的人有著不同的含義，但成功遵循著一個共同的規律，那就是沒有任何人能夠離開他人的支持而有所成就。

　　你自己以及支持你走向成功的那些人，就構成了你的人際脈絡，簡稱人脈或人脈網路。成功與人脈息息相關。其實成功的過程本身就是一個不斷地認識自我、經營自我、尋求支持、整合自我與他人資源的過程，也可以說是經營包括自己在內的各種人脈資源的過程。

　　自古就有「千里馬」與「伯樂」的故事代代流傳，其實無論是「千里馬」之於「伯樂」，還是「伯樂」之於「千里馬」，都是因為兩種人脈資源的結合，才倍增了各自的價值。我們對人際關係、人脈的推崇，還體現在一些人們耳熟能詳的格言和諺語中，例如「天時不如地利，地利不如人和」、「一個籬笆三個樁，一個好漢三個幫」、「在家靠父母，出門靠朋友」、「小運靠自己，大運靠關係」、「朝中有人好做官」等等。

　　在今天的商業社會，人際關係學、人脈學更是成為一門廣受重視的專門學問。在現代管理理論發展史中，甚至有一個專門的學派叫人際關係學派，該學派從二十世紀二〇年代開始興起，代表人物有美國哈佛大學的梅奧教授等人。後來致力於成人培訓的戴爾‧卡內基及其機構，將梅奧的研究成果廣泛應用到個人成功的各個主要方面，並進行了進一步發展，既補充和豐富了現代管理學關於人際關係問題的研究，又催生了一門新的學科──成功學。因此卡內基既在管理思想史上有一席之地，也被尊稱為成

功學之父，他說：「一個人事業上的成功，有百分之十五是由於他的專業技術，另外的百分之八十五主要靠人際關係、人脈資源和處世技巧。」

美國史丹福研究中心曾對美國第二次世界大戰後崛起的富有階層和超級富豪，做過大量的抽樣調查和一段時間的跟蹤研究，在二十世紀八〇年代發表過一份報告，聲稱：「一個人賺的錢，百分之十二點五來自知識，百分之八十七點五來自關係。」這個學術機構經過科學的實證研究得出的結果，和卡內基四十多年前的估計基本吻合。

在素有「名利歡場」之稱的好萊塢，流行一句話：「成功，不在於你知道什麼或做什麼，而在於你認識誰。」無怪乎美國石油大王約翰‧D‧洛克菲勒說：「我願意付出比天底下得到其他本領更大的代價，來獲取與人相處的本領。」

上述可見，人脈對於成功是何等重要！無論我們做哪一行，或從事何種職業，如果我們有良好的人脈關係，實現成功就相對較容易；如果我們不知如何與他人相處，也尋求不到他人的支持、合作和幫助，那麼要實現成功就相對很困難。現代社會的日益發展，已經越來越顯示出人脈的重要性了，而且人們對人脈的認識也愈來愈深刻。所以要想成功，從現在起就努力構建你的人脈網路、經營你的人脈資源吧！因為它能為你創造財富，它可以改變你的命運。

那麼如何有效地經營你的人脈，並從中獲取各種人脈資源的支持呢？本書所要解決的正是這一問題。本書以人脈的概念、人脈的形成、人脈的使用、人脈的擴展為基本線索，著重闡述了三方面的內容。首先講述了人脈對於成功的意義，其次闡明了應該著重構建的十二種人脈資源，最後重點介紹了獲得這十二種人脈資源的方法和技巧。此外，書中也提供了一些人際關係方面的心理測驗。相信讀者能夠從本書中獲取許多有意義的人生體悟和知識。假如讀者朋友能夠心領神會、觸類旁通、舉一反三地運用到自己的生活和工作中，必然會體驗到「開卷有益」的奧妙！

目錄 CONTENTS

01

CHAPTER

「你認識誰」決定「你是誰」
——人脈是最重要的資源

一個人賺的錢，
12.5%來自知識，87.5%來自關係

在好萊塢流行一句話：一個人能否成功，不在於你知道什麼（what you know），而是在於你認識誰（whom you know）。

這句話並不是叫人不要培養專業知識，而是強調「人脈，是一個人通往財富、成功的入門票」。專業與人脈競爭力是一個相乘的關係，如果光有專業，沒有人脈，個人競爭力就是一份耕耘，一份收穫。但若加上人脈，個人競爭力將是「一份耕耘，數倍收穫」。

當你想要開創自己的事業時，必須具備哪些條件呢？首先便是資金，而資金在銀行裏。技術呢？這也不用擔心，因為有人以販賣技術為生，所以你當然也能夠買得到。即使找不到，和其他公司進行技術合作也是可行的。所以人是事業開展最重要的因素。

人、技術、資金這三大條件的核心就是「人」。如果你有足夠豐富的人脈資源，那麼資金和技術問題就迎刃而解了。所以「人」才是擔負起你事業成功的關鍵。事業有成之人，有些固然是天賦異稟且恃才傲物之輩，但更多的還是朋友遍天下行走可借力的人。還是那句老話，人有智商、情商、財商，情商高到一定程度，自然可以挖掘人脈潛力、聚攏無窮人氣、成就非凡人望，從而書寫事業篇章。

很多成功的商界人士都深深意識到了人脈資源對自己事業成功的重要性。曾任美國某大鐵路公司總裁的 A・H・史密斯說：「鐵路的百分之九十五是人，百分之五是鐵。」美國成功學大師卡內基經過長期研究得出結論說：「專業知識在一個人成功中的作用只占百分之十五，而其餘的百分之八十五則取決於人際關係。」所以說，無論你從事什麼職業，學會處理人際關係，你就在成功路上走了百分之八十五的路程，在個人幸福的路上走了百分之九十九的路程了。無怪乎美國石油大王約翰・D・洛克菲勒說：「我願意付出比天底下得到其他本領更大的代價，來獲取與人相處的本領。」

許多政界人士也對人脈的重要性深有體會。曾任美國總統的希歐多爾·羅斯福曾說：「成功的第一要素是懂得如何搞好人際關係。」的確如此，在美國，曾有人向二千多位雇主做過這樣一個問卷調查：「請查閱貴公司最近解雇的三名員工的資料，然後回答：解雇的理由是什麼？」結果是無論什麼地區、無論什麼行業的雇主，二分之三的答覆都是：「他們是因為不會與別人相處而被解雇的。」

的確，成功的過程本身就是一個不斷積累人脈資源的過程，人脈資源的多少，決定了成功的程度。這種觀點也被一些研究機構的研究結果所證實。史丹福研究中心曾發表過一份報告：一個人賺的錢，百分之十二點五來自知識，百分之八十七點五來自關係。可見，人脈對於成功是何等重要。無論我們做哪一行，或從事何種職業或專業，如果我們有良好的人脈關係，實現成功就很容易；如果我們不知如何與他人相處，那麼要實現成功就很困難。

所以你要想事業成功，就一定要營造一個適於成功的人脈網路，包括家庭關係和工作關係。俗話說「家和萬事興」。你與配偶的關係如何，決定了你與子女的關係，而家庭關係給我們與別人的關係訂下一樣的模式。同樣，我們與同事、上司及雇員的關係，是我們的事業成敗的重要原因。一個沒有良好人脈資源的人，即使再有知識，再有技能，那也得不到施展的空間。對此，美國商界曾做過領導能力調查，結果顯示：

管理人員的時間平均有四分之三花在處理人脈資源上；

大部分公司的最大開支用在人力資源上；

管理的所訂計畫能否執行與執行成敗，關鍵在於人。

而在我們的社會，人脈資源更為重要了。通常情況下，人脈關係不活絡的人，假如沒有錢的話，做事情就很難；但對於人脈關係活絡的人，沒有錢卻照樣可以辦大事。人脈廣，很多事情可以請人來幫忙和支援，錢反倒在其次。同樣，要想在工作中更上一層樓，人脈關係也是必修的一門課。十分的工作裏面，有九分是做人，一分是做事情。如果你想獲得事業的成功，儘早建立自己的人脈資源網，所謂人脈資源網，其實就是你的人

生支援系統，有了這樣的支援系統，你的社會根基才是穩固的。如果你的人脈上有達官貴人，下有平民百姓，左有學界名流，右有商界大亨，那麼當你有喜樂尊榮時，有人為你搖旗吶喊，鼓掌喝采；當你有事需要借力時，有人為你鋪石開路，指點迷津，你就能感到人脈的力量！

在現實生活中，有的人自命清高，對不如自己的人懶於搭理，對和自己同等處境的人不屑一顧，而遇到了比自己強的人，則首先懷疑對方的成功來路不正。通常這樣的人，人際關係都很緊張，人脈資源更是少得可憐。當這種人的上級領導、良師益友好心提醒他要注意周圍的人際關係時，卻常常遭到他的反唇相譏，他會大叫：「我是那種靠奉迎做事的小人嗎？拉關係、投機取巧、仰人鼻息的事我從來都是不做的！」同時臉上露出很驕傲的神色。其實這種人的認識很狹隘，認為處理人際關係、經營人脈資源都是功利性、投機性的事情，他沒有看到，人除了是生物性的人之外，首先是社會的人，首先是人際關係的總和，是人脈資源綜合決定的產物。

具體說來，人脈資源對人生的決定性作用，到底體現在哪些方面？良好的人脈究竟對個人會帶來怎樣的幫助呢？可以從以下四個方面來認識：

人脈可以為你的事業發展提供情報；

人脈可以幫助你提高自身的素質；

人脈可以為你的事業發展提供機遇；

人脈是你牆上的一面鏡子。

 ## 人脈可以為你的事業發展提供情報

在這個資訊發達的時代，擁有無限發達的資訊，就擁有無限發展的可能性。資訊來自你的情報站，情報站就是你的人脈網，人脈有多廣，情報就有多廣，這是你事業無限發展的平臺。

商場上稱人脈資訊為「情報」。一個生意人怎樣獲得工作上必需的情報呢？我們所知的最有效的方法是：

❶ 經常看報；

❷ 與人建立良好關係；

❸ 養成讀書習慣。

換句話說，生意人最重要的情報來源是「人」。對他們來說，「人的情報」無疑比「鉛字情報」重要得多。越是一流的經營人才，越重視這種「人的情報」，越能為自己的發展帶來方便。

日本三洋電機的總裁龜山太一郎就是很好的例子。他被同行譽為「情報人」，對於情報的收集別有心得，最有趣的是他自創一格的「情報槽」理論。他說：「一般彙集情報，有從人身上、從事物身上獲得兩個來源。我主張從人身上加以彙集。如此一來，資料建檔之後隨時可以活用，對方也隨時會有反應，就好像把活魚放回魚槽中一樣。把情報養在情報槽裏，它才能隨時吸收到足夠的營養。」

把人的情報比喻成魚非常有趣。一位有名的評論家也說：「我每一次訪問都像燒一條魚一樣，什麼樣的魚可以在什麼市場買到，應該怎麼烹調最好，我得先弄清楚。」對於生意人來說，如何從人身上得到情報及處理情報，這樣的工作其實是和編輯人一樣的。許多記者都知道：在沒有新聞時，設法找個話題和人聊聊，生意人也是這樣。也許沒有辦法隨時外出，那就利用電話來向朋友們討教吧！

日本前外相宮澤喜一有個聞名的「電話智囊團」。宮澤在碰到記者窮問不捨時，往往要求給予一個小時的時間考慮。如果碰巧在夜裏，則只要一通電話就可以得到滿意的答覆，這些答覆來自他的十名智囊團成員，這也就是我們所謂的「人的情報」。

一個人思考的時代已經過去了，建立品質優良的人脈網為你提供情報，成了決定工作成敗的關鍵。

環繞我們四周的多半是共同尋樂和有利害關係的朋友，和他們交往雖然愉快，關係卻不能長久。我們很容易分析得出結交朋友的過程，不外因

為某種緣分與別人邂逅，對對方產生好感，然後開始進行交流，於是進入「熟識」階段。對朋友覺得有趣或愉快，通常都在這個階段。

熟識之後，開始有一種共患難的意識，彼此間產生友誼。認為朋友會對我們有幫助，通常是在這個階段。這個階段的友誼，聯繫性強，彼此間也容易產生超過利害關係的親密感。說得更具體一點，交往的本質其實也就是「互相啟發」和互相學習。彼此從不斷摸索中逐漸改變逐漸成長，建立起穩固而深厚的友情。在我們的工作和生活中，可以作為智囊的朋友，大抵可分為以下三類：

第一類是提供我們有關工作情報和意見的，稱為「情報提供者」。這種人大都從事記者、雜誌和書籍的編輯、廣告和公關工作，即使你不頻頻相擾，對方也會經常提供寶貴的意見，像上述的「電話智囊」就是這一類。

第二類是提供我們有關工作方式和生活態度的意見，稱為「顧問」。這種人多半是專家，甚至是本行內的第一人，我們可以把他們視為前輩或師長。

第三類則與工作無直接關係，稱為「遊伴」。原則上不是同行，通常是我們在參加研討會、同鄉會和各種社團認識的，有些也是「酒友」。他們不但可以是「後援者」，有時甚至是我們的「監護人」。

要記住：「人的情報」比「字的情報」重要得多。

 # 人脈可以幫助你 提高自身的素質

良好的人脈可以在如下一些方面有助於提高我們自身的素質：

透過人脈瞭解你的競爭對手，從而促進自己

所謂知己知彼，方能百戰不殆。你必須掌握競爭對手的特點、動向。

比如他們是否重視教育訓練？是否鼓勵員工進修以加強他們的技能？他們在同業中的名聲如何？是否參加商展？有沒有加入商業性組織？

你的人脈網是瞭解這些資訊的最佳管道，而且大部分真實可靠。你的朋友只會幫你，而不會去幫你的競爭對手。

越往高處走的人，越要有人照應。

當然在瞭解競爭對手，相比較後，重要的是取長補短：有優勢要保持，存在差距就應該追趕。

人脈可以讓你瞭解這個世界，進而豐富你的人生

檢查一下，你的人脈中，有多少人是外國朋友？如果沒有，你該去發展發展了。

也許你有許多次走出國門的機會，我想你也有和我同樣的感覺。那就是沒有什麼比身在國外一個人也不認識的感覺更空虛、更無聊了。

你獨自一個人走在國外的土地上，卻沒有一個人可以幫助你體驗這個國家真正的文化，沒有人邀你到他們家，讓你看看他們的實際生活，這是非常糟糕的事。

那麼如何才能擁有一個國際性的人脈呢？

第一，參加國際性的旅行團隊。在旅行中，如果你不知如何去認識他，你不妨問一句：「你常旅行嗎？」會發現大多數人都喜歡談他們的旅行經驗，於是便能很快為你開啟一個全新的世界。

第二，可從外文圖書館或你的股票交易員那兒取得。在這些地方你可以認識到非常真誠的朋友。

第三，附近的大學。你可以找到與全世界最有廣泛聯繫的學校或系所。

第四，如果你正在就學，國際學生組織是最佳的起點。

人脈可以帶給你全新的經驗及知識

　　筆者有一位朋友，從事推廣和銷售綠色營養食品，他為這個行業服務了八年時間，而且一直孜孜不倦，並以此為榮。八年的工作經驗使他成為優秀的營養師和生活教練。筆者因為與他相處的時間多，常常會聽到他有關營養學和養生之道的高論，潛移默化當中，筆者也學會了許多營養平衡和維護身體健康方面的知識。試想，如果沒有這位朋友，以筆者自己本身的專業，一輩子也不知道這方面的知識或經驗。

人脈可以為你的
事業發展提供機遇

　　人脈活動為人們提供了這樣的可能，即讓你結識他人，也讓他人認識你，當彼此間的品行、才幹、資訊得以瞭解的時候，活動就可能結出兩個甜美的果實：密切彼此的友誼和獲得發展的機遇。交際活動是機遇的催產術。著意開發人脈資源，捕捉機遇，成功的彼岸離我們就更近了！

　　京城「火花」首富呂春穆就是很好的例子。他原是北京一所小學的美術教師。一天他在雜誌上看到有人利用收集到的火柴商標，引發學生們學習興趣和創作靈感的報導，他決定收集火花。於是他展開了廣泛的交際活動。首先油印了二百多封言辭中肯、情真意切的信寄到各地火柴廠家，不久就收到六、七十個火柴廠的回信，並有了幾百枚各式各樣的精美的火花。

　　此後，他主動走出去以「花」為媒，以「花」會友。一九八〇年，他結識了在新華社工作的一位「花友」。這位熱心的花友一次就送給他二十多套火花，還給他提供資訊，建議他向江蘇常州一花友索購一本花友們自編的《火花愛好者通訊錄》，由此他欣喜地結識了中國國內一百多位未曾謀面的花友。他與各地花友交換藏品，互通有無；他利用寒暑假，遍訪各地藏花已久的花友，還通過各種途徑與海外的集花愛好者建立起聯繫。就

這樣，在廣泛交往中他得到了無窮無盡的樂趣和享受，為他成名創造了機會。

他先後在報刊上發表了幾十篇有關火花知識的文章，還成為北京晚報「諧趣園」的撰稿人。他的火花藏品得到了國際火花收藏界的承認，並躋身於國際性的火花收藏組織的行列。一九九一年他的幾百枚火花精品參加了在廣州舉辦的「中華百絕博覽會」……他以十四年的收藏歷史和二十萬枚的火花藏品，被譽為火花大王而名甲京城，獨領風騷。

很顯然，呂春穆的成功得益於交際。他以「花」為媒，結識朋友，通過朋友再認識朋友，一直把關係建立到全球，從而，一次次機會降臨，使他走向了成功。事實一再證明，人們的機遇的多少，與其交際能力和交際活動範圍的大小幾乎是成正比的。因此我們應把開展人脈活動與捕捉機遇聯繫起來，充分發揮自己的交際能力，不斷擴大自己的人脈網，發現和抓住難得的發展機遇，進而擁抱成功！

 # 人脈是你
牆上的一面鏡子

「人脈資源」的第一層意義，便是從人與人的交往中學習。從人脈資源中獲得一種「人生資源」。在與人交往中，我們可以學到以下三種東西：

他人讓你更瞭解自己

一般人都愛犯一個毛病，就是自以為最瞭解自己。事實上，我們對自己的所知極為有限，幾乎無法具體地描述自己的個性、能力、長處和短處。當你以為「這就是真正的自己」時，通常只看到「有意識的自我」和「行動的自我」，而這些都只是自我的一部分而已。

我們很難掌握自己，唯一的辦法只有拿自己與周圍的人比較，或者從

人的交往中逐漸看清楚別人眼中的自己，有時候必須在多次受到長輩的斥責和朋友的規勸之後，才能恍然大悟，掌握到真實的自我。「以人為鏡，可以明得失。」除非有別人作為鏡子，否則你永遠不會知道自己是什麼德性。

他人讓你更瞭解社會

我們習慣於從日常生活中瞭解這個社會，別人的生活經驗、書報雜誌和傳播媒介，也可以幫助我們瞭解社會。可是從生活體驗中捕捉到的社會畢竟太狹窄了，就如「井蛙窺天」一樣，使我們難以做出準確的判斷。報紙和其他傳播媒體所提供的也只不過是一張「地圖」，光靠這張地圖，當然更掌握不到活生生的現實。像這樣經由偏狹的個人經驗塑造出來的世界觀，都可能隨著人脈資源的擴大，才慢慢得到修正。

我們都記得從學校剛畢業時，常常聽到父母師長訓勉我們：「外面的世界很現實的。」的確，外面的世界和我們理想中的世界是太不一樣了。簡單地說，只有與人交往，才有可能掌握真正的現實社會，進而端正自己的世界觀。

他人讓你更瞭解人生

我們的一生中無時不在受著他人的影響，這些人可能是父母、親友，也可能是自己的上司和同事。從他們身上，我們不僅可以看到自己，更能瞭解整個社會，同時也因為他們的生活態度而認識人生是什麼。

人脈是一面鏡子，通過它不僅可以瞭解自己、瞭解社會和瞭解人生。日常生活裏，我們還可以從四周的人身上學到很多東西，對於啟發靈感及增長智慧不無幫助。以銅為鏡，可以正衣冠；以人為鏡，可以明得失；以史為鏡，可以知興替。

02
CHAPTER

支持你成功的 12 種人
——人脈中的金礦

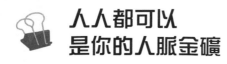

人人都可以是你的人脈金礦

在你的人脈網路中，只要你善於開發，每一個人都會成為你的金礦。

在這裏，我們分享一下世界一流人脈資源專家哈威·麥凱是如何利用人脈來推銷自己，找到一份好工作的。

哈威·麥凱從大學畢業那天就開始找工作。當時的大學畢業生很少，他自以為可以找到最好的工作，結果卻徒勞無功。好在哈威·麥凱的父親是位記者，認識一些政商界的重要人物，其中有一位叫查理·沃德。查理·沃德是布朗比格羅(Brown&Below)公司的董事長，他的公司是全世界最大的月曆卡片製造公司。四年前，沃德因稅務問題而服刑。哈威·麥凱的父親覺得沃德的逃稅一案有些失實，於是赴監採訪沃德，寫了一些公正的報導。沃德非常喜歡那些文章，他幾乎落淚地說，在許多不實的報導之後，哈威·麥凱的父親終於寫出公正的報導。

出獄後，他問哈威·麥凱的父親是否有兒子。

「有一個在上大學。」哈威·麥凱的父親說。

「何時畢業？」沃德問。

「正好需要一份工作的時候。他剛畢業。」

「噢，那正好，如果他願意，叫他來找我。」沃德說。

第二天，哈威·麥凱打電話到沃德辦公室，開始，秘書不讓見。後來提到他父親的名字三次，才得到跟沃德通話的機會。

沃德說：「你明天上午十點鐘直接到我辦公室面談吧！」第二天，哈威·麥凱如約而至。想不到招聘會變成了聊天，沃德興致勃勃地聊哈威·麥凱父親的那一段獄中採訪。整個過程非常輕鬆愉快。

聊了一會兒之後，他說：「我想派你到我們的『金礦』工作，就在對街──『品園信封公司』。」

在街上閒晃了一個月的哈威·麥凱，現在站在鋪著地毯、裝飾得高級豪華的辦公室內，不但頃刻間有了一份工作，而且還是到「金礦」工作。

所謂「金礦」，是指薪水和福利最好的單位。

　　那不僅是一份工作，更是一份事業。四十二年後，哈威‧麥凱還在這一行繼續尋找那個捉摸不透的金礦，而且成為全美著名的信封公司——麥凱信封公司的老闆。

　　哈威‧麥凱在品園信封公司工作當中，熟悉了經營信封業的流程，懂得了操作模式，學會了推銷的技巧，積累了大量的人脈資源。這些人脈成了哈威‧麥凱成就事業的關鍵。

　　事後，哈威‧麥凱說：「感謝沃德，是他給了我的工作，是他創造了我的事業。」

　　你所認識的每一個人都有可能成為你生命中的貴人，成為你事業中重要的顧客。沃德，一個曾經身穿囚衣的犯人，都有可能成就一個人的人生和事業。做個有心人，隨時隨地注意開發你的人脈金礦！

　　只要你善於開發，每一個人都會成為你的金礦。

 # 應該著力構建的 12 種人脈

　　人脈資源是一種潛在的無形資產，是一種潛在的財富。表面上看來，它不是直接的財富，可是沒有了它，就很難聚斂財富。不是嗎？即使你擁有很扎實的專業知識，而且是個彬彬有禮的君子，還具有雄辯的口才，卻不一定能夠成功地促成一次商談。但如果有一位關鍵人物協助你，為你開開金口，相信你的出擊一定會完美無缺，百發百中！

　　人脈資源越豐富，賺錢的門路也就更多；你的人脈檔次越高，你的錢就來得越快、越多，這已經是不爭的事實！

　　即使現在你尚沒有開創自己事業的念頭，你只是一個業務員，你一定經常會有「如果我有足夠多的關係，一定可以更加順利地完成這件工作」、「如果和那位關鍵人物能夠牽扯上任何關係，做起來可以方便多

了」的感觸吧？因為只要我們和那些關鍵人物有所聯繫，當有事情想要去拜託他或是與其商量討論時，總是能夠得到很好的回應。

這種與關鍵人物取得聯繫的有利條件，就是「人脈力量」。事實上，人脈資源越寬廣，做起事來就越方便。每個業務人士都希望那些有影響力的大人物能夠助己一臂之力，使他們在事業的發展上，能夠少遇些障礙。

可見，搭建豐富有效的人脈資源，是我們到達成功彼岸的不二法門，是一筆無形資產！

著名的作家畢淑敏女士認為：一個人的力量是有限的，要想在生活上有所依託，在事業上有所作為，必不可少的就是「人脈」。人脈猶如斜拉橋的繩索，孤立來看，每一根都貌不驚天。而一旦按照科學規律排列組合，就有了驚天動地的合力。

當然，並非所有的人脈資源都能夠有助於我們事業和生活的成功。通常，對我們的成功支援最大的 12 種人脈資源包括：

❶ 有血緣關係的人脈資源；

❷ 親戚關係的人脈資源；

❸ 同學；

❹ 配偶；

❺ 上司；

❻ 同事；

❼ 下屬；

❽ 客戶；

❾ 成功人士；

❿ 合作夥伴；

⓫ 陌生人；

⓬ 朋友和知己。

有血緣關係的人

血緣關係的人脈資源是天生的，不可改變，是我們每個人都應該珍惜

的寶物。血緣關係的人脈資源在我們的事業發展中有著非常重要的作用。

很多人只知道比爾‧蓋茲成為世界首富的原因，是因為他掌握了世界的大趨勢，還有他在電腦上的智慧和執著。其實比爾‧蓋茲之所以成功，除這些原因之外，還有一個最重要的關鍵就是比爾‧蓋茲的人脈資源相當豐富，而且在他事業初創的時候，他有效地利用了自己親人的人脈資源（本書後續章節有詳細敘述）。

對於很多人而言，親人對自己的事業發展是非常重要的，特別是海外的品牌代理，充分發揮海外親情關係優勢，選擇自己的親人作為產品的海外代理商，實現無風險經營。海外代理商是自己的親人，最大的好處就是放心。因為畢竟海外市場充滿了許多不可預見的因素。

再一點就是選擇親人作為自己的合作夥伴，起碼在溝通上很便利、快捷，不會存在問題，而且在適當的時候，公司還可以放心地委以重任。譬如某製衣有限公司是一家主要生產女性休閒服的企業，產品主要出口義大利。該公司董事長坐陣總公司管理生產，其三十五歲的兒子則定居義大利，負責經銷其產品。

另一位張先生也是某企業老闆，他去義大利一年起碼要來回兩趟，因為他的家人都在羅馬。其兒子兒媳在從事服裝買賣，而這些服裝正是張先生所生產的。公司產品的海外代理商就是自己的親人，這樣的情形特別是在中小企業中有很多。代理商品質的優劣，往往能決定你的產品在當地市場的命運和前途。對於選擇自己的親人作為產品的海外代理商，該董事長的看法是兒子起碼在義大利生活十幾年了，當地的生活習慣、關係等都已比較熟悉甚至親身經歷，這樣可以充分地利用當地的資源為己所用，以打開市場。同時，他覺得親屬還可以帶其他的遠親屬，大家的關係網就可以共用了。某光學有限公司最近打算在土耳其設廠，原因之一就是董事長的弟弟已經定居在那裏。顯然這種利用血緣關係開展「走出去」的活動，是明顯有效的。

親戚關係的人

俗話說的好，人人都難脫一個「情」字。親戚之間也亦是如此，建立良好的親戚關係是求親戚辦事成功的主要原因，但良好關係的建立並非是一朝一夕就能做到的，必須從一點一滴入手，依靠平日的積累。只有不斷的構建和鞏固，親戚關係才會牢固。有了「鐵」關係作鋪墊，何愁求助無門呢？因而親戚之間經常往來進行感情投資還是很有必要的。

親戚一般情況都是與自己有血緣關係和跟姻親有關的成員。親情就是基於這種直接或者間接的血緣關係而形成的一種情感。親情較友情、親戚較朋友，這些都是有深遠的淵源和歷史，不論你是否承認，這種淵源和歷史都是存在的，這種親戚關係是你無法割斷的，但正是由於這種關係，而賦予我們與其他不同的權利和義務。親戚之間的權利和義務也是平衡和相對應的。有相應的權利，就會有相應的義務；有相應的義務，同樣也就會有相應的權利。親戚義務也就是在我們來來往往的過程中履行的，享受著親情的美好與溫馨。當然，我們同時也是要付出代價的，就是要忍受親情帶給我們的痛苦和煩惱。但是親戚給我們帶來的益處也是顯而易見的，比如當我們遇到困難時，大概首先想到的就是找親戚幫忙。俗話說的好：「不是一家人，不進一家門。」既然雙方是親戚，對方大都會很熱情地幫助你。

利用親戚關係去為自己「大方」，可以幫助自己達到辦事的目的。比如徐志摩還在七歲的時候，就已非常聰明，並且對語言及文學表現出濃厚的興趣，但直到十五歲了，他還覺得自己在這方面的學習長進不大，因此迫切需要一位精於此道的老師來指點。可是他小小年紀，身上哪來錢財去搞社交？

當聽說有一位叫梁子恩的人有文學造詣，他很想投入其門下學習，但苦於沒有人從中引薦。巧的是徐志摩的表舅與梁子恩是同窗好友，於是他就前往表舅家請求表舅為其引見。但徐志摩的這位表舅是一貫不希望自己的外甥去學什麼文學的，他很想讓徐志摩去學醫，他認為這風月詩詞之類，只能是閒時消遣之物罷了。

在與表舅的一番交談中，徐志摩充分表達了自己的迫切願望，他那堅定而略帶哀婉的語氣，以及對長輩的謙恭之情，深深地打動了表舅，使表舅覺得這個外甥很有志向，最終答應了他。

如果你條件不具備而又想辦事，那麼就發揮利用一番親戚關係吧，但是並不是無限制地亂利用，如果不顧一切去利用，那不但會傷害親情，親戚最終也會被你嚇跑的。

同學

同學關係成為現代人際關係中的重要方面，尤其是對於高學歷人來說。與同學關係的好壞，對於我們未來的發展具有重大的影響。很多的小公司就是由同學合夥開辦的，大家熟知的微軟公司就是極好的例子。

同學關係在中國文化中具有特殊地位，如今的同學關係當然還保留原始同學關係的許多要素。但在無數的事物已經異化的今天，按社會歷史生態學的理念，同學關係已經演變為一種對社會資源的佔有方式。

西元三世紀，法晉留學印度，回國時他說，我的老師釋迦牟尼；西元九世紀，日本人阿倍仲麻侶留學中國，他回國時說，我的同學李白；西元二十世紀，張五常留學芝加哥，回來後他說，我的學長弗萊德曼。同學本身是資源，用時髦的話說是人力資源；拉上良好的同學關係，即為優化配置資源。古往今來，莫不如是。

如今的同學關係當然還保留原始同學關係的許多要素。比如學長與學妹的天然感情，比如十年一聚會時的親熱，比如百年校慶時對母校的慷慨解囊，比如老師逝世後的紀念文集。但是無數的事物已經異化的今天，同學們的關係自然不能自外於歷史發展的潮流。換言之，按社會歷史生態學的理念，同學關係已經演變為一種對社會資源的佔有方式。在這種理論中，整個人類歷史都可以概括為資源的佔有方式和後果。

讓我們從這裏出發去理解一些現象。比如曾經「相容並包」的大陸北京大學的同學，如今私下裏分「全北大」和「半北大」，即使從復旦大學考研究所去的只能算後者。當然，該大學如今重要資源的分配結果，可以

用許多東西去解釋，比如計劃經濟時代人才流動性差留下的後遺症，比如該大學原本集中了大陸最優秀的學生等等，但要外人真的信服這當中沒有同學情誼的因素，還需要很大的努力。又比如各大城市較好的大學法學院中來自強力部門（俄羅斯人發明的這個詞是恰如其分的）的人員不斷，據說，他們花錢來上個不拿學位的研究生課程進修班，最重要的收穫就是認識大量的「同學」，說不準哪天用得著。當然，受益的不光是他們，法學院的老師還得當律師，有這麼多管事的學生，實在不錯。再比如一些大學剛開的 MBA 班甚是火爆，這跟大量較低級別的公務員想與「領導」當同學有一定關係。

說同學關係是一種對社會資源的佔有方式，並無貶義，因為這是客觀存在，而存在的就是合理的；因為是合理的，所以在文明社會簡直放之四海而皆準。小布希是耶魯的學生（他爸爸也是），正宗貴族，雖然也裝模作樣地玩擲馬蹄鐵遊戲，假扮牛仔，但一看他的內閣，就知道美國人拉同學關係與我們相比，是有過之無不及，國家安全顧問賴斯是耶魯的，國土安全部部長里奇是耶魯的，連好鬥的切尼也是耶魯的。其故焉在？美國是兩黨輪流掌握政治資源，如果不讓自己人上臺，還鬧得人死牛瘟地搞什麼選舉？至於美國的新聞人，有興趣的可以到哥倫比亞大學新聞學院的網站上查查他們是哪一屆的。而農業方面的領導和人才，學籍集中在康奈爾。而且老外在同學關係的營建上相當制度化：美國學生的畢業舞會重要性不遜於結婚；畢業生紀念冊印刷得比聖經還好；老闆生日可以不知道，校慶哪怕是坐了輪椅也得過去。像哈佛，還建有名人堂，想當傑出同學，青史留名，趁早。

泰國是近代以來亞洲除日本、阿富汗外，未受殖民統治的少數幾個國家之一，想想它周圍幾個國家的遭遇，它的政治智慧不待多言。但在泰國，同學關係與戰友關係一起，是一個人出人頭地的基本要素。克魯格曼說這是「裙帶資本主義」的典型表現，但泰國的政治動盪、甚至軍事政變通常不流血，不能不說與政變者與被政變者不是同學、就是戰友的特殊政治生態有關。而且泰國講究的同學關係是留學的同學關係，最好是劍橋、

牛津、哈佛、耶魯的同學。這一從十九世紀延續下來的傳統，使得泰國能夠基本掌握國際形勢，求得獨立和發展。

如果說美國是西方同學文化的代表，泰國是東方同學文化的代表，日本大約可以算是東西同學文化交融的代表。它也一樣：東京大學的優秀畢業生把持了日本最重要的公務員崗位。

同學關係如此重要，可它又具有一定的「先天性」──誰知道上學去會碰到什麼同學──櫻桃小丸子想跟每年去夏威夷渡假的花輪同學同桌，老師偏偏給她安排在挖鼻孔成癮的傢伙旁邊。為了彌補同學關係的這一先天性和偶然性，中國人發明了不少辦法。中國古代的讀書人夢想著金榜題名的無比快活，所以把改卷子的稱作「座師」，考上了，遞個門生帖，算是弟子，以後想平步青雲，這層關係是少不了的，在仕途上互相提攜──這要叫歷史人類學家看了，肯定會作為社會關係取代血緣關係，成為主要人際關係的證據。

配偶

英國一項研究表明，如果男人娶了有頭腦的女人，事業上就會更加成功，收入也會有所增加。精明能幹的職業婦女，不僅不會削弱和破壞丈夫的事業，反而會樹立一個良好榜樣，促使丈夫完成更出色的業績，並且幫助他們走向事業階梯的頂端，從而使他們的收入增加。

一種荒誕的觀點認為，隨著更多的婦女加入勞動力市場當中較高層次的隊伍，男子在事業上取得成功的機率會有所降低。埃塞克斯大學社會經濟研究所發表的報告駁斥了這種觀點。

報告還非常細緻地列舉了許多成功夫婦的範例：如托尼·布雷爾和謝麗·布思、比爾和希拉蕊·柯林頓、奧齊和雪倫·奧斯本(搖滾歌星)。報告的撰稿人之一是經濟學家馬爾科·弗蘭切斯科尼。他說，在選擇終身伴侶時，那些只看重外表不看重頭腦的男子，可能會得到自尊心上的極大滿足，但他們的銀行存款不會因此而增加。

弗蘭切斯科尼說：「由於勞動力大軍當中增加了許多婦女，而且有些

婦女從事著待遇相當優厚的工作，所以她們可以為丈夫樹立榜樣。」

「如果她們有高學歷，並擁有自己的事業，那麼她們的丈夫就能得到更好的婚姻支持。原因在於妻子們能更好地理解他們在工作中遇到的問題，同時也能提供適當的支持和比較內行的建議。」

當然好處不是單方面的。如果職業婦女的丈夫受過高等教育，她們在事業上也會更為成功。就那些取得巨大成功的夫婦而言，選擇合適的伴侶對雙方都有好處。弗蘭切斯科尼說：「夫妻二人的人力資本，都能促使對方提高在勞動力市場上的生產率，從而相應提高夫妻關係的總體經濟價值。」

弗蘭切斯科尼在報告中借助了一項英國家庭調查的資料。調查對象是五千五百個家庭中的一萬個人。他們還調查了所有已婚個人的就業和收入情況，兼顧了普通中等教育證書的獲得情況、是否擁有本科系或研究生學位、家庭背景、年齡、職業和其他若干因素。

他們發現，如果女方既有高學歷又有好工作，那麼與其結婚的男方平均每小時的收入，要比其他條件相仿的男子高出百分之十二，女方也一樣。如果嫁給積極進取的事業型男子，擁有大學學歷的婦女每小時的收入能提高百分之十五。

實際上，這項研究的結果並不是多麼令人有新奇的感覺。但它的確印證了長期縈繞在我們心頭，並且似乎代代相傳的印象：夫妻和睦，事業才能有成。正如古諺：夫妻同心，其利斷金。在我們的身邊有很多成功的例子。

上司

「和你的上司搞好關係」，永遠是職場人必須熟記的生存守則。升職也好，加薪也罷，你的前途和命運有絕大部分的「股份」握在上司的手裏。

但是也有人有不同的看法，他們會說：「你的成功離不開你的上司，你上司的成功也離不開你。」這句話聽起來很有道理，於是很多涉世不深

的人在有了功勞之後，就會滋生一種居功自傲的心理，甚至對上司流露出「離開了我你就不行」的神情，其實這是很危險的。雖然說你和你的上司是「一根線上的螞蚱」，但是相互依賴的程度是不同的。

你的成功離不開你的上司是絕對的，因為成功有兩個基本的先決條件：正確的工作目標和正確的工作方法。如果上司不分配給你有成功潛力的任務、不幫你制訂正確的工作目標，不教給你完成任務的正確方法或者看見你在走彎路卻不及時制止，那麼你的成功都絕對是水中月、鏡中花。

然而，你的上司離不開你卻是相對的，因為你不做可以讓別人做，你做不好可以把你辭掉，你做得好也可以不讓你做，總之，上司如果說他離不開你，你自己心裏要有數，那多半是你遇到了欣賞你的「貴人」，他這麼說是為了給你信心，鼓勵你繼續努力，也可能是在考驗你是一個不知深淺、容易驕傲的平庸之人，還是一個胸懷大志、知恩圖報的可造之材。

在美國華爾街，成功人士對剛畢業的年輕人的忠告是「跟對老大」，我們東方人的總結是「火車跑得快，全靠車頭帶」。你要想成功，就要找到一個有成功潛力的上司，然後用你全部的才能和他同舟共濟。

同事

在古老的農業社會，人們日出而作，日落而息，自給自足，小國寡民，生活極度單純。人際間的往來也稀少之極，更談不上同事關係。而時至今日，如果一個人無法正確認識同事關係的重要性，不能合理、妥善地與同事交往，又不善於利用這種關係的正面效應，那是很難立足於這個瞬息萬變的新時代的。

許多人常用「運氣不好」來作為自己事業無成、工作不順或升遷無望等遭遇的藉口。而事實上好運是以人際關係為媒介的產物。也就是說，「好運」這股能源流，在「門路關係」的管線中流動，遍及人與人之間。雖說始終有不少人違心地將好運視為非人力所能控制的神秘力量——不可諱言，部分好運的確是偶然性所帶來的。但大部分的好運都離不開良好的人際關係的幫助，尤其是對上班族來說，同事關係的好壞與否，幾乎可以

決定一個人的前程、命運。

也就是說，人，具體來說就是你身邊的同事，可以左右你在仕途、商海中的好運。拓展你的同事關係，就等於在營造你的成功路、事業網。

不能省察於己，常是錯失好運的原因。「我們公司的人最無情了」，有位女職員這麼說。接著她又說因為最近「想辭職」，所以就「簡直再懶得理公司那幫人」，「人前人後也總是擺著一張臉給上司看」，所謂當局者迷。局外人也許僅僅就憑她這無意中的一兩句話，便能夠明白「我們公司的人」為什麼那麼「無情」了。

別人對她冷淡，是因為她先對別人冷漠，並且給別人臉色所致。人家只不過是「以彼之道還治彼身」罷了！這絕不是無意、偶然發生的。事實上，我們周圍的同事就是我們的一面鏡子。你對別人好，別人就對你好；同樣地，你對別人冷淡，別人也會對你冷淡。

不過在此須搞清的是我們並非是「一味地對別人好」。在人生旅途中，難免會碰到一些不得不對他人說「不」的情況。但明明是你先冷淡他人，卻苛求他人對你熱情，卻也實在是過於天真了。

同事是一面鏡子。一個人在其所處的單位中人緣怎樣、表現如何，往往可以通過同事們對其的態度和評價折射出來。每一個與我們一起工作的人，都無時無刻對我們形成看法、作出評價，並使得他們的意見和評判，影響他們對我們的行為方式。一個人充滿熱情、待人和善、善於交往，同事們也必然樂意與之接觸、給予較高評價；相反，如果一個人自私勢利、待人虛情假意、處處提防，那麼同事們對之也自然冷漠無情起來。鏡子永遠是最客觀、最真實的參照物。

著名的武俠小說作家古龍先生常常妙語驚人，他說：「其實每個人都有同時存在的兩個『我』，一個是自己心中的『我』，一個是別人眼中的『我』。」的確是精闢之極。

我們身邊的同事中，總有人在抱怨他人對自己的看法與實際情況相去甚遠，大有不被理解和體諒的痛苦。那麼問題到底出在哪裡？是別人錯了，還是自己的認識方式出了問題？

一些心理學家在討論心理成熟時所使用的一個標準，就是你對自己的看法與別人對你的看法不應有太大的距離。二者沒有距離，有時被看作是自我瞭解的一個標誌。原則是如果你對自己的看法與別人對你的看法有出入，那麼你可能就是在自我欺騙。

我們一生中至少有三分之一的時間都是與同事共渡的，忽視了同事這面鏡子，我們將永遠看不清我們自己的本來面目。

下屬

與下屬相處是擔任領導職務的各級主管必須學習的一門重要學問，世上有千萬種指揮下屬的方法，但最主要的還是一個「誠」字。作為領導者，如果你有誠意，就要把誠意傳達給別人。這樣就能將整個團體緊緊地聯結在一起，讓每一個下屬都為你效力，使你的工作能順利地完成。

在美國歷史上，有一位南北戰爭的英雄叫凱別林（chamberlain），他在賓州葛底斯堡（gettysburg）指揮的保衛戰，是美國內戰中最為浴血的一場戰鬥。在馬上就要與來勢洶洶的南軍交火的緊要關頭，作為北軍的一名前線將領，他首先面臨的挑戰，卻是如何處置剛接收到的一百二十名士兵，而這些怒髮衝冠的厭戰者，正是來自他的老家緬因州。而凱別林也已接到了上司的指示，對拒不從命者格殺勿論。但他卻沒有這麼做。他把叛軍收編在帳下，對他們解釋了身處的形勢之後說：「我們來這裏，有的是自願為捍衛聯邦參戰的，有的主要是在家裏待膩了來這兒找刺激的，也有的是因為恥於不參加戰鬥被迫而來的，而我們當中的許多人來，是因為它是一件值得做的事……我們在這裏是為了一些歷史上從來沒有發生過的嶄新的事，我們是一支去使更多的人獲得自由的軍隊……在這裏，你們會有所作為，我說的不是這塊陣地，而是一種理念——我們所有的人都有價值，你們以及我自己，我們的價值要比一塊地盤大得多……說到底，我們是為彼此而戰……如果大家選擇跟我們一道，我個人將十分感激。」結果，除了少數幾個人外，所有人都留下並最終以少勝多打贏了那場戰役。

在這裏，凱別林所展現的行為，十分恰當地詮釋了「同情心」

（empathy）這一領導者特質。他沒有居高臨下，而是對士兵們的私心、逆反、疑慮、恐懼都感同身受，他對人性向善具有敏銳的洞察。這顯然比威逼利誘奏效得多。

如果這樣的「同情心」尚有功利之嫌，那讓我告訴你凱別林在戰鬥結束後，接受南軍投降時說了什麼吧，他對交旗稱降的人說：「我非常欽佩你們的高尚精神，只是我很遺憾，沒有權力成全你們保留自己的戰旗。」（i admire your noble spirit and only regret that i have not the authority to bid you keep your flag.）

要是按照我們從教科書上學來的邏輯，作為勝利之師，凱別林完全有理由「壯志饑餐胡虜肉，笑談渴飲匈奴血」，只是那樣的話，他未必還會在敗軍中也同樣贏得尊重和廣為傳頌。更何況，當後人「不以勝負論英雄」時，對勝利者的評判往往還會更苛刻。如果你身為管理者，你有何感受？你是怎樣贏得下屬的追隨和尊重的？

客戶朋友

一句話說得好，贏得業務客戶，也便贏得市場；成就現在，就是成就未來。對於企業的領導者而言，最關心的應該是客戶最需要什麼。「客戶就是上帝」，這是一句服務用語，說的是對待顧客就要像對待上帝一樣恭敬地為之服務。這倒不是什麼人的本性，而是生存競爭使然。沒有好的服務，就不會有客人，沒有客人，商場和工廠就沒有辦法生存。為此，一些企業打出了「以用戶滿意為標準，一百分用心，成就顧客一百分滿意，一百分省心」的口號。

因此也有人說，得客戶心者得市場。一位老闆在坦言行銷之道時說了這樣一番話：「在自由市場上，企業之間的競爭，其實質是在爭取客戶。一個企業只要弄清了客戶是誰，客戶在哪兒，客戶需要什麼，客戶在想什麼，而又能始終以客戶為中心設計產品，開發產品，生產產品，企業就一定會在未來的市場競爭中立於不敗之地。」

此話雖然簡短，但意思十分明瞭。一種產品抑或是提供的某種服務，

如果沒有了業務客戶的使用和青睞，它的市場還會存在嗎？

在美國的各個連鎖商店，只要你買了物品，不管是多少錢，在六十天內都可以退換。所以有些聰明的旅遊者來美國後，租一個房間，然後就到商場大肆採購。什麼電視、音響、傢俱、廚房用品、電冰箱、電腦等等。用過一個多月，假期也過完了，雇一輛貨車再將買的東西全部退回商店。商店都是二話不說全部接收，全款退還給你，只當你白用了一個多月。有的商場也許會問你為什麼，你只要告訴他「我不喜歡」就可以，但大多數商店並不會問你任何原因。

就連 IBM 這樣的大公司，也一樣是從客戶的角度考慮，才一直保持了它的完整存在和不斷的輝煌。在 IBM 的價值觀裏，儘管從來沒有說過「以客戶為中心」，但自從 IBM 成立以來，客戶就一直在 IBM 人的心裏。二十世紀初 IBM 初創時，創始人老沃森為公司提出的價值觀中就有「非凡的客戶服務」一條。今天的 IBM，對於客戶的概念已經從客戶變成了委託人，價值觀也由服務客戶進化成了成就客戶，而不變的是以客戶為中心的態度。對於所有企業來說，客戶都是生存之本。IBM 近一個世紀以來堅定不移和不斷增強的客戶觀念，是它保持行業領袖地位的前提。它是完全從客戶觀點來看這件事情的，正是這種為客戶著想、不屈服於股東壓力的決策，才使得 IBM 到今天還是一個完整而強大的「藍色巨人」。

沒有客戶，企業靠什麼發展？客戶是企業得以發展和壯大的資源。所以我們看到那些優秀的企業，不僅想到客戶今天用什麼，還要想到客戶明天用什麼。要保證新研究出來的產品、技術，不僅滿足客戶今天的需要，而且一定滿足他們明天的需要。這，也許是那些成功企業的「殺手鐧」。

也正因如此，現在許多精明的企業已經喊響了「為客戶生產」的口號，並把它作為企業可持續發展的動力加以落實。把「為客戶設計」、「為客戶生產」、「為客戶著想」的經營理念植根於企業，企業的產品和服務，才能煥發出青春的活力，才會持久地被消費者選擇。以客戶為中心，必須從一點一滴做起，先只做好一件事情，比如處理客戶投訴，做到只要是投訴的，就一定要讓他滿滿意意地離開，一定要讓他成為回頭客。

總之，企業只有在產品品質、服務品質、使用效果上下功夫，一切以客戶為中心，以客戶滿意為準繩，傾心與客戶做朋友、做知音，力求在供需交往中心心相通、心心相印，始終把「客戶至上，用心服務」的經營宗旨，貫穿於服務的各個環節，從企業發展的長遠角度切入，件件做實，人人做通，處處做妥，客戶定會投以忠誠。否則冷了客戶的心，客戶「移情別戀」只是時間問題。企業到了那時候，只好將「王位」拱手相讓了。

成功人士

俗話說：「近墨者黑，近朱者赤。」我們周圍有一大批成功人士的話，我們遲早也會成功；因為他們的成功經驗、失敗教訓、資金、技術是我們成功的寶貴財富。

「店裏有人好吃飯，朝裏有人好做官」、「朝中有一人，強似拾金銀」……這些諺語都說明了成功人士的重要性。

根據《華爾街日報》針對人力資源主管與求職者所進行的一項調查顯示：百分之九十五的人力資源主管或求職者，會通過人脈關係找到適合的人才或工作。

在職場中，成功人士能給我們提供機會、物質幫助、思想觀念的啟迪、潛移默化的影響。有了貴人提攜，一來容易脫穎而出，二則縮短成功的時間，三是辦砸了事能有所庇護。

我們走上社會進入職場以後，文憑的作用會逐漸淡化。工作履歷、工作業績會變得越來越重要。我們缺少的不是信心，也不是理想，我們最缺的就是經驗和閱歷。我們是弱勢群體，猶如剛從蠶繭中孵出的蠶，脆弱不堪，完全靠自己，要想快速成功，無疑是癡人說夢。所以要想快速實現自己的理想，我們必須借助外界的力量，尋找我們的成功人士。成功人士有能力，有經驗，有閱歷，他們能改變我們的生活。

有個成功人士肯定能使你很快得到提拔，這可能是你晉升的最快路線。

成功人士是這樣的人：他在工作中指導你，幫助你，督促你事業的發

展，為你提供諮詢，在人際矛盾中幫你排除困難，有可能的話，對你的晉升也能助一臂之力。一個貴人對你事業成功起著重大作用。

專家們一直都在強調成功人士在成功路上的作用，在你開拓前程的過程中，永遠都需要借助於這一強有力的工具。

我們經常把人生重要的選擇點稱為「人生的十字路口」，如何選擇，決定了我們未來的人生歷程，而且我們只有一次選擇的機會，由於經驗和閱歷以及能力的有限，我們往往不能做出正確的選擇。在這個時候如果出現一位有經驗、有閱歷、有能力的貴人，的確是我們人生中的一大幸事。更進一步，很多時候我們被迫選擇一條不盡如人意的道路，就是因為認識的侷限性或者經濟能力等原因，而被迫放棄學業或者自己的夢想。在這個時候如果能夠得到外界足夠的支持，有貴人幫忙，我們人生的道路就會順利很多。

成功人士是能夠幫助自己解決重要問題，甚至改變人生道路的關鍵人物。

成功的最佳途徑就是緊緊跟在巨人的後面，這樣你永遠不會作出錯誤的選擇。

找個成功人士幫自己——這是雅芳 CEO 鐘彬嫻、全球最成功的華裔女性的成功之道。她作為《時代》雜誌評選出來的全球最有影響力的二十五位商界領袖中的惟一的華人女性，在許多人心中就是一個奇蹟。

鐘彬嫻可以說是一無背景、二無後臺。大學畢業後，鐘彬嫻去魯明岱百貨公司做她喜歡的行銷工作，在那裏，她結識了她職業生涯中的第一個貴人——魯明岱歷史上的第一個女性副總裁法斯。在法斯的提拔下，鐘彬嫻二十七歲就進入了公司的最高管理層。

鐘彬嫻和法斯一起跳槽到瑪格林公司，不久就升到了副總裁的位置。鐘彬嫻覺得自己的發展空間有限，於是去了雅芳。在那裏，遇到了她的第二位貴人——雅芳 CEO 普雷斯，在普雷斯的欣賞和破格提拔下，加上鐘彬嫻個人的努力，鐘彬嫻升到了 CEO 的位置。

一個沒有一點背景的女性，在四十出頭就能升到這樣的位置，不能不

說是一個奇蹟，而其成功的關鍵，就在於找對了自己職業生涯中的貴人。這就是當代成功速成法則，確實可以稱之為成功的捷徑。

身在職場，有一棵好的「大樹」，可以讓人一年時間學到別人幾年才能學到的東西，可以讓人成長得更快，而不僅僅是升職加薪的速度更快。許多人說：「我的老闆或上司，根本就沒興趣培養我，甚至冷淡我，對我愛理不理。還有就是我的老闆或上司很差很濫，從他們那裏根本學不到什麼。」對於第一種情況，我想你得先搞明白，如果你的上司或老闆對你根本就沒興趣，他算你的「大樹」嗎？對於第二種情況，我想一方面可能你的上司或老闆的確水準很差，但另一方面也極有可能是你的學習心態和為人處世的角度有問題。遇到願意去栽培你、花時間去教你的「大樹」當然好，但就算遇不到，也並不妨礙我們的學習。無論你的上司或老闆在你眼中有多麼差，也要明白，他們能做到這個位置一定有其道理，從他們身上一定可以有所學。

所以職業生涯規劃要義之一，就是要選擇好的貴人——成功人士。

成功人士可以是你的上司，你的老闆，可以是你最要好的朋友，也可以是你的同學、親屬，甚至可能是一位萍水相逢的陌生人。只要是能夠在人生道路上給予你幫助和鼓勵，影響你人生路線的都可以視為貴人。

合作夥伴

二〇〇五年大陸神州六號太空船成功發射，是中國人感到揚眉吐氣的一大盛事，而太空人團隊的配對，卻有著一套鮮為人知的程序。首先由太空人自己選擇自己最願意與之合作的隊友名單，然後再由專門的專家機構通過技術評估、心理測試等來進行科學篩選，最終形成一個最佳的二人組合。其實如此嚴謹的過程，體現的正是合作夥伴的重要性。

如果我們與其他人一起創業，合作夥伴的選擇也同樣至關重要，我們需要綜合考慮我們的目標、性格，來決定我們的合作夥伴。

當下，大學生創業成了一個熱門話題，就業觀念的轉變逐漸為大學生所接受與認同。然而，初涉社會的青年，無論是閱歷、見識，還是資金積

累，都難以佔有優勢。因此如何發揮自身優勢，找到創業捷徑，創出精彩事業與財富人生，就成為眾多青年不得不充分關注與認真思考的問題。

小章和小尚是高中同學，聯考時兩人考取了同一所專科學校。畢業後，兩人選擇了同一個城市的工作。但沒過多久，小章所在的企業因經營管理不善被迫破產重組。此時小章覺得，花費了家裏這麼多年的微薄積蓄，不僅不能回報家人，反而連自己都陷入了山窮水盡的尷尬境地。最終小章選擇了離開那座城市，孤身一人到台北發展。

小章在台北憑著自己的英語專業知識，找到了一份翻譯工作。工作期間他認識到，自己的英語基礎還是比較薄弱，如果不努力提高，很難依靠既有的專業知識達到自己的職業發展目標。於是他參加了大學的選修課程來提高自己的英語水準。

不料，小章工作的翻譯公司因股東矛盾，最終同樣被宣佈解散。他又一次面臨著失業，但這次他再也不用像以前那樣焦慮不安——他已經充分瞭解了翻譯公司的整個操作環節，同時，他的專業課程也圓滿結束。

此時，小章向遠在異地的小尚發出了邀請，建議小尚移師台北，兩人合作創辦屬於自己的翻譯公司。其時，遠在外地的小尚經過多年發展，已經有了初步成果，他也希望為自己找到一個更大的發展平臺。於是兩人一拍即合：小尚帶著五十萬元積蓄北上，小章則集合自己原來的同事，啟動自己積累的資源，滿懷激情地投入到新企業的創辦中。兩人的合作進展順利。小尚寬厚機敏，負責公司業務的開拓；小章嚴謹細緻，專業水準高，負責公司業務的實施。兩人相互配合，相得益彰，公司經營很快就步入正軌。

回顧創業的經歷，兩人感受最深的是相互間的信任、理解與彼此的敬業和勤奮。那時他們把所有的時間和精力都投入到了企業的發展。短短兩年，兩人的翻譯公司就在業內站穩了腳跟，創出了品牌，業務也由單純的翻譯服務，擴展到投資諮詢、國際貿易，業務範圍由台北擴展到了中南部。憧憬未來，小尚滿懷信心：「下一步的重點，我們會放在品牌的打造和提升上，要通過全國範圍內的經營，取得公司的快速發展。」而剛從歐

洲考察歸來的小章則氣魄更大：穩定現有服務業務，積極擴展新的業務領域，迎合 WTO 新形勢，開拓國際貿易新天地。

總結小章和小尚的創業成功之路，可以看出，他們的經驗在於緊密結合自身實際，發揮專業特長。俗話說，隔行如隔山。創業不能憑一時熱情，不能盲目模仿他人成功經驗，應找到屬於自己的事業舞臺，充分考慮自身實際，結合自己的專業特長和興趣愛好，選擇自己熟悉的行業範圍，找到合適的切入點。

小章在創業的過程中，牢牢扣住自身專業優勢，憑此進入翻譯領域，又根據自己的專業特點和行業要求，有針對地參加業餘學習，提升自身專業素質和專業技能，最終成功介入翻譯行業，找到了自己的事業舞臺。

創業風險極大，稍有不慎，就會面臨失敗之境地，青年朋友初入社會，閱歷不足，技能也相對薄弱，創業失敗的風險會更大。青年朋友的經濟基礎相對較弱，心理承受能力也相對欠佳，因此創業應慎之又慎，應充分瞭解與創業相關的知識及技能，避免創業時的盲目。

有些青年在創業時，總希望取得更大的資金支持與資金投入。其實創業總與風險相伴而生。因此適當控制創業的風險，也是保證創業成功的關鍵。這就要求創業時量力而為，結合自己的承受能力，開拓與自身實力相符的事業，而不應貪大求全。否則一旦創業不利，極易陷入困頓，一蹶不振。

初入社會的青年朋友，不應過於匆忙創業，可以先結合自己的創業打算和創業計畫，有意識地選擇相關行業進入，在對目標行業領域有了相對成熟的看法後，再創業也不晚。因此胸懷創業壯志的青年朋友在進入一個行業時，如果認定其發展的大好前景，就應該「臥槽學藝」，踏踏實實地投入工作，積累行業知識，發展自我技能，為以後成功創業打下良好基礎。小章與小尚的成功創業，是建立在他們對行業的熟悉和把握的基礎上，並且充分考慮了自身的實力。他們的創業之路可以說是水到渠成，順其自然。儘管其中有曲折，有風險，但卻能夠做到有驚無險，終至成功。

注重合作，優勢互補，現代社會是競爭更是合作的社會。單槍匹馬闖

天下實在不易。要創業成功，離不開志同道合、互幫互助的合作夥伴。小章如沒有小尚的及時援助，創業可能就難以成功；而小尚如果離開了小章，則可能也難以找到事業發展的大舞臺。兩人在創業的合作中，優勢互補，相得益彰，終於促成了創業的成功。

找到能夠融洽合作的事業夥伴，是創業成功的關鍵。實際上，像小章和小尚之間的那種融洽合作，可以說是可遇而不可求。要找到彼此都能自我約束的創業合作夥伴，雙方都能為對方、為事業做出某種程度的犧牲。否則合作就很難成。這方面的反面例子俯拾皆是。一些本來志同道合的朋友，攜手創業，往往事業還未有起色，雙方就反目成仇分道揚鑣了。

合作夥伴不僅僅是能夠志同道合，還需要能夠優勢互補。小章熟悉企業流程，卻缺少創業資金，小尚有少量資金，卻難以找到適合自己的事業舞臺；小章擅長翻譯業務技能，而小尚則精於市場開拓；小章嚴謹細緻，要求嚴格，而小尚則寬厚機敏，處世變通……兩人合作，確屬絕妙的創業組合。由此，不由想到一位知名學者的話：「找到事業合作的夥伴，事業就成功了一半。」

勤懇敬業，嚴謹專注，因勢利導。創業需要激情，需要忘我的投入。即使事業站穩了腳跟，還不能有絲毫鬆懈。變幻莫測的競爭局勢，促使企業不斷前進發展，稍有鬆懈，就會被他人替代。故此，有人說創業起步難，創業持久更難；企業生存不易，長大變強就更為不易。

小章和小尚在創業初始，堅持以事業為重，吃住在公司，時時事事為公司發展考慮。即使是企業站穩了腳跟，兩人也毫不鬆懈，仍舊保持旺盛的事業熱情，精心打造自己的員工隊伍，細心關注服務的細枝末節，用誠心贏得顧客，用真情打動顧客，用專業的服務征服顧客。並且能不斷結合事業實際發展，隨時調整公司發展戰略，終於塑造了公司的良好品牌，獲得長久的發展。

陌生人

在現實中，生活、工作你不可避免地要與人打交道，或是親朋好友，

或是上司同事，或是陌生人，從不相識走向相識。人生呢，是一篇大文章，有時借助貴人幫助，可以把這篇文章寫得氣勢磅礡，有時你沒有意識到你給予幫助的人，會因為條件變得更好了，會成為你的貴人，給你一定的幫助，使你的命運出現新的轉機，這樣的事例很多。

柏年在美國的律師事務所剛開業時，連一台影印機都買不起。移民潮一浪接一浪湧進美國時，他接了許多移民的案子，常常深更半夜被喚到移民局的拘留所領人，還不時地在黑白兩道間週旋。他常開著一輛掉了漆的小車，在小鎮間奔波，兢兢業業地做著職業律師。然而，天有不測風雲，一念之差，他將資產投資股票卻幾乎虧盡，更不巧的是歲末年初，移民法又再次修改，移民名額減少，頓時門庭冷落，他想不到從輝煌到關閉，幾乎只在一夜之間發生的事。

這時柏年收到一封信，是一家公司總裁寫的：願將公司百分之三十的股權轉讓給他，並聘他為公司和其他兩家分公司的終身法人代理。他不敢相信天上真的掉下錢來，就找上門，總裁是個四十開外的的波蘭裔中年人。

「還記得我嗎？」總裁問。柏年搖搖頭，總裁微微一笑，從碩大的辦公桌的抽屜裏拿出一張皺巴巴的五塊錢匯票，上面夾著的名片印有柏年律師事務所的位址、電話。柏年實在想不起有這一樁事情。

「十年前，在移民局……」總裁開口了，「我在排隊辦工卡，排到我時，移民局已經快關門了。當時我不知道工卡的申請費用漲了五美元，移民局不收個人支票，我又沒有多餘的現金，如果我那天拿不到工卡，雇主就會另雇他人了。這時是你從身後遞了五美元上來，我要你留下地址，好把錢還給你，你就給了我這張名片。」

「後來呢？」柏年漸漸地回憶起來了。

「後來我在這家公司工作，很快我發明了兩項專利。我到公司上班後的第一天就想把這張匯票寄出，但是一直沒有。我單槍匹馬來到美國闖天下，經歷了許多冷遇和磨難。這五塊錢改變了我對人生的態度。所以我不能隨隨便便就寄出這張匯票……」

這個故事頗具傳奇性。傳奇帶有偶然性，只要這種偶然性再次爆發，就會成為人生的重大轉機。試想一下，如果柏年未用五美元助人，他怎麼可能會受到總裁那麼大的恩惠呢？儘管他起初不是有意的，卻是無心插柳柳成蔭。這種無意的助人行為，帶來的是貴人之助後的成功。

貴人之助的事不僅發生在異域的土地上，在九州大地上也有的是，並且是在不同的時空裏出現的。一九二二年秋天，從山東來北京求學的李若禪在北大中文系學習，後考取了北京國立藝專西畫系。為了更快地提高藝術造詣，他還拜齊白石為師，開始了含辛茹苦的藝術生涯。然而，自從考上「國立藝專」，李若禪僅接到家裏寄來的十元大洋，一貧如洗的父母再也借不到錢來供他上學了，他的生活陷入窘境，不僅無力繳納學費，甚至連穿衣吃飯的錢都沒有。在朋友的幫助下，他拉起了人力車。一次，他拉了一夜車，翌日天剛亮時，他正準備到西四牌樓交車，忽聽見背後有人高叫：「人力車！」他忙轉身朝發出喊聲的方向跑去。待到走近，他才看清，師傅齊白石老人在一個青年的攙扶下站在他面前，他大吃一驚，扭身就要躲開，身後卻傳來白石老人的喊聲，讓送他回家。李若禪的心嚇得「怦怦」直跳，他神色慌張地把車轉了回來，拉起白石老人。一路上，白石老人默默無語，李若禪幾乎能聽見老人那細微的鼻息聲。他終於憋不住了，怯怯地問：「先生，您生俺氣了吧？」「我生你啥子氣？」白石老人輕輕回答。

「俺拉車，給您丟臉了。」「丟臉？丟誰的臉呀？老夫早年當過木匠，難道我也丟臉嗎？我是看你拉車心裏難過呀！」白石老人一句話說得李若禪的鼻子發酸，淚水模糊了雙眼。

後來為了幫助李若禪，齊白石特意挑選了他的一些字畫，親筆題款後讓他送到畫店賣掉，以資助他完成學業。白石老人曾在他的一幅畫上題詩讚道：

論說新奇足新奇，吾門中有李生殊。

須知風雅稱三絕，廿七華年好讀書。

在白石老人的幫助下，李若禪的大寫意藝術日漸純青，終於在一九二

五年夏天北京國立藝專畢業生畫展上嶄露頭角，成為北京師範學校和河北省立師範學校的兼職教授，結束了他艱辛的學子生涯。

朋友和知己

生活中，我們不能缺少朋友。結交一個朋友就多一條路，在你最困難的時候，往往是你的朋友幫助了你；離開了朋友，你往往就會陷入無助之中。朋友，是你人生中一筆巨大的財富，是關鍵時刻可以靠一把的人脈大樹。

朋友，有時就是你自己。

世上沒有無緣無故的朋友。如果人做出各種選擇的原因可以用五種需要——生理、安全、愛、自尊、自我實現——來囊括，人際關係也就可以用利益來解釋，物質利益和精神利益。人們通常總是把由於物質利益而形成的關係排除在朋友之外，而精神利益的獲取，與人格構成有著密切的關係。所以我們再拐個彎，不談朋友的定義，而來談談不同定義下的朋友，能給你帶來些什麼。不同定義下的朋友，就等價於具有不同人格特徵的朋友，之所以這麼說，就是因為你從朋友那裏所獲得的內容，就可用於給朋友分類別、下定義。譬如說你的朋友善思辯，並且企圖以自己的想法影響你，這有可能是類似於「諍友」，或者他本身具有強大的穩定性，並且一定的樂群性，他就有可能是你生活上的堅強後盾……

——志趣相投的朋友。這種關係較為穩固，值得我們花大心思去維護、培養，以誠相待，關愛是搞好關係的關鍵。

——知己。這種朋友最難得，無論怎麼強調其重要性都不為過；寬容、坦誠、友愛是其中的要素。

——業務朋友。這是我們工作中直接面對的朋友，不要小看周圍的任何人物；不要把他們當作簡單的產品服務對象。堅持和盡可能多的業務人士做朋友，會使我們更加容易掌握市場訊息，更加容易處理投訴、服務等問題。

——專業朋友。這包括與我們水準相當的專業朋友，和技術水準比我

們更高和更低的朋友。我們知識中有一大部分是我們所需要的專業知識，維持相當數量的專業朋友，會使我們在遇到專業問題時找到好的幫手，會使我們在發表文章、提升影響力方面有意想不到的好處。

——有重大影響力的朋友。這些人可能是我們的長輩、上級，可能與我們沒有直接的關聯，但是他們對我們的成功可能會產生重大的影響。如朋友的家屬、政府部門、朋友的朋友，這些沒有直接關係的朋友，只要能夠獲得他們的幫助，會大大增添我們成功的機會；如果他們使壞，將使我們的損失不可預料。

——一次性的朋友。這裏說的一次性朋友，泛指那些接觸時間很短暫，卻總要接觸的朋友。比如說從你們公司買了個小東西的客戶，一個朋友的朋友，一個你經常要打交道的政府工作人員，處理不好與這些朋友的關係，會使我們的工作效率大打折扣。

——娛樂圈朋友。這種朋友一般是在娛樂場所中結識的朋友。比如說籃球友、足球友、乒乓球友、羽毛球友、象棋友、舞友等。這種朋友一般比較容易結識；交往時大家也沒有什麼顧忌，一般是以真面目出現。結交這樣的朋友可以使我們有持續的興趣在我們的娛樂上，只要我們的娛樂項目有益於身心健康，我們就可以從中受益匪淺。我們也可以從這些朋友中，選擇那些有益於事業發展的人士作為我們的合作夥伴，不斷創造我們成功的機會。

——朋友的朋友。通過朋友介紹結識新的朋友，這是構建我們人際網路的重要方法。

我們把各種朋友進行分類，其目的就在於我們要從中發現影響我們工作、事業的最主要的人際關係因素；使我們有目的、有意識地加強相關方面的交往，我們要把很大一部分精力放在那些對我們的事業最有影響力的人際關係上，為我們的成功創造良好的人脈，當然這一切都是建立在雙贏的原則上的。

03

CHAPTER

構建 12 種人脈的步驟

商務成功人士大都一致認為，要在事業上有所發展，最具威力的戰略之一是「建立人脈」。但是人脈如何建立？又該如何經營與維繫？下面，我們將向您提供在上面一章中我們所討論的 12 種人脈的構建方法。

 ## 判斷自身
構建人脈的能力

　　在構建自己的人脈之前，我們建議你最好對自己經營人脈的能力有一個初步地認識。怎麼認識呢？下面我們提供一些心理測試，它們將有助於檢查你在這方面的能力。

你擅長人際交往嗎

　　請結合你自己的情況考慮下面的問題，回答「是」或「否」。

❶ 你喜歡參加社交活動嗎？

❷ 你喜歡結交各行各業的朋友嗎？

❸ 你常常主動向陌生人做自我介紹嗎？

❹ 你喜歡發現他們的興趣嗎？

❺ 你在回答有關自己的背景與興趣的問題時感到為難嗎？

❻ 你喜歡做大型公共活動的舉辦者嗎？

❼ 你願意做會議主持人嗎？

❽ 你與有地方口音的人交流有困難嗎？

❾ 你喜歡在正式場合穿莊重的服裝嗎？

❿ 你喜歡在宴會上致祝酒辭嗎？

⓫ 你喜歡與不相識的人聊天嗎？

⓬ 你在父母的朋友面前交談自如嗎？

⓭ 你在院系集體活動中介意扮演逗人笑的丑角嗎？

⓮ 你喜歡成為院系聯歡會上的核心人物嗎？

⑮ 你曾否為自己的演講水準不佳而苦惱？

⑯ 你與語言不通的外國人在一起時感到乏味嗎？

⑰ 你與人談話時喜歡掌握話題的主動權嗎？

⑱ 你與地位低於自己的人談話時是否輕鬆自然？

⑲ 你希望他們對你畢恭畢敬嗎？

⑳ 你在酒水供應充足的宴會上是否藉機開懷暢飲？

㉑ 你曾否因飲酒過度而失態？

㉒ 你喜歡倡議共同舉杯嗎？

評分與解釋——

本測驗的答案並無正誤之分。只是一般情況下，擅長於社交的人會傾向於以下答案。

❶ 是 ❷ 是 ❸ 是 ❹ 是 ❺ 否 ❻ 是 ❼ 是 ❽ 否 ❾ 是 ❿ 是 ⓫ 是 ⓬ 是 ⓭ 否 ⓮ 是 ⓯ 否 ⓰ 否 ⓱ 是 ⓲ 是 ⓳ 否 ⓴ 否 ㉑ 否 ㉒ 是

檢查你在每一題上的答案，若與上述相應答案符合得 1 分，否則得 0 分。計算你的得分。

17 分～22 分：你在各種各樣的社交場合都表現得大方得體，從不拒絕廣交朋友的機會。你待人真誠友善，不狂妄虛偽，是社交活動中倍受歡迎的人物，也是公共事業的好使者。

11 分～16 分：你在大多數社交活動中表現出色，只是有時還缺乏自信心，今後要特別注意主動結交朋友。

5 分～10 分：也許是由於羞怯或少言寡語的性格，你沒有表現出足夠的自信。當你應該以輕鬆、熱情的面貌出現時，你卻常常顯得過於侷促不安。

4 分或以下：你是一位孤獨的人，不喜歡任何形式的社交活動。你難免被人視為古怪之人。

你的人脈狀況如何

對於「人脈」兩個字，不少人有許多迷思，所以建議你，先仔細對照

一下這張檢查表，將你對人脈的迷思勾選出來，看看你到底是屬於「鐵齒型」、「軟腳型」、「唬爛型」、「全滅型」中哪一類型的人，根據這四種不同類型，參考《Cheers》雜誌採訪到的八位業界菁英的說法，他們不但分享自己經營人脈的方法及過程，還提供具體的建議，讓你走對方向，找到你的人脈「入口」。

❶ 人脈好＝攀關係，我才不做這種事。

❷ 凡事不求人，我靠自己哪需要人脈。

❸ 工作都忙不完了，哪有時間建立人脈。

❹ 現在努力加強專業就好，建立人脈是以後的事。

——以上歸類為「鐵齒型」。

❺ 我臉皮薄怕被人拒絕，建立人脈太難。

❻ 別人講話我只有聽的份，怎麼建立人脈？

❼ 生活＝辦公室＋我家，去哪裡建立人脈？

❽ 週末只想睡大覺，別說人脈、連出門都懶！

——以上歸類為「軟腳型」。

❾ 有人脈＝好辦事，我做事最吃得開！

❿ 有人脈，升遷就像坐電梯，沒人脈，升遷就像爬樓梯！

⓫ 人脈要過濾，沒利用價值的人，不用浪費時間！

⓬ 我認識許多大老闆，人脈好得不得了！

——以上歸類為「唬爛型」。

⓭ 朋友有難，兩肋插刀，我用血淚換人脈。

⓮ 別人都躲著我，人脈出現大危機。

⓯ 每次提出要求都石沉大海，人脈實在不可靠！

——以上歸類為「全滅型」。

——鐵齒型：鐵齒型的你通常都很有工作實力，做事有自己的一套，但是別忘了，現在是一個講究團隊作戰的時代，單打獨鬥既不能拓展格局又不能持久。所以適時地分享你的經驗，或是幫助其他人，會得到你想像不到的收穫喔！

——軟腳型：軟腳型的你比較內向、不善交際，但經營人脈並不是要你當花蝴蝶，其實你可以從當一個好的傾聽者開始，建立別人對你的信賴感。工作之外的時間，也可以參加跟自己嗜好有關的社團活動，例如登山社、旅行團、美術館義工等等，增加認識朋友的機會，對你的性格可是有潛移默化的作用喔！

——唬爛型：屬於唬爛型的你，最好放下身段、腳踏實地經營自己的專業實力，比較能走得遠、走得穩，不要整天計算周遭人的利用價值，這種功利心態真的很讓人討厭！不要忘了，你利用別人一次，人家不但會永遠記得，還會告訴別人，就算你認識的人再多，別人提到你的名字都嗤之以鼻，這樣惡質的人脈不如沒有。

——全滅型：屬於全滅型的你，基本上人脈已經亮起紅燈，你用錯誤的觀念去經營人脈，不但危及自己的工作、信用掃地，甚至可能有觸犯公司規定或犯法的可能。勸你及時煞車，重新檢視自己對於人脈的定義，用正確的態度找到人脈入口，重新出發！

整理自己的人脈檔案

一旦我們對自己經營人脈的能力有了一個初步的認識，我們可以按照如下方式整理自己的人脈檔案。

人脈關係資源的分類

一般來講，人脈關係資源有以下三種類型：

——個人網路：包括你的家人與朋友，或是與你最親近的人。

——社會網路：你時常聯絡或是比較熟識的人；之前任職單位的同事或是主管；鄰居或是朋友認識的人；你的理財專員或是汽車業務員等。

——專業網路：例如專業協會、俱樂部、校友會等組織。

寫下現有的關係資源，包括上面提到的三種類型。回頭翻閱你的電話簿或是名片本，把所有你能想到的人全都列出來。透過這份關係資源名單，可以看出自己的關係組合特性，瞭解哪些地方有所不足，必須加以改進。最後再想想哪些人未來有可能成為你的關係資源，把可能的名單也列出來。

為了更加有效地管理自己的關係，可以利用資訊科技。目前有許多電腦軟體比如微軟的 Outlook 等都有通訊錄管理的功能。除了輸入某個人的基本資料外，最好加上興趣嗜好、專長、人格特質等有助於認識這個人的資料。然後依據職業類別或其他條件分門別類，以方便日後查詢。

建立「朋友檔案」

建立「朋友檔案」有下面幾個部分需要注意：

——把你同學的資料整理並做成記錄。

畢業經過數年後，你的同學可能會分散在各地，從事各種不同的行業，有的甚至已成為某一行業或某一領域的「重量級」人物。當有需要時，憑著老同學的關係，相信會在某種程度上給你幫忙。這種老同學關係可從大學向下延伸到高中、國中、小學，如能加以掌握，這將是人生中一筆相當大的資源。當然，建立好同學關係需要經常參加同學會、校友會，並且注意他們的動態。

——整理周圍朋友的資料，並對他們的專長做出詳細的記錄。

比如他們的住所、工作有變動時要修正，以防必要時找不到人。準確掌握這些變動的情形，有賴於平時與他們聯繫。

同學及朋友的資料是最不應疏忽的。你還可以記下他們的生日，不嫌麻煩的話在他們生日時寫一張賀卡或請他們吃個便飯，保證會使你們的關係突飛猛進。若能維持好這些關係，就算他們一時幫不上忙，也會介紹他們的朋友助你一臂之力。

——在應酬場合認識的，只交換名片還談不上交情的「朋友」，也是

不可忽視的。

這種「朋友」在各行各業的各種階層都會有，不應該把他們的名片丟掉，而應該在名片中儘量記下這個人的特點，以備下次再見面時能「一眼認出」。重要的是名片帶回家後要依姓氏或專長、行業分類保存下來。當然不必刻意去結交他們，但可以藉故在電話裏向他們請教一兩個專業問題，話裏自然要提一下你們碰面的場合，或你們共同的朋友，以喚起他對你的印象。有過「請教」，他對你的印象自然會深刻些。當然，這種「朋友」不可能幫你什麼大忙，因為你們沒有進一步的交情，但是他們幫你一些小忙應該是沒有什麼大問題的。

善用「朋友檔案」

建立朋友檔案時，利用電腦、筆記本以及名片冊的方法各有長處，但不管用什麼方法，都應該記住：每個朋友都要保持一定的關係，千萬不要在用得著時方恨少。那些辦事處處通的人，除了有他們本身的優越條件之外，還有一點就是他們身邊有一群非常要好的朋友。這些朋友為他出謀劃策，對他提出更高的要求而不讓他有絲毫的鬆懈和放棄。這樣的人大都是善用「朋友檔案」的人。

美國前總統柯林頓回答記者如何保持其政治關係網時說：「每天晚上睡覺前，我會在一張卡片上列出我當天聯繫的每一個人，註明重要細節、時間、會晤地點以及與此相關的一些資訊，然後輸入秘書為我建立的關係網資料庫中。這些年來，朋友們幫了我不少。」

很多時候僅僅建立「朋友檔案」是遠遠不夠的，最重要的是利用「朋友檔案」來幫助自己。比如把別人的生日、興趣愛好等內容收集起來，你就會加深對他的瞭解，與他談業務或是進行生意交往時，可以找出他關心的話題，談他最鍾愛的事物。這樣做不僅會受到他們的歡迎，更會使你的業務得以擴展。

杜維諾麵包公司的老闆杜維諾，一直試著把麵包賣給紐約的某家飯店。一連四年，他每天都要打電話給這家飯店的老闆，並去參加那個老闆的社交

聚會，為了爭取到這個客戶，與飯店老闆成交這筆麵包生意，他還在該飯店訂了個房間，以便有機會與老闆商談。但是長時間的努力並沒有任何結果。杜維諾決定改變策略，他收集了這家飯店老闆的個人資料，終於找到他最感興趣、最熱衷的東西。原來這家老闆是「美國旅館招待者」組織的一員，由於他的熱情，還被選舉為主席以及「國際招待者」的主席。不論會議在什麼地方舉行，他都會出席，即使跋涉千山萬水也不例外。給他建立一個小檔案後，杜維諾再見到那個飯店老闆的時候開始談論他的組織。那個老闆跟他說了半個小時，都是有關他的組織的，語調充滿了熱情，並且一直笑著。在杜維諾離開他的辦公室前，他還把他組織的一張會員證給了杜維諾。在交談過程中，杜維諾一點都沒有提到賣麵包的事，但過了幾天，那家飯店的廚師長打電話要他把麵包樣品和價目表送過去。那位廚師長說：「我不知道你對老闆做了什麼手腳，但你真的把他說動了！」杜維諾與這位老闆後來成了無話不談的好朋友，他說：「想想看吧！我纏了那個老闆四年，就是想和他做大生意。如果我不建立他的個人小檔案，不去用心找出他的興趣所在，瞭解他喜歡的是什麼，那麼我至今也不能如願。」

　　建立和善用「朋友檔案」，是一種深刻瞭解人並與之保持有效聯繫的方式。掌握了這種方法並加以利用，就等於為自己的成功做了鋪墊。

選擇「關係核心」

　　現在的組織已經不再是等級森嚴、分工明確且秩序井然了，一種可變的、有機的和充滿活力的架構漸成氣候。這種新的架構能夠快速回應組織不斷變化的需求，成功編織他們的關係網絡。在打造關係網的過程中，已經認識的人很重要，他們都有自己的熟人，而他們所熟識的人又有自己的熟人。成功建立關係網的關鍵是和適當的人建立穩固的關係。良好的關係能拓寬你的視野，讓你瞭解周圍所發生的事並提高你傾聽和交流的能力。

　　當你意識到職業關係的重要性，並開始選擇可以助你一臂之力的人時，你可能不得不卸掉一些關係網中的額外包袱，其中或許包括那些相識已久但對你的職業生涯無所裨益的人。維持對你無益的關係，只意味著浪

費你寶貴的時間。

　　良好、穩固及有力的關係核心，應由十個左右靠得住的人組成。這十個人可以包括你的朋友、家庭成員，以及那些在你職業生涯中聯繫緊密的人，他們構成你的影響力內部圈，希望你能發揮所長，而且你們彼此都希望對方成功、幸福。當雙方建立了穩固關係時，彼此會激發出強大的能量，還會激發對方的創造力，使彼此的靈感達到至美境界。為什麼將你的影響力內部圈人數限定為十個人呢？因為強有力的關係需要你一個月至少維護一次，因此十個人或許要用盡你所有的時間。另外應至少挑選十五個人作為你「十人內部圈」的後備力量，並經常與他們保持聯繫。比如你的一位主要關係退休或移民國外，最好的替補就是你的後備軍。你應每月定期和他們聯繫，無論是通過電話、傳真、聚會、電子郵件或是信件。

規劃
人脈資源

　　你想五年後成為什麼樣類型的人，現在就應該開始布局，從現在開始開拓人脈，進而達成自己的目標。如果沒有為五年後的人脈開始訂立目標，盲從地拓展人脈，只會為自己帶來更多的繁忙與麻煩。早一點規劃自己的人脈網路，五年後，將會發現身邊到處是可隨時協助您的專業人士，一通電話即可解決您煩惱的棘手問題。

　　「專業是刀柄，人脈是利刃」，在現今變化多端的社會局勢中，光靠本身的專業職能是不夠的，唯有配合互動互利的方式去經營人脈，才是勝負的關鍵。如不仔細想想未來的人脈如何規劃運行，將會發現自己只是在原地踏步。

明確職業和事業生涯規劃
　　要弄清楚以下幾個問題：

❶ 我的職業方向是什麼？

❷ 我準備在什麼行業、什麼類型的企業工作？

❸ 我有自己創業的打算嗎？我準備在哪個領域或行業創業？

❹ 我的職業事業生涯大體分為幾個階段？

弄清職業和事業的人脈資源需求

要弄清楚以下幾個問題：

❶ 我目前的職業和事業進展得順利嗎？

❷ 如果順利，是誰給了我最有力的支持和幫助？今後我還要得到他們什麼樣的支持？

❸ 如果不順利，原因是什麼？假如不是我的能力問題，那麼是誰沒有給我最有力的支持？他們為什麼沒有幫助我？

❹ 為了實現我的職業目標，我需要哪些人脈資源的鼎力相助？我現在得到了嗎？

❺ 為了實現長遠的職業目標，我還要開發哪些潛在的人脈資源？

制訂人脈資源經營行動計畫

在制訂人脈資源行動計畫時，應注意以下幾個問題：

——人脈資源的結構要科學合理。

比如性別結構、年齡結構、行業結構、學歷與知識素養結構、高低層次結構、內外結構、現在和未來的結構等。不少經理人的人脈圈子結構太單一、單調，導致了人脈資源的品質不高。比如有的人只重視公司內部的人脈資源，而忽視了公司外部的人脈資源，造成圈子狹窄，資訊閉塞，坐井觀天。有的人只重視眼前的現在的人脈資源，而忽視了未來的今後的人脈資源。結果隨著職業和事業的發展以及環境的變化，造成關鍵時刻人脈資源缺位斷檔，臨時抱佛腳往往效果不好。

——人脈資源要兼顧職業事業和生活的需要。

不能只顧職業的發展，事業的成功，而忽視生活的豐富多彩和應急需

求。比如有的人儘管在你的職業事業上起不到什麼作用，但是他們卻是家長里短、柴米油鹽日常生活中的好幫手，你不應該忽視他們。

——人脈資源要平衡物質和精神方面的需要。

你不能一頭紮進追求名利的陷阱，而忘卻了生命追求快樂和幸福的本義。比如你要有一兩個真性情的朋友，哪怕他們性格粗暴甚至低俗，但他們可以罵得你狗血噴頭，讓你有片刻的清醒。你還應該有一兩個善於傾聽的夥伴，他們是你傾訴的對象，成功時他們與你一起分享，挫折時他們與你一起分憂。你甚至還應該有一兩個好抬槓的傢伙，他們總是與你的觀點相左，但你總能從他們的荒謬言論中汲取必要的營養。

——人脈資源要重視心智方面的需要。

比如你應該結交一些專家、學者、教授、實戰英雄、智者、小諸葛等，定期與他們交流，將會使你受益非淺。你百思不得其解的難題，他們的片言隻語可能會給你指點迷津。

——明確制訂人脈資源規劃的步驟。

制訂人脈資源規劃的步驟如下：

確定職業生涯規劃——評估人脈資源現狀——明確人脈資源需求——設計人脈資源結構——制訂人脈資源規劃——制訂行動計畫

注意人脈資源的深度、廣度和關聯度

在拓展人脈資源的過程中，要注意人脈的深度、廣度和關聯度。人脈的深度即人脈關係縱向延伸的情況，達到了什麼級別；人脈的廣度即人脈關係橫向延伸的情況，範圍（區域與行業）有多廣；人脈的關聯度指人脈關係與個人所從事行業的相關性和人脈資源直接的相關性。人脈資源既要有廣度和深度，又需要關聯度，利用朋友的朋友或他人的介紹等去拓展你的人脈資源，從長遠考慮，千萬不要有人脈「近視症」，需要關注成長性和延伸空間。

拓展
人脈目標

人脈就像肌肉，要越練才會越發達。尤其一定要掌握一個關鍵原則：絕不要在人際圈裏消失，讓人注意不到你。千萬不要把它當作是件苦差事。

已故的史丹福大學商學院院長哈瑞爾，很喜歡研究歷屆畢業校友的特質。他歸納，「通常表現傑出的校友，也是積極、善於社交的溝通高手」。如果把這個結論印證在也是商學院畢業的凱思‧法拉利身上，一樣吻合。他是之前在美國出版的暢銷書《不要一個人吃飯》的作者。

人脈入口：從設定目標開始

法拉利有相當耀眼、豐富的資歷。在創業前，他曾在全球知名的德勤企管顧問公司擔任行銷長。在跨國知名頂級連鎖飯店擔任有史以來最年輕的行銷長。在好萊塢一家知名媒體行銷公司擔任 CEO。除此之外，他還有更多令人「眼花撩亂」的頭銜：「耶魯大學校友會長」、《富比士雜誌》、《INC》、《華爾街日報》專欄作家、五百大企業「最年輕的行銷長」、世界經濟論壇選他為「未來全球領袖」之一……

法拉利把這些發生在他自己身上的機運，完全歸功於「人脈」。至今，在他的 PDA 中，儲存了超過五千個人以上的名單。這龐大名單不是生熟不分的瞎蒙湊數，他們都是可以在工作、生活、感情給予建議與親切分享的「後勤部隊」。任何時間撥電話，法拉利都可以找到其中的一個人說話。想想看，再從這五千多人延伸出去的社交圈，人脈勢力會有多龐大？

對於人脈經營體會如此深刻，與法拉利艱苦的出身密切相關。鋼鐵工人與清潔婦組合的家庭，想送小孩進入長春藤名校，簡直是天方夜譚。但幸運得到父親上司的贊助，使法拉利得以進入耶魯念完大學，之後又取得哈佛大學商學院 MBA 學位。如果出身平凡的法拉利是通過「人脈」成就了日後的事業，當年他如何找到自己的人脈「入口」的呢？

法拉利在書中舉了這樣一個例子：《成功》雜誌曾針對在一九五三年畢業的一班耶魯學生做過一項研究，向學生調查三個問題：你設定人生目標了嗎？你把這些目標寫下來了嗎？針對人生目標，你訂出實踐計畫了嗎？

　　結果有百分之三的學生把人生目標寫下來，同時訂出實踐計畫。百分之十三的學生有目標，但沒有行諸文字。高達百分之八十四的學生則對人生沒有特別想法，只想「快樂過一生」就好。

　　二十年後，同樣的問題再問這班學生，結果令人大感詫異。當年立下目標，卻未訴諸文字的百分之十三學生，平均收入是那些百分之八十四學生的兩倍。而寫下目標，同時又有行動方案的百分之三學生，平均收入卻高於所有同學，足足有十倍之多。法拉利舉此例子的用意在於，如果你還找不到人脈入口，何不先從自己的生涯目標開始想起？當你有清楚的人生目標，想要達成的渴望，自然會把你引導到如何編織人脈的地圖上。因為你會懂得自己去挖掘可以分享、支持、學習的長輩或同事。

　　那麼怎樣設定目標呢？可以參考以下幾個步驟：

　　第一步：發現自己的熱情。設定目標以前，先找出你的夢想所在。否則你有可能失去方向。認真問問自己，熱愛什麼？擅長什麼？想成就什麼？有哪些原因阻礙了你？當熱情與能力相契合時，你才可能全心投入。

　　向內看——你可以分兩個欄位，交叉找出線索。先把你的夢想和目標依序寫在第一欄，然後再把會令你感到愉快的事情、人物、嗜好寫在第二欄。接著你會從中找出一些交集點。

　　向外看——問問朋友他們對你優缺點的觀察，你會對自己的目標輪廓越來越清楚。但是當你的夢想越來越清楚時，不要忘了，做個「有紀律」的夢想家，成功機率才會更大。

　　第二步：把目標寫在紙上。凱思‧法拉利用一個「人脈行動方案」表來找到人脈入口。它分成三部分。第一部分，寫下有助於完成夢想的各種方案。第二部分，寫下有助於達成目標的人、事、地、物。第三部分，寫下可以用哪些方式去結交有助於達成夢想的人物或新朋友。這個方法不僅

讓法拉利獲益良多，也讓他身邊的許多朋友或同事找到建立人脈的方向。尤其在第一部分，凱思・法拉利以頭三年想達到的目標倒推回去，分三個月、一年來逐步設定行動方案，並作為檢驗指標。當你寫下的指標越清楚時，腦海中對於有什麼樣的人可以協助你完成目標，自然也會浮現。屆時，你會樂於主動與他（們）親近或學習。

練習寫下「人脈行動方案」表，其實就是在找出建立人脈的方法。不過有幾個原則一定要掌握：

——目標必須清楚。如此你才能確定適合的行動方案和設定完成時間。

——目標值得相信。不要設定永遠達不到的目標。

——目標必須有挑戰價值。除了設定自己的「安全區」外，也要讓目標存在些風險或是不確定性，提高自己征服的慾望。

第三步：為自己找個「顧問團」。找幾個像啦啦隊長般，可以鼓舞你向上，或是具有銳利的鷹眼般，可以挑剔你錯誤的好友，他們會敦促你的責任感，並協助你找到方向。

當凱思・法拉利在知名的國際連鎖飯店 Starwood 工作時，他是五百家大企業裏最年輕的行銷長，前途一片看好。尤其面試凱思・法拉利進來的總裁應允當他的指導師，培訓他成為公司未來的領導人，也支持他把原來分散給各飯店的行銷權力，改由他統一主導。當他興致勃勃想一展身手時，卻沒想到進公司沒多久，那位總裁便離職了。原來的承諾煙消雲散，新任總裁也不認同他提出的行銷策略。

凱思・法拉利驚恐萬分。過去每有瓶頸，靠著慢跑總能思考出方向，但這回他跑遍了整個中央公園，恐懼仍未消失。第二天他辭職了。接下來的日子裏，他有點迷失了。那是他生平第一次沒有公司頭銜，認識新朋友時，都不知該如何介紹自己。於是凱思・法拉利又開始寫下長達十二頁的全新目標行動方案，並諮詢他的「顧問團」。雖然他的人生目標是成為 CEO，但是當時他並不夠格去擔任任何一家大型公司的 CEO。在出版界擔任主管的泰德，是他的顧問團好友之一，點醒了他：「你不要有非去五

百家大企業的誤區，如果你想成為一名 CEO，何不先找家合適的公司歷練起？」

從那天開始，凱思・法拉利聯絡的對象、參與的聚會或活動，都鎖定在「先找家合適公司」的目標上。三個月後，通過昔日友人介紹，凱思・法拉利成了 YaYa 互動媒體行銷公司的 CEO。這家在網路泡沫後生存下來的公司體質健全，只是行銷能力稍嫌薄弱，而這正是他可以大顯身手的舞臺。

人脈起飛：
大膽跨出第一步

當第一次要與不認識的人接觸時，許多人都會感到不自在。究竟該如何克服這種恐懼？首先，你要有「恐懼是正常的」的體認。因為這不是個人問題，而是多數人都會有的反應。以下是凱思・法拉利覺得可以克服社交恐懼症的幾種方法。

找出值得你學習的典範人物。與熟識或想法相近的朋友相處時，安全感相對較高。如果你還不敢主動跨出去結交新朋友，那麼就找一個你覺得可以學習的熟人，跟他去各種社交場合，觀察他如何與人攀談互動。久而久之，你也會學到一些竅門，讓自己多些勇氣跨出去。

學著開口說話。有許多教育訓練機構或溝通課程，是在教人如何克服溝通或說話的障礙。這些課程會讓你有練習的機會，或許可以試試。

投入參與。當有人能分享或理解你的熱情時，總讓人有如獲知音的感受。參與一些與個人嗜好有關的社團，是學習拓展人脈的好機會。而且一旦加入就全心投入，甚至有機會可以讓自己成為社團領導人，它可以讓你的人脈圈越滾越大。

每週為自己設定「認識一個新朋友」的目標。公車上、酒吧裏、公司茶水間，都有你可主動向人攀談的機會。反覆練習後，你會發現與陌生人接觸不再那麼令人不安，被拒絕你也會把它視為家常便飯，見怪不怪。

人脈拓展：
不要在人際裏消失

　　凱思‧法拉利常形容，人脈就像肌肉，要越練才會越發達。尤其一定要掌握一個關鍵原則：絕不要在人際裏消失，讓人注意不到你。千萬不要把它當作是件苦差事。與人相交，其實是在建立一個長久的友誼關係。贏得友誼應該是件有趣的事，不要覺得它浪費時間。

　　尤其在建立人脈的初期，儘量讓你的行為閱歷飽滿，你必須更用心讓自己成為被看得見的活躍分子。但是一個人的時間畢竟有限，該如何妥善管理時間？既然無法複製自己，凱思‧法拉利的方法是「複製聚會的場合」。碰到時間緊迫時，他會把幾個想聯誼的對象，約在一塊用餐。當然，在安排前也要注意彼此的「氣味」是否相投。如果安排巧妙，往往會有意想不到的交流效果，賓主盡歡。而且這對彼此人脈圈的拓展，也有加乘效益。

　　另外，如果要與一個不是很瞭解的人碰面，凱思‧法拉利通常會再帶一個認識的朋友一起加入，這樣至少可以確保它不會是個浪費時間的聚會。或者有時他也會帶資歷較淺的同仁或朋友來參加聚會，給予機會教育，讓資歷較淺同事實際觀察凱思‧法拉利談生意的方式、如何與對方達成共識等。事實上，在過程中他們也會常常貢獻一些不錯的意見或創意。因此千萬不要低估你身旁的年輕同仁。

　　最近你和同事一起吃飯嗎？何不今天中午找個同事一起用餐？同時也邀幾位其他部門的同事或同業朋友一起參與？相信不久後，你的人脈網編織進度，將會加速前進。

遵循
人脈拓展原則

　　哲學家說：「世界上找不出兩片一模一樣的葉子。」又說：「人不可

能兩次踏進同一條河流。」第一句話講的是萬事萬物都有自己獨特的個性特徵，不可能完全一樣；第二句話講的是萬事萬物都在時刻不停地發生著變化，即使是同一個事物，今天的和昨天的也都不一樣。把這樣的哲理運用在人與人的相處中，也很有啟發。每個人包括你自己，都是一個獨特的個體，因此不要以己之心度人；每個人包括你自己都是在發展變化的，因此不要用過去的規則來苛求今天的現實等等。

這麼說來，是不是萬事萬物都無規律可循呢？當然不是。萬事萬物都是在發展變化和運動之中，但是變化和運動是有規律的，規律是可以發現、認識和掌握的。以下介紹的「人脈拓展原則」，正是對人際關係發展變化規律的發現和認識，希望大家細心揣摩，體會掌握。

互惠原則

即利人利己。利人利己是一種雙贏的人際關係模式，這種觀念認為，世界之大，人人都有立足的空間，他人之得不必視為自己之失。利人利己觀念以品格為基礎：誠信、成熟、豁達。豁達的胸襟源於厚實的個人價值觀與安全感，由於相信有足夠的資源，所以不怕與人共名聲、共財勢，從而開啟無限的可能性，充分發揮創造力與寬廣的選擇空間。但是有些人喜歡使用片面的思維方法，以為利人則必損己，利己則必損人。於是為了一己之利，便置他人利益於不顧，最後卻往往落得一個損人害己、兩敗俱傷的下場。利己損人，世上多少爭鬥；利人利己，人間無限芳春。

第二次世界大戰後的日本，為什麼在世界上特別是在亞洲越來越孤立，而同是戰敗國的德國，卻不僅融入了歐洲還融入了世界？日本的孤立不是日本的光榮。日本既是世界上最富裕的國家之一，也是世界上最貧困的國家之一。諾貝爾和平獎得主德蕾莎修女說過，地球上有兩個饑餓地帶，一是非洲，一是日本。

日本著名企業家稻盛和夫說：「世界要求日本從利己價值觀向利人價值觀轉變。這是世界潮流。泡沫經濟崩潰之後，在金融界、證券界、大建築公司出現了許多漏洞，暴露了日本為了賺錢而不擇手段的本性，也暴露

了日本社會背後的人際關係，以及過去自私、利己的積弊。必須從自私向與世界協調的方向轉變。在這個問題上要恰如其分地去做。世界形勢迫使日本要大大轉換價值觀。日本在二十一世紀的今天，如果不打算大幅度轉換價值觀，就要成為世界的孤兒。」

美國汽車大王亨利・福特曾說過：「如果成功有秘訣的話，那就是站在對方立場來考慮問題，能夠站在對方的立場、瞭解對方心情的人，不必擔心自己的前途。」「己欲立而立人，己欲達而達人」，只有這樣，才能贏得人們的信任與好感，建立融洽的人際關係。

互惠原則講求利人利己，絕不是世俗的「互相利用」。利己的原始動機是在幫助別人的利他行為中得到心理滿足，對方給予自己的幫助，只是自己利他行為的客觀報償，也就是說，利己的目的不是要索取什麼，而是從給予中得到欣慰。

有一個「盲人點燈」的故事，更富啟發性地闡明了互惠原則的道理。

一個禪師走在漆黑的路上，因為路太黑，行人之間難免磕磕碰碰，禪師也被行人撞了好幾下。他繼續向前走，遠遠看見有人提著燈籠向他走過來，這時旁邊有個路人說道：「這個瞎子真奇怪，明明看不見，卻每天晚上打著燈籠！」

禪師也覺得非常奇怪，等那個打燈籠的盲人走過來的時候，他便上前問道：「你真的是盲人嗎？」

那個人說：「是的，我從生下來就沒有見過一絲光亮，對我來說白天和黑夜是一樣的，我甚至不知道燈光是什麼樣的！」

禪師更迷惑了，問道：「既然這樣，你為什麼還要打燈籠呢？你甚至都不知道燈籠是什麼樣子，燈光給人的感覺是怎樣的。」

盲人說：「我聽別人說，每到晚上，人們都變成了和我一樣的盲人，因為夜晚沒有燈光，所以我就在晚上打著燈籠出來。」

禪師非常震動地感歎道：「原來你所做的一切都是為了別人！」

盲人沉思了一會兒，回答說：「不是，我為的是自己！」

禪師更迷惑了，問道：「為什麼呢？」

盲人答道：「你剛才過來有沒有被別人碰撞過？」

禪師說：「有呀，就在剛才，我被兩個人不留心碰到了。」

盲人說：「我是盲人，什麼也看不見，但我從來沒有被人碰到過。因為我的燈籠既為別人照了亮，也讓別人看到了我，這樣他們就不會因為看不見而撞到我了。」

禪師頓悟，感歎道：「我辛苦奔波就是為了找佛，其實佛就在我的身邊啊！」

這個故事告訴我們：點燈照亮別人的同時，更照亮了自己。這就是助人為樂的道理。在生活中，我們應該時刻記得幫助別人也就等於幫助自己。

誠實守信原則

在人際交往中，一般人都喜歡與誠實、爽直、表裏如一的人打交道。因此在人際交往中，應切記誠實守信的原則。馬克思就曾說過：「友誼需要忠誠去播種，熱情去灌溉，原則去培養，諒解去護理。」墨子說：「言必信，行必果。」孔子說：「與朋友交，言而有信。」信用是處理人際關係的必守信條，敵對雙方談判要守信用，做生意雙方成交要守信用，上、下級講話要講信用，甚至連父親對剛懂事的兒子講話也要講信用。歷史上有個著名的故事，曾子的兒子吵鬧不休，曾妻就騙他說：「等你父親回來，殺豬給你吃。」曾子回家聽到妻子告訴他這件事後，果然持刀把豬殺了。顯然，曾子是在培養兒子的信用意識。

信用的心理作用是給對方以安全感，人際關係是以互相吸引為前提，而這種吸引很重要的一點是雙方必須在交往中達到心理上的安全感。因此約定的聚會要按時出席；承諾的任務要力爭完成；朋友託辦的事答應了，就要辦到；借別人的款項、物品，要如期歸還。這些不是無關緊要的小節，而是影響到個人信譽和人際關係的大問題，切不可掉以輕心。

互賴原則

集思廣益的合作威力無比。許多自然現象告訴我們：全體大於部分的總和，不同植物生長在一起，根部會相互纏繞，土質因此改善，植物比單獨生長時更為茂盛。兩塊磚頭所能承受的力量大於個別承受力的總和。這一原理也同樣適用於人類，但並非萬無一失。只有敞開胸懷，以接納的心態尊重差異，才能眾志成城。

中國的倫理使所有的中國人結成一個碩大的互依互賴網。孔子的「連帶責任主義」，更使得我們彼此之間息息相關，互相依存。互依互賴的正確意義是互助而非倚賴。例如有甲、乙兩人，如果「甲的義務，即是乙的權利；同時乙的義務，亦即甲的權利」，互相消而又互相益，便是互助。推而至於分工合作，成為更複雜的互助。

象棋的十六個成員最能體現互賴的精神。雖然它們各自可以獨立作戰，不必也不能依賴他人。但是它們之間卻是互助合作的。車固然可以保護馬，馬也可以「看」住車，不讓它平白遭受對方的攻擊。士、象當然是將的心腹，隨時要保護著。然而緊急時期，當士或象在將的行宮裏受到襲擊時，將也可以給予適當的維繫，甚至奮勇地挫敗來犯的敵人。卒的威力較小，而在適當的場合，照樣可以攻死對方的帥。或者保護自己的車、馬、炮，依然有其發揮互助能力的時刻。

「紅花亦需綠葉襯」。任何事業都不是個人獨力所能夠完成的，有賴於同仁的互助合作。因此我們要樹立「合則彼此有利，分則大家倒楣」的意識。共同努力，一起來擔負責任，才能共策共力，達到真正互依互賴的境界。

分享原則

分享是一種最好的建立人脈網的方式，你分享得越多，得到的就越多。世界上有兩種東西是越分享越多的：一是智慧、知識，二是人脈、關係。正如蕭伯納所說：我有一個蘋果，你有一個蘋果，交換一下每人還是一個蘋果；我有一個思想，你有一個思想，交換一下每人至少有兩個以上

的思想。同理，你有一個關係，我有一個關係，如果各自獨享，則每人仍是一個關係，如果拿來分享，交流之後則每人擁有兩個關係。

我們來看一看李嘉誠的生意經：假如一筆生意你賣十元是天經地義的，而我只賣九元，讓他人多賺一元。表面上看我是少賺了一元或者虧了一元，但是從此之後這個人還和我做生意，而且交易越來越大，而且又介紹他們的朋友與我做生意，朋友又介紹朋友來與我做生意。所以我生意越來越多、越來越大，我的朋友圈子也越來越廣。

你分享的東西是對別人有用有幫助的，別人會感謝你。你願意和別人分享，有一種願意付出的心態，別人會覺得你是一個正直的人，就願意與你做朋友，願意與你打交道。

堅持原則

堅持不放棄的人，才能有更多正面思考的時間、更深刻屢敗屢戰的信念，從而贏得更多成功的機遇。在經營和開發人脈資源的過程中，很多人缺乏堅持的韌性，主要表現：一是「三天打魚，兩天曬網」，一暴十寒；二是遭到拒絕之後，沒有勇氣堅持下來，結果錯失「貴人」相助的良機。

「騏驥一躍，不能十步；駑馬十駕，功在不捨」。堅持就是勝利，你如果只堅持了三天，五天，一個月，兩個月，當然是無法做到「水滴石穿，繩鋸木斷」而到達勝利的彼岸。一條蚯蚓，遁地三尺，穿越黑暗，緣於它鍥而不捨的挖掘；一隻大鵬，俯瞰五嶽，睥睨江河，緣於它始終不渝的飛翔。一條山路，儘管崎嶇而險惡，但堅持不懈的人終會直抵高山之巔；一條大道，儘管平坦而寬闊，但瞻前顧後的人也會半途折戟沉沙……

堅持，可以讓我們在困惑時柳暗花明；堅持，可以讓我們在人脈資源中遊刃有餘；堅持，可以讓我們在貴人助力的競爭中脫穎而出！正是由於夸父堅持不懈地追日，才擁有了現時的光明！「古之立大事者，不唯有超上之才，亦必有堅韌不拔之志。」這正是勝利者對成功經驗的高度概括，因為他們深知：對前途失去信心的人，永遠也享受不到成功的喜悅，唯有不斷奮鬥，堅持到底，辛勤耕耘人脈的沃土，才會構建廣袤的人脈天地網

路，最終達到「四海翻騰雲水怒，五洲震盪風雷激」的人脈境界，實現「振臂一揮，應者雲集」的人生。

用「心」原則

　　心與脈管相連，脈管為血液循行的隧道。《素問·平人氣象論》說：「心藏血脈之氣。」藏之於心的這種「氣」，就是推動血液循行的動力。現代醫學亦認為心臟是血液循行的動力器官，在機體的整個生命活動期間，心臟都在不停地跳動，不斷地將靜脈流入心臟的血液，以一定的壓力射入動脈血管中，推動血液循環，這與中醫學的「心主血脈」、「諸血皆歸入心」的認識有一致之處，同樣深刻地說明了心臟在血液循環中的動力作用。

　　心與脈管相通，心氣推動血液在脈管中循行，所以心氣的強弱可以從脈象上反應出來。例如心血充盈，心氣旺盛，則血脈運行暢通，其脈象和緩有力、節律均勻為之正常。反之，心氣虛弱，推動無力，則血脈運行不暢。「心主身之血脈」，血有營養周身的作用，脈為血液運行的隧道，但受心所統率，在心氣推動下發揮作用。

　　雖然上述所說的，看起來是在人的生理血脈系統運行中，心的主導和推動作用，但對於人脈經營和人與人之間的交往，卻不無啟發。在人脈資源的經營中，我們只有以心換心，用誠心、真心、愛心，才能換來心心相印的人脈脈動效果。

04
CHAPTER

讓有血緣關係的人脈
作為你事業發展的基石

血濃於水
人脈基石

　　比爾‧蓋茲創立微軟公司的時候，只是一個無名小卒，但是在他二十歲的時候，簽到了一份大單。假如把行銷比喻成釣魚的話，是釣大鯨魚，還是釣小魚比較好呢？回答肯定是大鯨魚。因為釣大鯨魚釣一隻可以吃一年，但釣小魚的話得天天去釣。比爾‧蓋茲在二十五年前創業的時候，他就瞭解了這一點。他一開始就釣了一條大鯨魚。這條大鯨魚——他的第一份合約——是跟當時全世界第一強電腦公司——IBM 簽的。

　　當時，他還是位在大學讀書的學生，沒有太多的人脈資源。他怎能釣到這麼大的「鯨魚」？可能很多人不知道，原來比爾‧蓋茲之所以可以簽到這份合約，中間有一個仲介人——比爾‧蓋茲的母親。比爾‧蓋茲的母親是 IBM 的董事會董事，媽媽介紹兒子認識董事長，這不是很理所當然的事情嗎？假如當初比爾‧蓋茲沒有簽到 IBM 這個單，相信他今天絕對不可能擁有幾百億美元的個人資產。

　　比爾‧蓋茲的這個例子，足可以說明有效利用血緣關係的人脈資源支撐我們事業的成功是多麼重要。在我們事業的初期，由於沒有資金和聲譽上的積累，我們要想獲取事業發展所必需的各種資源和機會，往往會非常困難。那麼怎麼辦呢？通常，我們會想到借用人脈資源來獲取它們。在各種人脈資源中，利用血緣關係的人脈，是最理想的方式。因為我們的血緣關係為我們所提供的各種資源，較之於其他人脈資源所提供的資源，通常不僅更可靠，而且不需要或者需支付很少的成本。因此血緣關係的人脈，最值得我們好好珍惜和有效利用。

　　但是許多人在事業發展的過程中，往往忽視了對血緣關係的維護。有些人常常忽視父母的意見和建議，無視兄弟姐妹之間的有效溝通以及現實的利益分配，家不和，業不興，最後導致本應是自己事業發展的基石的人脈資源，反而成了自己事業發展的絆腳石。如果你想事業興旺，早點成功，那就多花些心思在你的血緣關係上吧！

需要指出的是我們在這裏所敘述的血緣關係，主要是指父母和兄弟姐妹。這點和大多數人對血緣關係的定義有所不同，我們省略了一些血緣關係成員，比如侄子，並不意味著這些人脈不重要，而是因為獲得這些人的支持的方法，和獲得父母及兄弟姐妹的方法有很多雷同之處，而且不同之處可以在稍後所敘述的獲取親戚關係人脈資源的支持中得以體現。

贏得父母的
支持意味著什麼

筆者在準備寫作「如何贏得父母的支援」這個話題時，遭到周圍一些朋友的質疑，他們認為天下的父母沒有不望子成龍的，言下之意是父母對子女的支持和幫助從來都是主動無私、不求回報的，哪裡需要去「贏得」呢？初聽後，覺得有理，然而仔細一想，卻發現了問題的所在。

正是大多數父母相信自己所做的一切都是為了子女好，因此一廂情願的付出多，換位思考的檢討少，很多時候看起來是在支持子女的學習、工作和事業，實際上是在阻礙和設限。作為子女一方，由於從小就被告知父母所作的一切都是為了自己好，因此被動順從的時候多，據理力爭的時候少，最後要嘛成為父母膝下一事無成、長不大的「老孩子」，要嘛成家立業後消極拒絕父母的關愛，產生嚴重的所謂家庭「代溝」。

於是筆者找到當初心存質疑的朋友，問：「如果父母心情愉快、通情達理、身體健康，算不算是對子女的支持？」朋友答：「是。」又問：「如果父母能和你及你的妻兒融洽相處，算不算是對你的支持？」朋友答：「是」。再問：「如果父母和你能像朋友一樣談論工作和事業，你認為能否從中得到啟發和支持？」朋友答：「當然能。」再問：「做到上述三點難不難？」朋友答：「很難。」最後問：「做到上述三點重要不重要？」朋友答：「重要。」

談話進行到這裏，筆者找到了立論的基礎，看到了寫作的曙光。既然

上述簡單的三點，很難做到但又很重要，那麼還有什麼理由不去用心「贏取」呢？

如何贏得父母的支持？本書接下來的內容將告訴你答案。

 ## 學會和自己的 父母和睦相處

和自己的父母和睦相處是贏得其支持的首要條件。很難想像，一個和自己父母關係很差的人，能夠從自己父母身上得到足夠的支援。大陸新東方的創始人俞敏洪，曾經和自己的媽媽關係弄得很緊張。他的媽媽過多地干預了新東方的管理，引起了新東方其他元老的不滿。在很長一段時間內，俞敏洪都沒有處理好自己和母親的關係，最終間接導致了新東方其他元老離開了新東方，給俞敏洪的事業發展帶來了很大的影響。

那麼如何才能夠做到和自己的父母和睦相處呢？其實秘訣很簡單，就是讓父母和自己都心情愉快。具體來說，一要瞭解自己的父母，二是要解決自己和父母之間的矛盾，三要協助解決父母之間的矛盾。

瞭解父母的特點

天下的家庭各不相同，世間的父母也各有各的特點。為了與父母相處好，必須瞭解自己的父母的性格、脾氣、愛好等，如果一無所知，就會對相互關係的發展帶來困難。

首先，父母就其子女的態度有以下幾種類型。

——嚴厲型：父母對子女嚴格要求，事無鉅細，干預指點，容不得半點馬虎，不苟言笑，態度嚴厲，關心子女的前途勝過其他一切。從表面看來不通人情，內心深處卻充滿了真摯的愛。如果對於父母的嚴厲不理解，稍受管教就寸步不讓地「頂撞」，會使家庭天天處於緊張狀態。正確的做法應該是多體諒父母的苦衷，理解他們嚴格要求的本意，對於嚴厲過分的

地方善意地提出意見。

——溺愛型：這類型父母的突出特點是只關心孩子的生活，不重視孩子思想品德的教育，對孩子的學習情況也不夠關心，多數情況下是遷就屈從孩子。一味溺愛、滿足，放棄教育責任，對孩子的要求不做具體分析，甚至在孩子犯了錯誤時也千方百計地為其辯護。對孩子過於溺愛，時間長了，孩子容易成為思想單一、性情懦弱、感情脆弱，缺乏獨立生活、戰勝困難能力的人。

——放任型：對子女放任自流，很少管教，在教育子女問題上沒有明確的目標，全憑孩子自由發展。他們放鬆對子女各方面的教育，學習很少過問，生活較少關心，孩子品德上出現的不良萌芽也常常被忽視，子女猶如一棵自生自長的小樹，長直了還是長歪了他們都不必操心。一旦孩子在成長中真的出了偏差，父母又苦於沒有好的方法，只能實施打罵體罰。

——指導型：對子女嚴格而不苛求、關心而不溺愛、放手而不放任，他們對子女的思想、品行、學習和生活都予以關心；又注意教育方法，做到因勢利導、循循善誘，在與子女的關係上，平等相待，既注意讓孩子獨立自主的活動，又不放鬆對他們的指導教育，一般說這是一種比較理想的父母類型。雖然理想，並不等於相處中就不會發生矛盾。對於子女來說，父母越是信任自己，越要尊重父母，越是關心自己，越要愛戴父母。由於父母與子女關係密切和諧，一旦發生摩擦，雙方都會更痛苦。

對於父母類型的分析，只能是針對父母與子女關係中的主要傾向而言的，事實上各種家庭的父母也不會絕對地只顯示一種特徵，往往是各樣類型的特點互相交叉兼有。

要注意父母的突然變化

如果你發現自己的父母突然間和以前判若兩人，明明不是你的錯卻拿你發火，這時就要巧妙地瞭解一下，是你的爸爸、媽媽在工作、事業上受到什麼挫折，在人際關係上是否遇到了什麼麻煩，如果確實如此，我們做兒女的應該從大局考慮多為父母分憂，幫他們平息心中的怨氣。具體就是

多幫他們做做家務、給他們買些或自己親手做點他們愛吃的東西，多找些開心的話題分散他們的注意力，這時，「乖順」點也是可以的。給他們抒發自己苦衷的機會，有誰更瞭解自己的父母，更會傾聽他們的怨言呢？不妨讓他們盡情地說說，要知道長輩雖說經歷、閱歷比我們廣，可他們的心有時也像我們一樣的脆弱。現在社會、家庭的壓力又這麼大，人難免有心情煩躁的時候，兒女畢竟是他們的定心丸，多替他們著想，給他們以外人所無法給予的首肯與真心的理解，讓他們感受到兒女對他們永遠不變的需要與敬愛，讓他們疲憊的心在家的這個溫暖的港灣，徹底地放鬆與休息，盡兒女所能讓父母快樂，也是我們對他們最好的孝順。

要注意父母更年期的心理和生理的變化

如果自己的父母已到了更年期，好多習慣都發生了變化，一時讓我們也難以接受，這時我們晚輩切忌遇事非得明辨是非不可，或保持冷靜不予理睬。要知道人都有這個時期，只不過不同的人對此有不同的反應罷了。父母把我們養大，吃再大的苦他們也毫無怨言，他們一直在為我們奉獻著自己的光與熱。所以他們現在由於生理、心理上的不適而產生的一連串的變化，都是兒女們應該理解並給予重視和關心的。但我們不應把父母當作病人看，應有耐心，寬容的心是可以治癒傷病的良藥。這時做兒女的可以抽空多陪父母出去轉轉，發現他們的樂趣所在，給予及時的鼓勵，養養花、養養魚、養養鳥都可以緩解更年期給他們帶來的難以自制的心緒，也可以適當買點補養品等父母心情好的時候送上去。要善於察言觀色，盡量滿足父母的要求，遇到父母固執、鑽牛角尖發脾氣時，我們要理智、克制，找一些輕鬆的話題緩解緊張的氣氛。父母這個時候是比較敏感的，所以我們說話也要多留心，不能言語過重傷了父母的心，孰不知只要孩子多體貼多關心父母，他們是會很快渡過這個時期的。我們也應該多研究一下不同時期老年人的特點，使我們自己成為他們的「保健醫生」，讓我們的孝心化作一杯夏日清涼的甘露，一盆冬日熊熊的炭。當然，對於那些特別蠻橫、不講道理的父母，我們可以適當採取機智而行之有效的辦法，讓父

母逐步認識到自己的過錯而接受你的意見，但在處理與固執父母的關係中，最忌諱「以牙還牙」、「反目成仇」，因為父母與孩子到底是至親至愛的血肉關係。讓我們以孝為本，從孝出發，去認真做好每一件事，讓父母開心，使自己滿意。相信，生活的磨煉同樣給我們以豐厚的饋贈，成熟的人將擁有這筆財富。

有效地解決和 父母之間的矛盾

　　即使最和睦的家庭，父母和兒女之間也有矛盾。父母價值觀取向、生活態度以及對子女的期望，往往與子女之間存在著差異。因此父母和子女之間的矛盾不可避免。那麼和睦家庭的和睦體現在哪裡呢？答案是體現在解決矛盾的解決方式上，尤其是子女解決矛盾的方式上。

　　首先，應充分認識到家庭的和睦，成員關係的融洽是我們每個人都嚮往和渴求的，這是我們在紛繁複雜人生中戰勝各種艱難險阻的強大力量源泉，也為我們完美的人格塑造奠定了堅實的基礎。因此我們應和父母攜手搞好家庭的建設，爭取在溫暖、和睦、民主的家庭氛圍中，找到自己發奮圖強的支撐點。本著這種認識，晚輩們應以各種方式求得父母的瞭解與理解，同時也與長輩建立相互諒解、信任，用和煦的春風化解積蓄心頭的固執的寒冰。

　　其次，解決家庭中與父母的矛盾，我們應分析清楚父母專橫、固執的原因。據觀察，有的家長總是愛拿自己從前和現在比，用老一套來要求子女，以各種模式卡他們，讓兒女按著自己設計的方式去生活、成長。他們根本聽不進逆耳之言，兒女稍有不順，他們立刻暴跳如雷，相信武力與強權會使兒女乖順；也有的父母由於事業上的挫折或其他的外在壓力，使他們感到無法發洩心中的鬱悶，於是兒女稍有「逆耳」之言，他們就要「山洪暴發」把氣撒在孩子身上；還有一部分父母在更年期期間，脾氣古怪、

性格暴虐，總是懷疑自己的孩子長大了要背叛自己，心裏總有一種失落感和恐懼感，往往多疑無理，對孩子動輒發火辱罵、大打出手，等過後又感到深深悔恨和自責。這種矛盾心理如不及時調整，惡性循環，往往成為孩子離家出走和與父母背道而馳的根本原因。我們作為兒女的，這時不應該去議論父母是與非，而應冷靜地想一想，我們如何用自己微薄的力量去重新贏得父母的耐心與愛心，去贏得平等與互相的尊重。

再次，要以「理」服人，但這絕不是給父母講大道理。那樣做只能適得其反，而應避開鋒芒找到合適的場合，借用合適的話題，運用巧妙的語言幫助他們認識到自己某些老觀念和做法的不是，既不傷他們的面子，又讓他們心服口服，看到兒女對他們的理解和尊重；同時應用積極孝順的愛心去感化他們，幫他們走出自我狹小的生活圈子，多與外界接觸，去切身感受時代的轉化與人們觀念的更新及現今孝道的新內涵。也不妨多與父母談談他們的青年生活和體會，學會傾聽和客觀理智地選擇。以硬碰硬只能兩敗俱傷，「以柔克剛」倒可以解決部分問題。長輩的固執脾氣也不是一天兩天形成的，這就需要我們有耐心去讓他們多看看社會的光明面與現代年輕人身上的長處和優點，給他們機會多參與我們的討論與社會活動，也可以把一些如何處理好家庭關係的好書，悄悄地放在他們的枕旁。多在生活的細微之處瞭解父母的物質需要與精神需求，要做父母身邊的有心人。這樣冷漠對抗的家庭氣氛會慢慢消失，取而代之的將是父母對兒女的關心、疼愛，子女對父母的尊重、敬愛以及毫無保留的孝心，這樣豈不是兩全其美。

有效解決
父母之間的矛盾

世間最美滿的家庭也難免存在矛盾，父母發生摩擦鬧矛盾，甚至公開吵架時怎麼辦？最重要的是你要當好中間人。在任何家庭中，父、母、子

女三者的關係總是最親密的，子女是父母感情的紐帶，是父母關心的中心，在父母面前，始終處於被愛護、被關心的地位。父母爭執發生矛盾，孩子最利於做好雙方工作。所以當父母爭吵時，我們應該保持冷靜的頭腦，絕不可以意氣用事。不能把自己置於局外人的地位，對父母的爭吵毫不過問，冷眼旁觀，熟視無睹，自稱「小孩不管大人的事」；也不能不分青紅皂白跟著大吵大鬧，把父母雙方都責怪一通，兩人吵變成三人吵；或者偏袒一方，有意或無意地站在父親或母親一邊，指責對方，使父母與子女的三角關係更加趨於複雜化。我們應該一碗水端平，等距離外交，好好地勸說。一般父母吵架後會出現三種情況：一是雙方僵持，誰也不肯讓步。這時最需要的是子女的安慰，應立即做好勸說工作，很容易使雙方形成和解。二是吵架後雙方都感到後悔，但出於自尊，都羞於主動開口和好，做子女的應創造各種機會，為雙方搭橋，暗中巧妙周旋讓雙親言歸於好。三是一方想和好，另一方卻怒氣未消。子女要及時將一方急於和好的心情進行傳遞。一般情況下，疼愛孩子的父母往往經不住孩子的感化，幾經勸說，就能和好如初。無論面對哪種情況，對子女來說，都要十分耐心，不能操之過急，還要講究方法，聰明機靈。

孝敬父母

除了和父母和睦相處，我們還要做到照料和贍養父母，讓父母享有健康心態的同時，也享有健康的身體。要想做到這些，方法很簡單，那就是孝敬，孝敬，再孝敬。

提起孝敬父母，大部分人都是點頭稱是。但是大部分人其實對孝敬父母的方法瞭解得不多。很多人對自己的父母甚是照顧，給他們吃最好的，穿最好的，用最好的，可是父母卻待在兒女的房間裏面悶悶不樂，鬱鬱寡歡。為什麼？

有些時候可能是因為你沒有注意禮儀，不知不覺中傷害了父母的自尊；有時候你可能沒有太多考慮父母的感受，有意無意之間讓父母生活得越來越孤寂。其實孝敬父母也要講究禮儀和技巧。那麼孝敬父母要講究哪

些禮儀和技巧呢？下面我們將一一為您介紹。

關心問候

我們應該關心父母的身體，帶著一顆孝敬的心，問寒問暖。早、晚向父母問安，表達對父母的親切問候和誠摯的祝福。問安時，如果發現父母健康情況有什麼變化，應該盡可能地照顧好父母，並建議父母早些到醫院就診。

除了早、晚問候之外，離家、歸家對父母也要講禮貌，就是子女外出也一定要稟告父母，把什麼時間、上哪去、做什麼，都一一和父母說得清清楚楚；回來時，要面見父母，說明平安歸來了，事情辦得怎麼樣，免得父母掛念，為你勞神和操心。

聽從教導

孝敬父母只是做到對父母有禮貌是遠遠不夠的，更重要的是聽從父母的教導，按父母的正確教導去做，不任性，不讓父母操心。

有時父母不瞭解情況，錯怪了你，你也要冷靜，要心平氣和地向父母說明情況和解釋。聽從教導要虛心，要誠懇，要認真聽，要有真心誠意。

恭敬禮讓

恭敬禮讓是孝敬父母的另一種具體表現。一起外出歸來，讓長輩先進門；冬天給長輩掀門簾進入；用餐時，請長輩先就座，讓他們先吃；吃水果時，選大的、好的先送給爺爺、奶奶、爸爸、媽媽或其他長輩。這樣做既是尊敬長輩的具體表現，又是孝敬父母的良好行為。同時，也能培養和鍛鍊自己心中有他人的良好品質。

主動幫助

要主動當父母的幫手，為家裏做些力所能及的事情。既可以減輕父母的家務負擔，自己又鍛鍊了勞動本領，養成了熱愛勞動的良好習慣。

孩子對父母以孝為先。要善待雙親，且要同等看待，不可厚此薄彼；多與父母交談，以瞭解其看法、想法及感受；盡力敬愛父母，不以言辭或行為侮慢父母。盡力使父母心情愉快，少惹父母生氣；幫助父母從事並完成善舉，不陷父母於不義；對父母誠心誠意，不因父母的社會地位與經濟能力而表面做作與應付；言行儘量使父母引以為榮，不使父母因子女言行而抬不起頭來；盡力使父母信任與放心，而不使父母為子女的行為擔心；保持自己身心健康，以免父母憂慮掛念；以同情的態度來瞭解父母的時代與生活背景，不可以貿然視為落伍；父母如有過錯，子女應以委婉的態度耐心相勸；父母在物質生活上如需照顧，子女應盡力予以安排，勿使有所匱乏；父母生病時，子女應妥為照顧，盡力設法醫治；父母喪亡，子女應予以妥善安葬。

讓父母和
自己的配偶和睦相處

以前有一部非常受歡迎的韓國電視劇，這部電視劇名字叫做《愛情是什麼》。男主角李大發在結婚之前，其母親對其非常疼愛。可是結婚之後，由於其母親對自己的妻子有一些成見，母親和妻子的關係不好，母親對李大發就冷淡了許多。這種變化以及父母和自己妻子之間的矛盾，讓李大發感到非常苦惱。而相同的，李大發的妻子在結婚之前是母親的掌上明珠，可在結婚之後，由於母親看不上李大發，也對她有些冷眼相看，有時甚至惡語相向。

李大發和妻子的遭遇，典型地再現了很多父母和他們子女家庭成員之間的矛盾，尤其是和子女配偶之間的矛盾更為突出。父母在子女結婚以後，通常會產生情緒上或者心理上的微妙變化。他們會有一種類似自己的孩子背叛了自己的失落感覺，因此從心理上會自然而然地對子女的配偶，有一種微妙的抵觸情緒。另外一方面，和子女的配偶相處也需要一個磨合

的過程，有一些矛盾或者衝突，也是非常自然的事情。

　　作為子女，我們需要理解父母的這種變化並積極應對，以獲取父母對我們的支持。那麼怎麼應對呢？具體來說，作為丈夫，要處理好妻子與父母的關係，同時還要注意，也要處理好與自己岳父岳母的關係。這一點很重要，畢竟岳父岳母從倫理上講也是自己的父母，而且通常他們也會對你提供非常有力的支持。作為妻子，最重要的是要學會處理好與自己婆婆之間的關係。下面我們就展開來具體敘述。

 # 女婿如何與
岳父母和睦相處

　　在生活中，夫妻關係往往並不僅僅限於夫妻兩人之間。父親總是疼愛女兒的，對自己的女婿，則常常並不那麼友好。因此丈夫應該學會面對岳父「泰山」大人。

　　小王新婚不久，深得岳母的喜愛，卻總是不知該如何面對冷漠的岳父。一天，他陪妻子回娘家，又碰上岳父的冷臉。無意中，他發現岳父家的書櫃裏放著一副象棋，就向岳父搭訕說：「您下象棋呀。」岳父眉頭動了一下，又恢復了以往的冷淡，「嗯」了一聲。細心的小王沒有忽略這個小動作。他馬上意識到岳父可能很喜歡下象棋。於是他馬上說了一句：「我也喜歡下象棋，可下得不太好。您能指點我一下嗎？」嗜棋的岳父猶豫了一下，還是答應了。

　　結果這一下，兩個人下出了緣分，下出了感情。

　　現在，三天不見小王的面，岳父就會主動邀請小倆口去做客。可見女婿和岳父並非天生的仇人。

　　女婿對岳父母應存感激之心。雖說是自由戀愛，但岳父母花了半輩子心血才把女兒撫養成人，給你做了媳婦，這也是一種大恩大德，做女婿的應該銘記在心，加以報答。

女婿在岳父母面前要經常誇獎妻子，這是與岳父母和睦相處的需要，也是融洽夫妻關係的需要。你可以誇她心靈手巧，會織毛衣做家務；誇她心地善良，會待人處世；誇她孝順賢慧，上尊父母，下和兄嫂；誇她治家有方，精打細算，會過日子。女婿誇獎女兒，說明小倆口關係融洽，岳父母對女兒的未來放心滿意。在他們看來，女兒是自己一手撫養大的，女兒身上的優點都是自己培養教育的結果。女婿誇妻子就是在誇獎岳父母。女婿誇獎妻子，妻子高興，岳父母更高興。這種讚譽可以造成一種良好的家庭心理氣氛，會引起家庭各方面良好的連鎖反應，增進家庭的和睦。

　　女婿僅嘴巴甜而無實際行動，其讚許就會顯得太廉價，其效果也就不會理想。一定要與行動緊密配合，多做奉獻。對岳父母要從各方面給予照顧和幫助，特別是在生活上，錢多花一些，事多做一些，切記不要讓妻子回娘家索取東西。娘家的兄弟姑嫂很討厭出閣的女兒回來要錢要物，許多家庭糾紛、婆媳矛盾就是由此而產生的。

　　贍養父母是法律賦予子女的義務。女兒有義務，女婿同樣有義務。平時多到岳父母家看看老人，談談心，遇到節日、生日買點禮品去祝賀，讓老人精神愉快；還可以把岳父母請到自己家中住幾天，調劑一下生活。

　　人們常說女婿如半子。女婿對岳父母應如同自己的父母一樣恭敬、孝順。在各種場合都稱岳父母為爸爸、媽媽，而且要自然、親切。做女婿的嘴甜，意味著親近，能起到溝通感情、融化心理隔閡的作用，也是親情親密感的填充。長輩人走過的生活道路長、經驗多，應該允許岳父母過問小家庭的生活，允許他們指責挑剔，歡迎他們幫助指教。

　　但是作為長輩應該意識到女婿與岳父母的關係，並非一種骨肉情，二者相處的基礎是相互尊重。小倆口一旦發生矛盾，岳父母不要寵女兒指責女婿；更不要亂出「餿主意」，致使女兒和女婿的矛盾越鬧越大。岳父母對女婿的家務不要過分「參政」，當小倆口發生爭吵時，最好不要介入。

　　女婿對岳父母尊敬，妻子也會對公婆盡孝道。反之，一個不關心岳父母的人，妻子和公婆的關係一定會受到影響。

丈夫要處理好妻子與母親的關係

男人要處理好和「泰山」的關係，同樣也要處理好妻子與自己母親的關係，否則就只好當一塊倒楣的「夾心餅」了。

阿國與妻子阿敏是大學同學，婚後第四年，他們從都市調回家鄉工作，與阿國父母同住。阿敏工作忙，常加班，家務事阿國多做了些，阿國媽心疼兒子，便埋怨她，說她回來吃現成飯。阿敏愛打扮，愛穿吊帶裙，阿國媽看不慣。中秋節阿敏買月餅送給公婆，被阿國媽偷偷扔掉。阿敏炒幾個菜孝敬公婆，阿國媽也嫌她做得不好吃，且當面說「你真笨」。阿敏常向阿國哭訴委屈，要求分開住。他倆傾全部積蓄買了房。搬出去住後，阿敏樂了，媽媽卻惱了，說母子分離整整八年才團聚，為這個女人，又分開了。

阿國爸爸很早就過世了，阿國媽媽在清貧艱難中一手養大唯一的孩子，母子感情很深。阿國母親現已年近花甲，阿國要求妻子理解他，遷就母親，更不要拒絕母親來家小住，阿敏答應了。但是母親每次一住就是幾個月，對阿敏的態度也沒有改變。因此阿敏與阿國多次為母親激烈爭吵。調回家鄉工作以來，小夫妻是大鬧小吵數不清，過去的情愛幾乎吵得不見蹤影。婚姻危機中，他們不敢要孩子。他們都已年過三十，面臨的卻是家無寧日甚至是離婚的命運。

人的一生只有一個母親，魚與熊掌不能兼得時，阿國寧願選擇母親，他需要一個能接納母親、又愛他的妻子。但當他接過妻子寫好的「離婚協議書」時，雙手發顫、淚眼模糊……

在這件家庭糾紛中，如果貶低阿國妻子、住到他家指指點點的人不是他母親，他會毫不客氣地說，這是我們夫妻之間的私事，不需要你介入！

回家鄉前，阿國既孝母，也愛妻。回家鄉後這兩件事發生了衝突，原因是母親闖進了他們的二人天地，愛情鳥的飛行空間受到了限制。孝敬母親與夫妻和睦本是平行而獨立駕駛的兩條船，只有不善操作的人才會互相

撞沉。

對「孝」的理解不是與老人非要在形式上朝夕相處，也不是必須言聽計從，而是在行動上關心他們的冷暖起居，在心中隨時掛念他們，有空就去電話或親自回家向他們問安。觀念迴然不同的兩代人硬綁在一起，會產生「同住難」的煩惱，都會感到自身的私人空間被侵犯。

在家庭內的多邊人際關係裏，有一條主線是夫與妻。一切，其他人際關係(包括子女)都不應該凌駕於夫妻關係之上。一個人結了婚卻不重視婚姻是犯大錯。如果他對他原本無辜的妻子都不能接受的話，這輩子只能不結婚才能盡「孝」了。

用犧牲婚姻孝順母親——阿國走進了「孝」的誤區，他明知母親過分挑剔還要難為妻子，也許這是促使母親越發挑剔的原因。

 ## 婆媳關係
要處理得當

在家庭中，婆媳關係最容易產生矛盾，而且產生矛盾後又不容易解決。婆媳關係一緊張，父子關係、母子關係、公媳關係、夫妻關係往往隨之而緊張。其實只要注意以下幾點，婆媳關係是完全可以處理好的。

——相互尊重——

婆婆和媳婦都要相互承認對方獨立的人格，獨立的經濟地位，誰也不要支配誰，誰也不要聽命於誰，全家的事情商量著辦。如經濟開支涉及整個家庭的，集體討論；屬於個人範圍內，互相不要干涉。又如管教孩子，主要是父母的事，如果感到媳婦管教方式不當，婆婆可事後提醒，絕不要當著孩子的面去干涉，免得產生矛盾。總之，媳婦要多尊重婆婆，多想想婆婆年紀大，管家有經驗；婆婆也要多尊重媳婦，多想想年輕人自有年輕人的想法，自己的「老框框」可能不合時宜了。

——相互諒解——

媳婦要體諒老人，老人所想不可能和年輕人完全一樣；婆婆也要多體諒媳婦，婆婆對待子女要一視同仁；媳婦和丈夫親，要多考慮安慰老人，不要使老人產生一種孤獨、落寞之感；但即使媳婦對丈夫照顧較多，對婆婆照顧有所不同，婆婆也應這樣去想：「小夫妻親熱些，是好事。」在家務勞動方面，媳婦要照顧婆婆，自己多做些；婆婆要考慮媳婦工作忙，自己多幫幫她，這樣雙方的矛盾就小了。

　　──切忌爭吵──

　　在任何情況下，婆媳都不要「針尖對麥芒」地爭吵，如果一方發火了，另一方要暫時忍讓，過後再說。如果一吵，勢必擴大矛盾，而且較難轉彎。幾次爭吵，形成成見，就更不好調和了。平時如果有意見，不要和鄰居、親友亂講，有機會時雙方好好開誠佈公地談一談，或是由兒子懇切地傳達。

　　──父子要起緩衝作用──

　　如果婆媳產生了矛盾，雙方的丈夫一定要慎重對待。最好的辦法不管誰是誰非(在家庭中一般情況下，也沒有大是大非問題)，父親與兒子都要保持「中立」，進行調解，等婆媳雙方情緒平息下來後再說。千萬不要「幫倒忙」。

　　──精神上的安慰和物質上的照顧相結合──

　　媳婦對婆婆要多問寒問暖。當老人身體不適時多加照顧，在力所能及的情況下，經常買些老人愛吃的東西，這不僅是物質照顧，更主要的是精神上的安慰。婆婆對媳婦也是同樣，婆婆有時可以買些東西給孫子孫女。但是婆媳無論為對方做了多少好事，都不要常掛在嘴上，對親友、鄰居宣揚；更不要在雙方發生矛盾時「算帳」。做了好事不講，心裏都有數；如果老是講，結果可能適得其反。

贏得兄弟姐妹
的支持

　　筆者在準備「贏得兄弟姐妹的支援」話題的時候，身邊的朋友沒有像我在準備「贏得父母的支持」那樣對我提出質疑。他們的觀點和筆者趨向於一致，即兄弟姐妹情深，通常情況下，只要有人需要支援，他們定會鼎立相助。但是漫漫人生過程中，兄弟姐妹們避免不了產生矛盾。通常這種矛盾在兄弟姐妹的自身成長、贍養父母、利益分配以及債務償還方面尤其突出。

　　兄弟姐妹在自身成長過程中，會遇到很多困難。其他的兄弟姐妹出於血緣關係，提供必要的幫助和扶持必不可少。但是過多的扶持和幫助，反而會使得受助者失去了自我成長的能力。筆者有位朋友，其哥哥是個社會成功人士。這位朋友自從小時候起，學習和工作上得到其哥哥非常多的幫助。結果養成了他事事依賴哥哥的不良習慣，不願意提高並逐步喪失了自我解決問題的能力。哥哥如果不再幫他，他就對哥哥百般責怪。他的這種表現給哥哥家的生活帶來了很多的負面影響。嫂子對其很有意見，而弟弟所在的單位，也因為弟弟的不良表現對當初的推薦人哥哥頗有微詞。類似這樣的例子在現實生活中很多。其實許多人應該注意，幫助自己的兄弟姐妹一定要節制，否則不僅不能獲得他們的支持，反而會拖累了自身。

　　按照我們的文化習俗，兄弟姐妹應該共同贍養父母。很多時候在贍養父母費用的承擔上，往往容易產生糾紛。由此所產生的兄弟姐妹之間的反目，不僅會對父母造成極其不好的影響，也會對各自的事業和家庭生活帶來很多不便。現在很多兄弟聯合一起創業。在事業發展初期，哥兒們不分彼此，什麼你的我的，親情高於利益，一派其樂融融。但是當事業發展到一定地步的時候，兄弟們各自的抱負滋生，此時這種產權不明晰的利益結構，往往導致利益分配上的糾紛。如果處理不好，就會出現兄弟鬩牆的局面。

　　在兄弟姐妹相處過程中所產生的矛盾如果不解決，兄弟姐妹之間的深

厚感情將受到嚴峻的考驗。因此維持兄弟姐妹之間與生俱來的深厚感情，並有效解決相處過程中所產生的矛盾，是個人從兄弟姐妹中贏得支持的最基本的原則。

在接下來的部分，我們將首先向你說明兄弟姐妹關係的特殊性，以及它在個人生活中的重要性，以便於你理解維持兄弟姐妹關係的重要性。其次，我們將向你著重描述贏得兄弟姐妹支援的重要的技巧。

兄弟姐妹關係的特殊性

兄弟姐妹都是父母所生，古人比喻為手足，具有血緣之親。兄弟關係不僅是可貴的，而且對於個人的成長也是極其重要的。兄弟關係是人際關係在家庭中的投影，一個孩子可以通過與兄弟姐妹相處而學會人際交往和處世方法，它是親子關係所無法代替的。親子關係是一種上下關係，縱向的關係，尤其在孩子幼年時，雙親對孩子的作用是管教和培養，而對於孩子來說，雙親是偉大的人，是仰慕、認同的對象。

兄弟關係與親子關係不同，純粹由年齡差別造成。哥哥姐姐對弟弟妹妹來說，可能成為學習的目標和效仿的楷模。哥哥姐姐也指導、教育弟弟妹妹。從這個角度來看，兄弟關係也包含有縱向的人際關係的因素。但是兄弟關係還不止於此。兄弟姐妹之間還經常會發生糾紛。他們為了爭一個玩具或一塊蛋糕紅起臉時，往往會忘記年齡差別，彼此站在同等層次、平等立場上你爭我奪。雖然他們在其他時間會經常在一起玩耍，相互之間像最要好的朋友一樣。從這一角度看，兄弟關係包含像朋友關係一般的橫向的人際關係的因素。在孩子眼裏，與父母相處和與兄弟姐妹相處不是一回事，如果一視同仁往往沒有好處。孩子們通過體驗兄弟關係，懂得了孩子與大人的不同，並且學會了孩子之間的處世方法。隨著年齡的增長，他們又會逐漸從兄弟關係中學會成人之間的處世方法。

可見，兄弟關係是親子關係以及其他家庭關係所無法代替的。這就是為什麼沒有兄弟姐妹的獨生子女在剛進托兒所或幼兒園時，不會和小朋友一起遊戲，在班上十分孤獨的原因。兄弟關係對建立良好的朋友關係以及進一步建立良好的社會關係，具有極其重要的作用。在家庭中，年齡較小的孩子稱呼年齡較大的孩子為「哥哥」或「姐姐」，這是很普遍的。但在美國和西歐，兄弟姐妹之間一般直呼其名。我們使用兄弟姐妹的稱呼，不單單表明出生順序、性別，其中還包含著對處在各個位置上的人的「預期作用」。父母經常會說：「做哥哥（姐姐）的就要有哥哥（姐姐）的樣。」這「哥哥的樣」就是一種預期作用。

在傳統的家庭模式中，長子女尤其是長子，其地位是相當特殊的。舊時長子就是日後的一家之主，其他的弟妹們都將唯其馬首是瞻，於是無形中從小便形成一種權威感和責任感，總是把所有弟妹的前途、命運、婚嫁步驟端置於心，並少不了一手安排操辦，因此「如父」的說法其實並不過分。

至於長女情懷，也同樣不言而喻，任何家庭中的長女一般都較早熟，且溫順懂事，善解人意，她們對弟妹、尤其是對弟弟有著一種與生俱來的驚人的關愛之情。隨著年齡的日益增長，她們對弟妹的關愛會越來越像當年的母親，因此對弟妹的付出與寬容，也始終像母親為兒女奉獻、被兒女索取一樣，從來都無怨無悔。

時至今日，由於獨生子女越來越多，長子長女通常也就是唯一的子女。真正擁有兩個以上孩子的家庭，「長子傲，末子驕」則是最大的特點。通常，長子在次子出生前一直是家庭的中心人物，父母對長子傾注了全部的愛，從父母那裏，長子可以盡數滿足自己的物質和精神需要，這對於年幼無知的孩子來說，在其人格的形成上打下了不良的基礎，使得他習慣於在別人面前耀武揚威。而末子呢，由於父母得此末子年歲已大，更覺「得之不易」，此時其他的孩子都已漸漸長大，於是父母便將全部的注意力轉移到末子身上。同時他們已經有了豐富的養育經驗，可以給予其無微不至的照顧，更主要的是給予了較高的期望，使孩子從出生的第一天起就

受到嬌慣式的養育，對其百依百順。

在傳統的家教中，父母一般都很重視長子的榜樣作用，所以我們常見的兄弟姐妹交往是親切、友好的，真正體現了團結友愛、互幫互學。小一點的時候，我們通常能看到稍長幾歲的哥哥、姐姐會幫助媽媽哄孩子，看護孩子，能領著弟弟、妹妹一起玩耍，教給弟弟、妹妹有趣的遊戲，使手足關係第一次得到了充分的體現。上學後，哥哥、姐姐又當起了小老師，能幫助弟弟、妹妹學習功課，傳授學習方法，講解疑難問題，經常在一起交流學習心得，這是手足關係的第二次體現。手足關係的第三次體現是在青春發育期以後，此時哥哥、姐姐絲毫不吝嗇自己已有的經驗，特別關心弟弟、妹妹的身體發育（姐姐對妹妹尤其明顯）。在青春發育期以後，哥哥、姐姐還十分重視弟弟、妹妹的生活和交往，經常向他們傳授健康有益的知識和方法，指導他們的行為。

「上樑不正下樑歪」，這無異於是對身為長子、長女的人們來說，是最嚴重的訓斥和刺激。

心理學家認為兄妹交往和姐弟交往，在所有手足關係中最為和諧、親密，是有一定道理的。首先，在女孩的心目中，哥哥和爸爸一樣，是力量和智慧的象徵。但與爸爸相比，她們更多的是同哥哥待在一起，哥哥由於年齡的差距，也非常愛護、照顧妹妹，妹妹在哥哥那裏總能得到保護和滿足，有一種說不出的安全感，因而形成了良好的人格特徵。而且這種兄妹關係會一直持續、乃至終生不改，哪怕妹妹早已成家做母親。

姐弟情深就更為普遍。在兄弟交往中，兒時是整日沒有安寧的打鬧、玩耍，成年後則是穩重老練的把酒言歡、交流計謀，哥哥通常是以夥伴的身分與弟弟在一起，對弟弟缺少細緻入微的關心，姐弟交往則很好地彌補了這一不足。姐姐通常能想到連弟弟自己都不曾在意的種種大事小情，給予一種類似母愛般的關照，總是讓弟弟處於一種被關心之中，這對弟弟的人格完善和情感發育，都有不可磨滅的作用。

每當問到那些身為長子、長女的人，如果有來生，是否還願做長子、長女？他們多半都會微笑著搖頭，歎曰：「一言難盡。」很少有不關心、

不愛護弟弟、妹妹的兄長和姐姐，長子女本身恐怕就意味著為弟妹操心、奉獻，並且還要不動聲色、無怨無悔，就像是父母對他（她）們自己那樣。

贏得兄弟姐妹支持的方法

　　如上面介紹的那樣，兄弟姐妹關係在個人生活中佔據著重要的位置。俗話說：打虎還要親兄弟。一方面，兄弟是骨肉至親，到危急時自會同心協力地拼命；另一方面，兄弟相知最深，相愛最切，不分彼此協調合作。兄弟姐妹和睦相處，相親相愛，一則是孝順父母親的表現，一則是家庭生活快樂的源泉。正因為如此，要想獲取兄弟姐妹的支持，我們一方面要用心維護兄弟姐妹之間的這種關係，以避免各自成家以後關係疏遠，另外一方面，要有效地處理我們在開篇中所提到的兄弟姐妹容易產生糾紛的問題。

和睦相處互相關愛
　　一個家庭能否愉快和幸福，兄弟姐妹的關係佔據著舉足輕重的地位。兄弟姐妹間互相體貼關心，互相幫助，長愛幼、幼尊長，產生矛盾時互諒互讓，生活在這樣的家庭環境中，必然覺得心情舒暢，十分幸福。然而，兄弟姐妹天天相處，出現糾紛和矛盾是難免的。如何才能避免將小事弄大，不傷兄弟感情呢？這就需要瞭解兄弟姐妹的相處之道。

　　互相友愛。友就是和善相處，愛就是親厚相待。兄弟姐妹能友愛，必定能使父母歡心，這也是孝順父母的表現之一。一個人要能和別人互助合作，就要從兄弟姐妹之間的友愛做起。如果不能兄友弟恭，哪能長幼有序，敦睦近鄰，為人友善呢？假如兄弟姐妹不互相友愛，弟妹對兄姊不和順，兄姊對弟妹不友愛，輕則形同陌路，重則兄弟鬩牆，同室操戈。

要相互禮讓。兄弟姐妹之間，應該見利不爭，見害不避。我們時常會看到兄弟姐妹小時候就相爭不讓，長大以後，為爭家產，對簿公堂，甚至手足相殘，令人扼腕歎息！

要相互幫助。兄弟姐妹雖然是同父同母所生，但在智力體力方面仍會有差異，在未來的成就上也有所不同。有的富貴，有的貧賤，總須互相幫助與扶持。朱柏盧《治家格言》說：「兄弟叔侄，須分多潤寡。」就是這個意思。兄弟姐妹能互相幫助，就能互相合作，所以俗話說：「兄弟同心，其力斷金。」

要相互勸善規過，進德修業。兄弟有手足之情，相互影響很大，凡事最好商量，最易合作共事。但不可狼狽為奸，互陷於不義。當兄弟做錯事時，要勸善規過，不可同流合污。

兄弟姐妹的關係是很親密的，但這並不意味著就不講究相處的藝術。兄弟姐妹相處時，還是要注意一些準則的。

❶ 尊重各自的隱私；

❷ 在感情上予以支持；

❸ 願意當其參謀；

❹ 贈送生日禮物；

❺ 不要妒忌；

❻ 願意聽取和徵求意見；

❼ 相互信任；

❽ 不要干涉各自的社會關係；

❾ 共同分享成功的喜悅；

❿ 維護其利益，即使他不在；

⓫ 不要自充對方的庇護者；

⓬ 將其作為自己的一個朋友；

⓭ 談話時，不要東張西望，左顧右盼；

⓮ 幫助其與自己的朋友交朋友；

⓯ 不要當眾批評對方。

如果兄弟姐妹相處時，能注意這些準則，則能使彼此之間的關係更加融洽，感情更加深厚。感情深厚，彼此就更願意互相扶持和幫助。

扮演好自己的角色

在兄弟姐妹關係中，扮演兄弟姐妹等不同角色的人，在與其他同胞相處時，要注意的地方各不相同。做好這一點很重要，因為它強調的是在兄弟姐妹之中，各自承擔自己應該承擔的角色和被社會和家庭所賦予的義務和責任。演好自己的角色，兄弟姐妹這才能叫做兄弟姐妹。否則哥哥不像哥哥，弟弟不像弟弟，角色混亂，導致各自承擔的義務和責任混亂，兄弟姐妹關係也就很難平衡。

在一個家庭裏，哥哥或姐姐是僅次於父母的重要人物。一個家庭和睦與否，和哥哥姐姐的為人有很大的關係。

在家庭裏，哥哥、姐姐應愛護弟妹，關心弟妹們的思想、學習和生活。由於年齡相近，弟妹們往往樂意找兄長交談，這時候兄長就應該耐心懇切地幫助他們，解答和解決他們遇到的各種問題，切不可流露出不耐煩或不屑回答的樣子，切忌急躁、粗暴、敷衍了事的神態。因為這種神態會使弟弟、妹妹們傷心，會使他們以後不再求救於你，對你敬而遠之。

當弟弟、妹妹有了錯誤時，不要在父母面前斥責他們，以免傷害他們的自尊心，更不能經常在父母面前「告狀」，而引起他們的反感。當弟弟、妹妹隨著年齡的增長進入戀愛階段時，哥哥、姐姐應關心他們的生理和心理的變化，促使他們身心健康成長，並經常為他們在怎樣選擇戀愛對象等問題上，提些中肯的意見。在這方面，哥哥、姐姐的勸告往往更容易為他們所接受。哥哥、姐姐本身談戀愛時，如果弟弟、妹妹還小，應注意不要在他們面前經常談論起戀愛問題，更不能在他們面前做出親暱的動作，如依偎相抱、耳鬢廝磨、摟抱接吻，甚至做出更加令人不堪入目的舉動。這些會給尚年幼的弟弟、妹妹留下不好的印象，因為他們可能會想要模仿你，做這種事，從而造成不良影響。當哥哥、姐姐成家時，在結婚儀式（包括嫁妝）上要掌握分寸，新事新辦，不要鋪張，以便他們日後仿

效。成家後如果與弟弟、妹妹們生活在一起，要注意處理好他們與愛人之間的關係，如發生矛盾，一般以當「和事佬」為宜，切不可偏聽、偏信、偏袒任何一方，以免加深矛盾。如果與弟妹們分住，則須經常回來聚一聚、談一談，在經濟條件許可的情況下，給弟妹們買點穿的、用的，這樣做可以使相互之間的感情更親近。

對於弟弟、妹妹來說，除了要做到哥哥、姐姐應做的那些外，很重要的一點是要尊敬哥哥、姐姐。不能有「我比你小，你應該讓我」的優越感。有問題、有事情時，除了告訴父母之外，可多與哥哥、姐姐商量，如果與兄長發生爭吵，不要利用自己的得寵地位，到父母面前去「告狀」，以免加深兄弟姐妹間的隔閡。

另外在兄弟姐妹間如果有領養來的或非同胞親生的，更須注意團結友愛，對非親生的弱者，要更多地關心照顧；千萬不能歧視或冷落他們，以避免給他們的心靈增添創傷。

贍養父母：不要計較要量力而為

兄弟姐妹相繼長大成人後，會出現一些新問題、新矛盾，要本著相互謙讓的精神，妥善解決。其中贍養父母就是其中的一個突出問題。

贍養父母是子女應盡的義務。當父母喪失勞動能力沒有經濟來源，或收入不能維持生活時，子女都有義務向父母提供贍養費。

兄弟姐妹各提供多少，要根據各自的經濟收入而定，不要強求一致。收入高的可以多提供一些，收入低的可以少負擔一點，具體數字要相互協商，負擔少的隨著經濟收入的變化酌情增加，各人負擔多少不要斤斤計較。與父母居住在一起的，可能得益多些（盡的義務也多些），不住在一起的也不要眼紅。父母若有偏愛，資助子女有厚薄，要想開些，立足於自力更生過日子，不要去眼紅別人。總之，兄弟姐妹間要把錢看得輕一些，把情看得重一點，畢竟是血濃於水。

在父母親病故而需處理遺產時，兄弟姐妹應互諒互讓，不要為芝麻大的事而爭執，更不能因幾句口角就掀起軒然大波，使辛辛苦苦建立起來的

感情毀於一旦。一定要學會善於克制自己，再不順心，也不能出口傷人，要知道：「惡語傷人六月寒。」看見別人在火頭上，就迴避一下，以免直接衝突，要協商解決。假如父母生前比較富裕，兄弟姐妹絕不要為了爭奪財產而明爭暗鬥。姐妹不要依仗父母生前的寵愛，把娘家的東西大包小包往夫家搬，兄弟也不要以為自己是「頂門人」，而理所當然地獨佔財產。處理遺產重要的是一要遵照父母的遺囑，二要根據各人目前的經濟狀況，三要兼顧以往各人對父母所盡義務的多少。千萬不可因貪錢財而影響兄弟姐妹情誼。

最後，當兄弟姐妹相繼長大成家後，要經常相互走動，逢年過節除應買點父母喜歡吃的東西或禮物到家庭探望他們外，還應到兄弟姐妹家看看，以便聯絡感情。當誰有困難時，大家要盡力相助，當誰身體不適時，大家也須前去探望，節假日可以相互邀請，團聚歡談，在良宵壽辰時，也可前去祝賀；如果兄弟姐妹中有人遠嫁他鄉，應經常通通電話或書信往來，保持經常性的接觸，使手足之情長久地保持下去。

總之，兄弟姐妹「本是同根生」，係一奶同胞，這種江海深情是其他任何關係也無法代替的。切不要因爭一時之氣或為了身外之物，而破壞了手足之情。在各種人際關係中，兄弟姐妹關係是最真誠而持久的，是親密和友誼的象徵。

利益分配：親兄弟明算帳

有句古話叫做「親兄弟，明算帳」。區區六字，卻包含著很深的人生體驗。要想獲得自己兄弟姐妹的支持，在利益分配上一定要把彼此之間的重大利益糾葛算清。為什麼是重大的利益糾葛？因為很小的利益糾紛，兄弟姐妹之間還能夠一笑了之。但是重大的利益糾葛就很難釋懷了。古往今來，有許多例子可以作為明證。

債務承擔：合理承擔有理拒絕

還有句古話叫做親情重於金錢。兄弟姐妹情深義重，一旦哪位處於危

機之中，其他人伸手援助，天經地義。最為常見的是為兄弟姐妹承擔債務。但是一定要注意限度。

05
CHAPTER

讓配偶成為你
事業終生的伴侶

美國的研究：
婚姻持續時間決定財富多少

　　二〇〇〇年美國人湯瑪斯·J·斯坦利博士（Thomas J. Stanley）撰寫的暢銷書《身邊的百萬富翁》出版了中文版，這本書深受關注的原因之一是書中描述了當今美國經濟上最有成就者的基本輪廓，作者嚴謹的研究方法，令所有讀者對書中的描述深信不疑。按照《身邊的百萬富翁》的描述，經濟上大有成就者的第一個特徵是「來自傳統的家庭」：

　　❶ 他是一位五十四歲的男性，他與同一個女人已經結婚了二十八年。他們中有四分之一的人與同一位配偶共同生活了三十八年以上。

　　❷ 按平均算，他們每個家庭有三個孩子。

　　❸ 他們大多數人（92%）結了婚。在結過婚的人當中，95%有孩子。

　　❹ 他們中只有2%的人從沒有結過婚，約3%的人是喪偶者。

　　擁有巨額財富者的第一大特徵竟然是擁有長期穩定的婚姻！斯坦利博士進一步研究得出了幾個更有價值的發現：

　　❶ 合法婚姻具有某些促進財富積累的功能，某些財富積累只會存在於在婚夫婦的家庭之中，而與單身家庭無緣。

　　❷ 各種研究都一致的發現，婚姻持續時間與財富水準之間存在著非常強的正相關性，即婚姻持續時間越長，財富越多。

　　❸ 具有共同興趣愛好的夫婦一般不會離婚，而婚姻長短和財富之間又存在一種相關關係。但是擁有共同興趣愛好以及長期維持婚姻，卻又生活拮据的夫妻仍然隨處可見，這是為什麼呢？斯坦利博士指出這是由於夫妻共同擁有的興趣愛好的類型差異所致。百萬富翁家庭常見的共同興趣愛好通常都與財富積累相關，例如都對制訂家庭預算、理財和投資、經營公司等感興趣。

　　正如巨額財富不是婚姻成功的唯一因素一樣，婚姻成功也不是能夠積

累巨額財富的唯一原因。斯坦利博士指出：「從本質上講，百萬富翁為什麼是百萬富翁呢？因為他們對其人生中的幾個重大問題做出了正確的選擇，而其中之一就是對於配偶的選擇，以及有意識地選擇配偶成為自己事業終生的伴侶。」

對斯坦利博士的研究，也許可以有各種不同的解讀，但至少對那些持有「先事業，後家庭」、「為了工作不顧家庭」、「大男子主義者」來說，敲響了警鐘，如果你忽視了你的另一半，忽視了家庭的經營，那麼你失去的可能不僅僅是關鍵時刻的支持，還有其他的一切。

良好的婚姻不僅有助於家庭財富的創造，也會對政界人物苦心經營的政治財富的多寡好壞，產生重要的影響。在這一點上，美國前總統柯林頓夫婦的婚姻就表現得非常明顯。借用幾年前一家美國媒體開的玩笑，大意是柯林頓夫婦開車來到加油站，結果加油的工人是希拉蕊的前任男友。離開後，柯林頓得意地對希拉蕊說：「幸虧嫁了我，不然你就當了加油工人的妻子。」希拉蕊不屑一顧地反駁：「如果他真的娶了我，今天做美國總統的是他，可就不是你柯林頓啦！」

從柯林頓第一次競選國會議員開始，希拉蕊就全力幫助他競選。柯林頓一九七八年在阿肯色州當州長後不久，就得到了個「後來居上小子」的諢號，而他一步步地攀上權力之顛，都少不了夫人幕後和陣前相助。他們兩個人既是夫妻關係，又是「專業夥伴關係」。有人說「柯林頓是腿，而希拉蕊則是腦」，她首先是「柯林頓的政策顧問，其次才是柯林頓的妻子」。

希拉蕊是女權主義者，她表現出對舊有傳統和清規戒律的蔑視。在柯林頓競選總統時，希拉蕊曾經堅持要保留她的娘家姓「羅德姆」，以表明自己的獨立性，此舉受到民主黨中的保守派的猛烈抨擊。為了堵住這些人的嘴巴，為了給柯林頓拉選票，希拉蕊最後不得不用夫姓「柯林頓」代替了父姓「羅德姆」。

美國人對他們自己的第一夫人有著濃厚的興趣，美國《華盛頓時報》曾把希拉蕊和前第一夫人蘿拉詳詳細細地比較了一番。在美國人的心目

中，蘿拉‧布希是一位「討人喜歡、行為優雅、漂亮、智慧和安靜」的女人。而在一九九六年類似的一份調查問卷中，希拉蕊被民眾描述成「聰明、機敏、富有挑釁性、飛揚跋扈」的女人。民意調查中，只有百分之六的人認為蘿拉對政府有很大的影響力，而在一九九三年的調查中，認為希拉蕊對柯林頓政府的影響力非常大的人高達百分之四十。

既然婚姻對財富創造有如此重要的意義，那麼從婚姻中獲得配偶的支持就顯得非常重要。那麼怎麼才能獲得配偶的忠心和持久的支持呢？接下來，我們將為您詳細回答這個問題。

選對配偶是贏得
對方支持的前提

婚姻是人生的一條漫長道路，幸福快樂的婚姻生活是每一個人所希冀的，那麼怎樣才能把幸福掌握在自己手中呢？選對配偶是最基本的前提。選擇對了，婚姻就是幸福的天堂；選擇錯了，糟糕的夫妻關係不僅僅造成「後院起火」，而且還會輻射到家庭以外的事業和人際關係中，給人帶來意想不到的損失。因此要想從婚姻中獲取配偶應承擔的基本的支持，選對配偶就顯得至關重要。

很多美國人認為，柯林頓也許在有些政治事務中作出了一些錯誤的選擇。但是他們普遍認為，柯林頓至少有一個選擇沒有錯誤，那就是選擇希拉蕊為自己的終生伴侶。有評論甚至認為，柯林頓夫婦的婚姻可能是二十世紀美國最不可思議的婚姻之一。但是毫無疑問，柯林頓的這個選擇，為他的人生和事業發展都帶來了顯著的利益。

柯林頓是個愛拈花惹草的人，在萊溫斯基事件爆光之後，柯林頓還不斷和其他的一些女性有染，甚至就在之前，《紐約郵報》披露了柯林頓又和女企業家當中排名第二的三十七歲加拿大億萬富婆貝琳達擦出了愛的火花。可是希拉蕊怎麼能容忍這個枕邊人，而且又在緊要關頭力挽狂瀾，一

次又一次地讓這段婚姻起死回生？

　　儘管希拉蕊和柯林頓的強大政敵們，經年來窮追不捨地指責兩人的婚姻，希拉蕊的回答是：「對於我，這是一個正確的決定，儘管它可能難以讓我的批評者滿意。」協助柯林頓寫作回憶錄的歷史研究員特德則表示：「他們各取所長。因為他們在一起實在太久了，彼此非常瞭解，知道對方需要什麼。其實他們生活得非常快樂。」希拉蕊的一位助手說，「柯林頓夫婦是很強的政治聯盟，彼此互補。柯林頓要希拉蕊的紀律性、明確的目標和野心；希拉蕊需要柯林頓具有策略性的頭腦」。

　　希拉蕊將自己保護住了，也將女兒保護住了，而且幫助丈夫脫離困境。在《生活的歷史》裏希拉蕊這樣寫道：如果倘有一絲可能，我便要我們的婚姻永久，因為我愛比爾。同時，我更深切意識到，自己是多麼珍愛這些年來我們共同生活的美好時光。

　　希拉蕊在她的書中甚至把自己與南非前總統曼德拉做了一比，她說：曼德拉原諒了關押他的白人。希拉蕊則原諒了比爾‧柯林頓。

　　希拉蕊在她的書中寫道：「儘管這麼多年過去了，他依然是我所見過的最風趣、最有激情的人。沒有一個人能像比爾‧柯林頓那樣瞭解我，那樣讓我笑……直到現在，我依然喜歡他的思維方式和他看問題的獨特眼光。」回憶錄中有一段感人的細節描寫，那是希拉蕊描繪柯林頓手的變化，她說：「最初與他相遇時，他的手引起了我的注意。他的手腕不粗，手指細長，就像是鋼琴家或外科大夫的手。我喜歡看他的手指輕輕翻書的樣子。現在，他的雙手就像它們的主人一樣，歷經了風吹雨打，但是依然吸引人、富有彈性。」

　　柯林頓的選擇讓很多人羨慕。那麼我們怎樣才能像柯林頓一樣選對自己的伴侶呢？對於配偶的選擇，有人說全靠緣分，筆者認為不然，緣分是可遇而不可求，這種操之於天的想法太過消極；有些女性認為追求、選擇是男人的事，自己只能靜靜等待，所以無條件可言。其實這也不然，有人因性別的關係不願主動積極，但是當有人來追求或被人介紹時，總有權依自己所定的條件取捨吧！與其婚後不滿意，不如婚前仔細選。以下列舉一些選擇的要件，不過，人沒有十全十美的，我們不是要選擇一個完美的

人，而是要選擇一位雖有缺點，但是我能接受的或適配的人。當然相愛也是必要條件。

配偶的個人條件

成熟與健康的人

　　個人成熟的重要性已在前面詳述，而健康的人格更是必要條件，心理不健康的人格有下列幾種表現：

　　——不信任自己並自卑：很可能不能付出真愛，或不能接受愛，他們認為接受愛是一種心理負擔，或覺得自己不配被人愛。常常感到不安全、焦慮和懷疑，在夫妻或男女交往時，會表現過度的依戀、善妒，要求對方不許和任何異性多說一句話，甚或不允許其他的同性注意對方，這種疑忌在夫妻間將造成不能忍受的藩籬。

　　——使用過多的防衛：這種人易與人建立親密的關係，常用各種方式隱瞞自己、防衛自己，這些行為可以從不自然的表現中觀察出。

　　——不快樂而消極灰暗的人：快樂積極的人，才會有適當的生活目標、有樂觀的處世態度，較易看到人生的光明面，也會努力實現美好的理想。

身體健康

　　健康乃是財富，不論從家庭幸福、家族的健全及整個國家而言，都是相當重要的因素。當然，這並非說有某些疾病或部分殘缺的人，不能選為對象，而是要讓自己瞭解健康問題對婚後的影響，是否對對方的愛已足以接受對方的「不健康」，且能在婚前有好的適應。不然，非但不是愛他，更可能因婚後後悔而傷害他。

年齡

　　主要是指生理與心理成熟的年齡，而實際年齡是一個很重要的指標。年齡差距太大的婚姻會有許多問題，往往不太美滿。至於是否一定要男大於女，則要考慮思想上的差距，及對方親友的接納程度而定。一般而言，相差八歲以上算是年齡差距較大，要多考慮。而相差四歲以上，要視心理的成熟度。

個性

　　有些人認為個性不同比較新奇，較有互補性，有時是有些道理，如個性很倔強的人，找個溫柔順從的對象適應會好些，如果也找個同樣性格的人，可能要天天嘔氣。但個性相差太大時，日子一久，因意見不同、做法不同而產生摩擦的機會很多，生活就不協調。個性相投倒能做長久的適應。一個很內向的人與一個很外向的人結合，往往無法培養共同的興趣與生活步調。故在配偶個性的選擇上，原則上不能相異太大，可以有一些部分互補，達到相輔相成。

教育程度

　　學校供給我們學習的經驗及與人相處的道理，選擇教育程度愈相近的配偶，在很多方面都較容易溝通與交流；夫妻教育程度相差太多，往往會造成各種看法的不同，感情的維繫自然較困難。較低程度的一方亦可能因自己的差異，而造成心理的偏差。當然教育程度包括形式的程度與實質的程度，我們在選擇相似程度時，應以後者為重。

經濟基礎

　　「貧賤夫妻百事哀」、「愛情與麵包孰重」，一直是青年男女懷疑之處。平心而論，有高收入、有洋房汽車，並不能為婚姻帶來什麼好處，反而兩個人共同白手起家，更能增進夫妻的感情及一個家庭的向心力。但是現實生活中，要白手起家，必須有一技之長或固定的職業，而且結婚時必

須已能自立，不能依賴雙方家庭的支持才能維持，故選擇配偶時，雙方的收入至少能維繫一個家，並有相當的發展性，其次要配合自己對物質生活的要求程度而定。

社交情形

人們常說：「朋友像一面鏡子，能反映出一個人的真實面。」這句話一點兒也不假。能與同性朋友交往很好的人，在婚姻中也易與配偶相處。同時，什麼樣的人交什麼樣的朋友，觀察對方交往的朋友，可以做很好的參考。再者，一個人的社交習慣，反映出他的生活態度，我們不能選擇一個社交情形相差很遠的人。不然，一個愛交際、應酬、喜歡請朋友來做客或拜訪朋友的人，若與一個非常不喜歡社交，且抱持「君子之交淡如水」的交友觀念者結合，很可能就不能協調，而造成分手的悲劇。

宗教信仰

在我國，宗教信仰涉入生活，未如歐美國家有那樣深遠的影響。我們看到很多不同信仰的人，協調地生活在一起。但近年來，不少青年男女熱衷於宗教，將宗教生活放在重要的地位，在這種情形下，宗教信仰不同的人在一起，就易有衝突。筆者接觸過幾對男女朋友和夫妻，一開始都相信可以互相尊重對方的信仰，然而日子一久，發現信仰已影響一個人的人生觀、價值觀，甚至風俗習慣和生活規則，飯前的祈禱、星期天的禮拜、宗教活動等等，都成了不能忍受的事情。故有較深的宗教信仰或強烈的無神論者，定要選擇與自己有相同宗教觀的人。

和諧的日常生活是
贏得對方支持的融合劑

一般情況下，誰是和你生活最久的人？沒錯，是自己的另外一半。在

漫漫的人生征途中，和自己的另外一半和諧相處，營造和睦的夫妻關係以及家庭氛圍，不僅為自己的生活和事業發展營造一個堅實的後盾，也可以從配偶及家庭對自己所產生的期望和給予的激勵之中，汲取促進事業前進的巨大力量。

夫妻生活的不和諧主要體現在哪些方面？通常夫妻之間，容易在日常生活的溝通中產生矛盾。基於這一點，我們將在接下來的部分為您詳細介紹解決夫妻溝通矛盾的一些原則和技巧。相信它們有助於你改善和解決夫妻之間存在的問題。

夫妻日常生活要多溝通

在社交藝術中，有一條經驗為：「沉默是金。」而家庭內，特別是夫妻間，如果也「不苟言笑」，或感到「無話可說」，那你就得警惕了：兩個人的關係是不是出現了危機？男婚女嫁，除生兒育女繁衍後代外，還有一個重要的好處，那就是半夜時分，兩個人各抱一個枕頭，說「枕邊話」。話題從不受限制，身心放鬆，溫情脈脈，卻又自由自在。有些話與朋友、同事或上司進行交流，可能成為壞話、性騷擾或阿諛奉承……但夫妻間小聲密談，卻是一種享受，一種親密的溝通。

更重要的是夫妻夜談可以消除誤會，比如老公下班回來，給妻子一個擁抱，敏感的妻子從他身上聞到一種香味，於是她就想：他肯定與哪個狐狸精擁抱過……越想越氣，越氣越不想說話，最後只好大吵一場。試想，如果當時如能捏一下老公的臉，說：「你身上沾了哪一個女人香？」她老公一定會笑著告訴她，是同辦公室的一位先生故意把香水灑在他身上，讓他回去「不好交代」……這純粹是一個玩笑，但因為他回家不說，結果誤會加劇，戰爭爆發。真應了那句俗話：燈不點不亮，話不說不明。

日本一家人壽保險公司曾做了一次調查，發現日本夫婦每天一般可交談一小時五十分鐘的話。對此，他們覺得奇怪，日本夫妻每天竟有這麼長時間在交談。後來經過進一步核實，才發現不是「交談」，大多數情況下是妻子在嘀咕，丈夫只是偶然點頭或「哦唔」一聲而已。調查還發現，日

本丈夫和太太的談話主題有三大項，就是「吃飯」、「洗澡」和「睡覺」。對此，日本有位婚姻專家分析指出，日本離婚人數越來越多的一個原因就是日本夫妻的「交談」次數越來越少的緣故。

掌握夫妻雙贏的溝通技巧，可以從以下幾方面著手：溝通什麼？何時溝通？如何溝通？

——溝通什麼？

❶ 說得多，不如說得好。

談到溝通，不少人誤以為必須把心裏的想法和感受全部講出來。其實夫妻雙方必須過濾說話的內容，對傷害夫妻關係的內容就不要說。

夫妻相處長了，對於配偶的好惡應該有一定程度的瞭解，某些話題是對方的禁忌，別再去碰這些話題。如果丈夫的學歷不高，對有關學歷的談話比較敏感，做妻子的就不要以此為話題，以避免傷到丈夫的自尊。

❷ 完全坦白，不如留有餘地。

常見的婚姻誤區是夫妻之間必須絕對地坦白，不可有個人隱私。說話毫無保留，結果卻使得對方產生負面情緒，負面情緒累積多了，將不利於婚姻關係。

例如妻子說：「我今天遇到你以前交往過的陳小姐，她還是那樣的迷人。」丈夫說：「她本來是很迷人，像她這樣的女性不多，我想很多男性都會喜歡她。」這位丈夫很坦誠地把他的想法講出來，恐怕會讓妻子懷疑他仍舊懷念著舊情人，將使夫妻關係蒙上陰影。

——何時溝通？

許多人只顧自己的情緒，一吐為快，卻忽視了聽者是否聽得進去。當一個人心中鬱悶的時候，將不再有心思去傾聽配偶的訴說，反過來也會使訴說者因不受重視而心生不滿。所以夫妻雙方相互溝通之際，最好選擇雙方心平氣和的時候，才能產生好的結果。

——如何溝通？

❶ 溝通時，傾聽比說更重要。

在溝通時，許多人往往急著表達自己的意見，忽視了別人在說什麼，

而各說各的，使溝通效果大打折扣。傾聽是指站在對方的立場上，用心去瞭解對方所表達的意思。不只包含聽到對方說什麼，還要觀察到對方話語裏蘊含的意義，注意到其手勢、表情、聲調、身體語言，當一個人心口不一時，往往可從中感受到真正的含意。然後對於所聽到、觀察到的，給予適當而簡短的反應，例如「原來如此……」「是……」以及點頭，讓對方知道你在聽，也會讓對方感受到被尊重。

❷ 接納。

不論你聽到什麼，不管對方的表達內容是對是錯，先別急著辯駁或去指正，試著去承認對方真的有此感受，才能夠使他願意放下防衛，弱化個人的堅持，進而聆聽你所說的話。認可對方並非代表同意對方的觀點，只是表示你能夠體會到他的個人感受。

假若你的他表示：「我受夠了你老是對我挑三揀四。」若你回答：「我不是挑剔你，只不過是想要告訴你如何正確地保持乾淨罷了！」這一番聽起來無傷大雅的話，可能會引來一次爭吵，因為這句話否定了另一半的實際感受。若能認可對方的感受而回答：「我看得出來我的嘮叨、挑剔令你心情不好，真的很抱歉讓你這麼難受。」另一半唯有感到你接納他之後，才會願意聆聽你的心聲。另外，通過觀察另一半傳達的資訊及其背後的真正用意及深為愁苦的煩惱，才能逐漸接納對方。

❸ 澄清。

學習在溝通過程中給對方回饋，將你所聽到的告訴他「你的意思是……」「你是說……嗎？」可避免因聽錯而產生不必要的誤會。

❹ 運用「我資訊」。

許多人常喜歡用「你資訊」來溝通，「你不准這樣……」「你難道不能……」「你以為家裏只有你一個人嗎？」這容易讓對方感到受威脅，而引起反抗心理，或者激怒對方而引發矛盾。

若運用「我資訊」，以「我」作為語句開頭，後面接感受的辭彙，「我覺得……」「因為……」則較無攻擊性，讓聽者有較大的心理空間來思考你所說的話，而且用「我」當開頭，表示說話者自己負起這次溝通的責

任；若用「你」來敘述，則把過錯丟給聽者，容易激起聽者的負面情緒。

例如「我很難過，因為我原本以為我們早就約好今天要一起吃飯的」，就會比「你每次都說要忙公司的事情，到底是公事重要還是我重要」。讓對方更清楚地瞭解你的感受，而不是遭受批評而已。

❺ 表裏如一的溝通。

當你內在的想法與表達出來的資訊一致時，一方面可能讓你照顧到自己內在的需求，不會委屈、壓抑情緒或有戴面具的感覺；另一方面讓配偶知道你到底要什麼，才能重視你的問題。這樣的溝通才能顧及雙方感受。例如有些配偶表面上回答：「沒關係、都可以、看你想怎麼做。」實際上內心另有其他想法。

❻ 具體化。

說話者要盡可能把自己的感受與期待清晰明確地表達出來，簡單、具體、明確能讓對方抓住你要表達的重點。

每個人的內在狀態有如水面下的冰山，並不容易讓別人瞭解，除非你願意表達出來，告訴配偶你的內在感受、觀點、期待、渴望與需求，能讓配偶瞭解你的內在狀態。

許多人習慣於表達看法，但只停留在表面的事件討論及問題解決，很少把真正的感受表達出來，而表達感受卻是讓對方瞭解你的重點所在。

❼ 多用正向的語意。

例如「記得把用過的杯子拿到廚房放好」，將比「每次喝完開水，杯子總是亂放」這樣的溝通來得好。

❽ 不可用威脅、羞辱等傷害性或批評性的言語。

溝通的目的是希望自己的資訊能被尊重與接納，如果用具有傷害性或批評性的方式來傳達，對方會產生巨大的防衛心理，可能會引起對方的負面情緒，這樣會讓雙方陷入情緒化的互動中，失去溝通的目的。

❾ 別陷入是非對錯之爭。

溝通的目的在於交換資訊以解決問題，增進瞭解或促進關係。但是夫妻溝通時，常把注意力放在誰是誰非上，意見的溝通變成意氣之爭，溝通

時若不能對事不對人，則容易造成彼此的傷害。而溝通時無法就事論事，主要是受到思維方式的影響。

❿ 欣賞與鼓勵、包容與諒解。

增進兩人的情義，隨時為兩人的情感親密度加溫的溝通，可為夫妻之間的和諧美滿打下深厚的基礎。

為了維護良好的婚姻關係，夫妻雙方必須有能力做清楚有效的溝通，而溝通是需要學習的，如何通過溝通化解因男女差異而產生的矛盾是很重要的。

記住，溝通時，要聽聽彼此內心的期待與渴望，用「我資訊」當作開頭，不論對錯先別急著辯駁，試著瞭解對方的感受，告訴對方你聽到了什麼，避免彼此產生不必要的誤解，想想溝通的目的何在，從而創造雙贏的夫妻溝通。

婚後仍需表達愛慕之情

熱戀中的情侶，有說不完的悄悄話，訴不盡的溫柔情。情書如雪片般飛舞，立下了多少海誓山盟；一束秋波，傳遞出深層的戀情；一句問候，令對方整個心靈顫動……

婚後的夫妻，似乎在熱戀時已把情話說盡，如今的語言簡練到了令人吃驚的地步：「飯做好了嗎？」「孩子衣服髒了！」「該睡覺了。」調查研究發現，許多人認為：「一旦成為夫妻，就是自家人了，他愛我，我愛她，這誰心裏都明白，何必嘮嘮叨叨地說出來呢？作為夫妻，他做的是他應該做的，她盡的也是她的責任，兩人又何必客套，顯得假惺惺的？再說，戀愛時都是年輕人，『我愛你，我少不了你』之類的話，如今再說起來，也怪不自在的。」——這就是現在一些夫妻對待感情交流所持的態度。

在這種觀念支配下，已婚男女一反熱戀時的親密與熱烈，在婚後，表達感情反而覺得忸忸捏捏，甚至到了近乎冷漠寡情的地步了。這樣的夫妻，實際患了心理上的「愛情聾啞症」。

「愛情聾啞症」在生活中有以下種種表現：

❶ 很少對愛人說一些十分甜蜜的話；

❷ 從不向愛人認錯；

❸ 兩人從未共同討論性生活問題；

❹ 很少去想愛人需要些什麼；

❺ 常常覺得與愛人聊天是浪費時間；

❻ 喜歡一個人做事，不願與配偶商量；

❼ 認為故意取悅對方是庸俗的；

❽ 搞不清愛人對自己的感情如何；

❾ 愛人做了件自以為得意的事，你卻不以為然，覺得沒什麼了不起，不值得沾沾自喜；

❿ 遇到矛盾或問題，夫妻倆經常生悶氣；

⓫ 認為「即使在愛人面前，認錯也是很丟臉的」；

⓬ 有些事心裏很不滿，可又怕說出來傷了夫妻間的和睦；

⓭ 不知道愛人目前的苦惱；

⓮ 不知道愛人對自己哪些方面不滿意；

⓯ 婚後很少坐下來交流感情；

⓰ 愛人生氣時，常常置之不理；

⓱ 有許多話不願和愛人講；

⓲ 在愛人面前談論想法時，對方常常顯得心不在焉；

⓳ 有時倆人在一起時，反而覺得無聊；

⓴ 很少去深究愛人為何總是情緒不好。

導致夫妻「愛情聾啞症」的原因很多。當然，如果夫妻之間已不再相愛，或一方有了外遇，那麼「愛情聾啞症」只是「伴隨」症狀而已。得了「愛情聾啞症」怎麼辦呢？

——應打破錯誤的觀念。結婚後，生活確實變得現實多了，但只有不斷發展類似婚前的那種戀情，平凡的生活才會產生樂趣，人們才能從生活的繁瑣中體味到倆人互相支持與體貼的幸福。否則每天埋頭於生活瑣事，

漸漸地就讓人產生了厭倦的情緒，「結婚是愛情的墳墓」的感覺也就被印證了。

——要學會共同創建新的生活。許多事情並非需要一天就完成，要注意從繁瑣的事務中理出頭緒，分清輕重緩急，學會忙中偷閒，為夫妻的娛樂和交流感情創造條件。應該認識到，夫妻倆的娛樂和感情的交流，不僅僅是鞏固和發展夫妻關係的需要，同時也是對繁忙緊張工作的調劑，它可使緊張的神經、壓抑的感情得到放鬆，從而使人們能以旺盛的精力和充沛的體力，去工作和應付日常事務。

——在夫妻之間的親密關係中，不要總是想到自己的尊嚴。一般來說，夫妻之間是不應笑話誰表現得主動，或誰表現得熱情的，因為主動和熱情本身，就是對愛人的一種尊重和依賴，若以此取笑對方，豈不是不知好歹？

——男人對「男子漢」要有正確的理解。真正的男人應該是既懂大義，又明細情；既有七情六慾，又會適當地進行表達。那種缺乏溫情的、冷酷的男人，實際上是心理不健康的人。

——增加性生活的和諧。這也是強化夫妻感情的一種黏合劑。夫妻間如果在性生活上有了問題，一定要去尋求專門的科學指導。否則一生中幾十年都在這痛苦中渡過，是相當不幸的。

——要在婚後繼續表達愛慕之情。夫妻感情的加深和穩固，取決於自身的努力。人的感情會隨著生活條件、地位、交往等而變化，只有不斷地溝通，使雙方相互理解，才能維繫和發展夫妻間的感情。為此，夫妻間應學會表達自己的感情，適時地對配偶的行為給予反應，讚揚的事要說出口，反對的事要講究分寸與策略。裝聾作啞，只能害己害對方。

語言是人類文明的標誌，生活在現代文明社會的夫妻，更要充分利用語言進行溝通。一方說句笑話，或開一個玩笑，一下子就使氣氛活躍起來了；表示一下親熱，說一句溫柔體貼的話，立即喚起對方心底的春潮；一句抱歉和親切的撫慰，立刻化解了對方的怨氣；爭論不休的問題，卻因一句甜蜜的情話和溫柔的愛撫，而變得心平氣和……語言有著如此奇妙的作

用，每個人都不妨試一試，你肯定能使對方和自己都感到幸福！

吵架要恰到好處

提出這個問題你可能覺得好笑。但在生活中，就是有很多人不會爭吵，甚至不清楚爭吵的意義。下面就有兩個例子：

「我們從來不吵嘴，我丈夫和我都是平靜隨和的人。但我們總覺得有點不對勁，缺少真正的愛情。我不知道問題出在哪裡。」

「我們為一點小事情就可以爭吵一番，這簡直可笑。這也使我們彼此感到厭倦。因為孩子的緣故，我們不想離婚，可我也不清楚將來會怎麼樣。」

夫妻在家庭生活中不論怎樣進行心理調試，也難免有矛盾，如果對矛盾處理得不好，矛盾就會激化，表現為爭吵、分居，甚至離婚。在正常情況下，人和人的關係處於平衡的狀態中，人的心理也處於平衡的狀態中；如果夫妻發生了爭吵，甚至互相不理睬了、分居了、鬧離婚了，這時，人的心理就處於一種失衡的狀態。人的心理喪失平衡的時候是很難受的，懊恨、氣惱、後悔等情緒一起湧上心頭。在這種情況下，人們都有一種力圖恢復心理平衡的傾向。一般地說，夫妻吵架後總想言歸於好，那麼怎樣才能言歸於好呢？

爭吵對於正常的人與人之間的關係是必不可少的。沒有爭吵，關係就不會健康地發展。關係越密切，爭吵也就變得越重要。千萬不要把爭吵當作壞習氣壓制下去。這樣的話，矛盾依然存在，而且會隨著時間的推移，使人與人之間的關係搞得不正常。

卡內基指出，推心置腹的爭吵能使友情進一步鞏固，從不爭吵的夥伴心裏最清楚，他們之間的關係是容易破裂的。只是為了維持關係，他們才會避免發生爭吵。

但是夫妻間怎樣爭吵才能恰到好處呢？

首先，夫妻之間最好不要吵架，當一方發火的時候，另一方不要「針尖對麥芒」，「以牙還牙」。在沒有吵起來的時候，恢復友好氣氛也容易；

如果吵起來，就容易弄得不可收拾。

　　但是如果不幸吵架爆發了，吵過以後，要若無其事，在家裏該怎麼講話就怎麼講，該做什麼還做什麼。「天上下雨地上流，小倆口吵架不記仇」，牙齒哪有不咬舌頭的？這時千萬不要互不理睬。如果吵架以後行若無事，那麼心理平衡就會很快恢復；如果互不理睬，那麼喪失心理平衡的時間會延續得比較長。

　　的確，在家庭生活中，一對關係密切的伴侶互不理睬了，那是很彆扭的。這時雙方都有後悔情緒，都希望打破這個僵局，但是誰都感到難以先啟齒，於是夫妻一直處於「中斷外交關係」的狀態之中。這時最好一方姿態低些，主動打破僵局，誠懇地和對方談一次，多作自我批評，少責備對方，從而迅速恢復心理平衡。往往是先和對方談心，談心前感到千難萬難，談心後如釋重負，豁然開朗，覺得早該這麼做。

　　其次，要把「善意」爭吵與「惡意」爭吵區別開來。惡意的爭吵就像在泥潭中的格鬥，引起爭吵的問題往往被擱置在一旁，爭吵的人只是為了爭吵而爭吵。善意的爭吵是圍繞著問題的焦點，遵循著一定的規則把話講出來。下面是幾條提示，它們被證明在爭吵過程中是很值得遵循的：

　　——公平地爭吵。注意不要給對方造成心靈上的創傷。每一個人心理上有一條界線，對別人的攻擊是不能超越這一界線的，否則就會使矛盾激化。當然也有一部分人異常敏感，總覺得自己受到了傷害。這一類人需要鍛鍊，學會容忍別人的攻擊。

　　——誠懇地爭吵。應該把自己的缺點表現出來並同時尊重別人。夥伴之間的爭吵不像拳擊賽那樣有不同的重量級別。如果強者用簡單粗暴的方法把弱者嚇唬住，那麼這樣的爭吵就絕不會有好結果。在善意的爭吵中根本不存在「勝利者」和「戰敗者」。

　　——不要為私生活爭吵。私生活與爭吵是水火不相容的。私生活問題雖然要公正地解決，但卻要十分小心地進行商談。

　　——有目標地爭吵。每一次爭吵都應有一個目標，也就是說要解決特定的問題。一切都應圍繞著這一目標進行。在爭吵中即使達不到統一，也

一定要闡明各自的觀點。

——現實的態度。為陳年老帳爭吵是沒有絲毫意義的。善意爭吵的起因永遠是現實問題，是當時、當地發生的問題。

以上是五條基本的準則。需要補充的是在爭吵中要避免使用不恰當的語句。例如「這簡直是胡說八道」，如果他真是在「胡說八道」，那你還有什麼必要和他繼續爭下去呢？

另外，還要避免使用「沒有一次」、「總是」這一類詞。例如說「你沒有一次準時回來吃飯」或「你總是忘記關門」，這兩句話表達的都不可能是事實。這樣的話只能激怒別人，導致雙方互相抱怨，使矛盾加深。

恰到好處的爭吵是一門藝術，是生活的一部分。在人的一生中爭吵是免不了的，不管是主動地去吵還是被動地去吵。如果你能學會駕馭爭吵的技巧，那麼它將為你的生活服務。

有一幅漫畫很有意思：夫妻兩個人在公園裏吵架，吵得很凶，妻子手裏拿著一把傘。忽然，烏雲密佈，下大雨了，於是兩個人也不吵了，共打一把傘，身體靠在一起，回家去了。

還有一則笑話也很有意思：夫妻兩人多次吵架，最後決定離婚，於是兩個人一起到鄉公所去辦離婚手續。路上經過一條小河，由於發大水，水深了，過不去。這時丈夫二話不說，把妻子揹過去了。妻子到了鄉公所，說不離婚了。問她為什麼，她說：「如果離婚了，回去的時候誰揹我過河呢？」

這幅漫畫、這則笑話，說明了這兩對夫妻並沒有根本性的矛盾，一場大雨、一個過河問題，就能使他們的心理恢復平衡，言歸於好。

彌合夫妻不同興趣愛好

結婚以後，你常感到有種失落感。這主要是表現在你的業餘愛好、興趣在一定意義上受到限制。比如婚前，你性格開朗，愛好廣泛，每逢節假日騎單車郊遊、喜歡下圍棋、打橋牌等，總之，業餘生活很充實。可是你的妻子卻是個性格內向的人，她的業餘時間除了讀書、看電視，就是打些

毛線活兒，喜歡獨自做些自己愛做的事。你渴望與她一起渡過業餘的時間，可大多都被她婉言回絕。她對你喜歡的事情不感興趣。怎麼辦？

其實，對此你完全不必太在意，更不應感到苦惱。要知道，人們的生活環境、文化修養等都是不盡相同的，決定了人們的性格、愛好也不同。現實生活中，很難找到一對性格、情趣、愛好都完全相同的情侶，夫妻間因此而關係破裂的也少見。這是因為美滿的婚姻是以雙方真摯的感情為基礎的。婚姻是否幸福，其主要標誌是二者的心靈是否心心相印、息息相通，而非各自的興趣愛好完全一致。因而過分強調夫妻間興趣愛好相同是沒有道理的。當然，共同的興趣愛好或許更會使愛情之花芬芳豔麗；但是沒有這種共同點，也不會使愛情之花枯萎。它在愛情的長河中只不過是一滴水，不足以左右愛情之舟的暢遊。所以假如愛人與自己興趣、愛好不同，大可不必為此苦惱，應在可能的情況下處理好這種關係。

首先，要懂得一個人的興趣、愛好是由心理品質等諸多因素決定的。因此不能要求對方馬上改變自己的興趣、愛好，更不能把自己的興趣、愛好強加給對方，強加的結果只能是適得其反。因此要在彼此平等的基礎上尊重、適應對方的興趣愛好。長此以往，夫妻之間的興趣愛好很可能趨於平衡，而達到心理上的協調和相通。

其次，相互學習，培養廣泛的興趣愛好。一般說來，一個人的興趣、愛好，反映了一個人的素質，體現了一個人的情操格調。所以作為青年人應在很好地完成本職工作的基礎上，多學一點東西，以此來填補自己閱歷和知識方面的不足，豐富自己的人生。愛情雖然是以心心相印為基礎的，但如果雙方都有廣泛的愛好和高雅的情趣，就會使愛情錦上添花。培養廣泛的興趣、愛好的最好辦法是在條件允許的情況下，多參加各種各樣的活動，在活動中培養雙方共同的興趣、愛好。

總之，當你和愛人興趣愛好不同時，不要為此焦慮，在順其自然的同時，努力適應對方並增加自己的情趣、愛好，才是可取的。

做配偶事業上的「親善大使」

丈夫向他的事業王國邁進時，永遠不會被遺落在背後的，是他的「親善大使」。

每一位妻子都有責任訓練自己，以完成丈夫事業上所需要的交際能力。無論丈夫的職業是什麼，妻子如果有能力和人親切相處，並且對交際有足夠的適應力，就可以使丈夫成功的機會大大增加。

如果妻子天生就有這種能力，那真是太棒了；如果沒有，就必須學習掌握這種能力。

不要以為你的丈夫現在做的只是比較低層次的工作，所以你就不必幫什麼忙。工商界、政界以及其他領域未來的領導人物，以前也都是毫無名氣、沒有人知道的年輕人。沒有人一開始就是站在事業的最高峰的。你是否已經準備好了？等到十年、二十年或是三十年後你的丈夫再建立名聲？到那時候他已經是個頂尖人物了。

如果你不夠機警，你就應該學會喜歡、尊敬和欣賞別人。如果你覺得缺乏教育背景，那就不該躲在那句老掉牙的藉口——「我從沒有機會上大學」後面。你可以到夜校上課，如果你付不起學費，就趕快到最近的一家公共圖書館去。

因為不能趕上丈夫的事業而被丈夫遺落在身後的妻子，並不是一個值得同情的人物。這種人通常是太懶了，或是不肯用心地利用圍繞在身邊的、毫無止境的機會來改進自己。

跟上丈夫在事業中隨時改變的步伐，是婚姻幸福的關鍵。

想要趕上丈夫事業的妻子們，要參加社交活動以便增大自己的交友範圍，而不要把交往侷限在一個小圈子裏。

沒有人知道未來會是什麼樣子。但是聰明的妻子會準備好等待機會的來臨。學習如何認識朋友和如何與朋友和睦相處，這是在你的丈夫得到重要職位以前要事先做準備的一個基本工作。這是一種永遠可以幫助你的丈

夫的工作，不管他的職業或社會地位是什麼。如果他自己在待人接物方面有點笨手笨腳，機靈的妻子將可以幫他彌補粗心的過失；如果他在自己的朋友圈裏已經相當機警圓滑了，有時仍需要妻子幫助，以免使人覺得這位丈夫太老於世故。

表現友善與和氣是妻子的無價資產。工作繁忙的丈夫常常因為太專心工作，而沒有辦法建立增進生活情趣的、溫暖的人際關係。如果他有位妻子，無論走到哪裡都能夠製造出一種溫暖人心的氣氛，那麼他將是多麼的幸運。這樣的妻子在丈夫事業向前邁進的時候，是永遠也不會被遺落在背後的。

同樣的，如果妻子需要自己做個「親善大使」，丈夫也應該像上面敘述的那樣，為妻子的事業發展鋪平道路。

 ## 幫助愛人
改掉不良習氣

生活是一個大染缸，對自己要求嚴格的人，往往能抵制住不良風氣的侵蝕，而對自己的生活不檢點的人，則往往會染上不好的習氣，甚至染上一些惡習。作為這樣人的配偶，完全有責任幫助愛人改掉不良習氣。

在生活的染缸裏，人們容易染上哪些不良習氣呢？一是過多地吸煙，二是過量地貪酒，三是過分地好玩，四是迷戀於打牌。

不少人對上述不良習氣非常厭惡，也深知其發展的後果，如酗酒、玩牌會演化成惡習，都想幫助愛人及早改掉，然而幫來幫去，效果不佳。

為什麼一些人對愛人的幫助收效甚微呢？

——態度不對。不能以平等的態度對待染有不良習氣的愛人，過多地運用命令式而未能採取啟發式，結果造成對方反感和不服，事與願違；

——方法欠妥。有的只是指責而無說服，有的喜歡在眾人面前批評愛人，而不善於兩個人坐下來認真分析，啟發教育，不能做到對症下藥；

——措施不力。不懂得循序漸進，不注意分階段採取措施，操之過急，求成心切，結果收效不大。

既然依靠以上三點不能取得成效，那麼改變以往的做法就成了當務之急。

——摸準愛人的心理活動，從而找到治病良方。一些人之所以染上不良習氣，有其心理根源。一是追求時髦。現在一些人把吃喝玩樂當做一種時尚，誤以為捨不得吃喝、不會玩樂便是落伍，怕被人譏笑為「鄉巴佬」、「守財奴」，於是就跟著他人學起來。在他們看來，嘴裏叼個煙是有風度，能過量飲酒是有氣魄，能玩會玩是會生活，耍牌賭博是抖闊，結果不良習氣便在他們身上紮了根。

——自尊心的扭曲表現。一些人也明知嗜煙、貪酒、好玩、耍賭是不良習氣，但就是怕被人稱作「怕老婆」，便我行我素，硬撐著不改，以表現自己的大丈夫氣概。

——一些人認為煙鋪路，酒搭橋，玩結友。在這種思想指導下，人們便把煙酒等作為交際的手段，在不良的社會生活風氣薰染下，一些人養成了不良的生活習慣。

——某種心理滿足感的誘惑。如吸煙、飲酒、玩賭，不僅能給人以某種刺激，也能給人以心理上的滿足。有這方面嗜好的人若是每天不吸點煙喝點酒，便覺得沒有樂趣。這種心理上的滿足感，往往誘發人們去重複已意識到的不良的東西。

——僥倖心理的自我原諒。一些人深知不良習氣對一般人的危害，但對危害是否能真的落在自己頭上則存有僥倖心理。比如吸煙有損於健康，甚至會致癌；酗酒傷害腸胃與神經，還會闖禍；玩賭是違法行為，容易造成家庭悲劇，這些淺顯的道理他們都很明白。但他們感到這些不幸未必真能降臨到自己頭上，於是漫不在意，下不了改正的決心，自己原諒自己。

欲使愛人改掉不良習氣，我們可以先對愛人作一番心理分析，看他符合上述五條中的哪一條，然後對症下藥。若是第一條，可以幫他認清什麼是正確的風尚，什麼是應該制止的傾向；若是第二條，可以向他講明改掉

不良習氣不是誰怕誰、誰聽誰的問題，而要看到這樣做對自己、對家庭是否有益；若是第三條，可以肯定社交對於人的重要性，但同時要指出煙酒不是交際的真正橋樑，在某種場合煙酒是交際的一種媒介，但要交到真正的朋友，需要真心誠意和志向的一致；若是第四條，可以給他講明人生的樂趣是什麼；若是第五條，可以講講不良習氣的危害，以及萬一出現會給他自己和家庭帶來的惡果。根據這些不同的症狀施以良方，收效可能會明顯一些。

其次，根據愛人的性格和不良習氣所潛伏的危害程度，提出相應的要求。心理學家指出，行為的良性矯正即「系統脫敏」法，要根據行為不良人的性格而採取不同的方法。也就是說，行為不良者的性格是外向的，做事果斷俐落，屬於多血質或膽汁質氣質的人，對他可採取「突進」法，採用強迫手段，限期讓他改正不良習氣；行為不良者的性格是內向的，辦事沉穩拖遝，屬於黏液質或抑鬱氣質的人，對他可採取「漸進」法，採用誘導和逐日遞減的辦法，讓他逐步改掉不良的習氣。比如吸煙，對外向性格的人可勸導他逐日減少吸煙量，由原來每天兩包漸漸減少為一包、半包、幾支，直到徹底戒掉。對於不良習氣所產生的危害，也應做具體分析，根據其不同的程度而採取不同的對策。比如嗜煙、貪玩對己對人不會產生太大的危害，屬於一般性的不良習氣，可採用漸進法，讓愛人漸漸改掉，而習慣性酗酒和賭博對己尤其對他人和社會會產生大的危害，屬於一種惡習，就必須採用突進法，以堅決的態度讓愛人立即改正。

再次，對染有不良習氣的愛人進行幫助，心意要誠，態度要對，並以啟發其內部感受和覺醒為主要手段。你的一切方法都要能使愛人感受到這是對他的愛護，使他從你和藹的或是嚴厲的態度中感受到一種愛的溫暖和鞭策。為了啟發其內部感受，促進覺醒，既可以引導愛人作「惡性想像」，使之看到不良習氣會產生的惡果，也可以引導愛人作「良性想像」，使他明白即使不良習氣不會給本人帶來太重的危害，那種消耗時光、消費錢財、耽誤青春的做法，也會使人感到惋惜和臉紅。為了加強內部感受，心理學家要求人們進行定向強化。他們把強化分為「正強化」和「負強

化」。所謂「正強化」，就是對於人的某種行為給予肯定和鼓勵，使這種行為得到鞏固、保持和發展。所謂「負強化」，就是對於人的某種行為給予否定和懲罰。使這種行為減弱、退化和消亡。

作為染有不良習氣者的配偶，應該想辦法促進對方做到自我控制實現正強化，啟發其內心覺醒促進負強化，通過這兩種強化，使愛人與不良習氣決裂。

此外，不良習氣的改正正如它的形成一樣，並非是一日之功，需要正氣和工夫。如果對愛人的幫助能動之以情，曉之以理，持之以恆，你的願望最終就不會落空。

別過多干預
配偶的工作

很多太太自以為是丈夫工作上的顧問，可是她們的計策往往是使丈夫失業，而不是升職。

一位記者曾問一位經理：太太們要怎麼做才能幫助她們的丈夫成功。

「我相信」，這位經理說，「有兩件最重要的事情，可以使妻子幫助丈夫事業的成功。

第一件是愛他，第二件是讓他獨自闖。一個可愛的妻子，將會帶給她的丈夫愉快和舒服的家庭生活。而如果她聰明得能夠讓自己的丈夫不受干擾地處理業務，他的丈夫就一定能發揮出全部的能力而獲得成功了，至少訓練也會使他有成就。」

這個不干擾的政策，可以直接應用於妻子和丈夫的工作關係，以及妻子和丈夫業務夥伴的關係。

「妻子常常會嚴重地干擾丈夫的工作」，這位經理繼續說：「有些妻子喜歡勸告、干預和影響自己的丈夫，反對和他一起工作的人，或是抱怨丈夫的薪水、工作時間和責任，把自己當作丈夫經營事業的非正式顧問。這

種妻子常常扼殺了丈夫的成功，很少有其他的事情會具有如此的嚴重性。」

許多新娘子都做過美夢，想要機靈地幫助自己的夢中王子爬上經理的寶座。她們計畫出一些策略；她們提出了許多暗示和建議；她們試探、嘗試，並且和丈夫的同事培養友誼。通常，她們的計策使得自己的丈夫丟掉工作，而不是升級。

曾經有過這種事。有一次，一家小公司裏請了一位經理。他很聰敏，看來很適合這個職位，令人迷惑的是他接任新工作以後，他的妻子竟然一直干預著他。每天早上，她都和她先生一起到辦公室，記下她先生的話，交到外頭給打字小姐，而且又要變更她先生的整個工作系統——這是真正發生過的事。

辦公室的工作情緒被破壞了。有位女孩子辭職，其餘的人也都在觀望著時機的變化。在這位新經理到任的整整三個禮拜以後，他被叫到大辦公室去，上司禮貌而肯定地告訴他，不能再留他了。他走了——帶著他的太太一起走了。

太過分了？也許是的；但是有許多人都因為更輕微的原因就被解雇了。妻子的干預，即使有著最好的動機，也都是一件危險的事——這比大多數人所知道的事實都更加嚴重。

以下就有一個現實的例證：

最近公司裏一位最受器重的經理在服務多年以後被迫辭職了，因為他的妻子堅持要干預他的業務。她設計了許多秘密計畫，用來對抗公司裏的其他幾位經理，因為她認為他們是她丈夫的敵手。她在這些經理的太太之中挑撥一些麻煩事件。她開始有計劃地散佈謠言，攻擊他們。她的丈夫沒有辦法控制她暗中的活動，只好做了他所能做的唯一一件事，他辭掉了他相當引以為榮的工作。

如果你相信幕後操縱力的話，下面列出了十種方法，用它們操縱丈夫非常簡單。你可以依照這些方法扯你丈夫的後腿，把他從階梯上拉下來，使他爬不上去。如果依照以下的方法去做，你還能使你的丈夫失業，使他

變得精神崩潰。

——對他的女秘書惡言惡語，尤其對那些年輕漂亮的。隨時利用機會提醒她，她只是傭人而已。雖然她並不把你的丈夫當成是值得追求的、鍍金的天才，但是你也不能因而放過她。失掉一個好的秘書，也不必擔心，你的丈夫還可以用一架記錄機器。

——每天多打幾次電話給你的丈夫。告訴他，你的家事所碰到的麻煩，問他中午和誰一起吃飯，不要忘了開給他一大堆東西的單子，要他在回家的路上買回來。發薪水那天，不要忘了到辦公室去找他。他的同事將會馬上發覺，誰在家裏才是一家之主。

——和她同事的太太製造一些摩擦。這種情況是不會終止的，因為那些太太們沒有一個是傻子。你可散播一些有趣的閒言閒語，說說老闆曾經怎樣談過她的丈夫，以及你的丈夫對她的丈夫看法如何。再過不久，整個辦公室就會分裂成許多派系——而你的目的馬上就會達成了。

——告訴他，他的工作太多，薪水太少，而且辦公室裏沒有人看重他。不多久，他就會開始相信你的話，而他的工作將會變成你說的那樣。然後他會去找適合他的工作。

——不斷地告訴他，他應該如何改善工作，如何增加銷售以及如何奉承自己的上司。擺出坐在搖椅上的總經理之態度。畢竟，他只是在辦公室裏辦辦公而已，你才是真正的戰略家和策劃人。

——舉行豪華的舞會，花費大筆鈔票，過著超過收入的生活，好像你的先生已經成功了。你將騙不了任何人，但是你可以享受到許多樂趣。

——做好你自己家裏的秘密員警計畫。長期偵查你丈夫和他的女主顧、辦公室助理以及同事太太們之間的問題。女士們因為工作必須留下來，而男士們為了避免和她們過多的來往，只能在男士的房間裏工作，這種事在你看起來是毫無意義的。

——每當你有機會向丈夫的老闆眉目傳情的時候，你就儘量使出女性的媚力吧。如果在你的努力以後，老闆沒有開除你丈夫的意思，那麼老闆的太太也會特地為你的先生找個新上司，讓你再試試你的計策。

──在公司舉辦的宴會裏，你不妨多喝一些酒，表現出你是個多麼風趣的人。說一些你丈夫在渡假時如何玩鬧，以及他穿著好像要跳波兒卡舞的睡褲上床的事，這些有趣的小事，將會帶給宴會上的人群許多笑料。你將會變成宴會裏最出風頭的人物──拿你的丈夫來尋開心，你將有說不完的資料來發表你丈夫的趣事。

──每當你的丈夫必須加班或者是出差辦公的時候，你就哭著向他抱怨和嘮叨。讓他知道你才是最重要的，你最值得照料，而且應該受到照料，其他任何代價都可以犧牲。

如果你想要使用一流的手腕，毀掉你丈夫升級的機會，你就依著上述的十條規則去做吧。結果是他將失去他的工作，而你將失去你的丈夫。

處理好與配偶父母的關係

愛情不只是兩個人的事，它會牽扯到父母、親人、朋友，你不可能只在你與愛人之間牽一條紅線，而斬斷其餘的線。

所以要處理好這與雙方相連的諸多的關係。

其實，這個道理在結婚前就應被掌握。

法國著名化學家巴斯特的求愛方法很獨特，他沒有直接深入，而是轉了一個彎。一八四九年，巴斯特到斯特拉斯堡大學任化學教授。他悄悄地愛上了校長的女兒瑪麗·羅伯特，卻不知瑪麗是否也愛他。於是他便寫了一封信給未來的岳父，對自己作了坦誠的分析，不隱瞞出身的低微和貧困。通情達理的校長深受感動，並把信轉給瑪麗，讓她自己作主。但是巴斯特其貌不揚，不修邊幅，第一次見面使瑪麗小姐很不滿意。巴斯特對自己真摯的感情充滿信心，他直接給瑪麗寫了封信：「我所要請求於你的是不要過於匆忙地作出判斷，判斷太匆忙了，可能會有錯誤。時間會告訴你，在這個冷靜的、含蓄的、令你厭惡的外表裏面，有一顆純淨的心。」

最後，倆人終於結成伴侶。

巴斯特的做法一反常規，他先去征服岳父，再去說服他女兒，其實他是挺聰明的，至少，他第一封信使瑪麗的父親不再干涉此事，甚至他會成為巴斯特的一個好幫手。然後他放下心，充滿信心地去追求瑪麗，這不能不說是一種機智的技巧。

諶容在小說《錯，錯，錯》中描述了這樣一位姑娘，她總把自己想像成冰清玉潔的「霓裳仙女」，祈望有一位寵愛她的天宮王子，自己不願再承擔任何義務和責任，終日生活在浪漫中，其結果自然是一種悲劇。她不應忘記，她的天宮王子也有父母。

假如你被男友邀請到家裏做客，一定會有緊張感，其實若想通了，也沒什麼好緊張的，醜媳婦總要見公婆嘛，這時要好好想想，怎樣去留給他的家人一個好印象。

你最好事先向男友打聽他母親的喜好，然後攜帶他母親喜愛的物品去拜訪。因為對男性而言，母親在他心目中佔有特殊的分量，你若能對他的母親表現尊敬的態度，相信男友一定十分高興。況且，母親常常是一個家庭的靈魂，投其所好，會讓你贏得一家人的喜愛。

曾有一家雜誌社舉辦座談會，主題是「如何決定您的媳婦」。其中一位女編輯談起她認識媳婦的經過。

那次她的兒子帶著女友回家，一見面，這位女編輯就對她有了開朗又可愛的印象，而加深這種印象的原因，則是當這女孩回去兩三天後，寄給兒子的一封信，信雖平常，但她在最後一行加上一句：「停筆之前，煩請你代向令尊令堂問好，當我見到他們時，他們和藹可親，給我無比的溫馨感。」當兒子將女友的信給母親看並且要求娶她時，這位女編輯欣然同意。

這女孩蠻聰明的，她不僅給男友的父母留下好的感覺，而且也讓男友體察到她的細膩和慧心。

某位著名評論家的兒子，有一回帶妻子回家，沒想到，妻子當著他母親的面，稱他為「阿呆」。他的母親聽了極為生氣，當面責問女孩：「你

憑什麼如此叫我的兒子？」女孩頓時嚇得手足無措。

雖然一般人會礙於情面，不便當面指責來客，然而，孩子被隨便呼喊不雅的綽號，身為父母，心中感覺可想而知。所以無論與你的丈夫多麼親密，在他雙親面前，語氣不可過分隨便，愛情與禮貌，二者不可混為一談。

作為妻子，要善解人意，作為兒媳婦，更要善察人情。

對男性來說，這個問題也一樣，你要學會討岳母的喜歡。

有一個小故事，說船被浪打翻了，妻子和丈母娘先救哪一個？小夥子馬上答說：「先救丈母娘。」

在中國，丈母娘愛女婿，是一個挺沒道理的道理。所以當岳母問你問題時，你要認真且專注地回答，當她滔滔不絕時，你要三緘其口，當一名熱心的聽眾。

愛情與許多的東西相關，你生活在這個社會裏，便一定要接觸這些事，不要讓你的生活貧乏得只剩下愛情。

感情也不僅僅是兩個人的事，它也會受許許多多方面的影響，對方的家人、對方的朋友，處理不好與他們的關係，會影響夫妻間的感情，製造出不必要的麻煩。

在現實生活中真情並不像人們想像中的那麼簡單、浪漫。所以在你想表達感情的時候，先要動動腦筋，找到一個好辦法，然後再去付諸行動。

處理好與配偶的異性朋友之間的關係

現代社會的基本特徵之一是開放性，人與人之間也要開放。要想增長知識、探討問題、尋求意趣、研究人生，社會交往是必不可少的手段。同時，當今是一個以資訊為動力、資源的時代，要求人與人結成網，通力合作，才能適應社會生產的發展。所以正常的交往是人在生活需要的共同結

構中最廣泛、最複雜的一級需要，是人的永恆需要，這樣才可以獲得一種歸屬感，形成一種動力，促進自己奮發向上，不斷前進。

那麼結婚以後，夫妻一方還能不能與其他異性交往？應當認為可以，而且應予支持。但在現實生活中，由於受封建社會「男女授受不親」陳腐觀念的影響，一些人很不習慣男女之間的正常交往。一旦結了婚，再與配偶以外的異性交往，就容易受到種種責難。男女之間並非只有一種性愛關係，而且還有許多諸如工作關係、同學關係和朋友關係等社會關係，為此支持愛人的社會活動，互相理解，這是真正愛情的體現。

有的人不反對愛人因工作關係和異性交往，但如果愛人與異性交朋友，就不可以了。他們認為婚後再結交異性朋友，是對愛情的不忠。這種看法是錯誤的。因為一個人結婚後交異性朋友，與對自己的愛情的不忠是兩碼事。交朋友只是友誼，而不會產生愛情。當然，有些人在交友中超越了友誼的界限，那就是另外的問題了。因此你的妻子或丈夫，無論是在婚前還是婚後，都有可能與異性建立純潔的友誼，這本是正常的事情。作為丈夫或妻子，大可不必為此而妒火中燒，甚至不問情由，嚴加追究。即使是他們過往頻繁，你也應對你的愛人充分信賴，絕不能動輒生疑。若是橫加干涉或限制活動，只會淡化或傷害夫妻之間的感情，甚至造成不堪設想的後果。

無論哪一方在與異性朋友的交往中，都應該注意到自己已經結了婚、成了家，這與未婚時不一樣了，因此就要注意以既合乎情理又合乎社會法規的道德標準來約束自己，隨時用理智控制感情的閘門，還應注意交往方式，儘量避免引起對方的疑忌。一旦發現對方對此有疑忌，就應及時解釋清楚。最好是將你的丈夫(妻子)介紹給你的異性朋友，使你的朋友成為你們夫婦兩個的朋友。這樣不但會使正常的友誼得到發展，還能使你們的家庭生活更加和諧，愛情之花常開不敗。

夫婦間需要相互信任、互相諒解、互相尊重。對待一方的異性朋友，另一方應該豁達大度，以完全信賴的態度對待他或她，這種正常的交往會使友誼更加純潔。愛情是甜美的酒漿，它是靠相互信任才釀造成的。夫妻

之間假如沒有相互信任，那麼彼此的愛情也將經不起風雨的考驗。

在大多數情況下，人們彼此之間總是處於戒備狀態。他們的談話也很少真正涉及個人的隱私。就連平常自以為非常瞭解的朋友，突然冒出某檔子事，除了一臉的驚訝，剩下的就是無奈的份兒。

要在這個人與人之間情感淡漠的世界裏，保持良好的人際關係和健康的情緒狀態，無疑對人們的情商提出了更高的要求。事實上，也只有高情商者才能更好地適應這個社會，獲得和諧的人際關係和友誼，從而在現實生活中如魚得水。

女性需要的是敞開自己的心扉，積極地與人交流溝通，撤掉一些自設的壁壘，真誠地接納他人，多了幾個能推心置腹的朋友，你就少了幾分孤獨，戰勝了可怕的孤獨，女人的高情商就會為你贏得一片喝采！

 ## 別讓錢支配
你們的生活

生活中有許多人常說：「金錢是萬惡之源。」

的確，企圖一夜之間靠欺詐發財的人將會掉入許多陷阱，這毫無疑問。

大多數人讓他們的恐懼和貪婪之心來支配自己，這是無知的開始。因為害怕或貪婪，大多數人生活在賺工資、加薪、勞動保護之中，而不問這種感情支配思想的生活之路通向哪裡。這就像一幅畫：驢在拼命拉車，因為車夫在它鼻子前面放了個胡蘿蔔。車夫知道該把車駛到哪裡，而驢卻只是在追逐一個幻覺。但第二天驢依舊會去拉車，因為又有胡蘿蔔放在了驢的面前。強化恐懼和慾望是無知的表現，這就是為什麼很多有錢人常常會擔驚受怕。錢就是胡蘿蔔、是幻像。如果驢能看到整幅圖像，它可能會重新想想是否還要去追求胡蘿蔔。成功的人知道錢是虛幻的東西，就像驢前面的胡蘿蔔一樣。正是由於恐懼和貪婪，使無數的人抱著這個幻覺，還以

為它是真實的。

有的人進了大學，而且受到很好的教育，所以他能得到一份高薪的工作。他的確也得到了，但他還是為錢所困，原因就是他在學校裏從來沒學過關於錢的知識。而且最大的問題是他相信工作就是為了錢。正是出於恐懼心，人們大多害怕失去工作，害怕付不起帳單，害怕遭到天災，害怕沒有足夠的錢，害怕挨餓，大多數人期望得到一份穩定的工作。為了尋求穩定，他們會去學習某種專業，或做生意，拼命為錢而工作，大多數人成了錢的奴隸。

錢來了又去，但如果你瞭解錢是如何運轉的，你就有了駕馭它的力量，並開始積累財富。光想不幹的原因是絕大部分人接受學校教育後，卻沒有掌握錢真正的運轉規律，所以他們終生都在為錢而工作。

現代社會裏丈夫和妻子都工作，兩份收入使他們感到滿足。他們覺得獲得了成功，前途光明，於是決定買房、買車、渡假並且生孩子。這樣一來問題就來了：需要大量的錢。於是開始更加努力地工作，尋求升遷和加薪，接受更多的培訓，以便讓他們能賺更多的錢。他們的收入上升了，但同時他們的支出也上升了。他們得到了大額的工資單，但迷惑於錢都到哪兒去了。他們不停地為公司老闆工作，但等待他們的只是越來越多的債務和催款單，於是他們再加倍努力工作，再更多地獲取債務，陷於財務緊張的怪循環不能自拔。

接著，他們建議他們的孩子努力學習，取得好成績，找個安全的工作或職業。他們終生努力工作，然而隨後這個過程又將在他們的下一代中重複了。一位專家指出這就叫「老鼠賽跑」。他指出：一旦人們為支付生活的帳單而整天疲於奔命，就和那些蹬著小鐵籠子不停轉圈的小老鼠一樣了。老鼠的小毛腿蹬得越快，小鐵籠也轉得越快，可第二天早上醒來，他們發現自己依然困在老鼠籠裏。

許多人害怕沒有錢，不願面對沒錢的恐懼，對此，他們不加思考地做出了反應。他們會去賺一點小錢，可是快樂、慾望、貪婪會接著控制他們，他們會再作出反應，仍然是不加思考。他們感到恐懼，於是去工作，

希望錢能消除恐懼，但錢不可能消除恐懼。於是恐懼追逐著他們，他們只好又去工作，但錢還是無法擺脫恐懼。事實上，許多人致富並非出於慾望而是由於恐懼，他們認為錢能消除那種沒有錢、貧困的恐懼，所以他們積累了很多的錢，可是他們發現恐懼感更加強烈了，他們更加害怕失去錢。有些人已經很有錢了，但還在拼命工作，甚至有些百萬富翁比他們窮困時還要恐懼。這種恐懼使他們過得很糟糕，他們精神中虛弱貧乏的一面總是在大聲尖叫：我不想失去房子、車子和錢給我帶來的上等生活。他們甚至擔心一旦沒錢了，朋友們會怎麼說。許多人變得絕望而神經質，儘管他們很富有。

恐懼使他們落入工作的陷阱，賺錢——工作——賺錢，希望有一天能消除恐懼。但每天他們起床時，就會發現恐懼又同他們一起醒了。恐懼使成千上萬的人徹夜難眠，憂心忡忡。所以他們又起床去工作了，希望薪水能殺死那該死的恐懼。錢主宰著他們的生活，他們拒絕去分辨真相，錢控制了他們的情感和靈魂。

除了恐懼，世間還存在另一種情感：慾望，有人把它稱為貪婪，即希望一些東西更好、更漂亮、更有趣或更令人激動，這是相當正常的。所以人們總是為了實現慾望而最終變成為錢工作。

恐懼和慾望這兩種情感會使你落入一生中最大的陷阱。如果你讓它們來控制自己的思想，你的一生就會生活在恐懼中，這是殘酷的。為錢工作，以為錢能買來快樂，這也是殘酷的。半夜醒來想著許多的帳單要付是一種可怕的生活方式，以工資的高低來安排生活不是真正的生活。這些都很殘酷。一定要盡力避開這些陷阱，如果可能的話，別讓這些問題在你的身上發生，別讓錢支配你的生活。

CHAPTER

成功離不開
遠親和近鄰的扶持

親戚是你值得信任的合作夥伴

　　親戚一般情況都是與自己有血緣關係和跟姻親有關的成員；親情就是基於這種直接或者間接的血緣關係而形成的一種情感。

　　有了親戚的熱情相助，我們無論是在生活還是在事業發展上，都會減輕很多障礙。生活上，我們需要資金融通，可以找親戚幫助；工作上，我們可以從親戚那裏得到指點，得到人脈資源和機會。比如很多人在創業初期，除了創業者本人，親戚或朋友就是最主要的資金來源。因為他們最有可能相信你以及你的經營想法，而且因為他們最不可能像銀行那樣需要個人擔保來拖累你。此外，很多人在事業上尋找合作夥伴的時候，最喜歡找的就是自己的親戚。一方面選擇自己的親戚合作，由於親情的關係，很少會出現被合夥人欺騙的情形。

　　俗話說的好，人人都難脫一個「情」字。親戚之間也亦是如此，建立良好的親戚關係是求親戚辦事成功的主要原因，但良好關係的建立並非是一朝一夕就能做到的，必須從一點一滴入手，依靠平日的積累。只有不斷的構建和鞏固。親戚關係才會牢固。有了「鐵」關係做墊底，何愁求助無門呢？因而親戚之間經常往來進行感情投資還是很有必要的。但是親戚關係的維持也有特殊性。很多親戚在你事業成功以後，都成了創業元老。如果他們不能擺正自己的位置和心態，對你的事業的進一步發展會帶來災難性的後果。現實中，存在著太多這樣的例子了。因此一方面平常我們要處好和親戚的關係，整合他們的資源和能力，支持自己的事業成功。另外一方面，在我們事業成功以後，必須要處理好自己和親戚的關係。這樣才能真正地讓自己的事業和生活和諧發展。

和親戚和諧相處

　　每個人都有三親六戚，與這些親戚來往是交際生活中的重要內容。親戚之間大都有血緣或親緣關係，這種特定的關係決定了彼此之間聯繫的親密性。同時，親戚關係又是一種比較複雜的關係，主要表現在親戚之間存在著多種差異，比如經濟的、地位的、地域的、性格的等等。這些差異既可能成為彼此交往的誘因，也可能成為產生矛盾的原因。因此親戚關係和其他關係一樣，在交往中也存在一定的規律，如果遵循這些規律辦事，彼此的關係就會越來越親密。反之，違背了這些規律，親戚之間也是會互相得罪的。

　　那麼親戚之間在交往中應注意些什麼問題，才能避免相互得罪呢？

經濟往來要清楚，不要弄成一筆糊塗帳

　　從實際情況看，為了經濟利益問題而得罪人，在親戚之間是屢見不鮮的。比如親戚之間的借錢借物等財物往來是常有的事。有的是為了救急，有的是為了幫助，有的就是贈送，情況不同，但都體現了親戚之間的特殊關係，把這種財物往來當成表達自己心意和特殊感情的方式。作為受益的一方，在道義上對親戚的慷慨行為給以由衷的感謝和讚揚是必要的。如果他們把這種支持和幫助看作理所應當，不作一點表示的話，對方就會感到不滿意，而影響彼此的關係。

　　另一方面，對於屬於需要歸還的錢物，同樣是不能含糊的。這是因為親戚之間也有各自的利益，一般情況下應把感情與財物分清楚，不能混為一談。只要不是對方明言贈送的，所借的錢物該還的也要按時歸還。有的人不注意這個問題，他們以為親戚的錢物用了就用了，對方是不會計較的。如果為了經濟問題等到親戚提出來時，那就不好看了。那時就已經到了得罪人的邊緣。

　　當人們遇到困難時，大概首先想到的就是找親戚給以幫助。但是對於

這種幫助要注意給以回報，這既是加深友誼的需要，也是報答對方幫助的必要表示。如果忽視了這種回報，同樣會得罪人。

假如親戚之間為了營利而合作辦事業，那麼在合作之前就要有一個什麼說法，最好立上文字合同之類，把各方的責任和利益都寫清楚，這樣合作才會順利和成功。親戚之間的合作共事因事先沒有明確的說法而發生矛盾，最後反目成仇的也大有人在。所以親戚之間在合作共事時，不要以為大家是親戚，就感情用事，什麼也不考慮，這樣做的後果往往不好。到了發生經濟糾紛時，大家就會因事先沒有約定而鬧得不愉快。在有了合同的情況下，就一定要講信用，不能只顧自己，更不能貪便宜，否則就會得罪人。

總之，親戚之間的錢物往來，既可以成為密切感情的因素，也可能成為造成矛盾的禍根，就看你如何處理。

要平等相待，相互關照，不要居高臨下或強人所難

親戚之間雖有輩分的不同，但是在這層關係之外還要求相互尊重，平等對待。特別是存在彼此之間有地位、職務的差異的情況下更應如此。

常言說「大樹底下好乘涼」，「窮在街市沒人問，富在深山有遠親」。這就是說就親戚而言，財大的地位高的人對於比不上他們的親戚是很有吸引力的。地位低的人總是希望從地位高的一方那裏得到一些幫助，同時在他們提出自己的請求時，又懷有極強的自尊心。在這種情況下，如果地位高的一方對來求助的親戚表示出一點不歡迎的態度的話，那就很容易傷害對方的自尊而得罪人。

比如有一位在大公司當經理的人，神通廣大。這天，他的一個遠方的親戚來家做客，是因為在家裏受了一些氣，要求他幫忙打官司。可是這位經理藉口不瞭解法律而推托，使親戚感到十分惱火，拂袖而去。這是地位高的人小看地位低的親戚而造成的不愉快的事例。一般說來，地位低的人對於被小看的事情是很敏感的，只要對方露出哪怕一點冷淡的表示，都會計較、不滿，造成不良的結局。

還有另一種情況，就是有些人求親戚辦事，特別是辦一些有違原則的事，人家沒辦就心懷不滿，說人家不講情誼之類，這也是很使人傷心的。有一家的女兒想升官，就到部裡去找當部長的遠房伯伯。可是女子升官是不容易的事情，而且她的條件也不具備，這使當伯伯的很為難。於是他向她說明情況，說有政策規定，不能開這個後門，勸她回去好好工作，生活上有什麼困難，他可以給以幫助。姑娘十分生氣，說伯伯不願幫忙，回去後一家人都罵部長，她的父親還寫了一封信指責，說他官當大了，六親不認。這件事使部長十分生氣。

　　如上所述，在有地位差異的親戚之間最常見的矛盾，是在求與被求之間，是在不能滿足對方要求的情況下發生的。因此如遇這些問題，一方應注意儘量地滿足對方的需求，另一方則應考慮對方的難處，儘量不要給人家出難題，即使因客觀原因不能滿足自己的需求，也應給以諒解，不能過多計較。這樣才能有效地避免相互得罪。

方法方式上要講分寸，不要一廂情願，為所欲為

　　親戚之間由於彼此關係有遠近之分，有密切程度上的差別。因此在相處中要注意把握適當的分寸。「親戚越走越親」是一般原則，但要看你如何走法，這裏面也是有一定技巧的，如果不會走也可能走出矛盾和問題來。

　　有一位青年到城裏做生意，要求在他的一個親戚家裏住幾天。可是一住三個月，每天把很多貨物弄到家裏，把這裏當成了倉庫，一家人還要為他當保管員。他賺了錢也不說拿一點出來買些菜什麼的，這樣搞得人家一家不安生，在忍無可忍的情況下，向他下了逐客令。類似這位青年在親戚家的表現行為，就有些過分，是最容易得罪人的。

　　此外，隨著社會的發展，親戚之間的往來在方式上也要注意更新，適應形勢的變化和對方的情況。事實上有些傳統的方式已經不適應現代交際的要求。比如過去走親戚可以在親戚家住上一年半載，現在就有很多的不便。大家都有工作，都有自己的生活習慣，住的時間過長，很多矛盾就會

暴露出來。還有的人到親戚家做客不是客隨主便，而是任自己的性子來，這就給主人帶來很多麻煩，也容易造成矛盾。比如有的人有睡懶覺的習慣，每天要睡到太陽升起來才起床，他們到親戚家也不改自己的毛病。主人要照顧他，又要上班，時間長了就會影響主人的工作和生活的正常秩序，進而影響彼此的關係。還有的人衛生習慣沒養成，到了親戚家裏依然如故，不講衛生，他們抽了煙，煙灰煙頭到處扔，人家收拾不及。如果時間不長，人家還可以忍耐克服一下，要是日子長了，矛盾就會暴露出來。

因此在親戚交往中也有一個優化自己的行為方式的問題，如果方式不當，同樣會得罪人。

贏得親戚支持的技巧

上面，我們介紹了親戚交往之間的一些原則。掌握了親戚之間交往的原則並加以運用，我們可以實現和親戚之間的融洽交往。但是僅僅遵循這些原則就想贏得親戚的支持，這還不夠，我們還需要掌握其他一些技巧才行。

善待窮親戚，贏得所有親戚的尊重

為什麼要善待窮親戚？這並非僅僅是出於道義和親情上的考慮。作為個人，應該明白，你不僅是在和親戚打交道，你還在和其他社會上的人交往。你和親戚交往的形象會給你和其他人的交往帶來影響。設想一下，如果你對待親戚，嫌貧愛富，會給你的很多朋友造成一種你是一個勢利的人的負面形象，這顯然對你和其他人的交往帶來不好的影響。

因此親戚間應該互相尊重，平等對待，一視同仁，尤其是注意尊重貧窮的親戚。如果自己富有，絕不可財大氣粗，看不起窮親戚。相反，我們更應尊重他們，熱情地支援和幫助他們，窮親戚往往比較敏感，有自卑和謹小慎微的心理，我們應當注意自己的言行，不要挫傷他們的自尊心。

有一條要特別注意：不論貧富一視同仁，逢年過節紅白喜事，都一樣熱情對待，親戚間只有年齡、輩分的差別，而不應有貧富的差別，不應有門戶之見。

　　親一些人，疏一些人，在有些親戚面前唯唯諾諾、畢恭畢敬、低三下四，在另一些親戚面前趾高氣揚、不可一世，由此造成一些親戚家門檻踏破，另一些親戚家則門可羅雀，這是為世人所摒棄的。如果自己各方面條件好了些，在與親戚交往中，更應謙虛謹慎，主動交往。當親戚生活上發生困難，應盡力相助，做到「富不自貴」。應該看到，如果自認為高人一頭，就等於自己把和別人交往的管道堵死了，最後落得個孤家寡人的境地。

　　在我們今天的實際生活中，一些人與親戚交往是以貴賤貧富而定的。「貧居鬧市無人問，富住深山有遠親」，正反映了這一情況。親戚間交往是富有人情味的，如果受金錢、地位的影響，親戚關係必定會變得不正常。

　　社會地位低、經濟收入少的親戚要自尊自重，不能為了從富有的親戚那裏得到一些好處，就想方設法地巴結逢迎。親戚不論富貴貧窮，在人格上都是平等的，不能以貧富分尊卑。因此在與富有的、有地位的親戚交往中，應當保持自己的人格尊嚴，珍重自己，生活上遇到困難，儘量依靠自己去克服。不應自己作賤自己，把自己擺在乞求者的地位。

　　而對一些富有的親戚來說，可能有一些窮親戚上門來請求物質上幫助；對於有地位的親戚來說，少不了有人找上門來請求幫助辦事。一般說來，親戚有難處來求，應當熱情接待，表現出願意熱心幫助的態度，不能慢待對方，更不應因為親戚有事相求而表現出厭惡的情緒。富親戚或者有地位的親戚應尊重別人，切忌財大氣粗、盛氣凌人。尤其在與窮親戚、社會地位較低的親戚交往中，要注意尊重他們。窮親戚、社會地位較低的親戚一般比較自卑，對富親戚或是社會地位較高親戚的一舉一動都很敏感。如果言行稍有不周，便會引起他們多心。所以富親戚、社會地位較高的親戚，一言一行都要注意。比如與親戚交談時，要格外認真傾聽，不能漫不經心，應付了事。絕不應自視清高，小瞧對方，不尊重對方。

　　親戚間交往，要平等相待、一視同仁。逢年過節，你來我往互相應

酬，不可厚此薄彼，招待親戚都要一樣熱情。婚喪人事，眾多親戚聚會，讓座敬茶，宴請吃飯，入席敬酒，先後順序只能根據年齡輩分來辦，而不能以貴賤貧富來定。

能夠毫不勢利地善待窮親戚的人，才能夠在社會上真正長久受到尊重，才是長久有所作為的人。親戚之間，無論是自己的親戚，還是愛人的親戚，都應該平等對待、一視同仁，不宜在這方面注意「門戶」，分「親」和「疏」。有的人對自己的父母、兄弟姐妹好，對愛人的父母、兄弟姐妹就另眼相待。給自己的父母生活費每月幾萬元，給愛人的父母卻幾千元，甚至分文不給；自己的兄弟姐妹結婚辦喜事包禮幾千，甚至上萬元；愛人的兄弟姐妹結婚只有一點。這是很不妥當的。當然，也不能搞絕對平均，但也應說得過去。在親屬之間人為地搞「親」和「疏」，就會造成家庭不和、親屬不滿而鬧出矛盾，出現糾紛。

明朝嘉靖時期，有一位大臣叫張居正，此人為官清廉，秉公辦事，在朝野中權力極大，連嘉靖皇帝也要敬他三分。

張居正在家裏也是一個好丈夫、好父親，特別是在對待親戚關係上，不分「親」和「疏」，深得親戚們的敬重。張居正的妻子來自一個貧苦的農家，世代務農。她聰明賢慧，嫁給張居正後，操持家務，頗有大家風範。

張居正與妻子互敬互重，舉案齊眉，對待親戚一視同仁，並不因為他們是農民，而不屑於與他們往來，或者有分「親」和「疏」。有一次，張居正的岳父病重身亡，儘管當時身為宰相的張居正公務繁忙，而且從禮法地位上說，張居正不必前往憑弔，但張居正卻沒有這樣做。他向嘉靖皇帝請了假，帶領全家人趕回去，盡了孝道。這個舉動，深深感動了所有的親戚，大家都稱張居正不愧是個人人稱頌的「好宰相」。

因此不分「親」和「疏」，也是摒棄「門戶之見」應注意的一個方面，注意到了，則在處理親戚關係問題上將會遊刃有餘；忽視了或處理不當，將會造成親戚之間的關係破裂或疏遠，於己、於親戚都不是一件好事情。

贏得大多數親戚，就不要斤斤計較

《鹽鐵論・毀學》中有這樣一句話：「君子懷德，小人懷土；賢士殉名，貪夫死利。」意思是說作為君子，不要像小人一樣太貪戀那點蠅頭小利，用通俗點的話來說，就是不要太斤斤計較。

在人與人交往中，誰都不喜歡那種將什麼都分得清清楚楚不讓自己吃一點虧的人，因為這種人讓別人覺得與他交往非常累，自身什麼虧也不吃，做事太過於認真。同樣，在親戚交往中，有些人對親戚要求十分苛刻，總是儘量想對自己有好處，一旦親戚有了困難，卻不去關心和幫助，甚至避而不見，這是典型的市俗習氣，是不足取的。

親戚交往，氣量要大一些，切忌斤斤計較。你給我半斤，我給你八兩。你敬我一尺，我敬你一丈。這樣才有利於關係的密切發展。

妥善處理企業創業元老與親戚問題

很多公司的創業元老是親戚，這些人由於資格老或者親戚關係，不太好管理。同時，他們的知識相對比較陳舊，觀念比較落後，而且創業階段的激情不再，工作沒那麼主動了。這時候如果不妥善處理好與他們的關係，親戚就會變成冤家，鬧得不可開交。那麼如何處理企業的親戚問題？

對於親戚的處理問題一直是困擾民營企業的大問題，不少企業因為沒有處理好這樣的問題，給企業帶來很大的損失，有些甚至因此倒閉。一些企業認識到問題的嚴重性，制訂一些相應的規章制度，如績效考核、獎懲制度、員工福利等，這些都是非常必要的。除此之外，對於如何處理該問題，還有如下一些建議：

——公司元老的情況差別很大，要區別對待。有些元老能力跟不上了，觀念落後了，可是有些還是未必，公司在用人的時候，對於有能力的元老要給他們舞臺，充分讓他們發揮。對於那些確實通過培訓、開發都無法勝任工作的，公司要通過制度讓他們退下來，同時要保證他們的利益。做好這個工作，就要首先解決一個問題：各個崗位的任職資格／入職要求／崗位勝任模型。有了這個前提，才可能衡量某個人到底是否適合相應的崗位。否則我們

就沒有科學的依據判斷某人是否適合，而只能憑直覺、拍腦袋。

——親戚在公司工作是企業在特定時期的歷史產物，應該解決好。通常我們應該避免親戚在公司工作，可以設想：公司如果有七大姑八大姨，你根本沒有辦法規範運作公司。並且有他們在很難吸引到人才，誰願意到這樣的公司當「外人」？所以對於親戚，應該建議他們逐步離開公司。如果他們是人才，不管到哪裡都有飯吃；如果他們不是人才，要他們在公司幹什麼？當然，也不要動作太快，還是要一步一步分批來。第一，也不要一刀切。第二，不要太強硬，要多做說服工作，實行自願原則，並且要有一套制度、流程，以照顧他們的利益（當然也要照顧好公司的利益）。

——創業的激情不容易保持長久，當初之所以有激情，是因為每個人都有一個憧憬，都有一個對未來的美好嚮往。可是這種憧憬會疲勞。隨著時間的推移，他們發現公司並沒有像當初所想的那樣，他們個人當初的理想也沒有完全實現。這種情況下，保持原來的創業激情是不可能的。另外，當初他們可能是「無產階級」，現在已經有了一些資產，生活也比以前好了很多，開始享受生活了。要知道，享受生活是要花時間、精力的，有的時候和工作會產生矛盾的。

這種情況下，怎麼辦？就需要我們企業的老闆們有一個遠大的理想，要給企業在現有的基礎上、現在的條件下描繪一幅宏偉的藍圖（可實現的），並且把這樣的一幅藍圖印在每一個員工的心裏。並且要把公司的理想和他們個人的未來聯繫起來，變成他們個人的憧憬、個人的美好嚮往，這樣他們才能有激情。

贏得鄰居的支持

某市場調查公司曾發佈過一個報告，「雖然高達 98％的青年人表示自己有好朋友，但其中 42％的人稱自己的好友是昔日同窗，14％的人稱是

現在的同學，26%的好友是單位同事或工作夥伴，15.2%因個人興趣相投而獲得良友，只有1.2%的人好友是鄰居」。有句老話：「遠親不如近鄰。」可見鄰里關係的重要。可是如今，隨著一幢幢高樓大廈的竣工和一扇扇防盜門的安裝，那種曾經親如一家的鄰里關係已經難覓蹤跡。

有兩個原因導致了我們和鄰里的疏遠：一是房屋結構的改變，加大了人們互相走動的難度；二是生活節奏的加快，使得我們沒有太多的時間去和鄰里交往。但是這種改變使得我們喪失了寶貴的鄰里人脈資源。設想一下，你的鄰居如果是位很有學識的專業人才，正好能夠為你排憂解難，如果你因為上述兩個原因而沒有充分地去利用這種人際資源，會有多麼可惜？再設想一下，如果你設立的企業位置恰好在一個社區周圍，如果你沒有妥善處理好鄰里的關係，你的企業可能因為污染環境而導致鄰里的抵制；再設想一下，如果你住在一個聚集了特定人群的社區，比如新聞記者，你如果不去結交鄰居，你是不是會喪失很多機會？

著名的春天酒店董事長何麗玲的成功，就充分地利用了鄰里關係。她在接掌春天酒店之後，立刻開始敦睦近鄰工作。北投林泉里里長張聿文說，過去溫泉業者都只是禮貌性的拜會，當鄰里有事情需要請託時，業者就表現得心不甘情不願。但何麗玲毫不敷衍，她主動接觸、認識所有的里長，她對里長們表示，很能理解溫泉業帶給地方交通、垃圾等等的負擔，還主動提供春天酒店往來於捷運站的接駁車，讓當地居民能免費乘坐。結果她的溫泉酒店事業遠近聞名，很多鄰里甚至為她的酒店做起了免費宣傳。

可見，在我們如今的社會裏，和鄰居搞好關係，從鄰居那裏獲取幫助或者支持，依然很有必要。那麼究竟該怎麼做才能和鄰居關係融洽，又能充分利用鄰居的資源促進自身的成功呢？

多掃鄰居家的雪

對於鄰居交往，有許多人的行事原則是「各家自掃門前雪，休管他人瓦上霜」。這樣一來，既不得罪別人，也把自己的事處理得井井有條。可是既然自己有餘力，何不多掃幾處雪？

在把握鄰里關係中，這是很重要的一點。人們都希望在自己困難時，有友人伸出援助之手，在鄰里之間，也同樣。但要別人幫助自己，首先應以幫助別人為前提，這樣的互幫互助，才能讓自己的希望成為現實。

清代康熙年間，當朝人稱「張宰相」的張英與一個姓葉的侍郎，兩家毗鄰而居。張家打算擴大府第，便在鄰居家上打主意，要鄰居讓出三尺的地方。鄰居葉家並非尋常百姓，不肯讓步。張家立即寫書信給京城的張英，要求他出面干預，張英卻作詩一首：「千里家書只為牆，再讓三尺又何妨？萬里長城今猶在，不見當年秦始皇。」張老夫人看後即命退後三尺築牆，而葉家深表敬意，也退後三尺。這樣兩家之間即形成了六尺巷，被百姓傳為佳話。

張家當時沒有恃強欺弱，在為葉家仔細考慮之後，做出了既有利自己又有利鄰家的決定，這樣不但將「自家雪」掃了，還幫鄰家清理「瓦上霜」，和美的鄰里關係自然產生了。

互相幫助，才能讓自己從中受益，這點人們並不難理解，但僅僅是意識到這一點還遠遠不夠，必須將思想與行動相結合。許多事說起來非常悅耳動聽，要結合實際去做卻不容易。

更多的時候該讓自己成為一個有心人。有心人看見「他人瓦上霜」，想到怎樣去做，立刻付之於行動，才能為和美的鄰里關係打下基礎。

他人的門前雪，不僅要掃，而且要多掃。感謝自己有一雙慧眼，看到鄰家之難，盡自己心意去幫助了，但並不代表就此結束。

做了一次幫助鄰居的事，會讓鄰居認為欠你一次人情，也許鄰居會用一次機會或其他方式巧妙地還了人情，今後，大家仍然「各掃門前雪」。

要想擁有鄰居的信任，仍以「多」幫為妙。看到鄰家有難，理所應當伸出援助之手。在自己有餘力的時候，能夠多做些時就應該多做，當鄰居認識到有幸與你為鄰，而你又是如何可以信任時，要想有和美的鄰居關係並不困難。天地之間，人們互相依存。面對現實，我們仍然要與社會相融，注重關係已成為現代人發展的必然趨勢。

良好關係的形成需要我們花費心思。仔細思慮，眼界豁然開朗，我們

認為，「多幫」創造了良好條件，這樣不妨在「幫」字上多做做文章。

在交往中，摩擦總難以避免，遇到性情開朗的，總會有雨過天晴的一天，遇到孤僻內向的，也許會一直耿耿於懷。鄰里之間，也難免會有口角，這時多體諒、放寬心的處事態度，則會為良好的關係起到畫龍點睛的一筆。

有一位局長的鄰居喜歡計較些小事。一日，她發現局長夫人手提的小筐與自家的相似，而自己的小筐又於幾日前不見了，就問局長夫人是否錯拿了自己的筐。局長夫人雖知真相並非如此，但也瞭解鄰居的脾氣，什麼也沒有說，只是笑咪咪地把筐送給了鄰居。後來鄰居又發現自己的那個筐，十分抱歉地將筐還給局長夫人，而她仍是笑嘻嘻地說了句：「不是你的，那我就拿走了。」

這位局長夫人把握關係的分寸是十分合適的，關鍵不在於那個筐到底是誰的，而在於多用一份心思，多體諒別人，做到恰到好處，鄰居自然而然地會接受自己。和美的鄰里關係是靠自己點滴用心積累而成，何不站在對方的立場上，讓自己多為他們想一些。體諒別人並不難做到。在爭奪小利小惠時，難免傷了鄰居和氣，而我們更應該放寬眼光，遠望才能有更多收穫。古語云：「塞翁失馬，焉知非福？」為了有和美的鄰里關係，更不必對小事斤斤計較，多為鄰居想一點，你會擁有燦爛而愉快的生活。

在日常生活中，需要鄰居間互相幫助的事情很多。比如有的鄰居工作和學習很忙，時間比較緊，或家中人手少，有孩子拖累，你要是上街買菜，不妨主動問一下鄰居買什麼菜，順便幫鄰居買回來。有的鄰居有客人來訪，而碰巧家中無人，在弄清對方身分的前提下，或請客人留張紙條，或將客人引入自己家中稍候。如果客人給鄰居帶有禮品，可代為收下，等到鄰居回來時，再將紙條和禮品一併交給鄰居。如果鄰居家有人患病，要表示慰問，並主動幫助請醫生或護送住院。在必要的情況下，還要主動協助護理，幫助照顧家裏老人孩子，使鄰居能安心治病。假如鄰居老公出差，可以適當地應邀幫助照顧家裏。鄰居若是全家出了遠門，也可幫助照看家，還要義務為鄰居防火防盜。鄰居如果發生了突發性困難，在錢糧和物品方面應主動幫助，以濟鄰居一時之難。鄰居家裏吵架生氣，或遇到煩

惱、傷心的事求助於你時，不應袖手旁觀，應主動去勸解和開導。這樣當你遇到困難時，大家也會幫助你。

在鄰居結束繁忙的一天，疲憊地歸來時，也許只是一兩句「下班了」「最近很忙吧」的簡單問候，就立刻讓人倍感溫馨。在許多時候人們對自己很熟悉的人，並不注重禮節。其實有心人會認為適當的禮節是非常必要的。不但能使別人認為自己有很高的文化修養，而且還能在一定程度上拉近人們之間的距離。

這樣的「禮」並非見面鞠躬等正統大禮，只須融入一點關心，誠心誠意地說上一兩句就足夠了。你會發現，這點很容易做，也有很好的效果。

關於「禮」學，還有另外的說法。在物質產品極大豐富的今天，何不與鄰家共同分享一些快樂？

送給鄰家的東西不必是稀世古玩，也無需是鹿茸人參，只要一些地方土特產或自己烹調的美味食品，就足可以達到非常好的效果。太貴重的東西鄰家通常會認為是有求於他，不敢接受，而家常小菜就要單純得多，鄰居會認為你很熱心待客，與你的接觸容易也自然得多，和美的鄰里關係就不難形成了。

多信任你的鄰居

今天在市場經濟的衝擊下，人們往往對別人的信任度降低，自然地，在人們之間築起了玻璃牆。

在事實上，信任別人也是處理鄰里關係的一個不可缺少的重要方面。

無論何時，人們總是對信任自己的人有好感，總感到和他相處很容易也很快樂，他尊重自己，認為自己可以依賴，而人們也似乎從中瞭解到自己的價值所在。

對於陌生家庭之間的相處也有同樣的道理。想要相處得好一些，也必須有足夠的信任度。這其中的信任並不等同於盲目信任，而是對鄰居的能力、人品等方面的信任。每個人都有他獨特的價值所在，都有特點的一面，作為鄰居，要形成良好的關係網也必須信任別人。鄰居會從你的信任中看到自

己，這種良好印象的形成，已成為和美鄰居關係的一個重要方面。

要做到信任，可以從幾個方面來看：

尊重。馬斯洛的需求原理中有關於對「尊重」的需求，而這是比較高層次的需求，證明人們都渴望被尊重，這是不可忽視的一點。鄰里之間也要有尊重可言。不論你是平民百姓還是「居高官，享厚祿」的人，都應該尊重別人，同時，尊重別人也相當於尊重自己。

在處理鄰里關係上，具體的做法是看到鄰家的長處，尊重鄰居的意見、看法，結成和美的關係網。

作為現代人的我們，不但意識中要有「尊重」這兩個字的概念，還要有心地讓自己去做到這一點，這樣才能把握住尺度，建立良好的人際關係。

人們都有自尊心，只有當自尊心受到別人的尊重時，才會以此為基礎，產生和諧的人際關係。

重要的一點是這樣的尊重必須要表現在行動上。在現實生活中，與鄰居接觸的時候不少，在一起聊聊家常或互相幫助時，都可以藉此來增進彼此間的感情，只要把握相應的時機，表現出適當的尊重，一定會促進與鄰里感情加深。

表現自己對鄰居的信任感還可以是接受、採納鄰里的意見。與鄰居相處，自然會發生一些事，影響彼此的生活。對於鄰居正確的、有建設性的意見，我們應該持積極的態度，分析之後看自己是否有這樣的缺點存在，並採取一定的措施改正，促進彼此間的和睦相處。這種做法才是可取的，並能增進感情。

有一對年輕夫婦與一對已過「銀婚」的恩愛夫妻成為鄰居。年輕人的生活豐富多彩，大家一起又玩又跳，常常高唱卡拉 OK，而老年夫妻生活好靜，老爺爺喜歡澆澆花，或坐在燈下看一兩本書，老奶奶就看看電視，或早早地躺下休息。年輕夫婦很懂禮貌，每次出去遊玩不忘記給鄰居家帶點特產或別的東西，逢年過節，也會把老人叫到自己溫馨別致的小屋中，做幾個好菜，像模像樣地吃一頓，但年輕夫婦總覺得兩位老人與他們相處，隱隱有些不愉快。一天老爺爺叫年輕小夥子去他家，一進他家，就進

入了十分安靜的環境裏，老爺爺有些猶豫地說出了些看法，就是關於他們家有時太吵，影響到鄰里的休息問題。而又認為兩家挺和睦，擔心說給年輕人聽會因此而有什麼不愉快。

年輕人聽了之後，才發現自己忽略了這一點，但並沒因此生氣或鬧情緒，只是笑著對老人家說：「您早說就好了。」從那以後，兩家的關係猶如一家，先前的不愉快也煙消雲散。

年輕人的成功之處在於欣然接受了意見，這成為和美鄰里關係的一條紐帶，聯繫著彼此，並以誠信相待，再古板刻薄的人也會容易相處。

主動結交帶「圈」的鄰居

孟子的母親曾經擇鄰而居。現在社會擇鄰而居對於一般人而言，是一件很難的事情。但無論如何，一定要主動多結識一些帶圈的鄰居。多認識一些帶圈的鄰居，意思是多認識一些朋友多的人。每個人的人脈網是不一樣的，鄰居身邊的朋友也有可能成為你的朋友。這就如同數學的乘方，以這樣的方式來建立人脈，速度是驚人的。

假如你認識一個人，他從來不跟你介紹他的朋友。但另外一個人說：「下星期我們有個聚會，你來參加我們的聚會吧。」你到了那個聚會，發現這些人都是五湖四海的人。帶圈子來的人和不帶圈子來的人的附加價值是不一樣的。我們知道在人脈網中，朋友的介紹相當於信用擔保，朋友要把你介紹給其他人，就意味著朋友是為他做擔保。基於這一點，你可以請你的鄰居多介紹他的朋友給你認識。就像我們做客戶服務一樣，如果你的新客戶是一個很強有力的老客戶介紹的，這位新客戶一下子就會接受你或你的服務。

我們所謂「圈子」這個概念，就是當我們的人脈關係鏈結成社會網路的時候，你會發現每個建立人脈的成本是最低的，不需要花更多的時間去做介紹，不需要花更多的時間去請客吃飯，這些都省下來了。

我們思考問題通常只站在自己的角度，一般再好的個人，其實都有自私的、醜惡的一面，這是因為單個人總是有系統偏差和缺陷。所以認識一些帶

圈的朋友很重要的一點，就是可以彌補我們個人在社會關係中的不足。

要認識一些帶圈的鄰居，首先必須假定一個前提，我們所擁有的人脈關係如同做生意，也是一種社會交換。我們跟鄰居之間之所以可以維持互動關係，是因為我們各自有可交換的東西，而且這種交換是不同價值的交換，是不同價值通過交換彌補各自的需要的，而且對雙方都有意義的。

還記得人脈關係的黃金法則吧？那就是「你希望別人怎樣對你，你就以怎樣的方式對別人」。要獲得鄰居圈裏的資源，就要捨得奉獻你自己圈內的資源。

解決好鄰居糾紛

老話說：遠親不如近鄰。而現如今，在我們現代城市的高樓大廈中，鄰里之間卻成了「雞犬」隔窗相望，老死不相往來的陌路人。不往來倒罷了，鄰里之間一旦發生了糾紛，一些人動輒惡語相加，甚至大打出手，這種現象更是令人擔憂。如果你去網路搜索一下，你會發現大量的鄰居糾紛而導致的惡性事件。

鄰里糾紛大多具有既雞零狗碎又錯綜複雜的兩重性，若不及時化解，便可能越鬧越大，以至不可收拾。由於這類糾紛多起因於生產生活中的細小矛盾日積月累演變而成，結果往往是公說公有理婆說婆有理，糾紛雙方自己很難解決，訴諸法律既不值得，又可能埋下更大的禍根。因此解決這類糾紛，講「德治」往往比講「法治」更管用。

俗話說「打鐵先得自身硬」。要以「德治」解決鄰里糾紛，必須有糾紛雙方都信得過的人主持公道，方能讓大家口服心服。這裏面既需要「說話」的人澄清是非、化解矛盾，更需要他以德服人，讓糾紛雙方互諒互讓，促進鄰里和諧。

另外，做好鄰里團結也是解決鄰里衝突和糾紛的有力武器。鄰里團結主要是能與居住環境中鄰居做到互相協調和諒解，能在鄰居發生困難時相互關照和伸出相助之手。大致有這樣幾點應該注意：

——居住環境寧靜友好。使用音響設備時，要掌握適宜的音量，特別

要注意照顧上班的職工，教育子女不要任意吵鬧。

　　——居民居住地的共用部位要保持整潔。不要亂拋垃圾雜物，在樓上的居民，不能往樓下傾倒污水髒物；在陽臺上種花草注意澆水時不要讓水滴到樓下；曬衣物時，應當注意不讓水滴到下面，最好是先在洗衣機裡弄乾；曬被時，不要任意拍打，弄得灰塵飛揚；放在陽臺上的雜物、花盆之類的要固定好，以免被大風刮落傷人；不能佔據居民區的公用通道、區域；積極參加居民區的公共衛生打掃活動；不能在鄰里住房的外牆上亂貼亂畫。

　　——鄰里發生困難。如患病、小孩子臨時沒人照顧、客人盈門需借桌椅等等時，應予以關心，並給予適當的幫助。

07
CHAPTER

赢得朋友和知己的支持

成功的人，
大都是朋友很多的人

關於朋友與成功之間的聯繫，有兩個非常有意思的觀點。

第一，如果你仔細地去看成功者，會發現他們有一個共同之處，那就是他們的人際關係都很廣泛。只有擁有了廣泛的人際關係，才能建立起一個龐大的資訊網，這樣就比別人多了一些成功的機遇和橋樑。

美國前總統柯林頓能夠成功地贏得競選，也與他擁有廣泛的人際關係分不開。在他競選過程中，他的擁有高知名度的朋友扮演著舉足輕重的角色。這些朋友包括他小時在熱泉市的玩伴、年輕時在喬治城大學與耶魯法學院的同學，及日後當羅德學者時的舊識等。他們為了柯林頓競選成功，四處奔走，全力地支援他。所以柯林頓在任總統後，不無感慨地說：朋友是他生活中最大的安慰。

第二，一個人的財富在很大程度上由與他關係最親密的朋友決定。

第一次聽到這個觀點時，我也十分懷疑。但是後來的一次經歷，使我體會到了這個論斷的真正含義。

幾年前，我參加了一個主題為「創造財富」的論壇。在討論會上，一個發言人在演說過程中向聽眾提出了一個問題。他說：「請大家拿出一頁紙，然後在紙上寫下和你相處時間最多的六個人，也可以說是與你關係最親密的六個朋友，記下他們每個人的月收入。然後，算出這六個人月收入的總和，最後算出他們月收入的平均數。這個平均值便能反映出你個人月收入的多少。」

後來，我認識到了這個遊戲的本質意義，那就是交際的力量，即結交朋友的重要性。有句老話：「近朱者赤，近墨者黑。」美國也有句諺語：「和傻瓜生活，整天吃吃喝喝；和智者生活，時時勤於思考。」這兩句話所講的道理是一樣的，都是告訴我們擇友的重要性。朋友的影響力非常大，可以潛移默化地影響一個人的一生。

在這裏，我想強調的是如果你想在人生和事業上取得成功，必須小心

謹慎地結交朋友。

　　如果你最親密的朋友是公司的高級主管，那麼你們在一起時所談論的主要內容，一定是關於如何管理和經營的；如果你最親密的朋友是公司的職員，那麼你們在一起時談論的主要話題一定是關於如何工作的；如果你最親密的朋友是房地產商，那麼你們談論的話題一定會是關於房地產的……

　　如果你下一次和朋友一起聊天，請記下你們談論的主要話題，到時你就會明白這句話的重要意義。

　　如果你想展翅高飛，那麼請你多和雄鷹為伍，並成為其中的一員；如果你僅僅和小雞成天混在一起，那麼你就不大可能高飛。

　　根據《行銷致富》一書作者坦利的說法：「成功是一本厚厚的名片簿。更重要的是成功者廣結人際網路的能力，這或許是他們成功的主因。」要有成功的人際關係，你不僅須用基本常識去「感受」，更要有極大的行動去「執行」。那麼我們如何去「執行」，以獲得朋友們的支持呢？下面的內容將為您回答這個問題。

交對朋友

　　獲得朋友的支持，最基本的前提條件就是要交對朋友。什麼樣的朋友才算真正的朋友？筆者認為，交上對你忠誠的朋友才算交對朋友。忠誠的朋友給你帶來的是穩定的信任，你在任何時候都可以向他發出求救的信號。

　　「誰要是找到了忠誠朋友，誰就是找到了珍寶」。友誼不能買賣，也不能用金錢來計算朋友的價值。古代有一個這樣的故事：白敏中與賀拔基是好朋友，兩人同到長安（今陝西西安）參加科舉考試。這年的主考官是王起。王起知道白敏中出身望族，文才皆上品，甚為賞識，有意取他為狀

元；但又嫌他與貧寒的賀拔基交往過密，有點猶豫，便私下派人去勸說，暗示他：「只要你不再和賀拔基來往，王主考就取你為狀元。」白敏中聽著，皺起眉頭，沒有答話。恰好這時賀拔基來訪，家人把他打發走了。白敏中得悉大發雷霆，立即把賀拔基追了回來，如實地將情況告訴他，並說：「狀元有什麼稀奇的，怎麼也不能不要朋友呀！」說畢，命家人擺起酒宴，與賀拔基開懷對酌。

說客看在眼裏，氣在心裏，回去便一五一十地回稟王起，並從旁慫恿：「這小子捨不得賀拔基，咱也不給他狀元。」誰知王起一反初衷，既取了白敏中，又取了賀拔基。原來白敏中寧要朋友不要狀元的精神，融化了王起那顆浸透了世俗偏見的心，他那真誠待人恪守信義的品格，贏得了人心，令世人敬仰。

亞遜斯有一次來到了阿爾卑斯山下，遇到了幾位天神，天神說：「亞遜斯，你有過朋友嗎？」亞遜斯說：「有，他愛我勝過愛你們。」這句話激怒了天神們，他們決心殺掉亞遜斯的這位朋友，便詢問這位朋友是誰。亞遜斯看出了天神們的用意，就隱瞞不談。天神們拿出了各自的寶貝引誘亞遜斯，許諾他將有一位美貌無比的妻子、成為一個威嚴無比的國王等等。所有這一切都未能打動亞遜斯的心。但神通無比的天神們還是抓到了亞遜斯的朋友，他們沒有立刻殺死他，對亞遜斯的話，他們並不十分相信，於是以同樣的手段去引誘亞遜斯的朋友，只要他同意背叛亞遜斯，他將得到他所要的一切，美色、財富、權勢。和亞遜斯一樣，這位朋友也絲毫未動心，天神們既羨慕又慚愧，悄悄地將他們放下了山。亞遜斯說：「我們彼此忠誠、信任，沒有什麼比我們的友誼更重要。」

他們忠誠的友誼震驚了天神，為世人傳頌。而忠誠是友誼的標誌。對朋友的忠誠說明你對自己交友的確認。你對朋友的忠誠也會換回朋友對你的傾心報答。

交友要分
等級

俗話說，多個朋友多條路，朋友多了路好走。朋友相交以「誠」相待，此乃至理，那為何又要將朋友分「等級」？那不就不誠了嗎？

有個地方官員朋友無數，三教九流都有，他也曾向人誇耀，說他朋友之多，天下第一。他的鄰居，當然也是他的「朋友」之一，曾問他，朋友這麼多，你都同等對待嗎？他沉思了一下，說：「當然不可以同等對待，要分等級的。」

他說他交朋友都是誠心的，不會利用朋友，也不會欺騙朋友，但別人來和他做朋友卻不一定是誠心的。在他的朋友中，人格清高的朋友固然很多，但想從他身上獲取一點利益心存懸意的朋友也不少。

「心存懸意不夠誠懇的朋友，我總不能也對他推心置腹吧，那只會害了我自己呀。」

所以在不得罪「朋友」的情況下，他把朋友分了「等級」，有「刎頭之交級」、「推心置腹級」、「可商大事級」、「酒肉朋友級」、「點頭哈哈級」、「保持距離級」等等。

他就根據這些等級來決定和對方來往的密度和自己心窗打開的程度。

他曾說，「我過去就是因為人人都是好朋友，受到了不少傷害，包括物質上的傷害和心靈上的傷害，所以今天才會把朋友分等級」。

把朋友分等級聽來似乎現實無情，但聽了那位官員的話，你是否也覺得分等級的確有其必要，因為這可以保護自己免受別人的傷害。

要把朋友分等級其實不容易，因為人都有主觀的好惡，因此有時會把一片赤心的人當成一肚子壞水的人，也會把兇狠的狼看成友善的狗，甚至在旁人提醒時還不能發現自己的錯誤，非得到被朋友害了才大夢初醒。所以要十分客觀地將朋友分等級是十分困難的，但面對複雜的人性，你非得勉強自己把朋友分等級不可。心理上有分等級的準備，交朋友就會比較冷靜客觀，可把傷害程度減到最低。

要把朋友分「等級」，對感情豐富的人可能比較難，因為這種人往往在對方尚未把你當朋友時，他早已投入感情；而且把朋友分等級，他也會覺得有罪惡感。

不過，任何事情都要經過學習，慢慢培養這種習慣，等到了一定年紀，自然熱情冷卻，不用人提醒，也會把朋友分等級了。

分等級，可像前述那位官員那樣分，也可簡單地分為「可深交級」及「不可深交級」。

可深交的，你可以和他分享你的一切，不可深交的，維持基本的禮貌就可以了。這就好比客人來到你家，真正的客人請進客廳，推銷員之類的在門口應付應付就行了。

另外，也要根據對方的特性，調整和他們交往的方式。但有一個前提必須記住，不管對方智慧多高或多有錢，一定要是個「好人」才可深交，也就是說，對方和你做朋友的動機必須是純正的。不過人常被對方的身分和背景所迷惑，結果把壞人當好人，這是很多人無法避免的錯誤。

如果你目前平平淡淡或失意不得志，那麼不必太急於把朋友分等級，因為你這時的朋友不會太多，還能維持感情的朋友應該不會太差。但當你有成就了，手上握有權和錢時，那時你的朋友就非分等級不可了，因為這時的朋友有很多是另有所圖，不是真心的。

交友要優勢互補

在人際交往中，人們常常受方位的鄰近性、接觸頻率的高低性和意趣的相合性影響，交往的領域是狹窄的。

其實決定交往對象範圍的主要因素，應該是「需要的互補性」。為了通過交往去獲得「互補」的最大效益，我們應當打破各種無形的界限，根據自己生活、事業上求進步的需要，積極參加相應的交往活動，主動選擇

有益、有效的交往對象。

如果你發現自己某方面個性有缺陷，而又對某人這方面的良好個性十分羨慕和敬佩的話，那麼你為什麼不可以而且應當主動找他談談，用自己的感受與苦衷去引發他的體會與經驗呢？如果你覺得自己與某人的長短之處正好互補的話，為什麼不可以通過推心置腹的交往來各取人長、各補己短呢？

選準對象，抓住時機，主動「出擊」，以己之虛心誠意去廣交朋友，這對博採眾長，克己之短，完善自我是很有好處的。

立體交叉

所謂「立體交叉」，可從不同角度去理解。從思想品德的角度說，就是不僅與比自己德高性善的人交際，也要適當與比較後進的人交際；從性格的角度上說，就是不僅與性格意趣相近者交際，還要適當與性格迥異、意趣不同者交際；從專業知識的深廣度來說，就是不只限於與同一文化層次、同一行當的人交際，還應發展與不同文化層次，專業行業不同的人的交際；從家鄉習俗的角度來說，就是不僅要與同鄉、國內的人交際，還應當發展與異鄉人、外國人的交際……

日本組織工學研究所所長系川英夫曾這樣談到「人事關係上的乘法」：「通過與不同類型的各種人物交往，可以獲得大量的情報資訊，利用這些資訊，便可以進行新的創造性活動。在與各種不同類型的人交往過程中，不僅可以產生一些新的設想，而且可以使自己的思想更加活躍。」

他還作了這樣的對比：「假如有兩個人，A 的能力為 5，B 的能力也為 5，兩人是否交流，將使兩人的能力產生如下的差別：5+5=10……兩個人未交往前的能力；5×5=25……兩個人交換資訊後的能力。」

結識忘年交

年輕人離不開老年人的提攜和幫助。然而，由於青年人與中老年人在思想、感情、思維方法和心理品質上的較大差異，加上青年人在青春發育

成熟期心理上出現的成人感和獨立性,「代際交際」常被兩代人之間的心理障礙——代溝所阻隔了。

但這種「溝」是可能而且必須要填平的,因為任何社會階段都要靠各個年齡層次的人的相互作用來發展。這種作用既有選擇性的繼承,也有創造性的更替、繼承與創新。老年與青年的矛盾,正是推動社會文明進步的動力。要解決好這些矛盾,要靠兩代人的努力合作,而代際交際是溝通雙方需要,實現能量互補的有效途徑。

要發展代際交際,青年人必須客觀地、辯證地認識老年人與青年人各自的長短優劣之處,看到代際交際對雙方的不同的「互補」功能。

培根就曾這樣論述過:「青年的性格如同一匹不羈的野馬,藐視既往,目空一切,好走極端,勇於改革而不去估量實際的條件和可能性,結果常常因浮躁而改革不成,思考多於行動,議論多於果斷。為了事後不後悔,寧願事前不冒險。最好的辦法是把兩者的特點結合起來。」

這樣,年輕人就可以從老年人身上學到自己真正需要的那種堅定的志向、豐富的經驗、深遠的謀略和深沉的感情。而且老年人有著豐厚的人際關係資源,可以為年輕人提供廣泛的人際關係「門路」。而老年人也可從青年人身上學習自己所缺乏的蓬勃朝氣、創造精神和純真的思想。

俗話說:「家有一老,如有一寶。」在你的人際圈子中,老年人是必不可少的。

要和指責你的人交朋友

人的一生受到朋友的影響是相當大的,很多人因為朋友而成功,也有很多人因朋友而失敗,甚至因朋友而傾家蕩產,妻離子散。害怕因為朋友而失敗,那不交朋友可以吧?

事情並不是那麼簡單,因為沒有朋友,也就差不多無路可走,寂寞一

生了，即使你閉緊心扉，還是會有人來用力敲。當有人來敲你的心扉時，你應還是不應？應的話，可能那是個壞朋友，不應的話，可能失去一個好的朋友。

因此，你總是要面對「交朋友」這個問題的。交到好的朋友，你可能會受益一生，得到無限的樂趣，至少不會受到傷害。而若交到壞的朋友，想不走入歧途、不倒楣是很難的。

一樣米養百樣人，人有很多種，在對待朋友的態度上也有很多種類型，有每天說好話給你聽的；有看到你不對就批評、指責你；有熱情如火、喜歡奉獻的；也有冷漠如冰，只考慮個人利益的；有憨厚的，也有狡詐使壞的……

這麼多類型的朋友，好壞很難分辨，而當你發現他壞時，常常是來不及了，因此平時的交往經驗極為重要。

不過有一種類型的朋友肯定是值得交往的，那就是會批評、指責你的朋友。

和只會說好話的朋友比起來，那些只知道批評、指責你的朋友是令人討厭的，因為他說的都是你不喜歡聽的話。你自認為得意的事向他說，他偏偏潑你冷水，你滿腹的理想、計畫對他說，他卻毫不留情地指出其中的問題，有時甚至不分青紅皂白地就把你做人做事的缺點數說一頓……反正，從他嘴裏聽不到一句好話，這種人要不讓人討厭也真難。

但是這種朋友如果你放棄了，那就太可惜了。

基本上，在社會做過事的人都會儘量不得罪人，因此多半是寧可說好聽的話讓人高興，也不說難聽的話讓人討厭。說好聽的話的人不一定都是「壞人」，但如果站在朋友的立場，只說好聽的話，就失去了做朋友的義務了；明明知道你有缺點而不去說，這算是什麼朋友呢？如果還進一步「讚揚」你的缺點，則更是別有用心了。這種朋友就算不害你，對你也沒有任何好處，大可不必浪費時間和這樣的人交往。

但實際上的情形如何呢？很多人碰到光說好話的朋友便樂陶陶，不知是非了；其實他們順著你的意思說話，讓你高興，為的就是你的資源——

你可以利用的價值，很多人被朋友拖累就是這個原因。

比較起來，那些讓你討厭，像隻烏鴉，光說難聽的話的朋友就真實得多了。這種人絕對無求於你（不挨你罵，不失去你這個朋友就很不錯了），他的出發點是為你好，這種朋友是你真正的朋友。

也許你不相信我所說的，那麼想想父母對待子女好了。

一般父母碰到子女有什麼不對，總是責之、罵之，子女有什麼「雄心壯志」，也總是想辦法替他踩踩煞車，不讓他脫韁而去，為的是什麼？是為子女好，怕子女受到傷害，遭到失敗。這是為人父母的至情，只有父母才會這麼做。

朋友的心情也是如此的，愛之深才會責之切，否則他為何要惹你討厭？說些好聽的話，你說不定還會給他許多好處呢！

因此，要牢記，只有那些經常批評、指責你的人，才是你人生的導師。

 # 贏得朋友支持
要真誠對待朋友

根據美國作家柯達的說法：「人際網路非一日所成，它是數十年來累積的成果。如果你到了四十歲還沒有建立起應有的人際關係，麻煩可就大了。」要想成功，就必須有一個好的人際圈子，要知道，僅憑一個人的能力是很難完成自己的事業的。只要有人願意幫你，不斷地給你提供各種資源，你才能有更多的成功機會。但是人際關係的圈子是需要你來培養的，只有用真誠和愛心，才能鞏固起你的人際關係。

每個人都不能沒有朋友，人本身就是一種群居性動物，人離不開社會性活動。朋友，是我們生命中看不見的財富。如果一個人沒有朋友，那麼他將會失去很多人生中的樂趣。如果一個人沒有朋友，他將會失去很多個機會。

朋友，是我們精神上的鼓舞，心靈上的安慰。是我們生活中的助手與參謀。但是朋友並不會無緣無故地為你提供幫助，只有當你成為一個他們所欣賞和讚美的人，他們才能熱情的、無私的對你進行幫助，使你擺脫困境。有的人號稱其朋友無數，可是一到大難臨頭，朋友便各自飛散。那究竟是什麼導致這種局面呢？究其原因，主要是這種人不受朋友所真心歡迎，只是表面的，而不是從內心被人所讚美。因為他沒有用誠意的態度去打動人，而是過於注重形式主義，給別人一種不信任的感覺。而那些能夠抓住朋友的心，贏得別人尊重的人，都是一些以人格的力量，誠摯的態度對待朋友的人。

　　常聽到一些人這樣抱怨：「哼，他不關心我，我還關心他呀！」也常聽到一些人感歎：「人情冷漠，世事艱難，不被人們關心和理解。」等等；這些人，大多數都將責任推卸在他人頭上，責怪他人，從來不從自己這裏找問題。孰不知，你對別人不真誠，見到人不理睬，冷冰冰地對人，不關心他人的痛癢，卻又想他人真誠、關心、理解、熱情地對你，畢竟有悖情理。

　　「一個人只要對別人真誠，在兩個月內就能比一個要別人對他真誠的人，在兩年之內所交的朋友還要多。」這是戴爾・卡內基講的一種交友的秘訣。是的，如果我們只對自己真誠，而對別人不真誠，是不會交到朋友的，這個道理很簡單、明白。

　　奧地利著名心理學家阿爾・阿德勒說：「對別人不真誠的人，他一生中困難最多，對別人的傷害也最大。所有人類的失敗，都出自這種人。」因為這種人沒有朋友，他不能給人以關心和幫助，別人也不會關心和幫助他。

　　世界著名魔術師斯瑟頓，在四十年時間裏共有六百萬人次觀看過他的表演，賺了數百萬美元的錢。他取得成功的經驗在哪裡呢？斯瑟頓深有感觸地說：除了他在舞臺上表演出個性之外，就是對別人真誠。有不少魔術師在表演時，都把台下的觀眾當成「傻瓜」、「笨蛋」、「鄉巴佬」，因此聲名狼藉，一事無成。而他勝於其他魔術師一籌的秘訣是他在演出中時時

想著觀眾，把觀眾當作衣食父母，每次都對自己重複著說：「我愛我的觀眾。」從而使自己始終感激不已，盡心效力表演，博得了人們的愛戴。

作家海明威朋友眾多。他交友，並不以名氣為準，不少名氣不大或者地道的小人物，也和他成為莫逆之交。在他的朋友中，有政治家、作家、畫家、醫生、教師，有老闆、經理、工人、員警、拳師、花匠、店員、司機、廚師和家庭婦女等等。

為什麼他有這麼多的朋友呢？原因就是他對任何人都真誠。「朋友」二字，對他來說至高無上。在家中，他不愛說話，相當嚴肅，可是在朋友面前的時候，他的話相當多，只要朋友一來，便廢除一切給自己寫作、給家人規定的戒律，一切都圍繞朋友轉，不管怎麼說，他家的客廳、他的時間、他的心，永遠是向朋友們敞開著的。遠方的朋友來拜訪，海明威都要約至餐館相聚，這也是他的規律。

而他住處附近不少飯館的經理、領班和廚師都和他是好朋友，每次只要他說上一兩句關照的話，廚師朋友都會心領神會，立即做出一桌使客人滿意的飯菜來。

海明威愛畫，也就愛和畫家來往。雖然他參加過兩次世界大戰，負過傷，腿腳不便，但每次大小美展必到，還要當場掏錢買畫，尤其專買還未訂出的畫或者少有人訂的畫。他願意讓每個人都不受到冷落，他願意讓每個畫家都受到社會尊重。很多畫家生活比較窘迫，他們常常拿些自己的作品來讓海明威挑選。海明威絕不讓他們掃興而歸，總是高高興興地留下一兩幅，而且立即付畫酬。於是一時間他家裏畫家們絡繹不絕。正是這樣，海明威贏得了眾多人的尊敬和信賴。

一個人若老是對人冷淡，「顧自己」，只打自己的算盤，他一輩子都很難交到朋友，也沒有人願意請教他，但假使他能夠常常設身處地為他人的利益著想，就能獲得別人對他的回報。

贏得朋友支援
需要記住你的朋友

當多年的老朋友出現在我們面前的時候，清晰而響亮地叫出他的名字，將是最好的歡迎。它說明無論相隔多少年，我們仍然記得友情，我們仍然對他關注。相反，兩個感情誠篤的老友多年未見而邂逅，如果有一個叫不出對方的姓名，則很有可能引起不快，甚而在對方心頭蒙上一層陰影。

幾乎沒有一個人不希望自己的名字被人記住。古今中外，都是如此。

記住別人姓名，是最直接、最容易獲得別人好感的辦法，是人際關係的推進器。

拿破崙以前經常遺忘別人的姓名，這使他的部下和朋友十分反感。後來他把每一個相識的人名字寫在紙上，全神貫注的閉門默記。如此一來，儘管再繁忙的公務纏身，他都能隨口說出別人的姓名，得到了眾人的敬佩和愛戴。

多數人不記得別人的名字，只因為不肯花必要的時間和精力去專心地、無聲地把這些名字根植在他們的心中，他們為自己找藉口：太忙了。

但他們可能不會比佛蘭克林・羅斯福更忙，而他卻花時間去記憶，並且說得出他見過的每個人的名字，即使是他只見過一次的汽車機械師。

有一次，克萊斯勒公司為羅斯福先生特製了一部汽車，張伯倫和一位機械師把車子送到白宮。張伯倫先生後來在一篇文章中回憶道：「我教羅斯福總統如何駕駛一部附帶許多不尋常零件的車子，而他教了我很多待人的藝術。」「當我被召至白宮的時候，」張伯倫先生寫道，「總統非常和氣愉悅。他直呼我的名字，我覺得非常自在。給我印象最深的是他對展示給他和告訴他的那些東西，非常地感興趣。那部汽車經過特別的設計，可以完全靠手來操縱。總統說：『我認為這部車子真是太棒了。你只要按一個電鈕，它就動了，不必費力就可以開出去。我認為真不簡單，我不知道它是怎麼工作的。我真希望有時間把它拆下來，看看它怎麼發動。』」當

羅斯福的朋友和助理在讚賞那部車子的時候，他在他們的面前說：「張伯倫先生，我真感激你為建造這部汽車所花的時間和精力，造得太棒了。」他讚賞冷卻器、特殊的後鏡和鐘、特殊的前燈、那種椅套、坐椅的坐姿、車廂裏特製的帶有他姓名縮寫字母的行李箱。換句話說，他注意到每一個我花過不少心思的細節。他還特別把各項零件指給羅斯福太太、柏金斯小姐、勞工部長和他的秘書們看。他甚至把那名年老的黑人司機叫進來，說：「喬治，你要好好地特別照顧這些行李箱。」當駕駛課程結束的時候，總統轉向我，說：「嗯，張伯倫先生，我已經讓聯邦儲備委員會等待三十分鐘了，我想我最好還是回辦公室去吧。」「我帶了一個機械師到白宮，我們抵達時，他就被介紹給羅斯福。他並沒有和總統說話，他是一個害羞的人，躲在角落裏。但是在離開我們之前，總統找到了機械師，握著他的手，叫出他的名字，謝謝他到華府來。總統的謝謝一點也不造作，他說的是心裏話，我可以感覺出來。」「回到紐約之後，我收到一張羅斯福總統本人簽名的照片，以及一小段謝辭，再度謝謝我的幫忙。他怎麼有時間做這件事，對我來說真有些神秘。」佛蘭克林・羅斯福知道一個最簡單、最重要的得到好感的方法，就是記住別人的姓名，使別人覺得重要——但我們有多少人這麼做呢？

當我們被介紹給一個陌生人，聊上幾分鐘說再見的時候，我們大半都已記不得對方的名字了。

一名政治家所要學習的第一課是「記住選民的名字」。記住他的姓名，在商業界和社交上也同樣重要。拿破崙的侄兒——拿破崙三世曾經得意地說，即使他日理萬機，仍然能夠記得每一個他所認識的人的名字。

他的技巧非常地簡單。如果他沒有聽清楚對方的名字，就說：「抱歉，我沒有聽清楚。」如果碰到一個不尋常的名字，他就說：「怎麼寫法？」

在談話的時候，他會把那個名字重複說幾次，試著在心中把它跟那個人的特徵、表情和容貌聯繫在一起。

如果對方是個重要人物，拿破崙三世就更進一步，等到他旁邊沒有

人，他就把那個人的名字寫在一張紙上，深深根植在他心裏，然後把那張紙撕掉。這樣做，他對那個名字就不只有視覺的印象，還有聽覺的印象。

這一切都要花時間，但愛默生說，「禮貌，是由一些小小的犧牲組成的。」記住別人的名字並運用它，並不是國王或公司經理的特權，它對我們每一個人都是如此。肯恩・諾丁漢是印度通用汽車廠的一位雇員，他通常在公司的餐廳吃午餐。一天他發覺在櫃檯後工作的那位女士總是愁眉苦臉的，她做三明治已經做了快兩個小時了。

隔一天，諾丁漢又去排隊了。同樣的人，同樣的臉，不同的是聽到了她的名字。他笑著說：「嗨！尤尼絲。」然後告訴她自己要什麼。她真的忘了什麼秤不秤的，她給了諾丁漢一個火腿、三片萵苣和一大堆馬鈴薯片，多得都要掉出盤子來了。

我們應該注意一個名字裏所能包含的奇蹟，並且要瞭解名字是完全屬於我們交往的這個人，沒有人能夠取代。不管是女服務生或是總經理，在我們與別人交往時，名字會顯示它神奇的作用。

一九八九年的一天，紐約的絡克蘭發生了一場悲劇，一個小孩死了。這一天，領導們正準備去參加葬禮，吉姆・法裏走到馬房去拉他的馬。地上堆滿積雪，空氣寒冷。那匹馬好幾天沒有運動了，當它被拉到小槽的時候便歡欣鼓舞起來，把兩腿踢得高高的。結果，吉姆・法裏被踢死了。因此這個小小的鎮上，一個星期內舉行了兩次葬禮。

吉姆・法裏留下了一個寡婦和三個孩子，還有幾百元的保險金。他最大的兒子吉姆才十歲，就要到一個磚廠去做運砂的工作，把砂倒掉做磚模，再把磚轉換方向在太陽下曬乾。

這個孩子一直沒有機會受教育。但是他有一種使別人喜歡他的才華，他培養了自己一種記住人名的驚人能力。後來，他走上了政治舞臺。

他沒有進過一所中學，但是在他四十六歲的時候，有四所學院已經授予了他榮譽學位，他同時也成為民主黨全國委員會的主席、美國郵政總局局長。

記者去訪問吉姆，請教他成功的秘訣，他說：「努力工作。」於是記

者說：「別開玩笑了。」他接著問記者認為他成功的理由是什麼。記者回答：「聽說你可以叫出一萬個人的名字。」「我能叫出五萬個人的名字。」他說，不要忽視這一點。

他的這項能力使他幫助佛蘭克林‧羅斯福進入了白宮。在吉姆為一家石膏公司推銷產品的那幾年中，以及在升為小鎮上一名公務員的那幾年裏，他創造了一套記住別人姓名的方法。

這是一個非常簡單的方法。每次他新認識一個人，他就問清楚那個人的全名、家庭人口、他的職業以及政治觀點。

他把這些資料全記在腦海裏。第二次他又碰到那個人的時候，即使過了一年，他還是能拍拍對方的肩膀，詢問起他的妻子和孩子的情況，以及他家後面種的那些植物。難怪他有一大群擁護他的人！在羅斯福競選總統活動開展以前的好幾個月，吉姆每天都寫好幾百封信，給遍佈西部和西北部各州的人們。

然後他跳上火車，在十九天內足跡踏遍了二十個州。那一萬二千英里（二萬多公里）的路程，他以馬車、火車、汽車和輕舟代步。每到一個市鎮，就跟他所認識的人一起吃早餐和午餐，喝茶或者吃晚飯，跟他們談肺腑之言。然後繼續他的下一站。等他回到東部，他就寫信給他到過的每一個市鎮上的某個人。索取一份所有他談過話的人的名單，然後加以整理，他就有了成千上萬的名字了。這名單上的每一個人，都會收到一封吉姆的私函。那些信都以「親愛的比爾」，或者「親愛的傑克」開頭，結尾總是簽上「吉姆」。

吉姆早年就發現，一般人對自己的名字比對地球上所有名字的總和還要感興趣。記住人們的名字，而且很輕易就能叫出來，等於給予別人一個很巧妙而又有效的讚美。如果把別人的名字忘掉或者寫錯，你就會處於一種非常不利的地位。

記住別人姓名，並不是雞毛蒜皮的小事，細微處反映了你對他的興趣如何。

記住別人的姓名，最有效的方法是每次認識一個人，問清楚他的姓

名、家庭人口、職業及價值觀點等，把這些資料記在紙上，留在腦海裏，反覆默看、默想幾次就不易忘記了。

但是，如果萬一忘記他人姓名怎麼辦呢？可以採取必要的補救辦法，這就是以提問題法來彌補。

比如一個登門造訪者突然出現在你的面前，你神經的雷達搜遍腦際也找不出他的姓名，便可微笑地說「你好」，之後提問題。如「你好像瘦了一點」？對於胖瘦的感覺是各不相同的，這類問題通常不會失誤。

也可以這樣問：「現在的日子過得怎麼樣？」「你還住在老地方嗎？」等，以促使對方談起自己的有關情況，提供資訊，引發、喚醒我們記憶深處的東西，而又不露痕跡。

一旦我們努力失敗，提問題法就可轉為感歎讚揚法。比如：「天啊！幾年不見，你變得這麼年輕，我簡直不敢認你了，你是不是叫……」這時如果對方自報家門，你可接上說：「噢，我不敢認，不敢認！」一句恰到好處的感歎和讚揚，就能彌補忘卻的遺憾。

因此如果你要別人喜歡你，其中的訣竅就是：記住一個人的名字，對他來說，這是任何語言中最甜蜜、最重要的聲音。

贏得朋友支持
一定要理解朋友

一個人是否能受到朋友的歡迎，與這個人的為人有很密切的關係。懂得事事為他人著想，採取中庸之道，談吐風趣而不失儒雅的人，身上會散發出一種誘人的馨香，令周圍與他相處的人，如沐春風，被他的魅力所吸引，以能成為其好朋友而自豪，不管日後是否同道，心中的思念卻會歷久彌新，友情長存。

人與人之間的關係十分微妙，你要保存一段情誼，不能以為單靠嘴巴或一雙手便如願以償。這皆因人的思想變化無常，以為彼此日夜共對、相

擁相依，便可保持熱情，這是一廂情願的想法。西方的心理學家一致認為，首先付出又不計較付出多少的人，無論何時何地，都能結交到患難知己，人人會向他伸出友誼之手。

培根曾說：「缺乏真正的朋友，乃是最純粹最可怕的孤獨，假如沒有朋友，世界不過是一片荒漠。」也有歌如此唱道：「只要人人都獻出一點愛，世界將變得更加美好。」在現實中，人們難以交到真正的「知心」，即使有朋友也難以長久相處。

朋友並不是庸俗的金錢附庸品，並不是權勢下的奴隸。

只有當一個人身上閃現出別人需要的亮點時，別人才願意與之為友，願意為他敞開心靈之門，願意付出他應得到的激情和讚美。

青年人涉世不久，往往體驗較少，於是對於一個需要安慰的人常顯得束手無策。而當一個人受到挫折時，當一個人充滿悔恨時，尤其需要朋友在此關鍵時刻拉他一把，在朋友的寬慰力量下增長力量。如果，這時你伸出了寬慰之手，那麼你就必然會獲得不絕的讚美。

那麼應怎樣寬慰呢？

人不愉快想法的產生，有時並不一定是事情多麼的嚴重，而只是在於個人體驗的深淺不同。

在寬慰別人時，應設身處地為他著想，站在對方角度考慮。

例如：帕爾曼同家人到餐館用餐時，主菜卻時時不上來。

當他告訴經理時，經理當即就衝進廚房對主廚考爾發火。

這時，帕爾曼走進廚房，對考爾說：「在這麼熱的地方工作，誰都會吃不消的，為了我們辛苦你們了！」這番話使這位小夥子對遭受斥責後的痛苦與煩惱隨即化解，感動得流下了眼淚。

在帕爾曼五十一歲生日時，他收到了一份禮品店代送的蛋糕，緞帶上寫道：「感謝您，第一個對我的工作表示寬慰的人——廚師考爾。」心理學家主張，在寬慰別人時，應儘量避免將不幸歸於對方的心理健康因素。

而應該用過失、誤解等不可避免的、合理的因素來為受挫折的人開脫。

「理解萬歲」的口號，一直廣泛為人們所提倡。彼此理解，是朋友之間所真心希望的，並一直尋求的。

對一個人作評價、下結論，就應該堅持全面，完整的原則，因為只有這樣，作出的評價和結論才有概括性，才符合這個人的全部實際。這個道理很簡單，無庸贅述。但對一個人要做全面、完整的評價，做起來是非常困難的。

之所以有這種困難，是因為人們的評價活動本身要受對被評價者的瞭解程度的影響。瞭解不多，可又必須有個評價，就只好憑印象了，現實中就是這樣。所以人們不要總是奢望別人時時處處都對自己有個全面公正的評價。

如果說友情是一朵朵盛開的鮮花，那麼可以說理解的話語是連結鮮花與鮮花之間柔軟的紐帶。當別人處於逆境時，紐帶輕輕地拉扯著你，會給人心靈以莫大的安撫。

所以說理解是一種藝術，是對朋友的一種幫助。學會理解，是獲得朋友的必要途徑。

 # 贏得朋友支持
要勇於承擔己過

「人非聖賢，孰能無過？」朋友間免不了發生一些不愉快的事情。比如感情衝動，話說過頭，事做過火；由於方法不當，說錯了話，或做錯了事等等。遇到這種情況，絲毫不要羞羞答答、扭扭捏捏、遮遮掩掩，最好是勇敢地向朋友道歉。

衷心地道歉不但可以彌補破裂的關係，而且還可增進感情。

有些人認為，朋友之間還用得著客套？即使有所冒犯也無需道歉，其實錯了。生活中因為一件小事、一句言語、一次口角、一個行為就使老友

翻臉、夫妻反目的事不是常有的嗎？因為不肯道歉和認錯，或者找各種藉口來掩飾自己的過錯只能加深矛盾，使朋友生氣。道歉，並非恥辱。而是真摯和誠懇的表示；道歉，可以避免一場糾紛的出現。

真正的道歉不僅僅是承認一個錯誤，它還表現你意識到自己的言談舉止有損於你與他人之間的關係，而且對補償和重建這種關係有著相當的願望。

當然這絕不是一件輕而易舉的事情，承認錯誤是令人難堪的。但是一旦你迫使自己勇敢地這樣去做，克制自己的驕傲心理，它將會成為一種奇妙的醫治感情創傷的清潔劑、癒合劑。

作為一個「人」，我們都需要學會道歉的藝術。讓我們老老實實地回想一下，有多少次由於你嚴厲刺耳的評判和尖刻的話語，使你以失去朋友為代價而受到了懲罰。然後你計算一下，有幾次你曾坦白、誠懇地表明了你的歉意。

記住，向人表示道歉不是一件丟臉的事，而是成熟和誠實的表現。即使是偉人也會道歉。邱吉爾對杜魯門的第一印象十分不好，後來他告訴杜魯門自己曾一度嚴重地低估了他——這是一句用高明的恭維話表示的一種歉意。

一位當大夫的朋友曾對筆者講過這樣一件事：一位訴說有各種各樣病痛的男人到他那裏去看病，這個人頭疼、失眠、消化紊亂，可是卻找不到任何生理上的原因。

最後，這位朋友對他說：「除非你告訴我你的良心上有什麼不安，否則我是無法幫助你的。」經過痛苦的思想鬥爭，這個人終於承認，他作為父親指定的遺產執行人，一直對住在國外的弟弟欺瞞了他的遺產繼承權。馬上，這位明智的大夫便敦促這個人給他弟弟寫了一封信，請求弟弟的寬恕，並隨信附寄了一張支票作為第一步的補償。然後他一直護送這個人把這封信送到郵局，當這封信在檢信口消失的時候，這個男人流出了熱淚。「謝謝你，」他說，「我相信我的病都好了。」他的的確確恢復了健康。

誠摯的道歉不僅能夠和解被損壞的友好關係，而且還可以使這種關係

變得更為牢固。

　　傑克所住的地方，幾乎是在紐約的地理中心點，但是從他家步行一分鐘，就可以來到一片野森林。春天的時候黑草莓叢中野花盛開，松鼠在林間築巢育子，馬草長得高過馬頭。

　　這塊沒有被破壞的林地，叫做森林公園——它的確是一片森林。傑克常常帶著雷斯到公園去散步，它是傑克的小波士頓鬥牛犬，是一隻友善不傷人的小獵狗。因為他們在公園裏很少碰到人，所以傑克常常不給雷斯套狗鏈或戴口罩。

　　有一天，他們在公園裏遇見一位騎馬的員警，他好像迫不及待地要表現出他的權威。

　　他訓斥傑克：「你為什麼讓你的狗跑來跑去，不給它套上鏈子或口罩，難道你不知道這是違法的嗎？」

　　「是的，我知道，」傑克輕柔地回答，「不過我想它不至於在這裏咬人。」「你不認為，法律是不管你怎麼認為的。它可能在這裏咬死松鼠或咬傷小孩。這次不追究，但如果下次讓我再看到這隻狗沒戴口罩出現在公園裏，那你就必須跟法官去解釋啦。」傑克客氣地答應照辦。

　　傑克的確照辦——而且是好幾回。可是雷斯不喜歡戴口罩，傑克也不喜歡那樣，因此他想碰碰運氣，繼續不讓雷斯戴上口罩。起先很順利，可惜好景不長，不久他和雷斯又撞上了。

　　一天下午，雷斯和傑克在一座小山坡上賽跑，突然間——很不幸——他看到那位執法大人，騎在一匹紅棕色的馬上。雷斯跑到前頭，直向那個員警衝去。

　　傑克知道這下完了，所以不等員警開口他就說：「員警先生，這次你當場逮到我了，我有罪，我沒有託辭，沒有藉口了。你上星期已警告過我，再不戴口罩帶小狗出來你就要罰我。」「啊！我已警告過你，為什麼還要這樣呢？不過你承認錯了，這很好，」員警的回答變得柔和了，我知道在沒有人的時候，誰都忍不住要帶這麼一隻小狗出來，傑克回答說：「的確是忍不住，但這是違法的。」

「這樣一條小狗大概不會咬傷人吧。」員警說。

「不，它可能會咬死松鼠。」傑克接著說。

「哦，我把事情看得太嚴重了，」他告訴傑克，「你看這樣辦吧，你只要吸取教訓，保證今後不再這樣，事情就算了。」那位員警也是一個人，他要的是維護大家應共同遵守的準則和作為一個執法者的尊嚴。因此當你犯過失的時候，唯一能增強他自尊心的方法，就是以誠懇的態度懺悔。

如果傑克有意為自己辯護的話——嗯，你會覺得怎樣呢？

如果我們知道自己錯了，免不了受責備，何不自己先認錯呢？聽自己譴責自己，不比挨人家的批評好受得多嗎？如果我們對自己作了指責和批評，別人十之八九會對你予以寬容諒解而饒恕你的錯誤——正如那位員警對待傑克和雷斯那樣。赫巴是位曾鬧得滿城風雨的最具獨特人格的作家之一，他那尖酸的筆觸經常惹起一些人強烈的不滿。但是赫巴以少見的為人處世的技巧，常常化敵為友。

當一些憤怒的讀者寫信給他，表示對他的某些文章不以為然，結尾又痛罵他一頓時，赫巴就如此回答：回想起來，我也不盡然同意自己。我昨天寫的東西，今天不見得全部滿意。我很高興你對這件事的看法。下次你來附近時，歡迎駕臨，我們可以交換意見，遙祝敬意。

赫巴面對一個這樣對待你的人，你還能怎麼說呢？

當我們對的時候，我們就要試著溫和地、巧妙地使對方同意我們的看法；而當我們錯了，就要迅速而坦率地承認。

這種技巧不但能產生驚人的效果，而且在任何情形下都要比為自己爭辯還有用得多。你信不信呢？

別忘了這句古話：「用爭鬥的方法，你絕不能得到滿意的結果；但用讓步的方法，收穫會比你預期的高出許多。」因此，如果你希望妥善地解決爭端，請記住下面的規則：如果你錯了，就要很快坦率地承認。

贏得朋友支持
就不要過於招搖

　　人們可以接受外貌、身高、收入、地位上的差距，卻很少能接受智力上的差距。當希歐多爾·羅斯福入主白宮的時候，他承認：如果他的決策能有百分之七十五的正確率，那麼就達到他預期的最高標準了。像羅斯福這樣的傑出人物，最高的希望也只是如此，那麼你我呢？

　　如果你有百分之五十五得勝的把握，那你可以到華爾街證券市場，一天賺個一百萬元，買下一艘遊艇，盡情地遊樂一番。

　　如果沒有這個把握，你又憑什麼說別人錯了？不論你用什麼方法指責別人，你可以用一個眼神、一種說話的聲調、一個手勢，就像話語那樣明顯地告訴別人——他錯了，你以為他會同意你嗎？絕對不會！因為這樣直接打擊了他的智慧、判斷力和自尊心。這只會使他反擊，絕不會使他改變主意。即使你搬出所有柏拉圖或康得式的邏輯，也改變不了他的意見，因為你傷害了他的感情。

　　你永遠不要這樣開場：「好！我要如此證明給你看！你這話大錯特錯！」這等於是說：「我比你更聰明。我要告訴你一些道理，使你改變看法。」那是一種刺激人的挑戰。那樣會引起爭端，使對方遠在你開始之前就準備迎戰了。

　　隋唐著名才子薛道衡，十三歲時就能講《左氏春秋傳》，隋高祖時，做內史侍郎。大業五年，被召進京，當時已是自負才氣的隋煬帝楊廣在位，薛道衡為了顯示自己文章水準，呈上了《高祖頌》，煬帝看了就很不高興，說：「這只是文詞漂亮而已。」有一次，煬帝與下臣談天，說自己才高八斗，傲視天下文士，御史大夫趁機說薛道衡自負才氣，不聽訓示，有無君之心。於是煬帝便下令把薛絞死了。

　　看來，薛道衡由於不懂得深藏不露、明哲保身，得罪了不少人，不但有隋煬帝，也有那個進讒言的御史大夫，甚至可能還有其餘的那些大臣，否則怎會沒人替他求情於煬帝呢？

因為鋒芒太露而把人得罪光了，薛道衡算得上是一個典型。

《莊子》中有一句話叫「直木先伐，甘井先竭」。還有一句古話，叫「木秀於林，風必摧之」。樹木長得比林中大多數的樹都高了，勁風就會將其折斷，鋒芒太盛而被夭折，那就太不划算了。

正如英國十九世紀政治家查士德・斐爾爵士對他的兒子所說的：要比別人聰明——如果可能的話，卻不要告訴人家你比他聰明。

如果有人說了一句你認為錯誤的話——即使你知道是錯的，你一定這麼說更好：「噢，這樣的！我倒有另一種想法，但也許不對。如果我弄錯了，我很願意被糾正過來。」用「我也許不對」這一類句子，確實會收到神奇的效果。

郭解就是一個很能藏鋒露拙、大智若愚的人物。在洛陽有一位男子因與人結怨而處境困難，許多人出面當和事佬，但對方一句話也聽不進去，最後只好請郭解出面，為他們排解這場糾紛，郭解晚上悄悄造訪對方，熱心地進行勸服，對方就逐漸讓步了。

這時候如果是一般人，一定會為自己的成功而沾沾自喜，急於示人，但郭解不同。他對那接受勸解的人說：「我聽說你對前幾次的調解都不肯接受，這次很榮幸能接受我的調解。

但是，我作為一個外地人卻壓倒本地有名望的人，成功地調解了你們的糾紛，實在是有違常理。因此我希望你這次就當我是調解失敗，等到我回去，再由當地有威望的人來調解時才接受，怎麼樣？」

郭解的做法異於常人，但卻是一種使自己免遭眾人嫉恨的明智之舉。既保護了自己，又留下了為人稱道的美名。誰又能說郭解不是大智慧者呢，那些極力顯示自己才能的人，不過是耍小聰明罷了。

耍小聰明的人有一點就是工於心計，為了滿足自己某方面的慾念，成天謀算他人。比如《三國》裏的那個周瑜，總嫉恨著諸葛亮，用了不少方法去難為他，結果自己倒是「賠了夫人又折兵」，為天下人所恥笑。

以上我們分析了鋒芒太露的弊處，這裏，不妨再給那些急於施展自己才華和抱負的年輕朋友一點忠告，所謂「人不知而有慍，不亦君子乎」！

人不知道我，我心裏就不高興，這其實是人之常情。只要你有表現本領的機會，就要把握住這個機會，做出過人的成績來，大家自然會知道。這種表現本領的機會不患沒有，只患把握不牢，只患做的成績不能使人特別滿意。你已有真實的本領，就要留意表現的機會，你沒有真實的本領，快快從事預備，「工欲善其事，必先利其器」，道理正是如此。無此器最難，有此器，不患無善其事的時機。鋒芒對於你是只有害處而無益處的。

無論什麼場合，很少有人會對你這樣說：「我也許不對。我們來看看問題的所在吧。」但只有這樣，才是積極有效的力法。有一次記者訪問著名的探險家和科學家史蒂文生。他在北極圈內生活了十一年之久，其中六年除了食獸肉和清水之外別無它物。他告訴記者他做過的一次實驗，於是記者就問他打算從該實驗中證明什麼。他說：「科學家永遠不會打算證明什麼，他只打算發掘事實。」如果你希望自己的思考方式科學化，那就行動吧！除了自己，誰也阻止不了你。

你承認自己也許會弄錯，就絕不會惹上煩惱。因為那樣的話，不但會避免所有爭執，而且還可以使對方跟你一樣寬容大度；並且還會使他承認他也可能弄錯。

如果你肯定別人錯了，而且直率地告訴他，結果會如何呢？

有位年輕的紐約律師，在最高法院參加了一個重要案子的辯論。案子牽涉了一大筆錢和一個重要的法律問題。

在辯論中，一位最高法院的法官對他說：「海事法追訴的期限是六年，對嗎？」這位律師驀然停住，看了法官半天，然後直率地說：「法官先生，海事法沒有追訴期限。」

「庭內頓時安靜下來，」他後來講述他當時的感受時說：「氣溫似乎一下子降到了冰點。我是對的，法官是錯的。我也據實告訴了他，但那樣就使他變得友善了嗎？沒有。我仍然相信法律站在我這一邊。我知道我講得比過去精彩。但我並沒有尊重他的感情，用討論的方式據理說明我的觀點，而是當眾指出一位聲望卓著、學識豐富的人錯了，從而引起爭端人誤會。」沒有幾個能夠邏輯性地思考。我們許多人都會犯武斷、偏見的毛

病。許多人都有固執、嫉妒、猜忌、恐懼和傲慢的缺點。多數人都不願輕易地改變對宗教、愛好和信仰的看法。

因此如果你發現自己有指責別人的毛病，請在每天早晚前，坐下來讀一讀下面這段文字：「我們有時會毫無抗拒地或在熱情淹沒的情形下，改變自己的想法；但若有人說我們錯了，反而會使我們遷怒對方，更固執己見，而且會毫無根據地堅持自己的想法。顯然，不是那些想法對我們珍貴，而是我們的自尊心受到了損害……

『我的』這兩個簡單的字眼，是為人處世的關係中最重要的，妥善運用這兩個字才是智慧之源。不論說『我的』晚餐，『我的』狗，『我的』房子，『我的』父親，『我的』國家或『我的』上帝，都具備相同的力量。我們不但不喜歡說我的表不準，或我的車太破舊……我們願意繼續相信以往慣於相信的事，而如果我們所相信的事遇到了懷疑，我們就會找盡藉口為自己的信念辯護。結果呢，多數我們所謂的推理，就變成找藉口來繼續相信我們早已相信的事物。」在這一點上，卡內基也感同身受，他說有一次他的朋友彼得請一位室內設計師為自己的臥室佈置一些窗簾。等帳單送來，他大吃一驚。過了幾天，一位朋友來看彼得，看看那些窗簾，問起價錢，這位朋友面有怒色地說：「什麼？太過分了，我看他占了你的便宜。」真的嗎？不錯，他說的是實話。可是很少有人肯聽別人羞辱自己判斷力的實話。身為一個凡人，彼得開始為自己辯護。他說貴的東西終究有貴的價值，你不可能以便宜的價錢買到品質高而又有藝術品味的東西等等。

第二天，另一位朋友也來拜訪，開始讚揚那些窗簾，表現得很熱心，說她希望自己家裏也購買得起那些精美的窗簾。

彼得的反應完全不一樣了。「說句老實話」他說，「我自己也負擔不起，我所付的價錢太高了。我後悔訂了這些」。當我們錯的時候，也許會對自己承認。而如果對方處理得很適合，而且友善可親，我們也會對別人承認，甚至以自己的坦白直率而自豪。但如果有人想把難以下嚥的事實硬塞進我們的食道，你想，我們的感覺將會如何？……

美國南北戰爭期間，最著名的報人哈裏斯‧葛裏萊激烈地反對林肯的

政策，他相信以論戰、嘲弄、謾罵就能使林肯同意他的看法。他發起攻擊，日復一日，年復一年。就在林肯遇刺的那天晚上，葛裏萊還發表了一篇尖刻、粗暴、攻擊林肯的文章。但那些尖厲的攻擊使得林肯同意葛裏萊了嗎？一點也沒有。嘲弄和謾罵是永遠達不到目的的。

如果你想知道一些有關處理人際關係、控制自己、完善品德的有益建議，不妨看看班傑明・佛蘭克林的自傳——它是最引人入勝的傳記之一，也是美國的一本名著。

在這本自傳中，佛蘭克林敘述了他如何克服好爭辯的習慣，使自己成為美國歷史上最能幹、最和善、最老練的外交家。

當佛蘭克林還是個毛躁的年輕人時，一位教友會的老朋友把他叫到一旁，尖刻地訓斥了他一頓：「班，你真是無可救藥，你已經打擊了每一位和你意見不同的人。你的意見變得太珍貴了，沒有人承受得起。你的朋友發覺，如果你在場，他們會很不自在。你知道的太多了，沒有人再能教你什麼，也沒有人打算告訴你些什麼，因為那樣會吃力不討好的，而且又弄得不愉快。因此你不能再吸收新知識了，但你的舊知識又很有限。」佛蘭克林的優點之一，就是他接受那次教訓的態度。他已經能成熟、明智地領悟到他的確是那樣，也發覺他正面臨失敗和社交悲劇的命運。他立刻改掉了傲慢、粗野的習慣。

「我立下一條規矩」佛蘭克林說，「絕不准自己太武斷。我甚至不准自己在文字或語言上有太肯定的意見表達，比如『當然』、『無疑』等等，而改用『我想』、『我假設』、『我想像一件事該這樣或那樣』或『目前，我看來是如此』。當別人陳述一件事而我不以為然時，我絕不立刻駁斥他或立即指正他的錯誤。我會在回答的時候，表示在某些條件和情況下，他的意見沒有錯，但在目前這件事上，看來好像稍有兩樣等等。」

我很快就領會到我這種態度改變的收穫：凡是我參與的談話，氣氛都融洽得多了。我以謙虛的態度來表達自己的意見，不但容易被接受，更減少了一些衝突。我發現自己有錯時，我沒有什麼難堪的場面。而我自己碰巧是對的時候，更能使對方不固執己見而贊同我。「我最初採用這種方法

時，確實和我的本性相衝突，但久而久之就逐漸習慣了。也許五十年來，沒有人聽我講過些什麼太武斷的話，這是我提交新法案或修改舊條文能得到同胞的重視，而且在成為民眾協會的一員後，具有相當影響力的重要原因。我不善辭令，更談不上雄辯，遣詞用字也很遲疑，還會說錯話，但一般說來，我的意見還是得到廣泛的支援。」正如洪應明在《菜根譚》一書中所說：「藏巧於拙，用晦而明，寓清於濁，以屈為伸，真涉世之一壺，藏身之三窟也。」以上舉的例子，都說明做人寧可顯得笨拙一些，也不可顯得太聰明，寧可收斂一下，也不可鋒芒畢露；寧可隨和一點，也不可自命清高；寧可退縮一點，也不可太積極前進。這也是獲得朋友支持的一大法寶。

贏得朋友支持
就要保持距離

　　人從小到大，都會交一些朋友，這些朋友有的只是普通朋友，但有的則是可稱為「死黨」的好朋友。但是我們也常發現，一些「死黨」到後來還是散了，有的是「緣盡情了」，有的則是「不歡而散」，無論怎麼散，就是散了。人能有「死黨」是很不容易的，可是散了，多可惜啊！

　　而「死黨」一散，尤其那種「不歡而散」，要再重新組「黨」是相當不容易的，有的甚至根本無再見面的可能。

　　人一輩子都不斷在交新的朋友，但新的朋友未必比老的朋友好，失去友情更是人生的一種損失，因此我強調——好朋友要「保持距離」！這話是有些矛盾，好朋友才應該常聚首呀！保持距離不就疏遠了？問題就在「常聚首」！很多「死黨」就是因為一天到晚在一起，所以才散了，為什麼呢？

　　人之所以會有「一見如故」、「相見恨晚」的感覺，之所以會有「死黨」的產生，是因為彼此的氣質互相吸引，一下子就越過鴻溝成為好朋

友，這個現象無論是異性或同性都一樣。但再怎麼相互吸引，雙方還是會有些差異的，因為彼此來自不同的環境，受不同的教育，人生觀、價值觀不可能完全相同。當二人的「蜜月期」一過，便無可避免地要產生摩擦，於是從尊重對方，開始變成容忍對方，到最後成為要求對方！當要求不能如願，便開始背後挑剔、批評，然後結束友誼。

很奇怪的是好朋友的感情和夫妻的感情很類似，一件小事也有可能造成感情的破裂。我有一位朋友，他和租同一棟房子的房客成為朋友，後來因為對方一直不肯倒垃圾，他認為受到不公平的對待，憤而搬了出去，二人至今未曾往來。

所以如果有了「好朋友」，與其太接近而彼此傷害，不如「保持距離」，以免碰撞！

人說夫妻要「相敬如賓」，自然可以琴瑟和諧，但因為夫妻太接近，要彼此相敬如賓實在很不容易。其實朋友之間也要「相敬如賓」。而要「相敬如賓」，「保持距離」便是最好的方法。

何謂「保持距離」？簡單地說，就是不要太親密，一天到晚在一起；也就是說心靈是貼近的，但肉體是保持距離的。

能「保持距離」就會產生「禮」，尊重對方，這禮便是防止對方碰撞的「海綿」。

有時太保持距離也會使對方疏遠，尤其是工商社會，大家都忙，很容易就忘了對方。因此對好朋友也要打打電話，瞭解對方的近況，偶而碰面吃個飯，聊一聊，否則就會從「好朋友」變成「朋友」，最後變成「只是認識」了！

也許你會說，「好朋友」就應該同穿一條褲子，彼此無私呀！

你能這樣想很好，表示你是個可以肝膽相照的朋友，但問題是人的心是很複雜的，你能這麼想，你的「好朋友」可不一定這麼想。到最後，不是你不要你的朋友，而是你的朋友不要你！更何況，你也不一定真的瞭解你自己，你心理、情緒上的變化，有時你也不能掌握哩！所以為了友誼，為了人生不那麼寂寞孤單，好朋友應保持距離！

討人喜歡的人自然有很多朋友，即使不主動結交朋友，別人也會設法與他接近；相反，朋友少的人，若不去接近別人，誰也不會主動接近他。

神經質的人大都比較內向，不但不會主動結交朋友，反而會避開人群；個性好勝的人雖然外向、活動力強，但由於過分堅持己見，容易惹人討厭，朋友也不會很多。

想要獲得知己是很困難的，自私自利、存心利用朋友的人，永遠得不到真正的友誼。這種人在朋友有利的時候，會表現得如同至親、密友一樣，一旦利害關係消失，就露出真面目。

贏得朋友支持
就要承認朋友的自我價值

在《如何贏得朋友，影響他人》的開頭，戴爾·卡內基沒有敘述很多著名政治家、成功的推銷員或公司大腕的樸實平易的趣聞逸事，而是從一個臭名昭著的罪犯開始。卡內基講述了「雙槍」殺手克勞裏（Conwley）一九三一年在紐約西區大街其女友公寓被抓獲的轟動事件。

克勞裏是個銀行搶劫犯，據紐約城警署專員透露，他是個「手腳麻利的殺手」，已經在逃幾個月，但最後在嚴密監視和一場激烈的槍戰之後，克勞裏在其女友的公寓中被俘。根據卡內基的介紹，員警從殺手那裏發現一張字條，上面寫著：「也許應該考慮，我的大衣下面是顆疲憊的心，也是一顆善良的心——對任何人無害的心。」卡內基接著說，我想我應該讓卡內基自己解釋，為什麼他的書以一個銀行搶劫犯和殺害員警的罪犯的故事作為開頭。

卡內基寫道：「這個故事的意思是雙槍克勞裏絲毫沒有自責。」這是罪犯中不正常的態度嗎？如果你這麼認為，看看下面的敘述：「我一生中最好的年華都在給人們帶來歡樂，幫助他們度過愉快的時光，我所得到的就是咒罵，成為被迫殺的對象。」這是阿爾·卡彭的言論。是的，他從前

是美國公眾第一敵人——黑幫最險惡的頭目，曾經在芝加哥製造恐怖，卡彭也不譴責自己。實際上他認為自己是個公共慈善家。

卡內基接著引用多奇·舒爾茨還有其他一些黑幫，以及「新新」監獄中的各種人物的話，為了說明同樣的問題。

如果阿爾·卡普尼、「雙槍」克勞裏、多奇·舒爾茨以及監獄大牆後面的絕望的人們，都不對自己有任何譴責的話，那麼我們要繼續交往的人們又會怎麼樣呢？

是的，他們怎麼樣呢？

現代社會已日益打破了各自的封閉狀態，進入了一個生動活潑的、互相聯繫的時代。每個人都需要交往，都希望自己成為讚美能手，使自己廣交朋友，成為受歡迎的人。那麼就請記住，讚美首先要真誠，真誠就要有所保留，而不是全盤肯定。你可以大談其優點、長處、成績，不談其不足，也可以既讚美又批評，還可以提出你的希望。無論採取哪種方式，都要掌握好分寸，把握好「度」。

希臘有句諺語：「使人幸福的不是體力，也不是金錢，而是正義和多才。」才能，是一個人區別於他人的最明顯的標誌，是他幸福的源泉之一。我們讚美一個人，就要深深地打動他，而最能打動他人的讚美，莫過於對其才能的認可和高度評價。

我們周圍不乏才華橫溢之人，有的人有能言善辯的口才；有的人能洋洋灑灑，妙筆生花；有的人善發明；有的人演技高超……諸如此類的才華，都是有價值的讚美題材。

「有才能的人就在於瞭解別人的才能。」這句俄羅斯諺語告訴我們，要成功地讚美別人，你必須具有發現甚至挖掘別人閃光點的才能，這是成功讚美者的一個重要條件。因此如果你不具有與對方相當的或者高於他的才能，你就不能對其才華做出恰如其分的評價。那麼你的讚美就不可能取得預期的效果，甚至會弄巧成拙。能夠讚美別人的才華，起碼可以說明你也不是一個凡夫俗子。費孝通與其夫人王同惠年輕時的一段往事，似乎演繹了一個非常生動的讚美故事。一九三三年在燕京社會學系的同學聚會

上，王同惠和費孝通就人口問題發生了一次爭論。費孝通為了說服她，就把一本關於人口問題的書作為聖誕禮物送給了王同惠。在他們後來的一次閒聊中，王同惠告訴他：「是你的這件禮物打動了我這顆『凡心』，覺得你這個人不平常。」費孝通聽後很自豪，讚歎自己遇到了知己，他後來說：「這個評價成了我們兩個人的結合劑，也就是牽引了我們兩人一生的這根線。一個賞識『不平常』的人，而以此定情，也不可能是一個平常的。」基於對彼此才華的賞識和仰慕，二人結為金蘭之好。王同惠通過與費孝通的爭論，特別是他的禮物，發現了費孝通的出眾才華，她的讚美並無什麼華麗的詞藻，也無什麼高亢激昂的抒情，而一句「你這個人不平常」，便對其才華作出了獨具一格的評價，樸實、蘊藉之中也顯現著讚美者自身的才氣。費孝通的讚美更是與王同惠相映成趣，對其才華的讚歎更是直言不諱。他們二人，首先選了讚美的基點——才華。對這一閃光點的讚美，對於兩位才能出眾的人來說，要比讚其容貌、氣質等外在特徵，具有更強烈的吸引力，更能打動對方。

讚美一個人的才華，有時不必要用語言表達出來。一次善意的行動，要勝過所有讚譽之詞。波普曾說過：「最聰明的讚美者，是做一些所喜歡的事，但卻不表明是為他而做的。」對一個人才華的讚美也如此。

嚴濟慈在法國留學時，遇到了一位導師法布裏，在法布裏的指導下，嚴濟慈完成了博士論文《石英在電場下的形變和光學特性變化的實驗研究》，法布裏很欣賞他在這篇論文裏所展現的才華。有一日，法布裏突然找到嚴濟慈問道：「你的論文能等一兩個星期發表嗎？」嚴濟慈滿口答應：「當然可以。」但不知導師有何用意。幾天以後，法布裏以其出色的成就和資歷當選為法國科學院院士。但他在首次出席科學院院士大會時，宣讀的卻是嚴濟慈的博士論文。論文以其獨創性和精確性，獲得了法國科學界最高權威們的掌聲。嚴濟慈的才華震動了法國物理界。法布裏雖然很早就看準了嚴濟慈這位學生具有非凡的才華，但他沒有直接讚揚他的論文如何地好，而是把它作為得意之作，拿到法國物理學院士例會上去宣讀，這一行動，要比優美的讚譽之詞不知要高出多少倍。

其結果，不僅顯示了法布裏對自己學生的高度評價，而且使嚴濟慈揚名法國科學界，還有什麼比這無聲的讚美更令人感動呢？

 ## 贏得朋友支持要妥善處理和異性朋友之間的關係

情正如一把雙刃劍，既能載舟，亦能覆舟，能把你載往理想的彼岸，同時它又會氾濫成災……

年輕時，在感情的汪洋中漂流探險，尋找理想的對象，留下一些浪漫的回憶，也是人生旅途的韻事。

男女雙方對於愛情與友誼的看法，往往有些出入，兩者的概念如果混淆不清，很容易使人走入誤區，產生齟齬。尤其是比較小心眼的妻子，往往疑心生暗鬼，於是來個電話查勤，突擊檢查，甚至秘密跟蹤，演出偵探小說般的話劇來。男人也有特別多心的，對於在外做事的漂亮太太很不放心，整天猜想一大堆，疑心重重。其實只要有信心，互相信賴，對於友誼和愛情之間的界限，有明確的認識，也就不至於庸人自擾，自尋煩惱了。

友誼與愛情是不同的。友誼被認為是青年期一種最主要的情感依戀和人際關係，它沒有排他性。友誼是青年社交的最重要的組成部分。人生不可能沒有友誼，對於青年男女來說，友誼在他們的生活中更占重要的地位。青年男女經常在一起學習、工作，進行思想交流，就會建立一定的友誼。但這種感情不同於愛情，愛情是男女間基於一定的客觀物質基礎和共同的生活理想，所產生的一種互相傾慕、愛戀並渴望對方成為自己終身伴侶的特殊情誼。愛情具有這樣的特徵：一是以男女平等互愛為條件，是兩性之間的感情聯繫；二是具有專一性和排他性；三是它的目的是結為婚姻伴侶。因此它和友誼是有明顯區別的。在青年交往當中，有些青年男女錯把友誼當作愛情，這樣的情況有兩種：一是對方錯把自己的友誼當成了愛情，再一種就是自己錯把對方的友誼當成了愛情。這兩種情況如果處理不

好，不僅會損害雙方的友誼，而且會給男女雙方帶來不必要的痛苦。因此我們應該認真對待友誼和愛情的問題。

現實生活中，對於存在愛情或友誼的雙方，我們常常這樣界定：正在戀愛的雙方互稱「男朋友」、「女朋友」，而友誼交往的雙方被稱為「男性朋友」、「女性朋友」。

封建社會「男女授受不親」、「男女之間只有愛情，沒有友誼」之類的觀念是極其片面的，也是人際交往的一大誤區。它把男女之交狹隘地控制在一種「性別之交」的範圍內，那僅是從人的自然屬性出發，而忘卻了人的社會屬性。這種「性騷擾心理」的發展，往往導致男女交往進入誤區，變成麻煩。

結交異性朋友，將使自己受益匪淺。男女之間由於性別差異，因而有著迥異的性格差異。性格的互補，往往成為友愛幫助的互補。這種幫助有時是同性朋友之間「愛莫能助的。」

友人鄒先生，社會學家，單身。此人性格豪爽，為人正派，學識淵博，談吐幽默，因而有許多朋友——包括許多女性朋友。

前不久他住院做手術。術後，我去看他，閒聊時，他談起了異性朋友對他的幫助感受。他說，我得這場大病，多虧了朋友照顧。不然我無父無母無妻無子，可怎麼辦呀？有趣的是從住院這件事中，我發現，賢妻良母其實是一種「專業」。

他說，比如做手術吧，醫生問誰能簽字？那天公司老闆沒來，我身邊只是一群朋友。朋友就為難了：這要是手術失敗了可怎麼辦？誰能負得起這個責任？我要自己簽名，醫生又說不行。這時我的男性朋友全部手足無措了——雖然他們平時可夠聰明的。女性朋友吧，卻站出來一位，她是我朋友的妻子，也是我的女性朋友之一。她跟醫生說：「我來簽字吧。我是他的女朋友。」你瞧，賢妻良母就是不一般，她們就知道應該怎麼辦，也敢於怎麼辦。

手術後，這種差異更是顯露出來了。彷彿有了默契，每當我需要進食進水，女性朋友便主動上來關照；而男性朋友則跑前跑後，甚至抬我上廁

所。這種社會角色的自動選擇和承擔，顯然是出於一種習慣，而且人們覺得這很合理很正常。

鄒先生言談之中，充滿著對女性朋友幫助的感激和自豪。

有一次，朋友們在酒吧聚會，當然都是清一色的男人。大家一邊品著咖啡，一邊低聲議論著時事、物價和奇聞趣事。可是這種和平紓緩的氣氛沒能持續多久，席間就有兩個朋友因為對十個問題的看法不同而吵了起來，而且越吵越凶，朋友們勸說也不管用，他們幾乎要動起手來了。就在這千鈞一髮之際，我們的一位女性朋友來了。一見這陣勢，就明白發生了什麼事了，於是她和顏悅色地說：「都怎麼了？有話好說，坐下來慢慢談嘛？」兩位朋友一聽，感到不好意思，便又坐下來，重新變成紳士，與剛才臉紅脖子粗的爭吵判若兩人。

對於未婚青年男女，友誼可以發展為愛情。婚前多結交幾個異性朋友，可以比較選擇，原是合情合理的事。年輕時，在感情的汪洋中漂流探險，尋找理想的對象，留下一些浪漫的回憶，也是人生旅途的韻事。一旦結了婚，就得收住感情的帆，準備駛入愛的避風港，過風平浪靜的生活。婚前的友誼是自由自在的，無拘無束的，婚後的愛情是獨佔的、專一的。

為保證友誼的神聖純潔，保證家庭婚姻的和諧而不致產生誤解，已婚男女與異性交往，應掌握好下列「鑰匙」：

——不宜隱瞞，應該坦誠相待。已婚男女與異性交往，最好讓對方知道。如果你的異性朋友不認識你的丈夫或妻子，你應介紹他們相識。若有單獨的交往，也要告訴你的愛人避免引起誤會，影響夫妻感情。切忌背著自己的愛人與不相識的異性交往。

——應該熱情大方。已婚男女和異性交往，和未婚男女的最大區別，在於這種交往是純正的友誼而不包括絲毫擇偶因素。所以這時的交往，應一掃少男少女的靦腆羞澀而落落大方。特別是在家中待客，對所有客人要一視同仁。

——不宜有非分之想，要潔身自好。年輕男女，才華出眾、性格開朗、多才多藝、溫柔美貌，這些都會引起異性的愛慕。即使是已婚男女，

也會因此而引來異性的傾心。對此切忌兩點：一戒虛榮輕佻，玩弄他人感情。視自己能以已婚身分而引起異性的思戀而得意非凡，並以此來抬高自己；或是向丈夫或妻子吹噓，引起對方的猜疑、不快，甚至導致家庭破裂的悲劇；或是藉此玩弄他人，引火焚身，最後弄得尷尬萬分，以致造成嚴重後果。二戒見異思遷，把握不住自己的感情，禁不起新的感情的誘惑，輕率地背叛自己的愛情。

至於怎樣對待愛慕自己的異性，最簡單的辦法就是提醒他(她)你是有夫之婦或有婦之夫。此時，表明自己的態度要重於尊重他(她)的感情。因為這不只是你們兩個人的事了，還牽涉到道德、法律、義務等各個方面，切不可掉以輕心。應曉之以理，因勢利導，將其戀情轉化為友誼。但這對雙方的理智和毅力都要求很高，自信心不足的人為了避免今後的糾葛，最好的辦法是儘快地疏遠、迴避。

只要有信心，互相信賴，對於友誼和愛情之間的界限，有明確的認識，也就不至於庸人自擾，自尋煩惱了。

08
CHAPTER

獲取上司的支持

好上司
如好馬

很少人能單憑一己之力迅速名利雙收；真正成功的騎師，通常都是因為他騎的是最好的馬，才能成為常勝將軍。

——賴茲

這是在被稱為「有史以來對美國行銷影響最大的概念」的《定位》一書中，作者管理大師賴茲講到「給你自己和你的職業定位」時說的一句至理名言。

這本書曾經是筆者本人的床頭書，上面提到的這個章節，筆者本人反覆讀了許多次，熟記於心。大師說你可以通過定位戰略來推動你的事業並從中受益，最關鍵的原則是不要事事親自動手，想法子找匹馬騎著。比如第一匹馬是你所在的公司；第二匹馬是你的上司；第三匹馬是朋友。

翻翻成功人士的傳記，你會驚奇地發現，絕大多數人是靠緊跟別人最後爬上成功階梯的。如果你能爭取在一個成功的上司手下工作，那你能成功的機率高達百分之八十，另外百分之二十是你的運氣和努力。因此要永遠爭取在你能找到的最精明、最出色、最有能耐的人手下工作。用一匹好馬來比喻一個好上司最恰如其分，而對一個剛剛踏入社會的職業人來說，則更像一位毫無經驗的年輕騎師。好上司無疑是一位良師益友，他可以縮短你的成長過程，讓你在潛移默化中學習到很多其他人艱苦摸索出來的東西。

一個好上司，
是能讓你學到東西的人

安東是品牌經理，我的直接上司。當時公司的市場部剛剛成立不久，市場部長在我去後不久就離職了，整個市場部就只有安東、我，還有另外

一個女孩子珍尼。

安排給我的工作並不多，有時間的時候，安東就會和我講一些他做品牌行銷的經驗。他很有耐心，我有不懂的問題去問他，他會不厭其煩地解釋給我聽。

他常常會說：「一個好上司，是能讓你學到東西的人。」

那時候公司訂了許多廣告類的雜誌，每次一來，他都讓我先看。借給我科特勒的《市場行銷管理》，我看得入迷，上班時間也捧著看下去，他看到也只是微微一笑，不管我。

鼓勵手下看書學習並加以指導的上司，絕對是一位學者型的主張不斷完善自我管理風格的領導者。你所需要做的就是具備一顆好奇和上進的心，像一塊沒濕水的海綿一樣，等待新知識和經驗來充滿你。

一個好上司，可以給手下樹立積極正面的榜樣

安東的人緣很好，其他部門的人有事找他幫忙，他總是說：盡力而為，很樂意為你效勞。

後來我們公司又新來了很多部門經理，每個人都是從別的大企業挖過來，每個人都有自己的一套。我那時候還很天真，看不懂他們之間的鬥爭，但也知道他們私下裏為了所謂的「品牌發展戰略」爭吵得很厲害。安東在他們當中好像顯得很沒立場，他告訴我和珍尼不要理會這些，只要做好自己的事情。

那段時間我像一棵植物，貪婪地吸收外界帶來的新鮮養料。然而在公司的所有部門經理中，除了安東，並沒有人願意給我正確的指導。在他們的眼中，我們這樣的小女生到處都是，也只有他們給我分配安排工作的份兒吧？

上司的所作所為、處世待人方法，一般都看在手下的眼中，無形中成

為他們效仿的對象。所以千萬不要低估一個好上司的影響力量，對一個團隊來說，這是檢驗它是否具有戰鬥力、是否團結的重要尺度。

一個好上司，
是懂得承上啟下的人

部門裏的另外一個同事珍尼，比我大兩歲，安東常常對我說，他很欣賞她。她身上有很多優點：親切、大方、積極、善良等等，叫我要多向她學習。

他很少命令我們工作，有事情他會說：「請幫我做一下好嗎？」珍尼幫他倒杯咖啡，他會很誠懇地說謝謝。他交代我們要做的事情，總是事先對我們講用怎樣的方式做效果會比較好，如果我們有什麼問題，他都隨時準備聽我們說，然後再給我們出主意，在他的領導下，我們總是心甘情願地完成任務，就是加班到很晚，也沒有怨言。安東說，我是你們的上司，在我的上邊還有老闆，我的作用就是承上啟下。

好上司和一般上司的區別就在於他善於發現手下的長處和優點，然後給你很好的啟發和教導，讓你自覺地為他所用。還有一個重要特徵就是好上司不會用所謂的公司制度來管、卡、壓你，而是會巧妙地運用個人人格的魅力驅動你，讓你心甘情願地工作。

一個好上司，
是善於調整自己情緒的人

後來公司內部變動很大，那段時間每個人的情緒都很壞。安東的心情也明顯低落了許多，儘管他還是不動聲色地安排一切日常事物，但我們都

看得出來，他的壓力很大。過了沒多久，他和老闆一起去外地出差，回來忽然輕鬆了很多，又開始和別人開玩笑，談笑風生了。

那個週末我們照例坐車回新竹，安東說了出差路上一件對他影響很大的事。

「從高雄回來的路上，老闆交代我只能買復興號，將近一夜的路程，上車後我想自己去換自強號。這個時候坐我旁邊的一群女孩子的聊天吸引了我，我決定暫時不換了，聽聽她們說什麼。原來她們的一個姐妹在桃園打工給老闆扣留住了，她們要去救她出來。雖然她們很窮，可是很快樂，嘰嘰喳喳，我一講話就逗得她們哈哈大笑。我對她們說我很久沒這麼開心過了，她們又是一陣大笑，從包裹拿出她們的零食給我吃，跟我說話會臉紅。我忽然就想通了，沒什麼比快樂更重要的事。」

好上司也是普通人，也面臨著各種各樣的問題，尤其在公司經營出現問題的時候，他個人的情緒當然會影響著他的團隊成員的情緒。好的領導善於在不利的局面中把握積極樂觀的一面，從而起到中流砥柱的作用。

時隔四年，許多記憶都已經模糊不清了，但是今天，當我有機會成長為管理者的時候，我總是記得安東當年說的那句話：「一個好上司，是能讓你學到東西的人。」雖然我還不像他那麼有耐心，對周圍的每個同事都那麼好，但我總是盡可能地在日常工作中，把我所學的、所會的點點滴滴，包括我的某些心得體會，滲透給我的同事。如果他們能夠從中得到成長，或者啟發，我也就很有一種成就感，我想，也許安東當年就是這樣感覺的吧！

不同上司，
不同戰略

職場中，你會遇到許多不同類型的上司。有的性格溫和，為人謹慎；有的脾氣暴躁，做事草率；而且每個人還都有與眾不同的習慣。對待不同

的上司有不同的相處之道，既然你在他（她）手下做事，當然就要掌握「應對戰術大全」。

對「工作狂」上司 —— 甘敗下風

這類上司往往認為自己是天下最能幹的人，加上精力過剩，熱衷於工作，而且希望下屬也都和他（她）一樣變成「工作狂」。面對這樣的上司，最佳對策就是甘拜下風，不斷向他請教，令他(她)永遠感覺到你是在他（她）的英明領導下努力工作，並取得成就的，這樣反而還可以得到他（她）的賞識。

面對霸道的上司 —— 要有勇氣

這類上司通常認為要不斷威脅下屬，才能讓他們服服貼貼的做好工作。

對這樣的上司，你必須常常讓他(她)感覺到你的存在價值。尤其當你預見到他(她)將會對你惡語相向時，你必須事先就想好回敬措辭。當然，更重要的是不要被嚇倒。

面對疑神疑鬼的上司 —— 每天給他（她）一份工作報告

這類上司整天懷疑自己的下屬偷懶不工作，所以在辦公室經常導演「員警抓小偷」的遊戲。遇到這樣的上司，最好的辦法則是每天（至少是每週）給他(她)一份報告，明白告訴他(她)你今天都做了哪些工作，以打消他(她)的疑心，從此他(她)放心你也安心。

面對優柔寡斷的上司 —— 幫他（她）痛下決心

這類上司大都多謀少斷，往往是已經定好的決策，只要別人提出一點修改意見，就能讓他(她)一次次改變初衷，底下人就要不斷地重新來過。其實你只要在讓他(她)不感到有失身分的前提下，大膽和他(她)商討一些決策，幫他(她)痛下決心，再設法讓他(她)堅持下去就輕鬆多了。

面對健忘型上司——你只能像「老媽子」

有的上司很健忘，常常顛三倒四，也常常丟三落四，有時明明在前一天講過的事，可兩三天後，他(她)卻說根本沒講過。最好的辦法是當他(她)在講述某個事件或表明某種觀點時，你多問他(她)幾遍，也可提出自己不同的看法，以故意引起討論來加深上司的印象。最後還可以對上司的陳述進行概括，用簡短的語言重複給他(她)聽，讓他(她)牢牢記住。

面對模糊型上司——「打破砂鍋問到底」

有的上司吩咐工作時含糊籠統，沒有明確具體的要求，既可理解成這樣，又可理解成那樣；有的前後互相抵觸，下屬根本無法操作和實施，一旦你去做了，他(她)就會責怪說他(她)的要求不是這樣，你弄錯了。對這樣的上司，在接受任務時一定要詳細詢問其具體要求，特別在完成時間、人員落實、品質標準、資金數量等方面盡可能明確些，並一一記錄在案，讓上司核准後再去動手。

有的上司在你請示的某項工作需要得到具體指標或明確答覆時，他(她)卻「哼哼哈哈」，沒有明朗的態度，或只說「知道了」、「你看著辦」等。那麼為了避免日後不必要的麻煩，做下屬的你可反覆說明旨意，並想方設法誘導其有一個明確的答覆，必要時，可採用提供語言前提的方法，如「你的意思……」，讓上司續接，或者用猜測性的判斷讓上司回答，如「你的意思是不是……」？當上司有了一個比較明確的答覆之後，立即重複幾遍加以強化，也可進一步延伸，「假如是這樣，那就會……」。

面對無知型上司——該出手時就出手

有些上司明明自己對業務不懂、外行、不擅長，但卻裝懂、裝內行，處處想顯示自己，不是橫插一手，就是瞎指揮。面對這樣的上司，可分別對待。如是重要的、帶有原則性的問題，下屬可直接闡明觀點，或據理力爭，或堅決反對，不能遷就，即使正面建議無效，也要想方設法迂迴前進，否則就等於是拿老闆和自己的身家性命開玩笑；倘是無關大局的一般

性問題，下屬則可靈活對付，儘量避免正面衝突和矛盾的激化。

面對內向型上司 ——「隱密型」溝通

曾有心理學家分析指出，內向型的人比外向型的人更常使用電子郵件。所以如果你的上司是較為內向的人，相對於面談或聽電話來說，他（她）可能更喜歡讀 E－mail，並以此方法與屬下溝通。如果你想給看慣了普通黑白郵件的上司來點驚喜的話，那就多花些時間學習製作新意盎然的彩色動畫 E－mail 吧。當然別在上班時間做私人聯絡，以免招致他(她)人的口舌。再提示你一個簡單受用的辦法。當你要與上司談一件重要的事時，別用 E－mail，而要通過面談來表示你的誠意和決心，一起吃午餐是個很好的方式，既不會受到其他(她)同事的干擾，又能和上司作最直接有效的溝通。

面對挑撥是非、給老闆打小報告的上司 —— 以惡制惡

有一類上司，專愛在下屬之間挑撥是非，製造矛盾，還愛在老闆面前打下屬的小報告，搞得員工之間關係緊張，還動不動就挨老闆罵。像這樣的情況，就要在員工之間先把話說開，確定是上司在搞鬼，再想辦法對付他(她)。俗話說：害人之心不可有，防人之心不可無。對這種差勁的「小人型」上司，絕不能礙於情面而一味忍耐，一定要找準時機，當面揭穿，然後主動找老闆說明情況，讓老闆瞭解事情的真相。要相信，當老闆的都是會為自己企業負責的，當他(她)得知自己手下的主管是如此之人，從企業的生存和發展出發，一般是會考慮採取相應措施的。

面對平庸無能卻喜攬功推過的上司 —— 剛柔並濟，偶露崢嶸

如果你的上司平庸、沒點子，你大可不必在意，完全可以以一顆寬容之心相對，「金無足赤，人無完人」嗎！一有為難的工作，就交給下屬去做，只能表明上司的無能，但對下屬來講未必不是好事，至少多了磨練的機會，多了顯露才華的契機。「人在屋簷下，不得不低頭」，基本的一條

是要學會與其相處，如果你不想和自己過不去，最好就不要和這種上司過不去。

　　如果上司喜歡把別人烹製的「佳餚」全部裝進自己的碗裏，不肯分出「一杯羹」，錯了卻要下屬承擔，這說明他(她)自私自利、人格卑微。與這種上司相處，就須剛柔相濟，既不可逆來順受，也不可一味頂撞。在老闆面前適當地維護一下自己的利益也是無可非議的，要讓上司知道做人是有原則的，忍讓也是有限度的。

做上司心目中的能人

　　人與人合作時常會出現問題，無論你不喜歡上司的原因是沒獲升遷、加薪，還是不被信任，辭職不幹是最下下之策，除非情況無可挽救。

　　本來不喜歡某人，你可以與他疏遠，但與上司之間若缺乏溝通，結果雙方只會愈來愈不信任。不妨多用電話與上司聯絡，既可保持距離，減少火藥味，又可拉近合作的關係。謹記：「我應做些什麼？有些什麼要做？」如果你能夠持續令工作順利、情緒穩定，那麼除了上司，還有更高層人士會曉得你的工作能力。

　　即使你與上司互相不欣賞，但處處表示你對他的支持，多少可以得到上司對你的尊重。多考慮以下的問題：上司最需要什麼資料？怎樣可以幫助他？你以往犯過什麼錯，將來可以避免嗎？對你必有裨益。

　　適應不同上司的工作方式，亦是白領人士必須懂得的技巧。如何去適應？一點也不困難，只要本著誠意去與對方接觸，摒棄一切主觀看法或者其他同事的意見即可。

　　當上司向你委以任務時，請先清楚瞭解對方的真意，再衡量做法，以免因誤會而帶來不必要的麻煩。進行的方式以不抗拒對方的意願，又切合自己的要求為重，那麼雙方才會合作愉快。

與上司建立良好的工作關係，對你的工作有百利而無一害。正如培根所說，人與人之間最大的信任就是關於彼此的信任。如果我們知道別人是在背後稱讚我們，我們就傾向於加倍地喜歡他，因為這更清楚地表明他也是真心喜歡我們的。而如果我們知道別人在背後批評自己，就會對他十分反感，因為我們發覺他內心是反感我們的。

　　出現這種現象的主要原因在於任何人所能給別人的最好印象是他喜歡我們。這是最大的報答，任何人都喜歡那些給自己這種印象的人。相悅作用在於相互間的報答。

　　很少有哪一個領導不喜歡被下屬恭維，這是由領導超乎一般人的強烈的自我價值肯定願望所決定的。那麼當領導向我們提出我們無力承擔或不願接受的某些工作要求時，我們可以把這些要求歸入到領導所獨具的能力範疇之內，在讚美領導業績和能力的同時，暗示此類工作只能由領導親自完成，作為下屬無權或無資格參與其中，否則只會把事情搞糟。

　　明朝建國後的某一天，明太祖朱元璋在大殿上想，江南之地已歸己有，便命畫工將江南山川畫於殿壁上。畫工答道：「臣未遍跡山川，且才識淺薄，不敢奉詔。」

　　皇上勃然大怒：「小奴才，膽敢違旨抗命，可否知罪？」於是立刻命令刀斧手欲將畫工推出去斬首。此時畫工急中生智道：「陛下息怒。您遍歷九州，見多識廣，而且是您的江山，您瞭若指掌，勞陛下先畫個輪廓。」皇上一聽，果然轉怒為喜，揮筆劃了一個輪廓，讓畫工開始潤色。畫工又說：「陛下江山已定，豈可動搖。」這話說得皇上心頭大喜，不但免去畫工死罪，且賞他銀三百兩。

　　但是並不是所有向領導表示好感的人都能得到領導的喜歡，相悅作用也有一定的限制。愛聽好話，不大愛聽逆耳之言，是一般人的一大弱點，所以人們在日常生活中會經常上「甜言蜜語」的當。因此一些有頭腦的人，在別人的友好表示面前常常要盡可能地進行冷靜分析、揣度。一位哲學家分析道：假如稱頌你的人只是一個平庸的獻媚者，那麼他對你說的就不過是他常常對任何人說的一番套話。但假如這是一個高超的獻

媚者，那麼他必定會使用最好的獻媚術，恭維每個人心中最自鳴得意的事情。如果向他表示好感的人是這樣一個「平庸的獻媚者」，那麼，對方很可能就不會喜歡他；相反，還會對他反感，產生戒備心理，避而遠之。

因此就一般心理活動而言，人們並非總是喜歡別人的稱讚的。

首先人們需要的是恰如其分的稱讚，從中可以瞭解到自己哪些是應該保持的優點，哪些是自己需要克服的缺點。

其次，人們也並非是受到別人的稱讚越多就必定越喜歡對方。當聽到某人的千篇一律的讚揚話時，儘管知道對方是真誠的，但時間一久，聽得太多，也就不感到榮耀了，而這時，如果經常批評自己的人開始讚揚自己，就會十分重視這種讚揚的價值。心理學家認為，這裏存在著一種「得失效應」。這是指人們喜歡那些對自己的喜歡顯得不斷增加（得）的人，而不喜歡那些對自己的喜歡顯得不斷減少（失）的人。

老生常談的讚揚話，不能使其增值就顯得貶值了。

現在我們可以得到頗有意義的結論：當領導處境不利，缺乏自信，或不為他人所接納和讚許的情況下，他最需要的是肯定性的評價和支持。這時下屬恰當的「鼓勵性稱讚」，就恰如「雪中送炭」。當一個人在得到眾口交讚的情況下，多一個人的「錦上添花」，未必會使他感到喜歡。

春秋時期有一個故事：趙簡子有個臣下叫周舍，他表示「願為愕愕之臣」，每天記下趙簡子的過失。趙簡子發現在眾多只會奉承拍馬的臣下當中，竟有這麼一個與眾不同的「直士」，很感喜愛，以後出入都與他在一塊。後來周舍死了，趙簡子像喪子那樣悲慟，他還明確地對眾大臣說：「眾人之唯唯，不若直士之愕愕。」意思是說，「那麼多人的唯唯諾諾，不如周舍這樣的直士因為批評我而讓我驚愕」。由此可見，誠懇的批評常比廉價的讚揚更讓人喜愛，這樣的下屬往往更能讓領導傾心喜歡。

與上司保持良好溝通的技巧十分微妙，給上司簡潔、有力的報告，切莫讓淺顯和瑣碎的問題煩擾他或浪費他的時間，但重要的事必須請示他。

與上司好好相處的方法萬變不離其宗，簡言之，有以下三個宗旨：

首先，客觀地衡量一下自己在公司的地位。雇主與雇員之間的關係，

永遠建立在互利互惠的基礎之上，問問自己有什麼利於公司的長處，儘量在那方面大大發揮，不要捲入是非圈子裏。

其次，無論何時何地幫助上司解決疑難，盡自己所能把事情做好。

再有，在適當的時機說合適的話，做合適的事情。

有一個很經典的例子。一次，曾國藩用完晚飯後與幾位幕僚閒談，評論當今英雄。他說：「彭玉麟、李鴻章都是大才，為我所不及。我可自許者，只是生平不好諛耳。」一個幕僚說：「各有所長。彭公威猛，人不敢欺；李公精敏，人不能欺。」說到這裏，他說不下去了。曾國藩又問：「你們以為我怎樣？」眾人皆低頭沉思。忽然走出一個管抄寫的後生過來插話道：「曾師是仁德，人不忍欺。」眾人聽了齊拍手。曾國藩十分得意地說：「不敢當，不敢當。」後生告退而去。曾氏問：「此是何人？」幕僚告訴他：「此人是揚州人。入過學，家貧，辦事還謹慎。」曾國藩聽完後說：「此人有大才，不可埋沒。」不久，曾國藩升任兩江總督，就派這位後生去揚州任鹽運使。

真可謂是區區一句話，勝讀十年書。這位後生正是抓住了曾國藩自以為「仁德」這一點，投其所好地進行了讚美，結果就三級跳升。由此可見，只要讚得恰到好處，其效果往往是出人意料的。

以下是一些有用的建議：

耐心尋找上司的特點，以他喜歡的方式完成工作，不要逞強，更不要急於表現自己。

隨時隨地抓緊機會，表示自己對他忠心耿耿，永遠站在上司這一邊。

以你的態度說明一個事實：我是你的好朋友，我會盡己所能支持你。不要以為上司很愚笨，如果你真的努力這樣做，他看在眼裏，一定會很明白你的意思，對你日漸產生好感。

聽到公司有什麼謠言或傳聞，不妨悄悄地轉告上司，以示你的忠心。

不過你的措詞與表達方式須特別注意，說話簡明、直接最為理想，比如你告訴上司：「不知你有沒有聽過這消息，不過我想你會有興趣知道……」上司願意選擇你為他的下屬，他對你的印象自然不差，你必須

摒除對上司的偏見，事事替他著想。

最後更要記住：討人喜歡和受人信賴的人，基本上不是那種以我為核心，想問題和做事情都從「我」字出發的人。

以我為核心，只會與人疏遠。那是因為以我為核心的人，缺乏站在他人立場上進行思考的能力。

 ## 以低姿態贏得上司的關注

下屬提出一個建議，試圖讓領導接受，這不僅取決於建議內容本身的合理性，還往往取決於下屬提出建議的方式。

注意提建議的方式方法，就是要時刻注意領導的心理感受和變化軌跡，就是要求下屬在提出建議的時候，首先要獲得領導的心理認同。

許多經驗表明，以請教的方式提出建議更易讓領導接受。請教，是一種低姿態。它的潛在含意是尊重領導的權威，承認領導的優越性。這表明，下屬在提出意見之前，已仔細地研究和推敲了領導的方案和計畫，是以認真、科學的態度來對待領導的思想的。因而下屬的建議應該是在尊重領導自己的觀點的基礎之上，很可能是對領導觀點的有益補充。這種印象無疑會使領導感到情緒放鬆，從而降低對你建議的某種敵意。

請教的姿態，不僅僅是形式上的，更有內容上的意義。這樣你可以親自聆聽領導在這方面的想法。這種想法在很多時候是他真實意志的體現，而他卻並未在公開場合予以說明，而且很有可能是下屬在考慮問題時所忽略了的重要方面，這樣在未提出自己的意見之前，首先請教一下領導的想法，可以使你做到進退自如。一旦發現自己的想法還欠深入，考慮不是很周到，還有機會立刻止口，回去後再把自己的建議完善一下。如果你的建議未能領會領導的意圖，那麼你的建議不僅是毫無意義，分文不值，而且還暴露了自己的弱點，這對你絕非是什麼幸事。

向領導請教，有利於找出你們的共同點，這種共同點，既包括在方案上的一致性，又包括你們在心理上的相互接受。美國總統林肯就是這方面的表率。年輕時他與他的上司關係並不融洽，為了改善上下級的關係，他得知這位議員很喜歡讀書，他便三番五次地向他請教學問。由於他摸到了上司的愛好，並能虛心討教，一來一往之間，那位上司也改變了對林肯的成見，林肯在後來的仕途上的進步，也得到了他的大力支持。

　　許多研究者發現，「認同」是人們之間相互理解的有效方法，也是說服他人的有效手段，如果你試圖改變某人的個人愛好或想法，你越是使自己等同於他，就越具有說服力。

　　有經驗的說服者，他們常常事先要瞭解一些對方的情況，並善於利用這點已知情況，作為「根據地」、「立足點」，然後在與對方接觸中，首先求同，隨著共同東西的增多，雙方也就越熟悉，越能感受到心理上的親近，從而消除疑慮和戒心，使對方更容易相信和接受你的觀點和建議。

　　下屬在提出建議之前，先請教一下自己的領導，就是要尋找談話的共同點，建立彼此相容的心理基礎。如果你提的是補充性建議，那就首先要從明確肯定領導的大框架開始，提出你的修正意見，作一些枝節性或局部性的改動和補充，以使領導的方案或觀點更為完善，更有說服力，更能有效地執行。

　　如果你提出的是反對性意見呢？有人會說，這到哪裡去找共同點呢？其實不然，共同點是不僅僅侷限於方案的內容本身的，還在於培養共同的心理感受，使對方願意接受你。

　　而且可以說你越是準備提出反對，就越可能招致敵意，因而越需要尋找共同點來減輕這種敵意，獲得對方的心理認同。此時，雖然你可能不贊成上司的觀點，但一定要表示尊重，表明你對它的理性的思考。你應設身處地地從領導的立場出發來考慮問題，並以充分的事實資料和精當的理論分析作依據，在請教中談出自己的看法，在聆聽中對其加以剖析。只要你有理有據，領導一定會心悅誠服地放棄自己的立場，仔細傾聽你的建議和看法。在這種情況下，領導是很容易被說服而採納你的意見和建議的。

請教會增加領導對下屬的信任感，當你用誠懇的態度來進行彼此溝通時，領導會逐漸排除你在有意挑「刺」，你對領導不尊重等這些猜測，逐漸瞭解你的動機，開始恢復對你的信任。

所以低姿態的方式不僅僅是一種手段，而且是一種態度。你越會充分地運用這種方法，就越有可能贏得上級的心。

上司的
話你一定要聽

泰勒在《政治家》一書中寫道：「專心致志地聽就是一種最安全而且最靈驗的奉承形式。一個人能做出自己洗耳恭聽的樣子，他就具有了獲得人們好感的才能。」顯然這種傾聽本身就很有價值，但是當他帶來理想反應時，就會變得更加有效。在這裏，泰勒也有些有價值的東西要告訴我們。

「上司發表講演時，當他一坐下來你就鼓掌，他會把你的敬意當做是一般的禮節；但是過了一會兒，你讓他知道，你被他講演中的某些動人之處所吸引。這時你也許會以為他很快會淡忘了此事，其實不然，他會將你的讚揚長時間地銘記在心，甚至當你對他的講演已經印象淡薄時，他還會念念不忘。」當然，你不必等到上司做報告時才用到這種技巧。只要回想一下以前他說過的某件事情，並在一個合適的時候再提一遍，這樣也許就有助於促進你們之間的關係。你甚至不必說你一概同意這件事，要緊的是你要讓他知道你認真思考了他的講話，要得到上司的喜歡，你無論如何應該這樣做。

偶爾上司留下加班，最好也主動留下幫忙。如果上司因此相邀去吃飯，就要高興地相陪。這樣做當然不是存心要上司請客，而是藉此製造接近上司的機會，並在茶飯間的閒聊，聽取上司的人生經驗。

即使上司談的都是一些老調，也要傾耳凝聽，時而給予表示共鳴或讚佩的應和，絕不可有一絲不耐煩的神態。前面說過，這種部下是最被賞識

的。

「早上班晚下班」可說是好處多多，須謹記在心的是必須持之以恆，效果才會彰顯。

不管是不是業務員，出差時如有任何收穫，都要儘快向上司報告。千萬不可存有「回去再說」之類的想法，因為這樣就無法及時使上司瞭解到最新動態。

在上位的人多少都有對下屬訓話談經驗的慾望，不妨做個忠實的「聽眾」來聽他高談闊論，對這種肯比別人更用心「聆」聽上司言論的下屬，上司自然會給他更多的信任與超乎事實以上的評價。

事實上，人對那些肯聽自己發言的對象都會具有好感的。聆聽上司談話時，在聽講中要隨時露出感動、認同的表情，偶爾重複上司的話語，請求其給予更詳細地說明解釋。開始時會有點彆扭，幾次後，自然就會適應了。

總之，不管時間、不論場所，即使自己身體不舒服或疲累，對上司絕對不可忘記說「尊敬」的話。上司有所吩咐，一定要心悅誠服地以明快的聲音和態度來應答。

所謂創意型的部下，就是一個懂得掌握上司心理的人。他不會老是重蹈失敗的覆轍，即使失敗，也會積極地藉著上司的責罰或教訓作為事後的警惕。這種部下在上司的眼中，當然也是很可愛的類型。做上司的總希望得到部下的信賴和敬愛，身為部下的應該懂得這一點。

讓上司覺得他是被信賴和敬愛著，最直接的表現是部下很願意聽他「教訓」。一個上司不願給予責罵的下級，通常不是極優秀的人才，就是不被重視的人。「責罵」事實上也含有忠告、指示和鼓勵的意味。因此被責罵時應該心存感謝，不要辯解地低首傾聽。同時切記，眼睛不可隨意飄動，姿勢要始終保持如一。這樣即使做錯事情，上司還是會覺得你是可原諒的。

下屬能完全接受教訓、理解上司的「苦心」，且積極地謀求改善，還對教訓心存感謝。這對上司而言，是再高興不過的事了。因為在這一瞬間，讓上司深切地感受到他的價值，並且得到指導人的成就感和滿足感。

如果做下屬的人在面對上司的教訓時，表現一副很不耐煩的態度，或有一句沒一句地辯駁，不僅無法理會上司的苦心真意，還會招惹上司的嫌惡，一點好處也沒有。對上司的訓斥，最好的應對態度是「沒有理由」。

對於上司自吹自擂、得意地發表演說，即使已經是老掉牙的話題，也要表現出熱衷參與、洗耳恭聽的態度。適時地點頭讚許、故意討好地發問、和上司一唱一和吧，這是需要用心的交際戰術。等將散席時，別忘了祝福上司的前程似錦、公司的業績蒸蒸日上。這種時候是不必忌諱搶風頭、越權的，越是客氣小心，越得不到上司的歡心。

解讀上司的弦外音

上司隨便丟一句話就讓人想半天──你有類似的困擾嗎？其實當上司突然對你特別關愛時，未必是別有用心，小心自短處，壞了前途。以下是個活生生的例子，足以教你用最安全的方式應對，解讀上司的弦外之音。

佳琪現年二十六歲，任職廣告公司文案。有一天，她正為新品牌的牙膏該如何表現出獨一無二的清新感，而在電腦桌前傷透腦筋時，唐上司迎面而來，問她：「還好嗎？工作進展得怎麼樣？」佳琪帶著無力的眼神說：「我正在苦思當中，但我很難想像出新的創意。」接著她又略帶抱怨地訴苦道：「這家廣告客戶真是夠蠢的，藝術指導能力不足，業務經理又混……也許事情總是物極必反，愈大的公司愈容易走下坡路。」就在她說了這最後一句話之後，只聽唐上司丟下一句：「我朋友大概快來了，偏偏眼睛有點不舒服。」眨一眨眼睛後，慢慢走向她的辦公室。

在這次簡短談話後的幾個月內，曾是公司內最炙手可熱的廣告新星的佳琪，發現自己不再獲選為重要廣告案的一員。受挫的她想請唐上司解釋一下個中的原因。唐上司一改溫和的態度說：「我如何相信你能處理大案子？你根本無法專注於工作，還帶著叛逆的態度對待客戶，我能放心

嗎？」

先報喜再報憂

當上司詢問你「還好嗎」或者「工作順利嗎」，絕大部分時間，他們並非想仔細探究你目前的狀況，而是表現友善（但不是太過友善），並希望你的問答是「一切都很好」。他們並不想聽到諸如工作中的不順利、無法解決工作上遇到的問題、因失戀而心情不好或者昨晚的宿醉還沒醒等。

你的上司也許經常會關心你的情況。因為他們喜歡藉著問東問西來瞭解你的工作狀況，或者他們閒來無事只好隨口問問，又或許他們已經察覺你出了什麼問題。最安全的方法是進一步問得更明確些：「您的意思是？」這比起你劈頭就開口說話要好得多；否則你該回答一些不會造成問題的答案。

惠娟的例子，可說明謹慎回答的重要性。她早先在一家頗負盛名的出版公司擔任行銷企劃，一位行事圓滑老練的編輯老是和她作對。在惠娟每晚還得四處奔波時，那個編輯早已坐在電視機前蹺著二郎腿了。有一天，惠娟剛好在下班時與主管同時搭電梯下樓，上司先開口問她最近好不好，於是惠娟當時表達了對這份工作的熱愛，順便提及那個令她心生厭惡的編輯。惠娟哪裡想得到，那個編輯是主管大學時的學妹，到現在都還是不錯的朋友。結果，惠娟因此被迫放棄這夢寐以求的工作。

上司和部屬可能成為朋友嗎

另一種常見的錯誤則是：因刻意逢迎上司，而透露了士氣低落的秘密。「我的主管是個大好人，不過，她是個十足的工作狂。」宜芹在某化妝品公司擔任助理，她說，「我的上司總是希望我們像他一樣，早上八點半之前到公司，然後上班到晚上八點才離開。一個月前，其中一個同事因為婚期在即，又急著找房子，所以無法按照要求的時間上下班，於是她請了三個星期的長假。」

有一天，當上司親切地詢問她最近工作如何時，宜芹以為主管會欣賞

她的坦誠，於是她說：「嗯……，我和同事們都覺得最近工作量好大，而且您的求好心切，似乎已經影響了我們的健康。」上司卻不認為宜芹的回答是有建設性的，反而覺得她只是挑剔他的管理風格，從此對她有了防備之心。結果宜芹的工作量有增無減，而且上司對她的態度一百八十度大改變，她再也得不到他的噓寒問暖。

你一定免不了和上司聊聊電影，或者下班時一塊兒去喝一杯，而這樣的關係確實讓你覺得像朋友間的相處，但別忘了對方是你的上司，擁有隨時可以辭退你的權力。這也是為什麼在星期一早上，上司問候你「週末過得好嗎」時，你都必須不露痕跡地表現出已經收心，現在正忘情於工作上的樣子，儘管昨晚到 pub 玩得多瘋，還是得三緘其口。

如何選擇反映問題的時機

工作就是工作，而你的私人問題就讓它只是私事吧！別把私人問題帶到辦公室來。你的男朋友、你的新房子還有你的寵物，這些都和工作無關，只有在私人問題影響了你的工作表現時，你才可以讓上司知道。

假設你身體不舒服而必須請假的話，試著將情況讓主管知道，但是請避免長篇大論。不過經常裝病請假可不行，說不定主管會懷疑你是不是去應徵其他工作了呢！還有，在與主管談這類事之前，先弄清楚他現在的情緒。他正忙著與客戶聯繫嗎？他看起來悶悶不樂嗎？正在發脾氣嗎？千萬別貿然行事。

和上司討論問題的最好時機，絕非等他開口問候你之後。當上司問候你時，你最好禮貌地回答自己在任何方面都很好。之後可以到上司的辦公室，和他約時間討論你的問題。你可以這樣說：「我有一件事需要與您討論，可以和您約個時間嗎？」記住，大清早剛到辦公室，或午後令人疲憊的時候，都不適宜和上司討論問題。當他表現出不贊同或心不在焉的神情時，同樣別再展開你的話題。否則你在上司心目中的印象很可能會一落千丈。

和上司交談的時候，請溫和地提出你的困難，不要有情緒化的舉止，

更要提出具體可行的建議。上司們需要的員工是值得支付薪水、表現可圈可點、不致於對他們造成威脅的人才。所以當你無法盡忠職守時，無論任何合理的理由，都將造成主管對你的不信任感。但這麼說可不一樣了：「這雖然讓我左右為難，但我會盡全力處理好這件事的。」這樣說，保證你在他心目中的印象會更好，不僅負責盡職，而且最主要的是一切尚在可控制的範圍內。

用迂迴戰術向上司表達見解

直接表達反對性意見，會激起領導的不良情緒的反應，挫傷領導的自尊和臉面，造成不必要的衝突和摩擦。而間接性的手段則會為領導接受你的意見提供一個平和的環境。

美國總統羅斯福的私人顧問亞歷山大‧薩克斯，在一九三九年受愛因斯坦等科學家的委託，企圖說服羅斯福重視原子彈研究，以便搶在納粹德國前製造原子彈。

儘管有科學家們的信件和備忘錄，但羅斯福的反應冷淡，他說：「這些都很有趣，不過政府若在現階段干預此事，看來為時過早。」羅斯福為了表示歉意，決定邀請薩克斯於第二天共進早餐。早餐開始前，羅斯福提出，今天不許再談愛因斯坦的信。

薩克斯含笑望著總統說：「我想談一點歷史。英法戰爭期間，在歐洲大陸上不可一世的拿破崙在海上卻屢戰屢敗。這時一位年輕的美國發明家富爾頓，來到了這位法國皇帝面前，建議把法國戰艦上的桅杆砍掉，撤去風帆，裝上蒸汽機，把木板換成鋼板。」「但是拿破崙卻想，船若沒有帆就不能航行，木板換成鋼板，船就會沉沒。他嘲笑富爾頓簡直是想入非非，不可思議！結果富爾頓被轟了出去。歷史學家們在評論這段歷史時認為，如果當初拿破崙採納富爾頓的建議，十九世紀的歷史就會重寫。」薩

克斯說完後，目光深沉地注視著總統。

羅斯福沉思了幾分鐘，然後斟滿酒，遞給薩克斯，說道：「你勝利了！」

薩克斯終於說服了總統。迂迴地表達反對性意見，可避免直接的衝撞，減少摩擦，使領導更願意考慮你的觀點，而不被情緒所左右……

我們每個人都有著自己的一系列的觀點和看法，它支撐著我們的自信，是我們思考的結果。無論是誰，遭到別人的直言不諱的反對，特別是當受到激烈言辭的迎頭痛擊時，都會產生敵意，導致不快、反感、厭惡乃至憤怒和仇恨。這時，我們會感到氣竄兩肋、肝火上升、血管賁張、心跳加快，全身處於一種高度緊張狀態，時刻準備做出反擊。其實這種生理反應正是心理反應的外化，是人類最本能的自我保護機制的反應。

自然，對於許多領導來說，由於歷事頗多，久經世故，是能夠臨危而不亂，沉得住氣的，不會立即做出過激的反應。

而且許多領導還是有一定心胸的，不會偏狹地受情緒左右，意氣用事。但是其心中的不快卻是不能自控的，而且由於領導處於指揮全局的崗位上，又加上了權力的因素，領導是很難避免出現憤怒情緒的。下屬的直言不諱，往往會使領導覺得臉上無光，威名掃地，而領導的身分又決定了他非常需要這些東西。

過於直接的批評方式，會使領導自尊心受損，大跌臉面。因為這種方式使得問題與問題、人與人面對面地站到一起，除了正視彼此以外，已沒有任何的迴旋餘地，而且這種方式最容易形成心理上的不安全感和對立情緒。你的反對性意見猶如兵臨城下，直指上級的觀點或方案，怎會不使領導感到難堪呢？特別是在眾人面前，領導面對這種已形成挑戰之勢的意見，已是別無選擇，他只有痛擊你，把你打敗，才能維護自己的尊嚴與權威，而問題的合理性與否，早就被拋至九霄雲外了，誰還有暇去追究、探索其中的道理呢？

事實上，我們會發現通過間接的途徑表達自己的意見，反而更容易被人接受，這大概就是古人以迂為直的奧妙所在吧！原因其實是很簡單的，

間接的方法很容易使你擺脫其中的各種利害關係，淡化矛盾並轉移爭論焦點，從而減少領導對你的敵意。在心緒正常的情況下，理智占了上風，他自然會認真考慮你的意見，不至於先入為主地將你的意見一棒子打死。

給領導提建議，有很重要的一個方面，那就是一定要注意時機和場合，以便使領導能用心領會你的意見，並不會導致對你的反感。在娛樂活動中，一般領導的心情比較好，這時候提出建議會使領導更容易接受。特別是如果你能把所提的建議和當時的情景聯繫起來，通過暗示、類比等一系列活動的作用，則會對領導有更大的啟發。還有些比較成功的下屬善於接住領導的話語，上承下轉，借題發揮，巧妙地加以應用，從而很好地觸動了領導，使許多懸而未決的問題得到了解決。

許多年前，某地方一個單位剛購置了一批電腦及相關設備，並準備修建一個機房。但在機房安置空調機一事上，領導卻不肯批准，認為單位的同事都在沒有空調的情況下辦公，不宜單獨對機房破例。雖然有關同事據理力爭，說明安裝空調是出於機器保養而非個人享受的需要，但仍不能打破領導的老腦筋，說服領導。

有一次，單位的領導與同事們一起出去旅遊、參觀。在一個文物展覽會上，領導發現一些文物有了毀壞和破損，就詢問解說員。解說員解釋說，這是由於文物保護部門缺乏足夠的經費，不能夠使文物保存在一種恒溫狀況下所致。如果有一定的製冷設備，如空調，這些文物可能會保存得更加完善。

領導聽後不禁有些感慨。此時，站在一旁的機房負責人老王趁機對領導低語：「劉局長，機房裏裝空調也是這個道理呀！」劉局長看了他一眼，沉思片刻，然後說：「回去再打個報告上來。」後來這位領導果真批准了機房的要求，為他們裝上了空調。

從這個例子可以看出，正是由於老王能夠不失時機地將眼前的景象和自己所要提出的建議聯繫起來，使領導產生由此及彼的類比和聯想，從而很好地啟發了領導，使他能夠接受老王的意見，使問題得以解決。在平常生活中的寥寥數語，竟勝過鄭重其事的據理力爭，這是不能不引起下屬深

思的，更值得我們加以借鑑。

讓上司有一個良好的感覺

現實生活中，一個人如果受到別人稱讚，他會感到愉快和喜悅。美國著名作家馬克‧吐溫曾經誇張地承認：一句美好的讚揚，能使他不吃不喝活上兩個月。俄國文豪托爾斯泰說：「就是在最好的、最友善的、最單純的人際關係中，稱讚和讚揚也是必要的，正如潤滑對輪子是必要的，可以使輪子轉得快。」人們內心中最基本的需求是渴望別人的欣賞。換句話說，每個人都有他的長處，這些長處正是個人價值的生動體現。每個人都希望別人能看到和肯定自己這些長處，從而肯定自己的價值。因此哪怕是一句簡單的讚美之詞，也會使人感到信任、友好、歡欣、溫馨。

歐洲中世紀的黎塞留是這方面的高手。例如他自己能解釋國王常有的煩亂情緒，還能因勢利導，以使迷惑的君主控制住自己，進而感覺良好。一個與他同時代的人就曾說過，黎塞留每天要非常仔細地審視國王路易的面容，即使有一道皺紋異樣，他也不會休息，直到使之恢復正常。

在此方面，你也許不會做得如此之細，但你將會發現這樣做有助於上級保持鎮靜。即使是最壞的上級，當他不僅對你感到滿意而且對自己也感到滿意時，他將會變好，而且也會變得更加容易接近。

這裏所說的稱頌，無非就是充分肯定並讚美別人的優點和成就。即使對方是與你意見不合的人，也儘量要以不傷和氣的言行來應付。換言之，就是不要「樹敵」。因此平日生活中，最好不要有足以中傷別人的言行。

總之，討厭別人對自己拍馬屁的人是少之又少。即使有，其內心的本意亦必不盡然。譬如曾經叱吒風雲一時的拿破崙，就有過這麼一段軼事。

拿破崙是非常討厭別人拍他馬屁的。有一次，隨從之一對他說：「將軍！您是最討厭別人對您拍馬屁的吧！」拿破崙笑著回答：「是的，一點

也不錯！」

事實上，這不就是那位隨從一記「拍馬屁」嗎？

讚美別人，恭維別人，就算是對人「拍馬屁」好了！其實都是人際關係上至高無上的「潤滑劑」，而且這種美麗的言詞又是免費供應的，如此「於人有利、於己無損而有利」的事，又何樂而不為呢！

當您不斷地在加強充實自我能力的同時，請莫忘了也要加強一下對別人「恭維」的技巧！

要想早日出人頭地，首先就要澄清自我的主觀意識，儘快地養成隨時都能讚美別人的習慣。俗話說「習慣是人的第二天性」、「習慣成自然」，當讚美別人已經變成您的習慣時，您的成功也就指日可待了。到那時，曾在背後對您指指點點甚至批評您的人，都將對您刮目相看了。

然而，當你力圖使上級感覺良好時，必須摒棄露骨的奉承。你不應該試圖靠溢於言表的讚揚或是假惺惺的恭維話來安撫他或讓他高興。這種做法不只是不誠實，而且往往會自討沒趣。就像現代心理學家所指出的那樣，恭維和讚美至多只會使接受者產生矛盾的心理反應。

黑姆‧吉努特曾這樣說過：「直接讚揚某人就像是直接照射的太陽光一樣，令人感到不舒服，使人眼花繚亂。因為這種讚揚會直接置他於一個不自然的、尷尬的境地，所以他往往會不得不加以拒絕或者就是輕視它。」這樣也會使他擔心自己會辜負別人對他的讚揚。如果你恭維上級已做的某件事，那麼下一次如果他也許沒有做得這麼好時，他就會變得極為煩惱，起先惱他自己，後來就會對你生氣。

一般說來，愛什麼懂什麼，一個人愛好書法，必定有豐富的書法知識；一個人愛好釣魚，釣魚經驗必定豐富。你沒有必要恭維其愛好如何如何，這樣的話他必然聽得太多，如一陣風吹過耳畔，腦中留不下半點痕跡。這時只要你虛心地討教一番，作畢恭畢敬狀，他定會耐心地向你傳授其中一二奧秘。一次，某君到一位擅長書法的領導家去拜訪，自然，話題就落在書法上。某君謙虛地說：「王局長，這些年我雖然努力練字，書法水準卻提高很小，恐怕主要是不得要領，請您稍稍洩露點『秘訣』如

何？」王局長很興奮，滔滔不絕地講起他的書法「經」來，「我最大的體會就是練字『無劍勝有劍』，就跟令狐沖練劍一樣，平時心中多揣測，多看多記，關鍵在於心得，不一定非整天坐在那裏練字不可⋯⋯」某君很高興地說：「現在得您『真傳』，以後用心去練，定會大有長進。」王局長很高興，臨別時還送了他幾幅字讓他臨摹。這就是「無讚勝有讚」、「無聲勝有聲」的道理。

除了給予敬意和讚賞之外，另一種使上級感覺良好的做法是表達你的良好反應。如果上級在宴會上講了一段話，你和在座的其他人都以為講得很精彩時，要毫不猶豫地向他提及自己的反應。如果你沒有參加，那你可以與那些參加的一個人或幾個人聯繫一下，看看他們是否有一些正面的話要講。

記住，所有這種情況你都不是在發表意見，而只是在轉告一個事實。

再說一遍，你不必等上級做報告時才使用這種技巧。如果上級主持一個會議，他說的或提及的一件或幾件事，散會後仍給那些參加會議的人留下深刻印象，你可以轉告這個事實；或者如果上級做出一個決策，受此決策影響的一個或很多人相信這是一個好的決策，那你也可以轉告這個資訊。

記住，轉達對他做好事的積極反應，就是在鼓勵他多做好事。

你在正確的方向上助了他一臂之力。

為了使上級感覺良好，你還可以使用另外一種奉承形式，這很體面，而且往往很有效。

封倫本來是隋朝的大臣，隋朝開國不久，隋文帝命令宰相楊素負責修建宮殿，楊素任命封倫為土木監，將整個工程全交給他主持，他不惜民力，窮奢極侈，將一所宮殿修得豪華無比。那個一向以節儉自我標榜的隋文帝一見不由得大怒，罵道：「楊素這老東西存心不良，耗費了大量人力物力，將宮殿修得這麼華麗，這不是讓老百姓罵我嗎？」

楊素害怕因這件事而丟了烏紗帽，忙向封倫商量對策，封倫卻胸有成竹地安慰楊素道：「宰相別著急，等皇后一來，必定會對你大加褒獎。」第二天，楊素被召入新宮殿，皇后獨孤氏果然誇讚他道：「宰相知道我們

夫妻年紀大了，也沒什麼開心的事了，所以下工夫將這所宮殿裝飾了一番，這種孝心真令我感動！」封倫的話果然應驗了。楊素對他料事如神很覺驚異，從宮裏回來後便問他：「你怎麼會估計到這一點？」

封倫不慌不忙地說：「皇上自然是天性節儉，所以一見這宮殿便會發脾氣，可他事事處處總聽皇后的，皇后是個婦道人家，什麼事都貪圖個華貴漂亮，只要皇后一喜歡，皇帝的意見也必然會改變，所以我估計不會出問題。」楊素也算得上是個老謀深算的人物了，對此也不能不嘆服道：「揣摩之才，不是我所能比得上的！」從此對封倫另眼看待，並多次指著宰相的交椅說：「封倫必定佔據我這個位置！」可還沒等封倫爬上宰相之位，隋朝便滅亡了，他歸順了唐朝，他又要揣摩新的主子了。有一次，他隨唐高祖李淵出遊，途經秦始皇的墓地，這座連綿數十里、地上地下建築極為宏偉、墓中隨葬珍寶極為豐富的著名陵園，經過楚漢戰爭之後，破壞殆盡，只剩下了殘磚碎瓦。李淵不禁十分感慨，對封倫說：「古代帝王，耗盡百姓國家的人力財力，大肆營建陵園，有什麼益處！」封倫一聽這話，明白了李淵是不贊同厚葬的了，這個曾以建築窮奢極侈而自鳴得意的傢伙，立刻便換了一副面孔，迎合地說：「上行下效，影響了一代又一代的風氣。自秦漢兩朝帝王實行厚葬，朝中百官、黎民百姓競相仿效。古代墳墓凡是裏面埋藏有眾多珍寶的，都很快被人盜掘。若是人死而無知，厚葬全都是白白地浪費；若人死而有知，被人挖掘，難道不痛心嗎？」

李淵稱讚他說得太好了，對他說：「從今以後，自上至下，全都實行薄葬！」封倫修宮殿，表面上看是沒有揣摩準隋文帝，其實他知道，真正當家作主的是皇后，他從她那裏入手，連皇帝都得被他牽著鼻子走，這才是真正的揣摩高手啊！

關於這一點，作家賓德在其暢銷書《代理人業務》中，引述了一個社會學博士歐尼斯特‧迪克特的一段話。迪克特博士說：「如果你知道如何才能使自己的工作方法與上級的那引進獨特的工作方法幾乎完全相同，從某種意義上來說，你就在讓上級喜歡你和你的工作方面開了一個好頭；當上級從你的言談舉止上看到了他們自己獨特的方面時，他們就會對你加以

承認。否則他們就會否定自己，而這是與人的本性相背的。」迪克特博士稱這種方法為「機智奉承法」，確實如此。但是你應該確信，決定接受上級的任何一個獨特的方面對你應該是實際有效的。否則就會產生事與願違的結果。上級會認為你所理解的都錯了，並且他將開始懷疑你，而不是懷疑這個獨特方面的本身。

自古禮多人不怪

一九六〇年日本首相吉田茂訪美的時候，正值尼克森參加總統競選。吉田茂想向尼克森表示一下自己的關心，但是總統競選之事前途未卜，難以準言。他想來想去買了一個雕刻工藝品送給尼克森，說是請日本一位有名的雕刻家特意製作的，並告訴尼克森這件藝術品的名字叫「勝利」。尼克森接過藝術品很高興。吉田茂此時無關緊要說的這幾句話，尼克森聽了覺得很合他的心意。

對那種給自己關心的人，誰都會給予好感並且願意與之為伍的。同樣，一個肯隨時關切上司生活的下屬，在上司眼中毋寧是最值得給予提升的部下。因此為人下屬者，一定不要吝惜這種探問平安的電話。

不過這種問候必須注意到時效性。例如事件發生當時打的探問電話，就比事過境遷後的電話更令人感動。而且事件發生後太久才打的探問電話，甚至會被認為是放馬後炮，反而令人生厭。

如果上司感冒發燒而請假。下屬當天一下班，就帶著禮物到上司家去探病慰問，談話時並儘量避開工作上的話題。幽默的故事、逗趣的消息是最好的談話材料，告辭時的祝福更是要表現衷心誠意的樣子。

最要不得的是等到上司病癒恢復上班時，才愧疚地說些沒去探病請原諒等之類的話，那無異是臨渴掘井，放馬後炮，反而令人反感。

除直屬上司外，即使只是面熟的客戶或他們的家屬，一旦得知有人臥

病在床，也務必要抽空去拜訪慰問，就算是請假也是值得的。

如果上司家有喜事，你應該送禮嗎？有人認為此乃「拍馬」之舉，不屑為之。

其實送禮作為心意的表達，也沒有什麼不妥，只是送禮給上司確要小心處理。

最理想的是全體同事一起送禮給上司，讓他知道下屬對他的好意；但如果公司向來沒有這個先例，你也就不必做開先河的人物。要是你真的很想送點東西，請先瞭解對方是否會不高興，若沒有問題，你可以獨自送禮了。

不過同性上司和異性上司又有不同。若你買一件絲質恤衫送給異性上司，並且是已婚的，可能受到其配偶的質問。

所以你的禮物最好不涉及私事，而是買一些可以在辦公室用得著的東西，如相框、日曆、筆座等。

至於同性上司，為了表示你的關注，不妨給對方的孩子買些玩具、糖果之類，一來免去直接送禮的尷尬；二來有愛屋及烏之意。對未婚的同性上司，則可以送一些小飾物，以顯示你的細心。怕被同事譏為「捧臭腳」，你可以把禮物直接送到上司家中，這樣說不定更合他心意，更能贏得上司的注意。

運用策略向上級提供資訊

大凡有見識的下屬都一定知道向領導「灌輸思想」的重要性。領導一旦接受了你的某種觀點，你的種種想法便得以實現，這時你有可能已經成為領導不可或缺的「寵幸」之人，你將發揮著巨大的甚至是無可替代的影響力。

西方葡萄酒業巨頭——卡爾森公司前行政副總經理羅伯特·加里說：

「我發現，下級使自己受到重用和被賞識的最好辦法是挖掘資訊，即那些與正在被考慮的建議有關的資料和事實，以及對上級欣賞的觀點表示出興趣和讚賞，還有就是要提出新的方案。」他補充說，「沒有什麼比有助於上級做出更好決策的資訊更令人欣賞的了。」你提供的資訊只有盡可能地客觀才會有用，這並不意味著資訊來源只能侷限在電腦的列印結果和其他種類的數位資料上，從報紙和商業雜誌中剪下來的資料當然也包括在內，甚至是在小飯店中聽到的軼事和閒談，有時對你上級來說也會有價值的。

你提供的資訊也應該是全面的，這並不意味著提供的資訊必須包含每一個細節，而是要包括或考慮到有關問題的所有方面，否則就難以準確地把握問題的實質，反過來又導致錯誤的行動。如果你缺少一些重要的資料，但又感到應該提供你已經掌握的資料，這時就應該告訴上級你還缺少什麼資訊，和你正在採取什麼步驟來獲得它們。

正如加里所指出的那樣，資訊為提建議提供了最好的基礎。事實上，資訊經常能代替建議。你常常會發現讓上級做一件事情的最好途徑，是向他提供足夠正確的資訊，這種資訊可能會很好地引導他給自己提出建議，不要擔心這種方法會失去在你自己建議的情況下可能會受到的稱讚，如果有什麼區別，那就是他很可能更加賞識你。因為他成了一個自己能做決策的上級，而你又證實了他對自己的關懷。

在整個第二次世界大戰期間，史達林在軍事上最倚重的人有兩個，一個是軍事天才朱可夫，一個則是蘇軍大本營的總參謀長華西里也夫斯基。

眾所周知，史達林在晚年逐漸變得獨裁，「唯我獨尊」的個性，使他不能允許世界上有人比他更高明，更難以接受下屬的不同意見。在第二次世界大戰期間，史達林的這種過分的「自我尊嚴」感曾使紅軍大吃苦頭，遭到本可避免的巨大損失和重創。一度提出正確建議的朱可夫，曾被史達林一怒之下趕出了大本營，但有一人例外，他就是華西里也夫斯基，他往往能使史達林在不知不覺中採納他正確的作戰計畫，從而發揮著傑出的作用。

華西里也夫斯基的進言妙招之一，便是潛移默化地在休息中施加影響。在史達林的辦公室裏，華西里也夫斯基喜歡和史達林談天說地地「閒

聊」，並且往往還會「不經意」地「順便」說說軍事問題，既非鄭重其事地大談特談，講的內容也不是頭頭是道。但奇妙的是等華西里也夫斯基走後，史達林往往會想到一個好計畫。過不了多久，史達林就會在軍事會議上宣佈這一計畫。於是大家都紛紛稱讚史達林的深謀遠慮，但只有史達林和華西里也夫斯基心裏最清楚，誰是真正的發起者。

正是在這些閒聊中，華西里也夫斯基用自己的思想啟發了史達林的思想，以致史達林本人也認為這些好主意正是他自己想出來的。但不管怎樣，從效果上看，華西里也夫斯基達到了他的目的，使他的建議能夠被史達林所採納，並成為史達林最為倚重的人之一。

當然，有些問題是應該由上級來處理的。事實上，如果這些問題不讓他來處理的話，他會很惱火。因為這些涉及權力或會產生糾葛的事情是與你不相干的。當然，也有些問題在你的職責範圍之內，而你又非常希望得到他的幫助，當你真的要向上級提出這種問題時，最好向他徵求建議，而不要懇求解決方法。與其說：「某某公司不願付最後一筆貨款。」然後等他說應該怎麼辦，你還不如說：「我沒有辦法讓某某公司支付最後一筆貨款。如果您有什麼建議的話，我將十分感謝。」這種方法能誘使上級做出積極的反應，因為你不是要他承擔責任，只是想獲得他的知識和專長罷了。但是這種方法也有其侷限性，因為如果你連續不斷地向上級提出建議，他很快會感到厭倦，而且很可能他對你也會感到不耐煩。所以如果問題確實是你自己的，那麼最好的辦法是將它留給自己，並且自己去解決它。

掌握時機給上級臉上貼彩

你也許聽說過「波將金村」這個典故，這個村莊全用堅硬紙板搭建而成的。有人認為，波將金在伏爾加河沿岸構建這些村莊，是為了葉卡捷琳

娜女皇和她那些顯貴的外賓坐船經過此地時，給他們留下一個好印象而做的假。當代歷史學家說，實際上，波將金這樣做的目的並不完全如此。但是他的確為了達到這樣的目的，即為了讓上級臉上光彩而經常佈置一些壯觀的景象。

波將金只不過做了聰明的下級應該做的事情，其他人做這種事的方式不如他那樣引人注目罷了。盡力使上級臉上光彩以贏得上級的青睞，是眾所周知而且是公認的一種策略。

例如羅伯特‧加里就引用這個策略，作為不斷向上級提供有用資訊的附加理由。加里寫道：如何使上級顯得明智總是值得研究的。他接著又就此提出了一些方法，以提高資訊的利用率……「千萬不要在小組會或討論會上提供新的資訊，最好的辦法是用書面形式寫下來，讓上級在會上宣讀。」為了讓上級臉上光彩，有時可以讓他代你接受因你的設想或發明而得到的榮譽。在很多情況下，你將發現這樣做是不會過分地使你為難。雖然許多下級一般不願意這樣做，但是那些有能力的下級卻往往贊同這種做法，而且有時候會鼓勵他人也這樣做。如果你與你的上級的關係十分牢固，你會發現這種做法將會有利於你長遠的利益和奮鬥目標。正如一個精明的英國人曾經說過的那樣：「一個人在世界上可以有許多事業，只要他願意讓別人替他受賞。」讚揚對方，往往是得以成功的關鍵。一位催款小姐到某公司催款已有數次，都沒得到分文。一次，她在總經理辦公室等候，觀察到進進出出的人誇他點子好，主意對頭，做成大事業，總經理本來板著的臉孔總會露出得意的微笑，樂顛顛地陷入自我陶醉之中，要是有事辦他都一一批准，順順當當。

催款小姐發現了這位總經理好大喜功、經不起吹捧、愛面子的弱點，於是對「症」下起藥來。在以後與總經理的交談中，催款小姐對欠款公司的發展、規模、能量、信譽等展開了評論，講得有根有據，頭頭是道，時而透露出敬佩之意。總經理越聽越高興，索性自己滔滔不絕地講起「治廠經」，這位小姐馬上變成了一個耐心的「聽眾」，偶爾說幾句助興的話，總經理覺得兩人談得很投機。催款小姐見時機成熟，便恭維說：「總經

理，像您這麼穩重成熟，思考周密，一般人很難做到啊！」一句話又引起對方把自己的經歷和盤托出。最後轉入正題，催款小姐歎道：「難啊，就像我催款一樣，總也不見效，對上面不好交代。你這麼灑脫的人，給我辦了，有為難之處嗎？」總經理先是重複了領導層有統一意見，不能隨便支付欠款的話，但他沉思了一會，爽快地拍板說：「你也跑了好幾趟了，很不易。下個週一，你找王副總經理拿款吧！我給打個招呼就行了！」終於，堅冰迎刃而解。

因此可以下這樣一個結論：讓上級臉上光彩，你從中可以得到的好處，不只侷限在看到你的想法能得到實施時的快感，也不侷限在從上級那裏得到的對你的感激，還有另外的，雖然不是直接的，然而卻是實在的好處。

這些另外的好處會從某些事實中體現出來，即無論你成功與否，你在外面都是代表你的上級。所以上級臉上光彩時，你的臉上也光彩；他提升，你提升的機會也會增多。而且研究表明，享受高薪資的上級，很可能會設法使你也增加薪資。

 # 謙虛地給上司
提供有價值的意見

面對來自上司的壓力，總有一些話如鯁在喉，不吐不快。此時此刻，你將怎麼做？

兼併上司的立場

李先生是一家比較知名網企的總經理助理。他的頂頭上司王總是學術、技術出身，由於工作重點長期落在研究開發領域，因此對企業管理依然一知半解，出於對技術的鍾情與依戀，王總直接插手技術部門的事，把管理的層級體系搞得亂七八糟，其他部門雖然表面上敢怒不敢言，但私下

裏無不怨聲載道，讓李先生與其他部門溝通協調倍感吃力。

經過思考，李先生決定採用兼併策略，再次向王總建言倡行。

他對王總說，真正意義上的領導權威，包含著技術權威和管理權威兩個層面，王總的技術權威牢固樹立，而管理權威則有些薄弱，亟待加強。王總聽後，若有所思。

李先生巧妙地兼併了王總的立場，結果獲得了成功。後來王總果然越來越多地把時間用在人事、行銷、財務的管理上，企業的不穩定因素得到控制，公司運營進入了高速發展狀態，李先生的各項工作也順風順水，漸入佳境。

從李先生的經歷，我們可以得到很好的啟發：兼併上司的立場，的確不失為向上司提意見的上等策略。首先，它沒有排斥上司的觀點，而是站在上司的立場上，最終是為了維護上司的權威，出發點是善意良性的；其次，這種策略是一種溫和的方式，能夠充分照顧上司的自尊，易於被上司接受，效率較高；另外它需要很強的綜合能力，需要很高的社會修養，並非輕易能夠針對不同情況，不斷提出有效率的兼併上司立場的意見。久而久之，自己個人的領導能力亦會迎風而長，甚至來一個飛速提升。

將「意見」轉化為「建議」

在適當的時候向你的上司提幾點「建議」，它不僅包括了你所要提出的意見，而且指出了解決問題的方案。

注意以下幾個問題，它們直接影響建議的效果：

——選擇適當的時機。這裏主要照顧到你的上司的心情。請記住他也是個普通人，當公務纏身、諸事繁雜時，他未必有很好的耐心隨時傾聽你的建議——儘管它們極具建設性。

——關注對方，恰當舉例。談話時應密切注意對方的反應，通過他的表情及身體語言所傳達的資訊，迅速判斷他是否接受了你的觀點，並視需要而適當地舉例說明，以增強說服力。

——態度誠懇，言語適度。注意說話的態度和敬語的運用，恰到好處

地表達出你的意思，由於你的坦率和誠意，即使對方不完全贊同你的觀點，也不會影響到他對你個人的看法。

限用一分鐘發表

如果你向上司提意見的話，你認為多長時間比較合適？

上司一般來說都對長的意見感到不耐煩。如果能在一分鐘內說完你的意見，他就會覺得很愉快，而且如果覺得「有理」，也比較容易接受。反之，倘若他不贊同你的意見，你也不會浪費他太多的時間，他會為此感謝你。

如果想再具體界定一下的話，那麼最好將你的語速保持在每分鐘三百個字的標準，比這個標準慢就顯得過於緩慢。

否定也是意見的附屬品

向上司提意見，如果馬上獲得認可，事情就很簡單。不過一般而言，不認可的情況比較多。畢竟提意見的對象是你的上司，是否接受你的意見，他當然需要慎重考慮。

當意見被「我不贊成」或「這不合適」等駁回時，有些人往往心灰意冷。其實因為一兩次的意見被否決就責難上司，而放棄自己的努力與心力是一種非常愚蠢的做法。向上司提意見應該抱著「否定也是意見的附屬品」的合理想法，要勇於碰壁。當然僅僅做到這一點還是不夠的，還應該在你的意見的內容上、方式方法上下工夫。

首先在內容上，既然是提意見，就必須言之有據。不僅要把自己的意見表達出來，還要以大量的資料材料為依據，使意見站得住腳，否則一旦讓上司問倒了，就容易造成信口開河的負面影響。

其次，意見的內容沒問題了，還要注意提意見的方式方法。向上司提意見本非壞事，但如果過於「熱心」，會使自己「衝」過頭，上司必定會認準你是個麻煩製造者，不會接受你的意見。此時，你切記不要過於自作主張而忽視了上司周遭的人際環境以及時間安排。

「企望往高處爬的人，應該踩著謙虛的梯子。」這是莎士比亞的名言。想使自己提出的意見得到上司的尊重和認可，最好把這句話牢記心頭。

給足上司面子最重要

中國人在處理人際關係時是最講究「面子」的。領導的面子受損，會使他感到你對他懷有敵意，會使他感到自己的權威受到威脅和損害。所以下級在提意見時一定要注意給領導留面子。

中國人講究面子，這種偏好源自五千年的文化，綿綿不絕，又紮根於倫理型的社會人際關係的網路之中，根深蒂固，幾乎無人能夠倖免。

因此就中國的傳統而言，在公共場合都是比較注意面子的，不但給別人面子，自己也要爭面子。

這種「面子」哲學的另一面便是除非迫不得已，絕不首先撕破面子。而一旦有人敢於直言不諱，不給別人面子，這在中國人眼裏已具有相當的敵意了，甚至是發出挑戰的信號。因為在邏輯上，我們可以很方便地做出推論，即首先撕破了面子，那就肯定是出於迫不得已，或者是受人脅迫，或者便是心有怨氣而不得不發。

領導也是人，他們也有相同或類似的感受，即使這種「面子」哲學是錯的，但在中國這種文化氛圍和社會環境下，我們都會不可避免地套用中國人獨特的思維習慣和模式，得出相似的結論。

在領導的眼裏，如果自己的下屬在公開場合使自己下不了臺，丟了面子，那麼這個下屬肯定是對自己抱有敵意或成見，甚至有可能是有組織、有預謀的公開發難。正如一位心理學家所說的那樣：「人們都喜歡喜歡他的人，人們都不喜歡不喜歡他的人。」這樣在公開場合不給領導留面子的結果便是領導要嘛給予以牙還牙的還擊，通過行使權威來找回面子；要嘛便懷恨在心，以秋後算帳的方式慢慢報復。

這種結果自然是下屬在提出批評和意見時所不願看到的，也違背了他的初衷。領導者十分注意自己在公開場合，特別是在其他領導或者眾多下屬在場的時候的權威，這絕不僅僅是因為有個文化的潛意識在作祟，更是在於領導從行使權力的角度出發，維護自己權威的需要。

　　即使下級是出於善意的願望，即使他的確是「對事不對人」，但其結果必然是一樣的。使領導的威信受到損害，自尊受到傷害。威信受到損害，便會使權力的行使效力受到損失。它影響到領導在今後決策、執行、監督等各個方面的決定權和影響力。因為人們不禁要問，他說的是否都對呢？是否會產生應有的效果？……這樣，下級在執行中便多了幾分疑慮，這必然會降低領導權力的有效性。因為服從越多，權力的效果就會越好。行使權力必須要以有效的服從為前提，沒有服從，權力就會空有其名。

　　自尊受到傷害，是最傷人感情的，因為它觸動了人最為敏感的地帶，挫傷了「人之所以為之」的信條。在公開場合丟面子，這說明領導正在失去對下級的有效控制。於是人們不禁對他個人的能力乃至人格都產生了懷疑。因此無論是誰身處此境，最先的反應肯定是怒火中燒，而不是理智地對意見內容的合理性進行分析。那麼此後的一系列舉動肯定都是很情緒化的。即使他很有面子、很得體地將這件事掩飾過去，情感上的憤怒依然是存在的，這個陰影將會把你美好的印象浸沒，使你在後來飽嘗麻煩，悔恨不已。

　　所以下級在公共場合給領導提意見時，一定要注意給領導留有面子。留面子，首先表明你對領導是善意的，是出於對領導的關心和愛戴，是為了幫助領導做好工作。這樣他才願意理智地分析你的看法。留面子，還表明你是尊重領導的，你依舊服從他的權威，你的意見並不代表你在指責他，相反，你是為他的工作著想。

　　留面子，其實就等於給自己留下充分的餘地，下屬可利用這個餘地，和領導在私下裏進行更為深入地交流和探討。同時這個餘地還表明，下屬只是行使了一定的建議權，而領導仍保有最終決斷的權威。留有餘地，還會使下屬能夠做到進退自如，一旦提出的意見並不確切或恰當，還有替自

己找回面子的餘地。

李世民繼位後，佛道之爭非常激烈。唐太宗本十分推崇道教。當時有個名叫法琳的僧人寫了本《辨正論》，宣揚佛教。結果引起唐太宗的不滿。唐太宗一怒之下，把法琳打入大牢，並對他說：「朕聽說念觀音者，刀槍不入。現在讓你念七天，然後試試我的寶刀。」法琳頓時嚇得魂不附體。七天後，法琳面見太宗，說：「七天以來，未念觀音，唯念陛下。」

李世民聽後，不僅免其死罪，而且還轉變了自己的觀念，大興佛教。法琳的高明之處在於他用「未念觀音，唯念陛下」這八個字，把李世民比作大慈大悲的觀音菩薩，既讓太宗殺人沒了藉口，又巧妙地讚揚了太宗，使他感到佛教於他的統治無害，反而有益，為大興佛教埋下了種子。此外，一個「未」字，一個「唯」字把李世民置於為難境地。若殺之，不靈不在觀音，而在陛下，因此要靈，只有不殺。七天想出妙語一句，真是一字千金。當然，我們講公開場合提意見要注意領導的面子，並不是鼓勵下屬「見風使舵」，做「老好人」。我們是非常贊成對領導多提有建設性的寶貴意見的。同時也對直言不諱、敢犯龍顏者表示深深的敬意，我們的著眼點只是在於提意見要注意場合、分寸，要講究方式、方法。

歷史的經驗證明，如果只注重提意見的初衷和意見的合理性，而不去考慮它的實際效果，這樣的勸諫只能給下屬帶來災禍。我們衷心地勸誡每一位下屬，一定要在公開場合給領導留面子。

上司誤會了
自己怎麼辦

當領導對下屬產生誤會時，下屬應主動溝通、坦誠交流，有時佯作不知，以行動釋疑也是必要的。當下屬對領導產生誤會時，最好去向領導道歉，並用幾件友好的事情加以證明。

宇宙萬物，無時無刻不處於矛盾之中。在與領導共事時，產生磕磕碰

碰可以說是在所難免。其實矛盾並不可怕，最重要的是我們能夠勇敢地正視它，並運用自己的智慧和技巧化解它，上下級之間一個最常見的矛盾就是彼此之間存在著誤解和隔閡。如果處理不當或掉以輕心，誤解便會成為成見，隔閡更會擴展成鴻溝，這無疑對下屬是極為不利的。

誤解緣何而生？這是非常複雜的問題，因為它涉及到人的心理活動的複雜性。嫉妒、多疑、防範、自負甚至是對你過度的喜愛，都能誘發領導心中對別人的不信任感，導致各種誤解。對於領導複雜個性的瞭解，只能留給讀者去細心體察了。這裏我們想探討的是產生誤解的一般性原因或者說客觀性原因，這就是上下級之間存在著資訊不完全或溝通不足。由於下級和領導缺乏足夠的交流，彼此對對方的情況沒有一個較為清晰的認識，所以在判斷事情上加入了更多的主觀色彩和心理因素，導致對對方的不客觀認識和推測。

做人難，做人的部下更難，做幾個人的部下則是難上加難。有時往往不經意的時候得罪了某位領導，而我們自己卻渾然不知，等到弄明白是某位領導誤解了我們的時候，已經為時晚矣。

小韓在五年前還是工廠的一名鉗工，從廠文宣部調來一位姓方的部長見小韓文筆不錯，便頂著壓力將小韓調進了文宣部當了宣傳幹事。從此，小韓對方部長的知遇之恩一直銘記在心。兩年後，小韓到廠辦當了秘書，成了廠辦王主任的部下，精明的小韓很快就得到了王主任的喜歡。

沒過多久，小韓忽然感到方部長和他漸漸疏遠了。一瞭解才知道，現在的上司王主任和從前的上司方部長之間有私人恩怨，因而方部長總是懷疑小韓倒向了王主任那邊。

其實引發方部長對小韓誤解的「導火線」很簡單：在一個雨天，小韓給王主任打傘，沒給方部長打傘。這還是很久以後方部長親口對小韓說的，而事實上小韓從後面趕上給王主任打傘時，確實沒有看見方部長就在不遠處淋著雨，誤解就此產生了。

一氣之下，方部長在許多場合都說自己看錯了人，說小韓是個忘恩負義的人，誰是他的上級，他就跟誰關係好。但實際上小韓其實根本不是這

樣的人，他也渾然不知發生的這一切。直到方部長在人前背後說小韓的那些話傳到小韓耳朵裏，小韓才感到事情的嚴重性。

對此，小韓首先是讓時間做公證。他相信「路遙知馬力，日久見人心」，方部長在氣頭上說自己是忘恩負義的人，一定是自己在某一方面做得不好，現在向方部長解釋自己不是那樣的人，方部長肯定聽不進去，自己到底是什麼樣的人，還是讓事實來說話，讓時間來檢驗吧！

其次，小韓採取了以下七個方法，努力消除方部長對他的誤解。

❶ 極力掩蓋矛盾。每當有人說起方部長和自己的關係不好時，小韓總是極力否認說沒有此事，他不想讓更多的人知道方部長和自己有矛盾。小韓此舉的目的是想制止事態的擴大，更利於緩和矛盾。

❷ 公開場合注意尊重領導。方部長和小韓在工作中經常碰面，每次小韓都是主動和方部長打招呼，不管方部長愛理還是不理，小韓臉上總是掛著微笑。有時因工作需要和方部長同在一桌招待客人，小韓除了主動向方部長敬酒，還說自己是方部長一手培養起來的，自己十分感激方部長，小韓此舉的目的是表白自己時刻沒有忘記方部長的恩情，又怎是忘恩負義之人？

❸ 背地場合注重褒揚領導。小韓深知當面說別人好不如背地褒揚別人效果好。於是小韓經常在背地裏對別人說起方部長對自己的知遇之恩，自己又是如何如何感激方部長。

❹ 當然，這些都是小韓的心裏話。如果有人背地裏說方部長的壞話，小韓知道後則盡力為方部長辯護。小韓此舉的目的是想通過別人的嘴替自己表白真心，假若方部長知道了小韓背地裏褒揚自己，肯定會高興的，這樣更利於誤解的消除。

❺ 緊急情況「救駕」。平時工作中，小韓若知方部長遇到緊急情況，總是挺身而出及時前去「救駕」。如有一次節日貼標語，方部長一時找不著人，小韓知道後，主動承擔了貼標語任務。類似事情，小韓一直是積極去做。小韓此舉的目的是想重新博得方部長的好感，讓方部長覺得自己沒有忘記他，仍是他的部下，有利於方部長心理平衡，消除誤解。

❻ 找準機會解釋前嫌。待方部長對自己慢慢有了好感以後，小韓利用和方部長一同出差外地開會的機會，與方部長很好地進行了交流。方部長最終還是被小韓的誠心打動，說出了對小韓的看法以及誤解小韓的原因——「雨中打傘」的事。小韓聞聽再三解釋當時自己真的沒看見方部長，希望方部長不要責怪他。方部長也表示不計前嫌，要和小韓的關係和好如初。

❼ 經常加強感情交流。方部長對小韓的誤解煙消雲散之後，小韓不敢掉以輕心，而是趁熱打鐵，經常找理由與方部長進行感情交流。或向方部長討教寫作經驗，或到方部長家和他下棋打牌。久而久之，方部長更加喜歡這個昔日部下了。小韓此舉的目的是通過經常性的感情交流，增進與老領導之間的友誼。

功夫不負有心人。在小韓的不懈努力下，方部長對小韓的誤解徹底沒有了，反倒覺得以前說的話有點對不住小韓。從那以後，方部長逢人就誇小韓好樣的，兩人的感情與日俱增。

領導誤解了下屬，有其主觀上的原因，更有客觀上溝通不足的原因。領導處於一個中樞性的崗位，事務繁重，責任重大，他可能通過各種管道，如人事檔案、他人的彙報、一時的印象、特殊的考驗而對你有所瞭解，但一般而言，他不會主動去找自己的下屬進行溝通。這樣他便缺乏對你全面、直接和感性的認識，容易受他人意見的蒙蔽、本人直覺的左右和主觀判斷的影響，從而對你的言行產生認識誤差。

下屬對待領導誤解最明智的態度就是及時、主動地去消除它，不讓它成為定形之見。否則好的機緣會與你擦肩而過，讓你悔之晚矣。

得罪上司
怎麼辦

不管誰是誰非，「得罪」上司無論從哪個角度來說都不是件好事，只

要你沒想調離或辭職，就不可陷入僵局，以下幾種對策可為你留有迴旋的餘地。

第一，不要寄希望於別人的理想。無論何種原因「得罪」上司，我們往往會想向同事訴說苦衷。如果失誤在於上司，同事對此不好表態，也不願介入你與上司的爭執，又怎能安慰你呢？假如是你自己造成的，他們也不忍心再說你的不是，往你的傷口上撒鹽，更有居心不良的人會添枝加葉後回饋回上司那兒，加深你與上司之間的裂痕。所以最好的辦法是自己清醒地理清問題的癥結，找出合適的解決方式，使自己與上司的關係重新有一個良好的開始。

第二，找個合適的機會溝通。消除你與上司之間的隔閡是很有必要的。最好自己主動伸出「橄欖枝」。如果是你錯了，你就要有認錯的勇氣，找出造成自己與上司分歧的癥結，向上司作解釋，表明自己在以後以此為鑑，希望繼續得到上司的關心。假若是上司的原因，在較為寬鬆的時候，以婉轉的方式把自己的想法與對方溝通一下，你也可以自己的一時衝動或是方式還欠週到等原因，無傷大雅地請求上司寬容，這樣既可達到相互溝通的目的，又可以替其提供一個體面的臺階下，有益於恢復你與上司之間的良好關係。

第三，利用一些輕鬆的場合表示對他的尊重。即使是開朗的上司也很注重自己的權威，都希望得到下屬的尊重，所以當你與上司衝突後，最好讓不愉快成為過去。你不妨在一些輕鬆的場合，比如會餐、聯誼活動等，向上司問個好，敬點酒，表示你對對方的尊重，上司自己會記在心裏，排除或是淡化對你的敵意，也同時向人們展示你的修養和風度。

和上司
衝突了怎麼辦

在工作中，上下級之間難免發生一些不愉快的事情，產生一些摩擦和

碰撞，引起衝突。這時候作為下屬如果處置不當，就會加深鴻溝，陷入困境，甚至導致雙方的關係徹底破裂。那麼一旦與上司發生衝突後怎麼辦？常言道：「冤家宜解不宜結」，通常情況下，緩和氣氛，疏通關係，積極化解，才是正確的思路。具體來講，主要有以下一些方式方法：

引咎自責，自我批評

心理素質要良好，態度要誠懇，若責任在自己一方，就應勇於找上司承認錯誤，進行道歉，求得諒解。如果重要責任在上司一方，只要不是原則性問題，就應靈活處理，因為目的在於和解，下屬可以主動靈活一些，把衝突的責任往自個身上攬，給上司一個臺階下，人心都是肉長的，這樣人心換人心，半斤換八兩，極容易感動上司，從而化干戈為玉帛。

丟掉幻想，主動答腔

不少人都有這樣的體驗，即當與對方吵架之後，有時候誰見了誰也不先開口，實際上雙方內心卻都在期待對方先開口講第一句話。所以作為下級遇到上司特別是有隔閡後，就更應及時主動的答腔問好，熱情打招呼，以消除衝突所造成的陰影，這樣給上司或公眾留下一種不計前嫌、大度處世的印象。不要有僥倖心理，見面憋著一股強勁不答腔不理睬，昂首而過，長期下去就會舊疙瘩未解又結新疙瘩，矛盾像滾雪球般越滾越大，勢必形成更大的隔閡，如此再想和好就晚了，困難會更大。

不與爭論，冷卻處理

就是當下屬與自己的上司發生衝突之後，作為下屬不計較，不爭論，不擴散，而是把此事擱置起來，埋藏在心底不當回事，在工作中一如既往，該彙報仍彙報，該請示仍請示，就像沒發生過任何事情一樣待人接物。這樣不揭舊傷疤，惡夢勿重提，隨著星移斗轉，歲月流逝，就會逐漸沖淡，忘懷以前的不快，衝突所造成的副作用也就會自然而然消失了。

請人斡旋，從中化解

就是找一些在上司面前談話有影響力的「和平使者」，帶去自己的歉意，以及做一些調解說服工作，不失為一種行之有效的策略。尤其是當事人自己礙於情面不能說、不便說的一些語言，通過調解者之口一說，效果極明顯。調解人從中斡旋，就等於在上下級之間架起了一座溝通的橋樑。但是調解人一般情況下只能起到穿針引線作用，重新修好起決定性作用的，還是要靠當事人自己去進一步解決。

避免尷尬，電話溝通

打電話解釋可以避免雙方面對面的交談可能帶來的尷尬和彆扭，這正是電話的優勢所在。打電話時要注意語言應親切自然，不管是由於自己的魯莽造成的碰撞，還是由於上司心情不好引發的衝突；不管是上司的怠慢而引起的「戰爭」，還是由於下屬自己思慮不周造成的隔閡，都可利用這個現代化的工具去解釋。或者換個形式利用書信的方式去談心，把話說開，求得理解，形成共識，這就為恢復關係初步營造了一個良好的開端，為下一步的和好面談鋪開了道路。這裏需要說明的是此法要因人而用，不可濫用，若上司平時就討厭這種表達方式的話就應禁用。

把握火候，尋找機會

就是要選擇好時機，掌握住火候，積極去化解矛盾。譬如：當上司遇到喜事受到表彰或提拔時，作為下級就應及時去祝賀道喜，這時上司情緒高漲，精神愉快，適時登門，上司自然不會拒絕，反而會認為這是對其工作成績的同享和人格的尊重，當然也就樂意接受道賀了。

寬宏大量，適度忍讓

當與自己的上司發生衝突後，運用這一方法就要掌握分寸，要有原則性，一般來講在許多情況下，遇事能不能忍，反映著一個人的胸懷與見識。但是如果一味地迴避矛盾，採取妥協忍讓，委屈求全的做法，就是一

種比較消極和壓抑自己的奴隸行為了，而且在公眾中自身的人格和形象也將受到不同程度的損害。正確的做法是現實一些，度量要大，宰相肚裏能撐船，不要小肚雞腸，斤斤計較，既然人在屋簷下，就應夾起尾巴做人，不妨暫時先委屈一下自己，適度地採取忍讓的態度，既可避免正面衝突，同時也保全了雙方各自的面子和做人的尊嚴。

綜上所述，是站在下屬這個角度而言的，燈不撥不亮，理不辯不明，我們把話說回來，如果下屬偏偏遇到的是位不近情理、心胸狹窄、蠻橫霸道的上司，大搞順者昌逆者亡，把下屬的頂撞視為大逆不道，必欲將其置之於死地時，處於如此環境如此高壓之中的下屬，就沒有值得留戀，不必抱什麼希望了，這時，就應當機立斷，毫不猶豫地三十六計走為上，良禽擇木而棲，換個工作環境，再圖發展了。

 # 學會讓上司給你加薪

據說又有一位同仁加薪了，你暗自埋怨上司：「為什麼他可以加薪？我卻加不了薪水？」

想一想，為什麼這些人能加薪，而且有些人似乎是常常加薪？而你為什麼總是無法順利說服上司為你加薪呢？

要求加薪，不應該只是單方面地「告訴」上司，而應該是雙向溝通，也就是說你必須聽到上司的聲音，依據他的回應與看法來修正你的論點與看法。可惜的是在我的管理經驗中，大約八成的人只是單向告訴，只有兩成的人懂得雙向溝通。

曾經有一位員工的試用期到了，考核過後，公司為他加了百分之七的薪水，他雖然不滿意，卻沒有向我表達。後來他寫了一封電子郵件，只問我對他的表現有什麼不滿意之處？事後我才知道他是想要加更多的薪水。

我認為，這封信的措辭如果是「對於加薪，我有一些問題想要請教

你」，會適當一些。儘管如此，我還是找他進辦公室來談話。

他問我，我對他有什麼不滿意。隨後計算他家中每個月的開銷，告訴我，公司給的薪水不夠開銷。

聽了他的說法，我覺得很遺憾，因為員工的價值在於是否達到工作的標準，不只是員工的需求。良好的雙向溝通，員工應該向上司強調他的貢獻、他所創造的價值。儘管員工拿出其他企業同職位的薪資水準，也不見得是合適的說服方法。

對於說服的管道，我認為最佳的管道應該是面對面談話，打電話，實在不方便才寄電子郵件或發送簡訊。因為看不到對方的表情，將會造成不必要的誤解。

衷心建議，任何成功的溝通都需要事先計畫與執行，更何況是在談加薪、談自己的事業與未來。

要求加薪，必須秉持委婉與中肯的態度，以下有幾個步驟：

——瞭解上司的需求。事先瞭解上司的需求與目前待解決的問題。上司的需求最好能與你想加薪的理由結合在一起。

——確立加薪的原因。理清你在意的是什麼？你的疑慮是什麼？想要的是什麼？想要上司知道的狀況是什麼？你在意的不一定要告訴上司，但是你必須理清。

——搜集說服的資料。儘量找出有力的資料與證明來說服上司。比如想要強調工作的分量增加了，可以用資料比較過去兩年與今年的工作量，讓上司作為參考。

——講清楚說明白。把想問上司的問題問清楚，東方人儘管喜歡「不直接」的溝通，但是還是需要把自己想要加薪的原因說清楚。比如許多人常間接地問上司：「我三個月的試用期到了，是不是應該有績效考核？」建議還是直接對上司說：「三個月試用期到了，我認為我的表現為公司爭取許多業績，您認為是不是值得加薪呢？」

——詢問上司的看法。清楚說明想要加薪的原因之後，一定要反問上司的看法如何？大多數人單方面說完想要加薪的原因之後，就不了了之。

建議你陳述完後，可以問上司說：「您覺得呢？」

——根據回應修正自己的要求。也許上司做了解釋，表明暫時無法加薪，但是不要馬上就放棄，必須再修正你的要求，再次詢問上司的看法。

——得出具體結論。談加薪就像談合約，在合約上應該有清楚、明確的同意事項與時間，讓雙方有所依循。但是許多人往往不好意思問，或忘了向上司要求具體的結果，比如時間、數目等。建議你可以說：「我知道公司目前有困難，我自己也必須考量我生活上的需求。我想知道您什麼時候可以給我答案？」

任何事如果你能屢試不爽，會鼓舞你一試再試，這是人之常情，也是許多人一而在、再而三加薪成功的緣故。所以如果你總是難以加薪成功，那麼為什麼不為自己創造一個成功案例，打破加薪不成功的紀錄呢？

擔任管理工作多年，我認為溝通成不成功，不在於你是否得到你想要的，而在於雙方是不是「心服口服」？是不是去除了心中的芥蒂？而且縱使你得到了你想要的，對方是不是跟你一樣開心，或是比你更開心？

或許這一次你試過了，依然加薪不成功，但是至少你做了雙向溝通，讓上司瞭解你，你也更瞭解上司，這也會為將來的加薪種下一個成功的因數，不是嗎？

09

CHAPTER

贏得同事的支持

得人心者得天下，
得同事者得事業

　　同事，顧名思義，就是一起做事的人。人之所以成為同事，就是為了完成共同的事，假如事情完成得不好，那叫事故；事情完成得好，就成為了事業。可見同事對一個人是多麼重要。古龍說：世界上最好的東西是一塊銀子。對大部分現代人來說，世界上最好的東西是一個好同事，比一個好同事更好的東西是一群好同事。

　　毫不誇張地說，遇到一個好同事有時候要比娶個好太太或嫁個好老公更重要。很多成就事業的偉人婚姻並不美滿，但他們無一例外都有好同事。劉備可以沒有孫夫人，但沒有諸葛亮，想三分天下有其一，無異於白日做夢。約克在曼聯威風得不行，因為他身後有貝克漢、吉格斯的強大火力支持，還是這個約克，一回到特立尼達和多巴哥國家隊就碌碌無為，沒別的，就是因為孤掌難鳴。當天才遇到天才，互相切磋砥礪，將放射更耀眼的光芒。即使是庸才遇到庸才，只要互相取長補短，同樣能如虎添翼，所謂「三個臭皮匠，頂個諸葛亮」。優秀的同事就像撐杆跳，讓你躍過不可能的高度，就像 3D 加速卡，讓你事業的畫面更加生動流暢。

　　話又說回來，同行是冤家，同事之間不可避免地存在著競爭，有時候這種競爭比對手之間的競爭更殘酷激烈。不承認和正視這種競爭，是掩耳盜鈴故做天真，過分誇大這種競爭，則是捨本逐末倒行逆施。同事之間的競爭，好比同氣連枝兩棵樹爭奪水分和陽光，是和平的競爭。對手之間的競爭，則好比獅子和老虎爭奪一片森林，是生死攸關的性命搏殺。假如藺相如不管三七二十一，跟廉頗老頭子爭鬥起來，你暗地下圈套，我背後使絆子，一旦秦國大兵殺到，誰也逃不脫掉腦袋的厄運，更別提什麼誰更牛氣的問題了。同事之間的競爭是為了團結，為了雙方的更好發展。和則兩利，離則兩傷，這是同事之間競爭的基本原則。

　　世上沒有免費的午餐，有付出才會有回報。首先你要能給予，才能考慮索取。我們經常會聽到一些人對同事的抱怨，大罵同事如何不夠朋友，

如何在關鍵時刻袖手旁觀甚至落井下石。可是你有沒有想過，你為同事做了什麼？你有沒有在他需要時伸出溫暖的手？你有沒有故意或者無意中傷過他？必須承認，同事之間考慮更多的是利害關係，而不是水泊梁山式的兄弟義氣。如果你對同事不能有任何幫助，又怎麼能指望同事對你伸出援手？古人說「得道多助，失道寡助」，放到同事之間，這個道就是你的能力。你必須體現出自身價值，對同事有所裨益，才能在需要時得到同事的回饋。那麼與其說是同事在幫你，不如說是你自己在幫自己。

但這絕不是說同事幫助是可有可無的。一個籬笆三個樁，一個好漢三個幫。良好的同事關係是事業不可缺少的根據地。經營不好根據地，向外發展純粹是奢談。很難想像一個在同事中間孤立無援的人，能夠把工作做得出色，得人心者得天下，得同事者得事業。

 ## 為什麼你被同事孤立了？

上班之後，每天和我們相處時間最長的人是誰？不是愛人，不是父母，而是同事。早上一睜開眼，便急急忙忙趕去與他們見面；直到夜幕低垂，才滿臉倦意地互道「再見」。出來做事的頭一天，父母都要千叮嚀萬囑咐：在外面，講究的是一團和氣，和同事抬頭不見低頭見的，千萬別生嫌隙。但人算不如天算，儘管你小心翼翼地維護著和同事的關係，但有一天卻仍可能驚奇地發現，自己怎麼被同事孤立起來了？

被同事孤立的滋味不好受，被孤立的原因也是五花八門。但每個感到孤立的人都可以想一想，為什麼被孤立的是自己，而不是別人呢？除了遇上一些天生善妒的小人，大部分時候自身的一些缺點，都是導致被孤立的主要因素。在單位裏，飛揚跋扈的人、搬弄是非的人、打小報告的人、愛出風頭的人，往往都是被孤立的對象。假如你被孤立了，趕快檢查一下，自己是不是這類人？

歸納而言，被同事孤立的原因主要有如下三種：

因為薪水過高

黃曉燕自從進了現在這家公司後，就一直被同部門的兩個女同事孤立。每天上下班，黃曉燕都會向她們微笑、打招呼，但她們總是面無表情，裝作沒看見。每每這個時候，黃曉燕的微笑就一下子僵在了臉上，別提多尷尬了。平時她們也不和黃曉燕講話，有時黃曉燕湊過去想和她們一起聊天，結果她們像商量好的一樣，馬上閉上嘴巴，各做各的事情去了，丟下黃曉燕訕訕地站在一邊。

在這種環境下工作，黃曉燕的鬱悶可想而知。後來，她才迂迴曲折地從其他同事那裏聽到一點風聲：黃曉燕雖然初來公司，但薪資卻比這兩個女同事高出一大截，於是引來了她們的忌恨。

黃曉燕對現在的工作非常滿意，不僅輕鬆，薪資待遇也很稱心。她不想因為同事關係不和就犧牲了工作，可心頭的煩惱卻一天甚似一天。

解決之道：堡壘都是從內部攻破的，想不被人孤立，關鍵在於打破敵方的統一戰線。黃曉燕可以找機會多接近兩人中比較好說話的那個，經常讚美她的服飾、氣色，聊聊家常；另一個就只打招呼，少說話。時間長了，她們的陣營自然就被分化了。不過使用這一計必須有十足的耐心。

因為弄錯角色

趙蕾在一家企業從事財務工作，財務部只有主任、出納和她三人。主任不管業務，出納去年才憑關係進來，於是全部門所有的工作幾乎都壓在了趙蕾身上。出納只做現金這一部分的工作，連最基本的報銷都不做，但主任從來不說半個「不」字，因為她有靠山。在領導的縱容下，出納工作極其馬虎。相反，趙蕾做事努力盡心，可到最後總是吃力不討好。主任有時還會暗示趙蕾，她對工作太認真，把事情都默默地做完了，不等於把他架空了嗎？

趙蕾心底裏直呼冤枉。主任連電腦都不懂，動不動就甩手把所有的工

作都推到她一個人身上，把她累得幾乎趴下。到頭來，卻埋怨她太過能幹，趙蕾感到自己簡直裏外不是人。

現在，主任和出納都明顯地表現出不喜歡趙蕾，平時兩人總是有說有笑、有商有量，單單把趙蕾排除在外，趙蕾為此鬱悶不已。

解決之道：被同事孤立時，我們也應從自身找找原因。如果一個人不喜歡你，可能是他不對；如果所有人都不喜歡你，也許問題就出在你身上。趙蕾對工作兢兢業業，為什麼不被主任肯定？很可能是她平時有些越級的舉動，令主任不滿。她說自己很想把財務部工作搞好，可是三個人中，就只有她有這個意識。由此可以看出，她把自己的角色弄錯了。把部門搞好是主任的事情，作為下屬，應當配合上級完成這一目標，而不是乾脆代替上級去思考。她在言談中，對主任頗為鄙視，主任對此怎麼會沒有察覺呢？看來，趙蕾還是應該先擺正自己的位置。

因為太出風頭

許明明是個精明能幹的女子，年紀輕輕便受到老闆的重用，每次開會，老闆都會問問她，對這個問題怎麼看？她的風頭如此之足，公司裏資格比她老、職級比她高的員工多多少少有些看不下去。

許明明觀念前衛，雖然結婚幾年了，但打定主意不要孩子。這本來只是件私事，但卻有好事者到老闆那裏吹風，說她官慾太強，為了往上爬，連孩子都不生了。這個說法一時間傳遍了整個公司，許明明在一夜之間變成了「當官狂」。此後，許明明發覺同事看她的眼神都怪怪的，和她說話也儘量「短平快」，一道無形的屏障隔在了她和同事之間。許明明很委屈，她並不是大家所想的那麼功利呀，為什麼大家看她都那麼不屑？

解決之道：在職場中鋒芒太露，又不注意平衡周圍人的心態，有這樣的結果並不奇怪。許明明並非是目中無人，只是做人做事一味高調，不善於適時隱藏自己的鋒芒。只要她能真誠地對待同事，日子久了，他們自然會明白這就是她的真性情。

如何贏得同事的合作

　　同事關係就工作而言是一種協作關係，就個人利益而言是一種競爭關係。競爭與合作的關係像手心手背一樣，是同一體中的兩個方面。同事坐在一起時可以談天說地、歡聲笑語，可往往就在這親密、融洽的關係中藏著密佈的陰霾。尤其是站在一條起跑線上的同事，當個人利益受到傷害時，就會變成笑裏藏刀的對手。「同行是冤家，同事是對手」，這被奉為同事關係的真經，讓同事們成了「熟悉的陌生人」。「一個和尚擔水吃，兩個和尚抬水吃，三個和尚沒水吃」的故事，雖然傳了一代又一代，但我們仍沒有從可怕的內耗中走出來。

　　而在現代社會裏，協作關係越來越密切，失去同事們的合作，一葉孤舟是難以遠航的。因此贏得同事的合作是非常重要的。

　　有很多人得不到同事的支持和合作，是因為他們不能與同事友好相處，實際上這並非他們有意而為之。這是因為他們較少考慮自己的行為對其他同事是否有影響，很少考慮為人處世的方式方法。不論在家庭還是在單位，他們往往以自我為中心，不能與同事和平共處，有意無意中常常對同事使性子、拉臉子，甚至出言不遜，不懂得人與人之間是一種平等的相互依存的關係。一個人再有才能，也不可能離開他人而獨立生存，結果把人際關係搞得十分緊張，以至不歡而散，時間長了，同事們對他避而遠之，他自己也就成了真正不受歡迎的孤家寡人。不願意也不能與同事建立良好人際關係的人，是極其利己的佔便宜者，他不能為別人提供任何幫助，自然會遭排擠；而樂於助人者會很快被大家接納。與同事交往不是變戲法或耍心眼，只要你無私地善待別人，大多時候別人也會以同樣的方式回報你。尤其是現代的交際網路，那是平等主義的天下。

　　如果每個人都能把建立良好同事關係當成生活中的一種追求，把維護良好同事關係當成一種責任，把平等作為一種義務，在與同事交往時自覺注意自己的言行，求大同存小異，充分尊重別人的興趣和愛好，容得下別

人的一些細枝末節，對同事不求全責備，我們就能與不同性格的同事平等相待。

有位哲人說，世上有三種人：一種人離生活太近，不免陷入利害衝突；一種人離生活太遠，往往又成了不食人間煙火的隱士；還有一種人與生活保持一種恰當的距離，這種人就是豁達的人。追求生活而不苛求，寬容大度而不自私狹隘，只有這樣，才能夠與同事保持融洽的關係。

同事間的交往，僅次於家庭成員間的交往和接觸。可以說除家庭之外，我們在社會中最重要的關係就是同事關係了。我們每個人都希望自己能在單位這個大集體中，創造出和諧友好的同事關係，因為同事間的關係是一種互相依存、通力合作的工作關係。

 # 如何贏得同事的尊重？

我們總是過多地傾向於從同事那裏獲得所有我們想擁有的東西——恭維、熱情、信任、讚美……卻又十有八九的難以如願以償。這是因為我們大多總是給自己一個比別人的評價更好的定型。像幽默感、誠實、漂亮、客觀、善良等的評價，我們更願意留給自己，而不是送給別人。其實你若真想把這些評價送給自己，首先你就要看重別人，也就是要公平、客觀地評判他人的重要性，只有這樣，你才能贏得別人的尊重並搞好人際關係。

讓我們接著以麥克和布賴恩的典型遭遇為例。心理諮詢老師是這樣測試他們二人的，麥克被要求去注意那些他在自我評價表上聲稱自己具備，而布賴恩覺得他缺乏的品質。例如他被要求寫下最近他對公司和布賴恩忠誠無二的三個例子，同時布賴恩被要求寫下三個麥克不忠誠的例子。

練習完成後，他們每個人都要審閱另一位寫下的例子並作出評論。麥克的例子之一是拒絕申請到一個差不多的組織去工作，儘管得到了這樣的邀請，他還給出有力的暗示，說明他的申請是會被接受的。布賴恩讀了這

個以後，表示對此一無所知。麥克反訴說他曾就此事給布賴恩寫過一個便箋，但是布賴恩抗議說他從未見到過這個便箋，並接著對麥克沒有親自把此事告訴他而表示驚訝。麥克反駁說，布賴恩似乎不鼓勵他的下級為了非業務上的事去找他。略作抗議以後，布賴恩終於接受這一點，並同意將來要更令人容易接近些。

這也揭露了麥克和布賴恩的另一重要分歧，即前者是否有創新能力。麥克強烈地感到他是足智多謀的人，而布賴恩卻認識不到這一點，因為他感到這對他構成威脅，這使他阻止麥克的晉升。

通過這個練習，從而使得麥克和布賴恩看到他們是如何彼此誤解的。在這裏只有布賴恩一個人有錯，麥克也從中認識到他推銷自己的觀點時，通常過於坦率和尖銳。兩個人都認識到：首先，他們並非像自己所認為的那樣善於評判他人；其次，他們並不總是發出適當的社交信號。他們倆都表示樂於在將來努力改變，並確定了用什麼辦法做到這一點。

可見工作中常常發生這種情況，彼此隔閡的兩個同事間，其實未必有什麼深仇大恨，而僅僅是因為彼此都不能正確地評價他人，準確、認真地為對方做一面好鏡子，最終導致誤解，自然也就難以形成融洽的好關係了。

因此麥克和布賴恩確定了他們究竟需要做什麼，以便彼此以及和他們的同事相處得更好。通過公開化，他們互相作出了承諾，這樣更刺激他們向好的方向努力。例如布賴恩就保證要引入一種機制，使得他的下屬能就他們的創見作出書面建議。他答應單獨會見有關這些建議的每個人，並且不但在口頭上，而且以書面形式陳述他的打算。他還保證要引入機制使人們更容易瞭解將來的計畫，並且在作出與下級管理者有關的決定時，要更程序化地與他們商討。

麥克同意寫出一個他所理解的忠誠於公司的詳細準則，讓布賴恩審閱並提出意見，然後依照這個書面準則行事。

如果沒有這個管理訓練教程，麥克的事業可能依然不景氣，不是因為缺乏能力，而是因為他不知道他留給別人一種錯誤印象。至於布賴恩，他

就不能充分發揮麥克的長處，可能對他的團體中的其他成員也是這樣。他承認，他太專注於生產以及生產與工作有關的事情了，以至於他幾乎忘記了人本身。他本來是一個友好、體諒他人的人，卻在對更大商業利益的追逐中喪失了大半個自我。正像他自己所說的那樣，歸根結底，公司也是為員工而存在的，並非只為賣出它的產品。

有一點很重要，就是要注意到麥克和布賴恩無須怒目相向（這可能引發更大的誤會），就能解決他們的誤會。在適宜的情況下，他們能夠達成諒解，因為每個人都看到另一方並不對他構成威脅。

麥克和布賴恩現在都感到心滿意足，因為他們知道，兩個人現在都感到不但彼此之間相處得更好了，並在總體上與他們的同事也相處得更好了。而且布賴恩作為管理人員在個人關係方面的新進展，使得工作效益得到顯著提高，並且在周圍激發了更強的團隊精神和更歡快的氣氛。

正如卡內基所說的：「每個力求在生活中有所突破的人，他們最吸引人的地方是他們尊重別人，因而贏得了自己；為成功的人生打造了堅實的人際基礎。」

 # 和同事溝通的
三種語言

同事間交流、溝通、協力合作，離不開語言媒介，而這種語言又不同於家庭所使用的語言，後者帶有更大的隨意性和偶然性，而前者大體來看卻總能歸於這樣三類：

❶ 和勢語言：用於同事間不存在利益衝突的談話情況下；
❷ 攻勢語言：用於想通過談話達到一定目的談話情況下；
❸ 守勢語言：用於對方想通過談話取利於己方的談話情況下。

和勢語言

中國人自古便十分強調「人和」的因素，諸如「和氣生財」、「和為貴」、「家和萬事興」之類的古訓，至今仍被人們所津津樂道。無論你處在公司、單位或任何一個利益共同體中怎樣的位置，都應該與你的同事團結一致。「內訌」只能使每個人的利益都受到損失。這樣，善於說一些和勢語言便愈發顯得重要。

無論和任何一位同事談話時，都該記住這樣一句話：「人人都非同尋常！」即使再煩、再累、再情緒不佳，也要把對方作為一個重要人物來看待。凡有可能要對對方講幾句恭維話時，哪怕僅僅是一句簡短的評價，比如「你看上去特別有精神」、「這個髮型最適合你」、「你的孩子可真爭氣，將來肯定有出息」之類的話時，一定要雙眼正視對方、全神貫注，切不可因任何別的事情而走神，否則很容易讓對方認為你是在小瞧他，說了還不如不說。如果有一天，一位平時與你關係並不很密切的同事對你說：「我最近日子不好過，妻子失業了，還有兩個正在上學的小孩」，並提出請你幫忙，這個忙又是你認為不便幫或者幫不了的，千萬不可立即生硬地推託或拒絕，而應首先富有同情心地悉心傾聽對方的想法，然後和對方一起共同分析問題，讓他知道，你的確明白了他的處境，然後再明白地做出適當的解釋，讓他知道你為什麼不能滿足他要求的原因。接下來，就該直截了當地說「不」字了，絕不要含糊其詞或拐彎抹角。

這一點對於你建立人與人之間的相互信任與尊重的關係極為重要。因為讓同事去揣度猜測你心中的真實用意，對他來說是件倍感不快的事情。最後也許你該這樣說：「老王，我真的為你妻子的遭遇感到難過，可是你也應該換個角度想，這樣不是正好可以逼她趁這個機會開始做一份全新的事業，你也可以趁此機會幫助她發現她自己真正的特長，人有時候只有被逼無奈才能成大器的。你不如今天晚上就坐下來與你妻子好好聊聊，看她下一步最喜歡做點什麼？不知我能否幫上忙。」這樣，通過一番巧妙的言談，不僅使同事心頭一鬆，豁然開朗，沖淡了被你拒絕的尷尬和不快，同時也為自己以最好的方式解了圍，從此這位同事不僅不會怪怨你，相反還

會更信任、讚美你。

最後還要提醒你注意的是使用和勢語言的時候，最忌過多地使用「我」字。古希臘著名哲學家蘇格拉底從來不說「我想」，而說「你看呢」？要知道一個獨霸談話張口閉口都是「我」的人，是多麼令人討厭的。

攻勢語言

在日常工作中，雖然同事們總的願望和動機都是一致的，都是為了把工作搞得盡善盡美，但大至思想、觀念、為人行事之道；小至對某人某事的看法與評判，有時往往會有所不同，而這些程度不同的差異，都會發展成為同事間的爭執與論辯。而將極有可能引起不愉快的爭執，轉變成一種愉快、平和的思想交換，也就是積極的爭辯，顯然是離不開巧妙的攻勢語言。

萬一你不得不與同事進行言辭交鋒，那麼就要運用一些攻勢語言的方法和技巧。

第一，感情攻勢在同事間的交流中是決定性的，所以講話時要曉之以理、動之以情。居高臨下的不屑眼神，尖刻申斥的口氣，嘲諷甚至侮辱的詞句，這些貌似洶洶，其實正反映了說話人的毫無修養。這時即便你非常占理，卻也爭不回哪怕一點點心悅誠服，相反還會引起在場的其他同事的反感，往往會出現「勝者猶敗，敗者猶勝」的局面。所以在與同事交流過程中，要克制自己的不文明表現；在出現分歧時，要以情理取勝對方。

第二，既然是同事間平和的思想溝通和交流，那麼就要抑揚有節，不要急於求成。對方滔滔不絕或多有衝撞冒犯之時，儘管任其發洩，自己在旁心平氣和，處之泰然，儘量以柔和禮貌的語言來表達自己的意見。所謂「不打不相識」，同事與同事間往往正是在這種貌似攻勢的激烈爭執中，達到了心靈的溝通和思想觀念的交流，反倒越吵越瞭解，越爭越痛快，比起以前的「和平共處」階段還要互相尊重和信任。因此從某種程度上講，機智靈活地運用攻勢語言，與同事在爭執中進行交流，在辯論中得以溝

通，實在不失為一種樹立威信、結交知己的好辦法。

無論在任何情況下，創造與保持友善信任的說話氛圍，都會易於交流思想，對事物的看法就易於達成一致，行為也容易協調。比如通過先抑後揚，先肯定優點，再談出現的問題的說話順序，就有助於減少對方同事的抵觸與反感。當他感受到你的善意，氣氛出現和諧時，他就易於冷靜地接受你的建議了。

守勢語言

每個人工作謀生的集體都是一個大家庭，作為家庭成員的同事之間難免產生磕磕碰碰、誤會、牢騷，也自然免不了時常遭到一些同事的挑剔與非議。而當你聽到同事的那些令你委屈不已、憤憤不平，甚至怒從心來的言論時，回敬之最明智的辦法就是用好守勢語言。因為在這個時候誰是誰非，不是三言兩語就可以說清楚的，要有耐心，不要逞一時口舌之快，傷了與同事的和氣。大家同在一個屋簷下共事，抬頭不見低頭見，一旦撕破臉皮，以後要再進行交談、溝通，雖非不可能，但也要頗費周折，好事多磨了！

取借語言之衣，實取人情之利，何樂而不為？會說話的人不僅能在談笑間使檣櫓灰飛煙滅，達到自己的最初願望，而且能創造一個和諧的人際環境，以柔克剛。

會說話的人都少不了這樣一種既簡單又困難的風度——幽默。任何一個成功運用守勢語言達到與同事和解、回敬同事指責、批評的成功範例，或多或少都少不了幽默的功勞。

一位廠長在年初的職工代表大會上遭到了一位女工的不斷質問，因為她認為自己在上年所報銷的費用實在太少。

她厲聲問道：「去年一年中，廠裏在這方面到底為職工花了多少錢？」

這位廠長說出了一個幾百萬元的數字。

「我想我快要暈倒了。」女工說。

這位廠長面不改色心不跳地解下了自己的手錶和領帶，放在桌上說：「在你暈倒之前，請接受這筆投資。」

於是在場的大多數職工都會心地笑起來。

這位廠長的幽默，表達了一個重要資訊，即企業很重視職工的需要，他本人也確實關心。如果有必要的話，他可以犧牲自己，但廠裏資金有限也是事實。

那位女工當然並不會暈倒，她只是做作。廠長的這個小小的幽默，不僅沒有讓她感到更加氣憤和不平，相反倒使其頓然沉思，進而猛醒，把對廠裏和領導的抱怨和不滿，都化做了理解和同情，後來成了廠裏的骨幹。一句幽默的戲劇性語言和一個幽默的戲劇性行為，其效果遠超過了一份長篇大論的反駁和糾正。幽默可以說是生活中最自然的品味，它不僅產生笑料，更是一種修養，一門知識，一門功力很深的素養。

難以想像一個不懂幽默的人，會是一個會說話的人。

因此從某種程度上講，機智靈活地運用攻勢語言與同事在爭執中進行交流，在辯論中得以溝通，實在不失為一種在辦公室中樹立威信、結交「知己」的好辦法。

無論在任何情況下，創造與保持友善信任的說話氛圍，都會易於交流思想，對事物的看法就易於達成一致，行為也容易協調。比如通過先抑後揚，先肯定優點，再談出現的問題的說話順序，就有助於減少對方同事的抵觸與反感。使其感受到你的善意，氣氛和諧，就易於冷靜地接受你的建議了。

記住，在同事間的交流與溝通過程中，舌頭一定要多繞幾個彎，切忌妄自尊大，出語傷人。美國一位著名的女士瑪麗・凱有句話：「要把人當人看。」所以她成功了。同時我們也要記住大師海德格爾的名言：「語言是人類的棲居之地，做個會說話的人。」

處處為人著想是贏得
同事支持的關鍵行為

同事之間有競爭、有摩擦是不可避免的。但作為一個高明的辦公室人士，應當懂得如何把這種摩擦降到最低限度，應當學會如何把這種競爭導向對自己有利的方向。這就需要以誠相待。

你可曾遇到這樣的情形：來到新的工作崗位上，你感到戰戰兢兢，對很多事情都感到很新鮮，可是卻有一些資深的職員，對你並不搭理，在很多事情上故意跟你作對，你覺得無所適從，可是別無選擇，他們是你的同事，你必須跟他們好好合作，面對這種情況，你應該怎樣？

不要再寄希望於對方向你伸出援手，寧願要求自己嚴格一點，延長工作時間，也不需要想盡辦法要求對方的幫忙，否則往往弄巧成拙，徒令自己更生氣。

如果你曾三番五次跟對方爭論，他都沒有理會你，依然是我行我素，令你更覺煩亂，這時應該從中吸取教訓，不必再自尋煩惱。想與對方據理力爭，不如學習如何把工作獨自完成。

在未斷定對方是「老油條」或是一個「無可求藥」的人以前，嘗試瞭解對方的難言之隱，大家化敵為友，你或許會有意想不到的收穫。

在美國歷史上，恐怕再沒有誰受到的責難、怨恨和陷害比林肯多了。但是根據傳記中記載，林肯卻從來不以他自己的好惡來批判別人。如果有什麼任務待做，他也會想到他的敵人可以做得像別人一樣好。如果一個以前曾經羞辱過他的人，或者是對他個人有不敬的人，但他卻是某個位置的最佳人選，林肯還是會讓他去擔任那個職務，就像他會派他的朋友去做這件事一樣……而且他也從來沒有因為某人是他的敵人，或者因為他不喜歡某個人，而解除那個人的職務。「很多被林肯委任而居於高位的人，以前都曾批評或是羞辱過他——比方像麥克里蘭・愛德華・史丹唐和蔡斯。但林肯相信沒有人會因為他做了什麼而被歌頌，或者因為他做了什麼或沒有做什麼而被廢黜。因為所有的人都受條件、情況、環境、教育、生活習慣

和遺傳的影響，使他們成為現在這個樣子，將來也永遠是這個樣子。」美國《生活》雜誌曾經報導了一系列觸目驚心的資料，闡述了報復是怎樣傷害一個人的健康：「高血壓患者最主要的特徵就是容易憤慨。」「憤怒不止的話，長期性的高血壓和心臟病就會隨之而來。」難怪連耶穌都告訴人們要「愛你的仇人」。

雖說林肯的一番以德報怨，絕非是出於對個人健康的考慮，但他這種對仇人特殊的愛，不僅沒有使他被人嘲笑作軟弱可欺，反而得到了更多的人的擁戴，甚至包括那些曾經強烈反對過他的對手和敵人。

我們也許做不到愛我們的仇人，可是為了我們自己的健康和生活，我們至少要原諒他們、忘記他們，這樣做實在是很聰明的舉動。

從這一個角度來講，戴爾‧卡內基的恩怨理論則絕對是真理。他認為「即使我們實在難以去愛一個仇人和對手，但卻總不能不去愛自己；我們要使仇人不能控制我們的快樂、我們的健康、我們的外表。因為要是我們的仇家知道我們對他的怨恨使我們精疲力竭，使我們疲倦而緊張不安，使我們的外表受到傷害，使我們得心臟病，甚至可能使我們短命的時候，他們不是會拍手稱快嗎？」當然，誰也不願意恨來恨去，結果是這樣。

對於每天都會出入辦公室的人，會對不同的人有不同的印象。有人形容辦公室為「人間地獄」，有人則視它為實現理想的地方，當然也有人把它當作一個社會的縮影，一切奸詐欺哄，互相傾軋，在辦公室裏司空見慣。就以與同事之關係來說，如果你要認真計較的話，每天隨便也可以找到四五件令自己生氣的事情。如被人誣害、同事犯錯連累他人、受人冷言譏諷等，有人不便即時發作，便暗自把這些事情記在心裏，伺機報復，這種仇恨心理，不但無法損害對方分毫，反而會影響自己的情緒，自食其果。

不管同事怎樣冒犯你，或者你們之間產生什麼矛盾，總之「得饒人處且饒人」。多一事，不如少一事。凡事能夠忍讓一點，日後你有什麼行為差錯，同事也不會做得太過分，迫使你走向絕境。如何才能培養出這種豁達的情操呢？這就需要將心思意念集中在一些美好的事情上，如對方的優

點、你在集體裏奠定的成就等。當你的報復或負面的思想產生時，就想想卡內基的忠告，叫自己停止再想下去吧！

聰明人在與同事交往的過程中，從不會把話說死，說絕，說得自己毫無退路可走。例如「我永遠不會辦你所搞砸的那些愚事」、「誰像你那麼不開竅，要我幾分鐘就做完了」、「你跟××一樣缺心眼兒，看他那窮酸相」。如此種種，估計誰聽了都不會痛快，人人都最愛惜自己的面子。而這樣絕對的斷言，顯示的是極不給人面子的一種表現。

湯姆·韋恩原先在電器部門的時候，是個一級天才，但後來調到計算部門當主管後，卻發現不能發揮其專長，但公司當局不願傷他自尊，畢竟他是個不可多得的人才——何況他還十分敏感。於是當局給了他新頭銜：奇異公司諮詢工程師——工作性質仍與原來一樣——而讓別人主管那個計算部門。

此事湯姆很高興。奇異公司當局也很高興，因為他們終於把這位易怒的明星遣調成功，而沒有引起什麼風暴——因為他仍保留了面子。

保留他人的面子，這是何等重要的問題！而我們卻很少會考慮到這個問題。我們常喜歡擺架子、我行我素、挑剔、恫嚇、在眾人面前指責同事或下屬，而沒有考慮到是否傷了別人的自尊心。其實只要多考慮幾分鐘，講幾句關心的話，為他人設身處地想一下，就可以緩和許多不愉快的場面。

西方有句話：「你希望別人怎樣對待你，你就應該怎樣對待別人。」這句話被大多數西方人視作是工作中待人接物的「黃金準則」。真正有遠見的人，不僅要在與同事一點一滴的日常交往中，為自己積累最大限度的「人緣兒」，同時也會給對方留有相當大的迴旋餘地。給別人留面子，其實也就是給自己掙面子。言談交往中少用一些「絕對肯定」或感情色彩太強烈的語言，而適當多用一些「可能」、「也許」、「我試試看」和某些感情色彩不強烈，褒貶意義不太明確的中性詞，以使自己「伸縮自如」是相當可取的。

湯姆和喬治原來是很好的同事和朋友，可是最近卻關係緊張，大有

「割袍斷義」之勢。不明真相的人以為他們之間肯定是發生了什麼天大的事情，否則形影相隨的兩個人，絕不至於搞成這個樣子。可事實上遠沒有想像的那麼嚴重，他們只是為了一隻紐扣而已，一隻最多價值幾分錢的鈕扣。事情的起因是喬治新近買了一套非常滿意的高檔西服，剛穿不到一週就丟了一隻關鍵部位的紐扣，惋惜之餘偶然發現整日掛在洗手間的那件不知是哪位清潔工的工作服上的扣子，與自己丟失的紐扣簡直如出一轍，遂趁人不備悄悄地扯下了一粒，打算縫到自己的衣服上濫竽充數，並得意地將此「妙計」告訴了湯姆。不料未出數日，多數同事都知道了喬治的這個笑料──湯姆竟然在大庭廣眾之下拿這件事跟喬治開玩笑，弄得當時在場的人都笑做一團，而喬治也終因太沒面子而惱羞成怒，反唇相譏，大揭湯姆的許多很令其丟面子的「底牌」，於是後果也就不難想像了。

人人都有自尊心和虛榮感，甚至連乞丐都不願受嗟來之食，因為太傷自尊、太沒面子，更何況是原本地位相當、平起平坐的同事。但很多人卻總愛掃別人的興──當面令同事面子難保，以致撕破臉皮，因小失大。

縱使別人犯錯，而我們是對的，也要寬恕別人，為其保留面子。

不要以為自己有什麼過人之處，便認定對方是「老頑固」，如果你想事事進展順利，必須學會如何尊重別人，摒除狹隘的思想，與自己不喜歡的人建立友誼。

你要捫心自問，無法與對方合作的原因，問題究竟是出在對方，還是在自己的身上？你是不是也應該負一點責任，努力營造愉快融洽的氣氛？不可小視與人和平共處的技巧，它是你日後事業成敗的關鍵。

與同事相處，應以誠為本，當他需要你的意見時，你不要使勁給他戴高帽，發出無意義的稱讚；當他遇到任何工作上的疑難時，你要盡心盡力予以援手，而不是冷眼旁觀，甚至落井下石；當他無意中冒犯了你，又忘記跟你說聲對不起時，你要抱著「大人不記小人過」的心情，真心真意原諒他，日後他有求於你時，要毫不猶豫地幫助他。

或者你會問：「為什麼我要待他這麼好？」答案很簡單，因為他是你的同事，你每天有三分之一的時間跟他們在一起，你能否從工作中獲得快

樂與滿足，是否敬業樂業，同事們扮演著一個很重要的角色。試想：當你回到辦公室裏，發覺人人對你視若無睹，沒有人願意主動跟你講話，也沒有人與你傾吐工作中的苦與樂時，你還會留戀你的工作嗎？

如果你覺得與同事相處很困難，請細心閱讀以下的意見，相信你能從中獲得所需要的啟示。

首先，當對方有意無意表示自己有多能幹，怎樣獲得上司的信任時，切勿妒忌他，你應該誠心誠意欣賞對方的長處。

其次，當大家趁著上司不在時，聚在一起聊天的時候，你應該暫且放下工作，走過去跟他們講些無傷大雅的玩笑，讓同事感覺你是他們的一分子。

再有，不要隨便把同事告訴你的話轉告上司，否則你會很容易遭致大家聯合起來反對你。

另外，你搭檔多年的同事另有他就，公司給你調來了新搭檔。此人原是服務別的部門的，在公司裏有著很壞的聲名，諸如霸氣、自私、不合作等，你聽得太多了，教你十分不安，生怕將來合作會有不愉快事件發生。既然有了這種心理準備，那麼要面對它就並不困難。不妨抱著這樣的大原則：只信自己眼睛，不要相信耳朵。那就是凡事由自己去觀察分析，再下評語，切忌胡亂聽信別人的是非之言。所以不要自築高牆，凡事自顧自地去想、去做，那等於是擺出不合作的姿態，或是向對方提出挑戰，這樣，必然會惹得滿城風雨，而始作俑者是你自己！無論你跟誰搭檔，要業績輝煌，首要條件是雙方夠默契，同樣合作和努力。要達此目的，你不妨先走一步，拿出你的誠意來，跟對方好好分工合作，終能共用美滿成果的！

 ## 實在為人

最招同事喜愛

春秋戰國時代的孟子、韓非子辯鋒犀利，璀璨奪目；晏嬰、子戶長於辯論，工於辭令。《東坡志林》云：當時謀夫說客是農民的一半，比官吏還多一倍。雖是誇張之辭，但仍可見當時的辯風之盛。

做一個上可登堂入室，下可遊說四方的雄辯家，是多少人的夢想，而善於雄辯的人也總能四處逢源，既受官方器重，又受群眾尊敬。雄辯家們總能通過滔滔不絕的演說、論理、爭辯，駁得君主們啞口無言、心服口服，最終接受他們的「諫議」，成了舉足輕重的風雲人物。

然而在當代，雄辯家在辦公室裏是再也吃不開的了，過於喜歡爭論、雄辯的人，往往令領導惱羞成怒、狼狽、反感，而且還會讓同事們認為是賣弄、逞能、出風頭。

有一位劉先生喜歡跟別人爭辯，藉以賣弄自己的學識，但如果你不跟他爭辯，他倒也不來麻煩你、傷害你。

這位劉先生是一個很好的人，忠實，不說謊，不偽裝，也從來不投機取巧，不做一點虧心事，更不占別人便宜。像這樣一個好人，怎麼會不受別人歡迎呢？

原來他過分看重了自己是個十全十美的人，以為人人都應該以他為模範、為導師。因此他就喜歡隨時隨地去教訓別人，指導別人。看見別人有一點點缺點，就加以批評、指責、像大人管小孩，老師對學生一樣，擺出一副道貌岸然、神聖不可侵犯的神態。甚至於常常有意地誇大別人的缺點，把別人的一時疏忽或無心的過失，說成是存心不良或者行為不端。

同時他又不能容忍別人對他有什麼不恭敬、不忠實之處。如果他吃了別人一點虧或受了別人一點點欺騙，那他就把對方當做罪大惡極、無恥之至的人，加以攻擊，嘲笑、諷刺、謾罵不已。

只要想一下，就可以知道這種人是多麼地令人可怕，自然會到處激起別人的憎惡與反感。

一個人對自己要求嚴格，不做一點錯事，這自然是千該萬該，十分正

確的事。但不要因此就把自己看得太高，以自己的標準來要求別人，以為別人都是笨蛋，只有自己才是聖人。

對別人的過失與錯誤，首先要分析他們犯錯的原因，可能是受到惡劣環境的影響，可能是因為他們自己認識不清，也可能只是一時疏忽，有時還可能因為主觀上求好，而客觀上犯了錯誤。除了一些真正與人為敵的社會敗類應該群起而攻之外，大多數人所犯的錯誤都是可以原諒，也都是可以改正的。我們應該抱著與人為善的態度，對別人的錯誤，在不傷別人自尊心的原則之下，誠懇而婉轉地加以解釋與勸導，安慰他們的苦惱，鼓勵他們改正。自己吃了虧，受了騙，只要以後小心提防，不再上當就行了，不必就因此而跟對方結下深仇大恨，留給對方一個悔改的機會。倘若一個人得罪了你，你不但不跟他計較，不向他報仇，反而原諒他、寬恕他，遇必要時還去幫助他，在一般的情形之下，他多半會對你十萬分地感激，十二萬分地慚愧，往往也會因此受了你的感化，痛改前非的。

假如你在憤怒之下，對別人發作一陣，你的氣隨之消失，心中也高興了。但是別人怎樣呢？當你高興時他能分享到一點嗎？你那挑戰的口氣、敵意的態度，會使他容易贊同你的意見嗎？

奧地利著名心理學家艾德勒在《哪一種生活對你有意義》中指出：正是不關心別人的人，在生活中遇到的困難最大，給別人造成的傷害也最大，正是這種人導致了人類的種種失敗。人際交往的成效如何，關鍵在於能否獲得同事們的好感，這與一個人的思維方式有直接關係。在當今物慾橫流的社會中，人與人之間真誠的關心最容易使人產生好感。尤其是當同事在生活或工作中遇到困難時，我們若能以親人般的熱情去幫助他們，便會獲得意想不到的友誼。只有懷著深切的關心，抱著與人為善的態度，才能帶來感情上的一致，使對方從心裏感到安慰。所以當有的同事喋喋不休地向你傾訴煩惱時，雖然你會感到枯燥無味，但也應以充分理解的態度認真傾聽，給予精神上的支持，學會分擔別人的痛苦和煩憂。

那種事不關己，高高掛起，既不與同事分享快樂，也不為別人分擔痛苦的人，是缺乏道德修養和極端自私的。

每個人在工作中都會碰到各種事情，對那些與自己有密切工作關係的同事，我們尤其要學會理解他們。例如在某個場合，你與同事因工作中的事情發生了摩擦，或者是同事冒犯了你的自尊心，你千萬不可耿耿於懷或伺機報復。也許那位同事因別的原因心情不好，正巧遷怒於你。所以，對同事間的合理「衝撞」不必大驚小怪，只要無損於自己的人格，完全可以退一步海闊天空。

　　理解是融洽的前提。所謂理解，就是雙方在交往中就某一點達成共同的認識。因此理解就是要找到雙方的共鳴點。

　　同事們在一起工作的時間長了，對彼此志趣、追求、個性等方面也會瞭若指掌，許多同事隨時間的推移，因為大家有共同理想、共同的事業和目標，所以彼此之間會產生友誼。

　　而有的人覺得與某些同事興趣不合，於是就採取疏遠其人的做法，這是不明智的。小張參加工作後，單位有一中年婦女經常莫名其妙地向他發脾氣，他經過瞭解才得知她正處於女性更年期，易怒急躁是一種病態。於是小張從心裏理解、原諒她，處處遷讓她，使她深受感動，逢人便誇小張是個好青年。所以「真誠的理解和同情是有效的良藥」，它醫治的不僅是人們精神上和心理上的病痛，而且還會為今後的友好相處打下牢固的基礎。

　　在工作中，遇到不善合作的同事時，首先要冷靜下來，要善於理解、體諒別人的情緒。比如有的同事生性敏感，遇有不順心的事便發作起來，其實他並不單單沖你而來，你冷靜想想，事後自然會風平浪靜。

　　生活中時常會有一些意想不到的事情發生，如果同事突然碰到不測之事，要學會及時安慰他們，儘量減輕他們心中的悲痛。

　　——多些探望。當得知同事遇到不幸的事情時，如身患重病、失去親人、失戀等悲傷的事情，應立即抽時間買好禮儀性物品上門探望，使身處困境中的同事得到精神上的鼓勵和心理上的安慰。

　　——多些陪伴。從天而降的災難往往使人措手不及，有的同事因此變得憂鬱寡言。這時我們應選擇適當時機，多陪伴在同事身邊，用些寬慰的

語言，諸如「人生誰都會碰到這事、那事，走過去前面是個天」，以此來減輕同事心理壓力和精神負擔。

　　——多些幫助。逆境中的同事可能茶飯不思，我們要具體地幫助他做些力所能及的家事，如家中是否需要買菜、換瓦斯？孩子是否需要接送？生活細節直接影響著同事的情緒，如果我們及時為同事提供幫助，無疑會儘快帶領同事走出不幸的陰影。只有設身處地地急同事所急、想同事所想，關懷溫暖同事的心，同情安慰同事的創傷，才能體現出同事間情誼的可貴。

　　兩個人分享一個幸福是兩個幸福，兩個人分擔一個痛苦是半個痛苦，與同事互袒心跡，得到對方的信任和友誼，是加深同事關係的催化劑。

做同事間的
「開心果」

　　美國哲學家詹姆士說：「人類本質中最殷切的需求是渴望被肯定。」他不用「希望」、「盼望」，而用「渴望」這個詞，足以說明人們需要的程度。也就是說，人們對於被肯定的本質說到底就是：「渴望被重視」、「渴望讚美。」

　　美國著名的成人教育家卡內基說：「我們滋養我們的子女、朋友和員工的身體，卻很少滋養他們的自尊心。我們供給他們牛肉和洋芋，培養精力；但我們卻忘了給他們可以在記憶中回想好多年像晨星之音的稱讚。」被擊中痛處，對任何人來說都是令人不愉快的事。不去提及他人平日認為弱點的地方，才是待人應有的禮儀。尤其是千萬別用侮辱性的言語攻擊他人身上的殘缺。而有時無意識的讚美，甚至可以改變一個人一生的命運。

　　一位漂亮又頗有些才氣的女孩子，大學畢業後到了家鄉一個很不錯的單位任立委秘書。小小年紀便擔當重任，整日出入單位各重要領導的辦公室，參加大小「實質性」會議，因此掌握了不少「內幕消息」，竟頗得許

多年長同事的恭維與羨慕，加之她逢人總能不露聲色，又會恰當地「讚美」別人一番，所以頗能博得大家的開心，是個有名的「好人緣兒」。某日，她在樓梯上遇到了單位電話員小潘。小潘是個不幸的女人，天生的小兒麻痺不僅使她身材瘦弱，還奪去了她一條健康的腿，三十歲時才被父母廉價「託付」給一個外地來打工的農民，從此不僅備受其輕視，還常常被強行榨走錢財。

出於同情，她與小潘搭話（平日單位裏很少有人主動同她交談），誇獎她的衣服漂亮，稱讚她穿的褲子顯得個子高，幾句原本是應酬敷衍的虛偽之詞，竟讓小潘激動得滿臉紅暈，眼放異彩，先是搖頭，接著是笑，然後便是熱淚橫流。從那以後，小潘竟然真的漂亮起來，原來亂草般的頭髮，修剪成了整齊的短髮，還燙了起來，平日蒼白乾燥的唇上，也被細心地塗上了唇膏；穿的衣服也再不像以前那樣俗氣邋遢了，而且每次有了「新舉措」之後，總要跑到她那裏展示一番，她也總是認真地讚美一番，只是再也不像第一次那樣虛情假意，言不由衷。

女孩沒有想到無意中的讚美，甚至起初例行公事般的套話，竟然如此改變一個人。而也許我們日常生活中常常忽視的許多美德中的一項，就是對別人的欣賞和讚揚。

在中國素有所謂「逆鱗」一語，是說即使再馴良的龍，對其也不可掉以輕心。龍的喉部之下，約一尺的部位上有「逆鱗」，全身只有這個部位的鱗是相反生長的，如果不小心觸到這一「逆鱗」的人，必會被激怒的龍所殺。其他的部位任你如何撫摸或敲打都沒有關係，只有這一片「逆鱗」，無論如何也接近不得，即使輕輕撫摸一下也犯了大忌。

所以我們可以由此得知，無論人格多高尚多偉大的人，身上都有「逆鱗」存在。只要我們不觸及對方的「逆鱗」就不會惹禍上身，還能平步青雲。所以說所謂的「逆鱗」，就是我們所說的「痛處」，也就是缺點、自卑感，在人際關係的發展上，我們有必要事先研究，找出對方「逆鱗」所在位置，以免有所冒犯。

然而，世間的性格類型卻是千奇百怪。我們說左，他說右，那我們說

右嘛，他偏又非說左不可，像這樣永遠和別人唱反調的人也不少。就算不至於如此偏激，但也有人總固執地堅持自己的立場，或自己的意見明明是少數意見，卻絕不接受他人的任何意見。也有人頑強地認定只有自己的做法和想法才是天底下最正確的方法。當然也有掩藏自己心底的企圖而試探對方的心意，不惜唯唯諾諾，奉承拍馬屁，迎合對方口氣，一探虛實的人。

「啊，要是當時不說那句話就好了。」

像這樣事後才後悔的人，大都是無視對方的立場，硬要堅持自我意見所引起的。

人類共同的心理，就是極端厭惡自己的思想被他人所誤解，受這樣的心態作用，所以永遠期望別人對自己有最正確的評價，但偶爾我們自己也在無意中評價了他人而不自知。

「我們公司的經理很無能！雖然他常接受旁人的批評，但我對他沒好感。」如果說話的對象正巧是經理的心腹或相交很深的同事的話，那後果……在商業社會裏，像這一類的失言，不謹慎的話後果不堪設想，不是被上司疏遠，就是遭到被上司「下放」的命運。為避免這一類事情的發生，與人談話時，不得不選擇不抵觸的話題，以免犯錯。

雖然我們沒有汽車、金錢、地位給別人，但是我們卻能夠給別人我們所能給的東西，這就是：「給予別人真誠的讚賞。」它是促人向上的催化劑；它能使人朝氣蓬勃；它是挖掘人們內在善、美之心的最好鐵鍬。

 # 同事相處若
即若離最相宜

與同事相處，太遠了當然不好，人家會認為你不合群、孤僻、不易交往；太近了也不好，容易讓別人說閒話，而且也容易令上司誤解，認定你是在搞小圈子。所以說不即不離、不遠不近的同事關係，才是最難得和最

理想的。

　　雖有人謂「好朋友最好不要在工作上合作」，但大家都是打工族，聚在一起工作並不奇怪。如果某天公司來了一位新同事，他不是別人，正是你的好友，而且他將會成為你的搭檔。上司將他交托與你，你首先要做的是向他介紹公司的架構、分工和其他制度。如果在接待他時你戰戰兢兢，未免太敏感了；不如放輕鬆點，就當他是普通的同事吧。這時候不宜跟他拍肩膀，以免惹來閒言閒語。

　　總之，大前提是公私分明，記著，在公司裏他是你的搭檔，你倆必須忠誠合作，才可以製造良好的工作效果。假如他是新人，許多地方是需要你提示的，這時你就得扮演老師的角色，當然切不能頤指氣使，更不應以老賣老引起他人反感。

　　私底下，你倆十分瞭解對方，也很關心對方，但這些表現最好在下班後再表達吧。跟往常一樣，你倆可以連袂去逛街、閒談、買東西、打球，完全沒有分別，只是奉勸你一句，閒暇時以少提公事為妙，難道你一天八小時工作還不夠嗎？

　　許多公司有不成文的習慣，就是獲升職者要請客，你若身處這樣的公司，當然要入境隨俗。至於請客請些什麼呢？

　　那要視加薪額和職級而定，一則是量入為出；二則是身分問題。如果你只是小文員一名，卻動輒請同事吃海鮮大餐，未必個個會欣賞，可能有人認為你太「招搖」。所以一切最好依照舊例，人家怎樣，你就怎樣。有人當面恭維：「你真棒，什麼時候再請第二次？」你可微笑地回答：「要請你吃東西，什麼時候都可以呀！」一招太極就能解決問題。

　　要是相反，有同事表示要請客賀你，應否答應？

　　當然要答應，否則就是不賞面，不接受人家的好意。不過答應之餘請考慮：對方是否一向與你投契得很，純是出於一片真心？還是彼此只屬泛泛之交，此舉只是「拍馬屁」？前者你自然可以開懷大嚼，後者嘛，吃完之後最好反過來做東，這樣既沒接受他的殷勤，又沒有開罪對方。

　　許多公司有歡迎新同事和歡送舊同事的習慣，身在其間的你，應否熱

烈支持這些行動？

　　歡迎會目的是聯絡感情，歡送會則表示合作愉快或感謝過去的幫忙。所以前者你不必一定出席，除非你的工作崗位是公關或人事部。至於後者，就比較複雜，你應該小心衡量一下，這位同事與你有沒有關係？如果是毫無交情的，可以不必參加聚會，但送一張慰問卡是必要的，那是禮貌，也表示你的關心，何況他日你們或許還有機會共事。要是常常接觸的，但交情普通，則在公在私也該出席聚會，顯示你確實欣賞和不捨得對方，分手時，最好表示你的祝福。若對方是你的助手或更親密的搭檔，最理想的是既參加大夥兒的聚會，又私下請對方吃一頓午飯，或是送一點紀念品，以表示你的感謝和友情。

　　只有和同事們保持合適距離，才能成為一個真正受歡迎的人。你應當學會體諒別人。不論職位高低，每個人都有自己的工作範圍和責任，所以在權力上，切莫喧賓奪主。不要說「這不是我分內事」之類的話。過於涇渭分明，只會搞壞同事間的關係。在籌備一個任務前，謙虛地問上司：「我們希望得到些什麼？要任務順利完成，我們應該在固有條件下做些什麼？」

　　永遠不要在背後說人長短。比較小氣和好奇心重的人，聚在一起就難免說東家長西家短。成熟的你切忌加入他們一夥，偶爾批評或調笑一些公司以外的人如藝人等，倒是無傷大雅，但對同事的弱點或私事，保持緘默才是聰明的做法。

　　記住，搞小圈子，有害無益。公私分明亦是重要的一點。同事眾多，總有一兩個跟你特別投緣，私底下成了好朋友也說不定。但無論你職位比他高或低，都不能因為要好這個原因，而作出偏袒或恃勢。一個公私不分的人，是做不了大事的，更何況，老闆們對這類人最討厭，認為不能信賴。

常到同事家看看
可以加深交情

　　人生如戲，工作單位是一個大舞台，演戲的人不僅要臺上功夫很了得，台下也少不了查漏補缺，打點準備。只有台上台下配合默契、相得益彰，才能真正獲得掌聲與喝采。很多「走紅」的「演員」，常會利用舞台外的時間進行相關活動，希望回到台上後可以討些好處。所以平時就要陪上司聊聊天，下下棋；到同事家串串門，聚聚餐。

　　中國人串門子落座之後常愛說這樣一句話：「無事不登三寶殿。」言外之意是有事相求了。其實這正是台下功夫不到家的一個明顯例子。會唱台下戲的人常常無事也登「三寶殿」，平日很注意與人保持聯繫──哪怕是一個電話也好，讓別人知道，他們在自己心目中佔一席之地，如果非到有事才找人，未免顯得太過功利主義，未免惹人反感。一個很久未與你有聯繫的昔日同事，突然打電話請你幫他貸筆鉅款，恐怕你感到的不僅是為難，還有極大的不快吧？

　　八小時之外常到同事家做做客，以加強聯繫溝通有無，看來還是必要的，但卻要把握一定的分寸，懂得做客的學問。免得落個乘興而去，敗興而歸──太不拘小節，讓主人反感，充當了一個不受歡迎的客人。

　　──「小節」一：預約的拜訪要嚴守時間，別忘了「浪費別人的時間等於謀財害命」；預約的拜訪不能準時赴約，要提前掛電話通知，即使責任不在自己，也要道歉。

　　──「小節」二：主人向自己介紹新朋友時，一定要站起來，以示謝意，同時一定要在第一次介紹中記住對方姓名，免得談話裏不好稱呼。對一些自己不認識的長輩或領導，要主動站起來，先自我介紹，讓對方瞭解自己。介紹自己要親切有禮，態度要謙虛，不能自我吹噓。如果在單位擔任領導職務，也只能介紹自己的所在單位，而不能介紹職務，對某項工作有研究，只是說對某某工作愛好足矣。

　　──「小節」三：在同事家做客，受歡迎的人絕不大大咧咧地逕直坐

到席上，如果主人力邀才「恭敬不如從命」；等人時，不要左顧右盼；主人奉茶之後，先擱下來，在談話之間啜之最為禮貌。

——「小節」四：不做「不速之客」。去串門子首先要選擇適當的時間，探訪前先要和被訪的同事約好時間，瞭解是否在家，是否方便，免得對方有急事無暇接待，雙方都感到冷淡。同時最好避開吃飯時間和午睡時間。拜訪時間不要過晚，以免影響主人和其家屬休息。

——「小節」五：在進同事家門之前，要先看看鞋上是否帶泥。擦拭之後，先行敲門再走進去。雨具、外衣等要放到主人指定的地方。如果主人較自己年長，那麼主人沒坐下，自己不宜先坐下。自己的交通工具如自行車要鎖好，放在不影響交通的地方，如果放的位置不好或忘鎖被盜，不僅自己受損失，也給主人帶來麻煩。

——「小節」六：要知道吸煙屬個人嗜好，有人喜歡有人厭，抽煙時一定要徵得主人特別是女主人的同意，因為間接吸煙亦危害人家的健康。如果主人家未置煙灰缸，多半是忌煙的。

如果掏煙打火，讓主人匆忙替你找煙灰缸，是不尊重人的舉動。

當然，同事應酬中沒有永遠的主人，永遠的客人，做個懂禮之客固然重要，做個能得體待客的主人也要緊得很。事先得知同事將來訪，要提前「灑掃門庭，以迎佳賓」，並準備好茶水。對遠道而來的客人，要問問是否用過餐。對一般客人，在飯前只給煙茶就可以了，茶壺可以放在桌上。對尊敬的客人或領導、長輩、同事，要在另外的屋裏把茶倒好送進去，每次倒茶要倒八分滿，便於客人飲用。

如果是「不速之客」，也要起立相迎。室內來不及清理時，應向客人致歉。不宜當著客人的面趕忙掃地，弄得滿屋灰塵。接待時，要問明來意。比方說：「你今天怎麼抽空來了呢？」對方如答：「有事要麻煩您。」可又不一下子直說出來。這時並不要立即追問，恐怕是因為還有家中他人在場，難於啟口。那就不妨改變一下接待方式。

在工作中與其他同事產生種種衝突和意見是很常見的事。那麼對於那些對自己有意見的同事，要不要繼續和他們來往與合作呢？應該說，同事

之間儘管有矛盾，仍然是可以來往的。

首先，任何同事之間的意見往往都是起源於一些具體的事件，並且這種意見可能會由於人們思維的慣性而延續一段時間，但時間一長，也會逐漸淡忘。所以不要因為過去的小意見而耿耿於懷。只要你大大方方，不把過去的事當一回事，對方也會以同樣豁達的態度對待你。

其次，即使對方仍對你有一定的成見，也不妨礙你與他的交往。因為在同事之間的來往中，我們所追求的不是朋友之間的那種友誼和感情，而僅僅是工作，是任務。彼此之間有矛盾沒關係，只求雙方在工作中能合作就行了。由於工作是為了雙方的共同利益，彼此間合作如何，事情成功與否，都與雙方有關。如果對方是一個聰明人，他自然會想到這一點的，他也會努力與你合作。如果對方執迷不悟，你不妨在來往中或共事中向他點明這一點，以利於相互之間的合作。

最後，對自己有意見的人，他也會察覺出你對他有意見。只要雙方都不是那種古板固執的人，實際上也都想通過某種方式和解。因此與有矛盾的同事交往不僅是可行的，往往還是必要的。

用真誠與同事結盟

「路遙知馬力，日久見人心。」這句老話說明了識別人心不是一件易事，必須經過長久的日子才能明白。但是多少時間才算久？必須具備下述兩種機會之一才行。第一種機會，是他「飛黃騰達」的日子到了，還能夠視你如故，困急仍肯相助。你當然認為交情深厚，但這必定是少數。有些是「不復顧蟾蜍」，往日親如手足，現在反目若不相識了。第二種機會，是你突遭不順時，有些是「望望然去之，若將挽焉」，有些是「虛與委蛇，空言相慰」，只有少數人才肯出手相援，助你出深淵。不然何以有「人情冷暖，世態炎涼」之說？何以有「翻手為雲覆手為雨，紛紛輕薄何

須數」之說呢？不到這個時候，誰是假交情，誰是真交情，很難加以區別。

一定要到這個自然暴露的時候，才使你好像大夢初醒，精神上所受的刺激必深。或許平日好交友的人，一變而為閉門謝客的怪脾氣，最好要有個方法，能夠在平時測量交情，認為可交的，出肝膽以相照；認為不必深交的，不妨淡淡相與，不離不即。

一切成功均沐浴著一種美德或者情感。

從前有個女子，待字閨中，爭聘者很多，其中有三位青年，交情相似，誰去誰從，一時難決，誰真誰假，更是無法分辨。她想得一計，偽裝雙目忽患失明，通知三個青年。某甲前往慰問，教她耐心醫治；某乙表示萬一不幸，不能復明，彼此愛情，仍如往昔。某丙一見女子已成盲人，不再前往探問。三個青年的真情，分得明明白白，盲女子遂與某乙定嫁娶。甲、丙都以為怪事，笑某乙為癡情，誰知定情之時，揭開藥膏，流珠四盼，明察秋毫，某乙大為驚異，疑為天佑，後經女子說明，才知為女子測量交情，故施巧計。這是一件莫須有的故事，卻可證明交情的深淺，未嘗不失為妥當的方法。

你要測量交情嘛？有個建議不妨試試。你的經濟情況未必為同事所洞察，你可利用某種時機，比方市場波動極大的時候，向你的同事說明，因為一時失策，損失巨大，雖多方調度，一時或不致擱淺，但危機日深，已難挽救，希望他們予以援助。這個難題，相信必有許多人認為您大勢已去，不願再與你周旋；也必有許多人諉稱力量太薄，心有餘而力不足；必有許多人口頭表示願意量力幫忙，接著便是訴苦；必有許多人就會責備，不肯相助；只有極少數的人才肯出力營救，絕不猶豫，這樣至少你可以把你所有的同事，分成五等。交情真假，昭然畢露，交情深淺，也就很明白地擺在你面前。酒肉之交，是分不出交情的，要觸及比較嚴重的利害問題，交情才立見分曉，應當根據利害關係，想出測量交情的辦法。本文所述，不過是一個例子罷了，不信任同事，不會有真心同事；一味信任同事，以為我待某甲甚厚，待某乙甚厚，他們必不相負，結果往往會使你失

望。交所非人，而妄許為知己，傾心相結，正好為狡猾者所竊笑！

在工作中，一個能把利害關係看得很淡並與同事真誠相處的人，天長日久，他肯定會贏得同事們的一致推許。

如何處理與同事的競爭關係

面對晉升、加薪，應拋開雜念，不要手段、不玩技巧，但絕不放棄與同事公平競爭的機會。

不要將辦公室裏的地位和利益競爭表現得過於赤裸，那樣會招來無關同事的反感，影響你的形象，也會給你的競爭帶來不利。真正明智的競爭應該是厚積薄發，暗裏用勁，那樣才不至於與同事在面子上搞得太僵。

面對強於自己的競爭對手，要有正確的心態；面對弱於自己的，也不要張狂自負。如果與同事意見有分歧，則完全可以討論，但不要爭吵，應該學會用無可辯駁的事實及從容鎮定的聲音，表白自己的觀點。

當同事和你爭功時

職場如戰場，在辦公室這個波譎雲詭的場所，同事之間的相處時刻如同博弈，面對各種可能面臨的境況，必須事先想好對策，才能做到有備無患，從容自如。

當你挖空心思想出一個好主意，或者你勤奮工作為公司發展做出了極大貢獻時，卻有人試圖把這份功勞歸為己有。面對這種情況，你該怎麼辦？總不能整天氣急敗壞吧？下面幾種方法或許對你有所幫助：

——用短信澄清事實

當然，首先寫的信不能有任何壞的影響，短信內容一定不能讓對方產生不快。寫信的主要目的是要委婉地提醒一下對方，自己當初隨便提出的想法，是怎樣演變到今天這個令人欣喜的樣子。在信中適當的地方，你可

以寫上有關的日期、標題，可以引用任何現存書面證據。

在短信的最後要建議進行一次面對面的討論，這是很重要的，這能讓你有機會再次含蓄地強調一下你的真正意思：這主意是你想出來的。

如果真的有人把你的功勞忘記了，想把功勞歸屬於自己，那麼這個方法倒能為你爭回功勞起一定作用。

——誇讚搶你功勞的人，然後重申功勞是自己的

說這番話的時候，要再一次對這同事的獨一無二的才能和見解大加讚賞。這種方法對職業女性來說特別重要。很多研究者發現，女性員工喜歡從「我們」的角度——而不是「我」的角度來做事，所以她們的想法和首創，就常常會被男性同事挪用。如果著眼於事情的積極一面——你的同事也是想方設法要做出最好的工作，而且他（她）對要做的事情也有獨到的看法——也許會有助於你解決這個可能很棘手的問題。

當你覺得這個方法比較適合你應用時，你就應早點行動，如果等你的同事把你的想法散佈開時再行動，困難就大得多了。

——退出爭奪戰

初看起來，這似乎不是一種方法，或者不能算是一種很好的方法。但對某些人來講，這或許是最好的。你應該問一問你自己：哪個更重要，是把這個想法付諸實施，還是獨自擁有想出這個點子的名譽？

這是一個複雜的問題，特別是對女性來說，什麼時候應該跟男同事理直氣壯地理論「挪用他人想法」的問題，什麼時候又應該為本機構做出一些犧牲呢？在做出決定時，應該考慮一下，要打這場「官司」得花費多少精力。在某些情況下，比如你正要接受一次重要的提升，要付出大量的時間和精力；或者除了「原則問題」之外其他並無妨礙，而要證明所有權只能使你疲憊不堪……也許還會讓你的上級生氣，讓他們納悶你為什麼不能用你的時間來做點更有意義的事情。在這些情況下退出爭奪戰，顯然是明智之舉，是上上之策。

同事與你不和時

當你在工作中非常需要另一個人的幫助，而這個人曾與你有某種不和的時候，你該做些什麼？顯然，放棄並不是好辦法，雖然這個不費吹灰之力便可做到，但會使你失去一個得力夥伴。你應該做的是如何化敵為友，使之成為你的朋友。以下幾個做法可幫你達到這一目的。

——勇於承認自己的不對之處

不要總害怕承認自己的不對，以為這樣別人就會看不起自己。其實真正有能力的人是敢於承認自己的不對之處的人。

即使你的同事表達這種意思的方式，沒能讓你高興得跳起來，對對方提出的正確的看法，你也應該樂於承認。不，這並不意味著每當有過分好鬥的同事向你發起攻擊時，你都要舉手投降。但是你首先應該考慮的是對方所說的話中包含的資訊，而不是說話的人。而且你應該力求客觀地對待你得到的意見，即使這種意見不是用一種特別客觀的方式表達的。而且有個小秘密要記在心裏：承認你錯了，常常能夠帶來讓對方閉嘴的好處。這是一種製造驚人沉默的經典方法。

——讓對方知道你非常需要他

這一點是很重要的，它能在很大程度上調動起對方的積極性。當然，你是否真的需要，那是另外一回事。我們的想法是利用這樣的一種接納，抬高對方的自尊，對方一高興，就可以避免把談話激化，盡可能減少或消除將來的敵對怨恨。你可以提到，自己工作中的兩三個方面，需要你的同事提供意見或指導。如果你要把這些方面進一步加以確定，你的同事大概也不會太反對。

應付以老賣老的同事

新人一進入職場，最怕遇到喜歡以老賣老的同事，處處干涉、事事指導，無法好好施展自己的才能，總是被老同事牽制。應該如何對付這些「職場老人」呢？尊重他是上上之策。

會以老賣老的同事，在組織裏通常是年資夠久、經驗豐富，卻升不上

去的人。不過這樣的人除非是過度吹噓自己，通常手中都握有籌碼，才敢如此以老賣老。例如他們在實務上都具備一定的經驗與能力，而且往往是部門的意見領袖，但是可能因為缺乏領導的特質，或是缺少廣大的格局與視野，而未獲得升遷。

對一個新人而言，當務之急自然是儘快融入部門組織，適應企業文化與環境。所以新人不妨換個角度來看待喜歡以老賣老的同事，發覺並善用他的優點，將這些經驗複製成自己的優點。

新人可以先觀察這位同事，藉以瞭解組織生態；此外，不要反駁他的看法，以免因為得罪意見領袖，而間接壞了與其他同事的關係；並應該運用他喜歡「指導」新手的心態，在最短時間內熟悉業務內容與流程。

萬一這位愛以老賣老的同事實在干涉過多，他的看法也與你、甚至與主管相左時，千萬不能與他正面衝突，這樣的人通常都愛面子，為他保留顏面、給予充分的尊重，才是上策。

因為真正過目、批准文件的人是主管，並不是老同事，新人只要在表面上顯示服從的態度即可，仍然可以做自己認為正確的提案，無須正面與老同事爭論。

遭遇同事中的「是非」小人

你本是與人為善，想平靜、安穩地渡過每一個工作日，但不幸遭遇辦公室「是非小人」，變得一籌莫展，不知該如何對付。這裏支上幾招，不妨操練一下，也許可以讓你對這些「是非同事」產生免疫力。

──沉著應對，讓理智控制情緒

有一種人的眼睛是專門用來盯著別人的，你一旦出現紕漏被他發現，他便唯恐天下人不知，以教導的口吻，像對你有無限關懷一樣大聲說出來，而且往往選擇領導在場、同事集中的時候。其居心無非是要誇大你的錯誤，擴大錯誤的影響而已，藉此以提高自己在辦公室的地位，想起來實在可惡。但遇此情況，千萬不能「惱羞成怒」，那樣就正中人家的下懷了。記住，你「出錯」在先，不管怎樣都無法推卸責任，如果再針鋒相對

地爭吵起來，就更顯得缺少風度。

支招：沉著一些，讓他充分地表演，旁觀者不都是傻子，他的居心別人都能有所察覺。然後坦承自己工作中的失誤，以謙虛勇敢的態度輕輕化解他遞過來的狠招。最後不妨誠懇地表示向他學習，自嘲一下：「謝謝你的指正，我以後一定注意，希望不會再有下一次。」這叫積極地補救。當然了，記住這種人的真實面目，看清他的用心，凡事自己細心些，不給對方可乘之機才是更穩妥的方法。

——亮出自己的態度，絕不放任第一次

辦公室流言在所難免，有的你可能永遠聽不到，有的可能在特別湊巧的情況下傳入你耳中。比如你給領導送報表，走到領導門前還不及敲門，就聽到有人正在打你的小報告，而且純粹是歪曲事實，信口雌黃，這讓你如何不生氣？但此時最忌諱氣沖腦門，一衝動進去與人爭個對錯。領導會想，你怎麼會正好聽到，有這麼湊巧嗎？說不定會認為你在偷聽，而且領導還會對你的人品進行質疑。

支招：第一步是掉頭走開。不管你有多憋氣，也要指揮自己的雙腿趕快離開。第二步單獨約對方嚴肅談話。這種事情只要遇到一次就必須想辦法解決，絕不能聽之任之，否則此人會有恃無恐，變本加厲，讓你後患無窮。要把事情直接說出來：「我恰巧聽到你對領導說某件事，我想你可能有些誤會，我現在就給你澄清一下。以後如果有什麼疑問可以直接問我，我如果回答不了，再找領導也不遲。」這樣他自然會明白，他的行為你已經知道了，這次是一個提醒，下不為例。再要背後亂講時，他可要好好想想後果了。

——遠離饒舌婦，不要捲入是非圈

有的人喜歡搬弄是非，坐山觀虎鬥。你可要注意了，在你面前痛斥別人的不是，猛誇你的長處的人，千萬別信她！從你眼前一轉身，她就會把同樣的話重講一遍，當然渾身「不是」的就換上你了！這種人是天生的長舌婦，好像不講別人壞話日子就過得不舒坦。只要你順著她的意思說上幾句別人的不是，或是對她的話隨聲附和，那就等著吧，有一天就會傳到當

事人耳朵裏，講人是非的當然會變成你，這樣子是非就算惹上身了。人家若是找上門來論個究竟，你不見得能解釋清楚，而如果別人並不找你理論，卻在心裏默默地記下你時，天啊，你就等著背後挨刀子吧！

支招：保持沉默。不支持他的觀點，也不反對他的觀點，任他自己說個唾沫橫飛，天花亂墜，你只管咬緊牙關不出聲，漸漸地他就會感到無趣，再不到你面前說東道西，你也好落個清靜。還有一個辦法：顧左右而言他。可以談談美容、談談健身、說天氣真好、心情不錯，就是不說誰是誰非，把話題繞開，專挑無關痛癢的話來扯，他就沒勁了。記住一個原則：在是非的漩渦裏只會越陷越深，趁早遠離它！

——掌握尺度，謹防「習慣成自然」

有的人喜歡頤指氣使，彷彿只有這樣才能顯示出自己的地位高高在上。如果你是新人，或者資歷較淺，可能在心理上比較認可多做些工作，多為別人服務。但是要記住：給人適度的尊敬是對的，多做些事情的態度也是好的，可是如果公私不分，一味地任勞任怨，非但不能博得對方的好感，反而容易讓人看不起你，忽視甚至輕視你的勞動。更有甚者，十次你有九次依了他，只有一次沒能使他滿意(他才不管是否因客觀因素確實無法做到)，他也會如鯁在喉，全然不念你往日的好處，覺得你不給面子，或是與他作對，以前你的種種好處便一筆勾銷了。你說你氣是不氣？原因要在自己身上找，一味地任勞任怨已經形成了習慣，他在心理上已經適應了，偶爾一次不順，便會令他不能忍受。

支招：講原則，講尺度——公事：該做而且做得來的事，堅決做；該做但是做不來的事，儘量做；不該做雖然做得來的事，不做；不該做而且做不來的事，堅決不做。私事：願意替人效勞的事，隨便你做；不願替人效勞的事，不委屈自己去做。這樣才能在別人心裏樹立起一個標杆，他們請你做事之前，首先會衡量一下你是否會去做是否願意去做，然後才會對你說出來。於是「原則」和「適度」幫你過濾掉了許多不相干的事。讓自己輕鬆些難道不好嗎？

提升後，怎樣得到同事的信任和好感

你一旦提升，有的人總覺得彷彿就是踩著他的肩膀上去的，你坦誠相待，他以為你軟弱可欺；你以心換心，他說你虛偽。除此類不識抬舉之輩外，你都要用你的真情去換取朋友、同事的信任和好感。

謙虛待人，切莫張揚

你升職以後，同事們都會暗中注意你的一舉一動，考察你的一言一行。這時他們顯得格外挑剔，好像非要找出毛病來他們心裏才能平衡。不用擔心，只要你坦坦蕩蕩，謙虛待人，一定會渡過他們的「考驗期」的。在石油公司工作的何磊提升為科長以後，立刻在科室裏擺出不可一世的樣子，說話時聲音還大幅度地提高，又裝腔作勢地打著手勢，科室裏的同事們對他都極其反感。這種「張揚」只會讓同事噁心。

近君子，遠「小人」

升職以後，你可以有選擇地和一些同事、朋友們來往，做到近君子，遠「小人」。這裏所說的「小人」，是指在事業上不會對你有任何幫助，只是單純的玩伴的那種同事。李建志提升為部門經理後，為了顯示他沒有「升官臉就變」，每天下班後仍是和舊日哥兒們喝酒、玩牌。在單位裏，也和那些酒肉同事稱兄道弟，親熱異常。李志的做法令上司很不滿意，上司認為這樣「不思進取」的人是很難再次得到提升的。

以柔克剛，以心換心

同事中難免會有妒忌你的人，這可是你的隱患，一定要小心翼翼地清除這枚隨時可能爆炸的「炸彈」，千萬不能讓他對你造成危害。對於妒忌你的同事，最好不要正面交鋒，以免觸痛他敏感的自尊心。季婷婷剛提升為科室主任，平日最要好的朋友馬某，說話總是對她冷嘲熱諷。季婷婷在

工作上仍然徵詢馬某的意見，生活中對馬某也十分關心。漸漸地，馬某感到季婷婷提升以後還是那樣熱情助人，再也不好意思耍脾氣了。

以理制人，該斷則斷

　　你一旦提升，有的人總覺得就是踩著他的肩膀上去的，他簡直要和你勢不兩立。你坦誠相待，他以為你軟弱可欺；你做出成績，他嗤之以鼻；你以心換心，他說你虛偽。總之，你提升就是你最大的錯。對於這種人，不要客氣，跟他割斷情義。

在跨國公司中，
如何讓外國同事支持你

　　在我們職場上，上司與下屬間職級的階級意識十分明顯。在吃飯與同歡場合，我們同事會不停奔波席間鞠躬敬酒，而老外則坐著納悶，吃頓飯何以要把身心搞得如此「不舒適」？

　　下屬與客戶開會，中途老闆闖入，我們通常會暫時打斷談話，趕緊站起來迎接招呼老闆；而外國人會繼續與客戶交談。他們認為沒先約時間就跑來的人，無論是誰，理當等待。

　　這種權力關係間的應對文化，可以事先對外國同事解釋；若主管的行事風格是開放型，也可以免除這些繁文縟節，以平等的夥伴關係一視同仁。

　　帶外國同事一同拜訪客戶，增加非正式互動，可以幫助外國同事進入狀況，多認識我們市場的文化特殊性與現實面。以發名片的動作為例：我們通常雙手奉上名片，對外國人把名片往桌上一放的國際禮節感到吃驚。外國人眼中較為失禮的情境，則是拿到名片當場眯著眼睛看半天，或漫無意義散發名片，卻不跟對方聊上一句。

平等對待不同種族的外籍同事

不同國家的人應該多混合交流。不要放任形成諸如德國幫、美國派、日本組這樣壁壘分明的局勢。尊重多元文化風俗，例如回教徒要定時禮拜的時間就儘量准假。多關懷異鄉客，例如護送語言不通也不熟悉環境的外國同事坐計程車；或協助處理急病等意外狀況。

兩種文化背景的人的磨合過程，如同一塊圓形的兩半：中間不應是硬生生對峙的直線分割，而是 S 型的動態曲線，如太極圖般圓融。

不同國家的人，思考邏輯與工作習慣多有不同，必須互相適應與尊重，積極溝通以避免誤解。

建立清楚互信的溝通模式

語言不通，常常造成外籍同事與我們之間的隔閡，在沒有適當的翻譯者或居間協調者在場時，溝通能免則免。其實彼此都應該把握機會，加強語言進修，主管也可以鼓勵語言交換。另外，可以先減少全員集合的大會，拆開成專案合作的兩三人小型會議分頭進行，從小而美的組織開始，逐漸增加充分交流的機會。

避免語言不通產生誤解，凡事執行前最好多多再確認。如果細節說不清楚，就以書面來往。與外國同事共事，即使有翻譯人員在，也儘量直接溝通，遇到誤會就當場給予解釋，避免通過第三者傳話，這樣也能從直接互動中瞭解雙方的個性。

我們一般人講話比較模糊，主管在言談間也較多左右搖擺的空間。與外國部屬討論任務，最好是說了就要做，不一定會做的事情就不要說。對於外籍同事的提案或外籍主管的決策，在成本風險可以控制的範圍內，應該充分信任接納，敞開心胸學習新的工作模式。

尊重不同時間觀與工作節奏感

「工作即生活」是我們一般職場文化上司空見慣的不成文默契。但是許多老外重視私人時間，不習慣週末工作或義務加班。聽說在德國，有些

主管還怕員工自動加班，萬一沒付加班費，員工可以依法告公司。這一點倒是不必強迫老外入境隨俗，授權後尊重對方的工作節奏感。

有些外國人會抱怨我們的客戶不守時，或是內部開會時間一改再改。這時候可以多帶他們去見識傳統的婚喪喜慶，稍微體會一下我們文化中比較微妙難以明說的時間觀。

CHAPTER

10

贏得下屬的支持

千萬不要
漠視下屬

在與人交往中不能存在歧視和偏見，否則一些本來最可以值得信賴的人、卻因為你的冷落而離你而去；那些默默無聞的人，也許正是有著敏銳眼光的不凡之人，等待你去發現。

在一家大型港資企業，有一萬多名員工，朱小姐的工作是負責一個成品倉庫的進口貨物統計。一個部門也有百十個人，一些人對她不是太配合，明明可以由裝卸工驗點的報告數字，朱小姐只是負責記錄，他們卻總是讓朱小姐自己去點驗填數，按道理她完全可以向上司反映，但是她只是笑笑，主動去核查驗收。一次，出口部轉來一批貨品，要求馬上裝箱發往海外。依照慣例，這樣的貨品已有人核點過數量，統計員只需要照單記錄就行，但是朱小姐仍然重新點驗了一遍，發現數量好像不對。她告訴負責人，他們都不相信，覺得這麼多年來還從來沒有過差誤，一定是朱小姐的錯誤，而且本部門只是負責裝箱發運，沒有複核數量的責任，朱小姐完全是多管閒事。朱小姐也不爭，重新複點了兩遍，仍然發現數量不對，堅決不同意登記出貨。裝卸員警告朱小姐，這批貨可是發往公司最大的銷售商，如果時間耽擱了，誰也承擔不了責任。朱小姐堅決不簽名，以沉默回應同事們的嘲笑與指責。

第二天，出口部經理匆匆跑過來，焦急地問起那批貨品，人們猜想出口部一定是為貨物拖延不發著急了，紛紛等著看朱小姐的好戲。當出口部經理得知那批貨物還沒有發出時，焦慮的神色才輕鬆許多，連聲說，這就好，這就好。原來由於工作失誤，這批貨確實短了幾個包件，訂購這批貨品的是公司最大的客戶，要求也最為苛刻，如果按這個差錯數量發過去，公司將承擔巨額賠償。幸虧朱小姐不怕別人冷嘲熱諷，堅信自己，頂住壓力，以一個小角色的態度，避免了一場「大災難」。

再來看一個小角色的「威力」。百事公司派史坦芬‧艾勒到加拿大分公司任總經理，正要離開紐約總部時，副總裁維克把一個很強壯的助手推

薦給他。到任後，此人辦事很老練，又謹慎，時間一長，史坦芬‧艾勒很看重他，把他當作最信任的人使用。

史坦芬‧艾勒任期屆滿準備回到總部。這個助手卻不想跟他一起回去，反而要求辭職離開百事公司。史坦芬‧艾勒非常奇怪，問他為什麼要這樣做，那人回答：「我是維克先生身邊的助手，跟了他多年，我知道他的為人，他叫我跟著你，無非是把他認為的最好的人帶著我，你幾年來在加拿大一直為公司忙著，並沒有出現什麼大差錯。我辭職後去老闆們面前說你的好話，也就不會讓他們懷疑，我是想以後在你手下工作。」

史坦芬‧艾勒聽後嚇壞了，好多天一想到這件事就心神不寧。幸虧自己的確在工作上不敢絲毫鬆懈，否則這樣公正無私的助手，把我在加拿大的所作所為都如實彙報給總裁，我就完蛋了，多嚇人啊！可能職位就難保住了。

這個例子告訴我們，不可輕視身邊的那些「小人物」，在他們面前表現好非常重要。這些人平時不顯山露水，但是到了關鍵時刻，說不定就會成為左右大局、決定生死的「重磅炸彈」。

當然，這是一家公司的一個事例，但在當今眾多辦公室，確實有不少人被下級認真地監督著，若不知他們的厲害，不把他們放在眼裏，或者以為下屬只會保護自己，那就錯了，往往因此導致自己職位不保。所以在日常工作和生活中，重視下屬，講究和他們說話的策略，是與下屬保持良好關係的重要方面。

林頓‧海曼先生曾向人講過他報復主管的故事。我曾經在公司的行銷部工作過，受盡了主管的氣，後來我找到總裁要求調換一份工作，總裁從人事部瞭解到我過去的業績不錯，便調我做了秘書。按理說，此時行銷部主管應該認真反省一下，向我表示一下歉意，可這位主管沒把我放在眼裏，仍然對我懷恨在心。因此每當我到行銷部瞭解業務情況要找主管的時候，主管卻不予合作，總是裝出一副無可奈何的樣子，回答說「無法安排」。所以每當總裁關心到他的情況時，我每每連忙說「不、不」，說他工作如何如何的差勁，還目中無人，惡意地對待下屬，有著記恨的德性。

總裁感到這個主管大腦有問題，不會有說服力去發揮團隊的作用，於是免去了這位主管的職務。直到最後，主管也沒弄清是怎樣得罪了總裁先生。

所以說，處理好人際關係絕對不是一椿小事，越是下屬越是得罪不得。平常無論是待人還是用人，一定要記住史坦芬・艾勒的一句話：「把鮮花送給身邊所有的人，包括你心目中的小角色。」不要總是時時處處表現出高人一等的樣子，要知道，再有能力的人也不可能把所有的事情都辦好，再優秀的籃球運動員也不可能一個人贏得整場比賽。在辦公室工作中，人的因素至關重要，有了人才會有事業，有情義，同時也會帶來效益。說不定，你心目中的小角色，會在某個關鍵時刻影響你的前程和命運。

在某一家公司，一個部門的正副經理都是博士畢業生，年齡相仿，經歷差不多，都可謂極富才華。不同的是，一位經理為人和善，善於和員工交流。在日常工作中，對下屬恩威並施，分寸得當。在業務上嚴格要求，從不放鬆，但偶爾出了什麼差錯，他卻總能為下屬著想，為下屬擔擔子；出差回來，總是不忘帶點小禮物、小玩意，給每一個下屬一份愛心。而另一位經理對下屬嚴厲有餘，溫情不足，有時甚至很不通情達理，缺少人情味。例如一位平時從不誤事的下屬，因為父親急病而遲到了五分鐘，這位經理還是對他進行了嚴厲的批評，並處以罰款若干。不久，公司內部人事調整，前一位經理不但工作頗有業績，而且口碑甚佳，更符合一個高層領導的素質要求，被提拔為公司副總經理。而另一位經理儘管工作也做得不錯，但領導認為他有失人情味的管理方式不利於籠絡人心，不利於留住人才，於是取消了原打算提攜他的意圖。

可見，「小角色」的力量匯在了一起，足以推翻任何一個「大角色」。所以作為辦公室領導，不要輕易得罪「小角色」，不要與員工發生正面衝突，以免留下後患。要學會與「小角色」合作，展示自己的說服力。不要用實用主義的觀點去處理「小角色」的關係，不要平時怠慢人家，等到需要他們合作的時候才去動員他們。所以應記住：你平時花在說服員工身上的精力、時間，都是具有長遠效益和潛在優勢的。在不遠的一天，也許就

在明天，你將得到加倍的回報。

下屬支持領導
才能成功

　　歷史上很多成功的人士並沒有多麼突出的才能。比如劉邦，他其實只是一個小小的亭長，識不得幾個字，但卻能夠打敗貴族出身、受過正規教育的項羽而一統天下。他認為自己能夠戰勝項羽主要是因為：一、他在「做策略規劃」、「運補給」、「戰勝攻取」時，分別重用了張良、蕭何和韓信三人；二、他有效地利用了他們三個人的才能。

　　而歷史上很多成功的人士中，也不乏有很突出的才能的人，最典型的就是李世民。但是他的成功，也是建立在他那些擁有傑出才能的下屬不斷支持的基礎之上的。沒有秦瓊等武將的支持，他不可能取得玄武門之變的勝利，也就沒有可能成為一個皇帝；沒有魏徵等文臣的不斷鞭策，他也不太可能取得貞觀之治的偉大成就。

　　可見，無論一個領導人是否擁有傑出的才能，他要想成功，都需要下屬的得力支援。一個聰明的領導人，始終都會把「人的因素」看作是影響他飛黃騰達的關鍵，並絕對深諳「水可載舟，亦可覆舟」的道理。因此聰明的領導都極力收攬自己的下屬。他們只有得到下屬的擁護與合作，才能生存與發展下去。如果失去了下屬的擁護和支持，也就失去了力量的源泉。與下屬的關係惡劣，就像走在泥沼中，無處可以用力，無處可以使勁。雖然你發了號令，但是沒有人回應，或者是雖然表面上答應，但卻敷衍了事，偷樑換柱，這種情況下，你的任務無論如何也是無法完成的，領導者的個人地位也就岌岌可危，更別說以後的晉升。

　　那麼領導人怎麼做才能真正贏取下屬的支持呢？回答這個問題之前，我們不妨先問問自己：你會把下屬的成功當作自己的成功嗎？你會把下屬的錯誤當成自己的錯誤嗎？一個能夠得到下屬支持的領導，往往在這兩個

方面做得尤其出色。而得不到下屬支持的領導，也往往在這兩個問題的處理上栽了跟頭。

太平天國運動中，東王楊秀清在運動的前期甚得下屬的支持。其秘訣就在於他把下屬的錯誤看成是自己的錯誤，把下屬的成功也看作是自己的成功，而不是威脅。正因為他知道是他自己而不是別人負有最後的責任，所以他才不怕自己的助手和下屬的力量。因此他往往希望有得力而不是無能的助手，他鼓勵他的下屬，提攜他們，並為他們的成就而自豪。

楊秀清深知下屬最擔心的就是做錯事，費了很大的力氣不但沒有成果，反而闖了禍，說不定還會弄個「吃不了兜著走」的下場。所以他在其下屬闖了禍之後，首先會冷靜地檢討一番自己，然後將他叫來，心平氣和地分析整個事件，最後還會讓他明白，自己永遠是他的後衛，有事情，自己替他擔著。

當太平軍還在永安的時候，楊秀清的部下因急於在規定期限內完成籌集軍糧的任務，割了老百姓的稻穀。事後，楊秀清認為事情相當嚴重——尤其對於剛起家的太平軍的形象和聲威影響極大。於是他馬上下令：趕快把稻穀全部奉還，並向老百姓道歉。為嚴明軍紀，還下令將兩名肇事軍官當眾斬首。在百姓百般求情之下，「死罪可免，活罪難逃」，下令將兩名軍官各打軍棍一百。最讓人印象深刻的是在命令打他的部下之前，他命令他的弟弟先打他一百軍棍。此時的東王，可謂是軍紀嚴明，以身作則，言出必行，也從不逃避責任；而這樣的領導對其下屬的號召力，必然是強大的。

一名好的領導，首先必須把領導當做責任而不是地位和特權。在出現差錯時，他一般先責備自己；在必要的時候，他應當樂於為下屬承擔責任。因為在很多的情況下，下屬的過失和錯誤，正反映著他管理上的漏洞和問題。

什麼時候堅持以上原則，就有高效有力的領導；什麼時候放棄了上述基本原則，對下屬的領導就必然低效無力。這一點我們可以很明顯地從楊秀清後來逐漸發展到悲劇的過程中得到一些啟示：當太平軍節節勝利後，

楊秀清就逐漸變得不像他在永安帶兵時那樣了，到了南京後幾乎完全變了樣，到最後，竟然做出當著眾多臣子的面杖責天王和脅迫天王給他加冕等得意忘形之事。故其下屬韋昌輝等人在天王的默許之下，對東王府所進行的駭人聽聞的清洗也就成了必然。

在楊秀清的成敗變化過程中，最為核心的變化在於他不再繼續將領導當做一種責任，而是當做一種地位和特權。在這種思想意識影響下，他就必然擔心他的下屬會超過或替代他。從此，鼓勵下屬變成了壓抑其積極性；提攜下屬變成了壓制下屬；對下屬做出的成績感到擔心代替了自豪感。最終，也就失去了下屬的支持和尊重。

要得到下屬的愛戴與尊敬，不是一天兩天的事情，需要領導者長期的堅持與努力。如果你能很好地堅持上面的原則，相信你得到下屬擁護的那一天已經不遠了。那麼具體而言，怎麼貫徹上面的原則呢？下面的內容將為你詳細敘述。

如何樹立沉穩的領導形象？

日本的企業經營大師松下幸之助曾說：「組織以和為貴。」他所謂的和，就是上司與下屬彼此有著好感。以好感為基礎，領導和下屬才能順暢地工作或配合工作，如果上司與下屬之間存在著對立關係，工作是無法順利進行的。在這層意義上，好感是企業內人際關係活潑化的基礎。正面的人際關係，可以促進活動，讓任務順利進行，而負面的人際關係會使活動停滯。

在心理學理論中，對於厭煩、厭惡等心理有專門的案例。比如人對討厭的人所說的話，首先會表現出拒絕或抗拒反感的反應，而不會主動積極做出任何行動。如果是上司的命令，即使很討厭該上司，表面上也會表示遵從，但內心卻是一動也不動。所以領導者一旦被討厭的話，驅使下屬就

變得很困難，沒有途徑尋找藉口。因此領導要在下屬面前樹立一個親和、值得信賴的形象，才能得到下屬的尊重和支持。

管理者的家庭住址最好與公司地址距離較遠。雖然每天上班還要來回坐車，但卻可以有效地把公事、私事區別開來。管理者在與自己的親戚朋友之間私人往來時，留給他們的個人地址，應該是家庭住址，而不是辦公室。留給他們的電話號碼也應是家中的而不是辦公室裏的。這樣你那些親朋好友在找你時，可直接找到家中。

家醜不可外揚。不可把過多的私人關係捲入辦公室。管理者的一些重要的私人關係，不宜向員工、同事透露。如果管理者的親人、朋友過多地出入於你的辦公室，也會造成公司高層人物對你的不信任。

管理者還應管好自己的私人用品。往往你的一些生活小用品也向他人傳達了一定的資訊。你細心的員工們，不僅會根據和你來往的人，也會根據你的日常用品來判斷你的行為。

因此管理者要管理好自己的生活用品，個人物件最好不要帶到辦公室裏。帶到辦公室裏的必需品也要刻意保管好。比如一些藥品、私人信件、書籍等等。

管理者的一些私人活動，也以遠離公司為妙，這樣可以防患於未然。比如老闆請別人到飯店吃飯，席間要談一些重要事情，如果不巧碰上你的員工，可能產生很尷尬的場面。如果員工知趣，他可能跟你打過招呼先行告退；或許他裝作沒有看見你，那也許是真的，但他一旦看見你，就一定會著意於你的舉動。這時你可以對一些事情避而不談。

另外管理者的洗浴、整容等個人活動，也以遠離公司為妙，以免與公司熟人發生「撞車」的可能。

以上所述，並不是說要管理者與員工在下班後不接觸，只不過是說世界是複雜的，管理者要保護自己的隱私，維護自己的外在形象罷了。

管理者在辦公室裏自然要與員工打交道，在辦公室之外，管理者當然還要與員工、同事或上一層領導有所往來，雖然這時候的交往氣氛往往比較輕鬆，不同於辦公室的嚴肅莊重，但管理者在這時的人際交往更需富有

技巧性，既與員工、同事接近，打成一片，又不要隨隨便便，讓人把自己一覽無餘。否則你就沒有權威可言了。

管理者與員工、同事聚會，比如公司開展一些慶祝活動等，大家都難免要同坐在一個酒桌上，吃吃喝喝。這時領導幽默活潑一點，活躍酒桌的氣氛是必要的，但在酒桌上更有一些必須遵循的禮儀。又活潑，又守禮，才能使場面又熱鬧，又有序，使活動獲得圓滿成功。這樣可大大加強管理者與他人之間的聯繫，更能提升他在眾人心目中的形象地位。

擺宴席離不開酒。酒一定要喝，但要適可而止，切忌開懷暢飲，一醉方休。酒醉之後容易生事，而且醉時醜態百出，這本身也影響到旁人對你的形象評價。

具體說來，醉酒有三忌：

一忌酒後失言。喝酒過多，酒精會對大腦造成暫時的麻醉作用，很多人往往便失去理智，便管不住自己，只管胡言亂語。說話若不堪入耳，即使是平日敬服你的人，此時心中也不免生厭。這大大影響你日後的形象。

二忌酒後失態。醉酒的人由於小腦受到麻醉，行為不再聽使喚，站立不穩，東倒西歪，這些在明白人看來，都有失雅觀。有人喝酒過多，容易發生嘔吐，有害健康，不利於環境；有人醉後如一堆爛泥，伏地不起；還有人醉後想起痛心之事，嗚嗚大哭。這些在酒後難以自持的行為，難以給人留下好的印象。

三忌酒後近色。眾多的人在一起喝酒，很多的時候必有男有女。若酒後在男女關係上有所閃失，更是關係到今後名譽的大問題。

管理者要注意和身旁常接觸的人搞好關係。在工作中與你接觸多的人，窺探你秘密的機會就多，就越容易介入你的私生活，不要與他們有一種敵對的關係，否則將對你大大不利。如果你能與他們保持友好的狀態，你的一些小缺點他們也容易接受，而且還會自覺地維護你的個人形象。

管理者應特別注重搞好與私人秘書的關係。管理者和秘書在工作上、生活上建立一種互相支持、互相理解的友好合作關係很重要。這不等於說管理者與秘書保持男女之間的曖昧關係。但人們對於管理者與女秘書的關

係極為敏感。正因如此，管理者才更須做到光明磊落。「兔子不吃窩邊草」，這是兔子自我隱蔽、自我保護的一個方法。同樣，與身邊人打好交道，也是管理者維護自身形象的一個重要方面。

與身邊的人打好交道，不等於說與他們過於親密，你的一切個人的事情都放心地說與他們聽。而與員工保持適度距離，不但重要，而且必要。

每個人周圍都有一種無形的界限，你不可逾越。這是一種私人生活的界線，一種內部思想和感情的界線，他們不願向外面的人透露，尤其是在工作中相互合作的人。作為管理者，你不適合成為他們最信任和最親密的朋友，如果是這樣的話，那麼你將冒一種很大的風險；作為管理者，你絕不應該將自己與員工的關係，延伸到一些過於親密的關係之中，你必須分清其中的界限，而不能跨越一步。

一個管理者與員工之間的情感依戀會帶來一種災難性的後果，這種關係應該完全避免。如果真的發生，這種關係也不應在工作場合與工作關係之中存在，如果讓員工在工作之中都感覺到這一點，勢必對周圍的每一個人都產生一種不良的影響。在日常工作中你往往容易受那些你喜歡的人的吸引，同樣地，那些喜歡你的人也容易受到你的吸引。我們在工作中與那些喜歡的人在一起的時間要更多，相互之間瞭解得更多，這種相互瞭解也使我們靠得更近。但如果你不經常提醒自己，你會突然發現自己與下屬之間的界限已經消失，你們似乎都陷入一種情感的困擾之中。

如何樹立自信和平易近人的領導形象

我們與人相處，有些人雖然話不多，但我們卻喜歡和他待在一起，因為他能讓你感到輕鬆愉快；有的人逢人便滔滔不絕，誇誇其談，這不但不讓我們喜歡，反而令我們十分討厭，總想與之拉開一段距離。有的公司職工幹部精誠團結，公司做得紅紅火火，他們尊敬自己的公司領導，情願鞍

前馬後效勞；有的公司職工幹部工作不積極，互相扯皮，人心渙散，致使工作無法開展。出現這些不同情況的原因是什麼呢？

這主要就是人的素質修養問題。

有時我們確實感覺得到，有一種人無論出現在哪兒，便立即成為眾人矚目的核心，即使他們不言語，就那麼站著或坐著，也帶給人一種特別的感覺和深刻的印象，甚至還能令人毫無保留地對他產生信任感。

氣質與外貌漂亮與否，並沒有什麼關係。關鍵是看你能否通過你的面部表情、形體動作、語言等展示你迷人的個性氣質。真正能打動人的是氣質，而不是外貌的漂亮。

在實際生活中，有的人談吐精神抖擻，情感豐富，口若懸河，表情自如，顯示出超人的才幹和氣質，博得了聽眾的喜愛和青睞；有的人窘迫不安，語無倫次，面部表情麻木，手足不知如何放置，讓人大失所望。這兩種不同的氣質可以說是截然不同的。

每一個人都具有一種理想的自我形象，這就是心理學上所說的「理想自己」。「理想自己」往往被賦予很高的價值。儘管這些人來自於不同地方，成長在不同環境，各自具有不同的自我形象，但他們還是具有一些共同點，如俊美的儀表、豐富的情感、敏捷的思維、暢達的語言等等，而且都希望給對方留下親切善良、聰慧正直、才學淵博的印象。但是不管「理想自己」是多麼完美，都必須通過自己的一言一行體現出來，爭取在表現自己的魅力中把它發揮得淋漓盡致。

那麼怎樣才能體現獨特的氣質呢？簡單地說，可以通過我們的身體來體現，如站姿或坐姿、走路的姿態、說話抑揚頓挫或詼諧幽默、與他人談話時的專注程度等等，所有這些，都要求自然而不做作，隨和又充滿機敏，由此所透露出來的權威感，會產生一種無形的魅力，一點一滴地注入對方的心田，在他們的心裏產生連鎖反應，使對方在不知不覺中被吸引，被征服。

在表現魅力時，一個重要的方面就是自信。自信是基礎，它是使人情緒定位的核心，對能否發揮作用至關重要。當雙方彼此面對互相注目時，

也許因為環境的變化，或多或少地引起一些緊張感。但它有助於讓你的注意力高度集中，認真思考。如果是過度緊張，往往會影響發揮，使自己的意思不能完全表達。在這種情況下，進行自我調控、強調自信就十分重要。這時要充分看清自己的優勢，保持頭腦清醒，絕不能流露出半點的不安和膽怯。稍後，這種緊張感會慢慢消失，所以應注意隨時調整好自己的音調、節奏與表情、動作配合，隨意自如地發揮自己的魅力，給別人留下良好的印象。

一個人的體態能夠表達其信心，顯示出他是否精力充沛。如果一個人總是縮著肩膀、大腹便便、下巴鬆垂，或者眼睛半睜半閉，那我們很難說這是一個充滿自信的人。一個充滿自信並且精力充沛的姿態應該是挺胸收腹、肩膀平直、胸肌發達、下巴上提、面帶微笑、雙眼閃爍著一種必勝之氣。的確，沒有人能夠總是表現出一副精力充沛的樣子，但我們都應盡力而為。

要時時注意你走路的姿勢，這一點最容易向人表露你的精神狀態。不要經常無所事事地閒逛，走路時應該讓人感覺到你總是滿懷一定的目的、穩健自如地行走。請記住，如果因為工作的原因，你必須經常出入別的辦公室，你要養成一個隨手帶些資料或挾個檔案夾的習慣。這樣不會讓你兩手空空，而且讓你表現出一種講求效率的形象，你會因此得到他人的讚許。

你甚至也可以滿懷目的地坐著，背部挺直，雙腳靠近。避免筆直地坐在一張直背椅上，不管這樣多麼舒服，你的姿態會顯得僵硬。最好的方式是將身體的某一部位靠在靠背上，整個身體稍微有些傾斜。

當你聽對面的或旁邊的人談話時，可以擺出一種輕鬆而不是緊張的坐姿。你在聽別人講述時，可以通過微笑、點頭，或者輕輕移動位置，以便更清楚地注意到對方的言詞的方式，來表明你的興趣與欣賞。請注意電視上一些訪談節目的主持人，他們懂得如何更好地傾聽他人講話。

怎樣說話才有權威感

同是講話，有的人講話分量重，有的人講話分量輕，這種差異，除了講話者本人的身分以外，講話的方式也十分重要。如果你是這方面的權威，你完全可以通過自己的說話方式告訴他你的身分。

——要「言簡意賅」、「長話短說」。某君寫了很多很多封應徵信，填了很多很多張申請表，一一寄出，均如石沉大海。不料得到了一張回郵的明信片，僅有「某時面談」簡簡單單幾個字，他一定終身忘不了這張短短的回郵。

——要最後出場講話。說話時愈將重點放在後面，愈能顯出所說的話的重要性。「重點置之於後」的心理因素，中國人最具有代表性。開會時，官階愈高的人愈後到；舞臺上角兒露臉，最後出場的人物，便定是最最重要、最最頂尖的了。

——要使用口頭禪。口頭禪是人們常掛在嘴邊的口頭語，總是以這句話來介紹自己，來強調自己，使別人聽來親切自然，也為自己樹立了一個獨特的商標。

——你可以採用幽默的講話風格。幽默的話易於記憶、又能予人以深刻印象，正是自我標榜的商標，藉此必能使你永遠活在別人的心目中。

——句子短些。短句子說起來輕鬆，聽起來省力，吸引力也強。最好一句話一個意義，一句話的含義過於複雜，聽者費力，交流就多了一層障礙。

——要有順序。選擇什麼線索來整理說話內容，可看需要而定。要注意通俗易懂，忌諱古詞語、外文、專業用語。至少要吐字清晰、語速適當。

——你在說話時要堅定而自信，力度要適中，眼睛正視對方，這樣才顯示你是充滿自信和頗有能力的。若講話時眼睛不敢正視，握手軟弱無力，會使人覺得你意志薄弱、容易支配。

——講話時站起來，要站直。開口前先等幾秒，等大家都望著你時再

說。與別人談話時，身體稍往前傾，會讓別人更容易接受你的意見。

——作強調時運用手勢，但不可指著別人的臉晃動手指。講話慢而清晰，語言簡短，等於告訴對方：「我有能力控制一切。」

——注意對方的眼睛。研究顯示，一個人緊張，目光會游離不定，而且眨眼次數增加。注意對方的小動作，一個人可以做到喜怒哀樂不形於色，但他的小動作會透露他的心情。例如你在談話時發現對方的腿在輕輕晃動，這表示他對你的話不以為然。

——努力擴大知識面。知識面越廣，越能令你在各種場合充滿自信地加入別人的談話。

除此之外，你還要注意行動輕捷，笨手笨腳對你的形象損害最大。穿著上要整潔，避免刺眼的色彩和繁複的配飾，保持乾淨、清爽。並要注意身姿，含胸顯得畏縮，昂首挺胸可以創造出你居於老闆地位的形象。

冷面掌權，鐵腕立威

領導立威並不簡單，因為領導過程本身是複雜而多變的，在一個急需建立秩序卻又久已形成拖遝、散漫痼疾的組織中，有時需要領導者要以冷面掌權，利用壞的態度來強調個人的權力。的確有許多領導者以不敬的言行及粗魯的舉止，來藉以證明他們有足夠的權力去侮辱那些必須聽命於他們的人。事實上，就像某人所說的，「我知道你不喜歡這種言辭，但你無法加以反對。實際上我正是用它來向你表示我毫不在乎你的想法」。不敬還有一層含義，它是一種威脅或是強制別人服從權力的行為。

冷面掌權如能有節制使用，可以立即建立起領導者個人的優越地位。但作用是有限制的，也有缺點，它降低了整個組織的寬鬆氣氛。

領導者的冷面態度如果表現得並不十分過分時，有時會比較有用，並且經常都是以被領導者迅速服從的方式表達出來。

當他們要求別人協助時，總是用這些措辭，如「這些細節我一點都不懂」，或「不要告訴我那些專門術語，只要告訴我行還是不行」。

　　幽默對權力而言是一種不可靠的工具。喜歡權力的人對自己都很認真，他們不相信任何形式的幽默。此外，有很大權力的人在說笑話時，習慣聽人家大笑。因此即使他們的確有幽默感，也會由於過度地要求讚賞而減低其效果。有權力的人在任何情況下，不把笑話當成幽默性的消遣，而把它當成一種控制談話的工具。現在假如有六個人參加討論會，其中一位為了強調他的權力地位，就會說：「在我們繼續進行討論前，我想起了一個可笑的故事要告訴你們，」然後就開始說，說得很長，這不是在逗大家樂，而是用一怪招證明自己能打斷討論。

　　優勢當然是權力遊戲的金礦。基本的技巧是把人叫進你的辦公室來，而不是跑到他們的辦公室去，否則就表示你放棄你的權力場所而進入他們的場所。這是夠簡單的，但卻忽視了領土保護制度的複雜性。許多有權力的人，特別是有侵略性的人，都喜歡到別人的辦公室去，因為他們認為這是在侵入別人的勢力範圍。因此想建立自己優勢的人，都會進入別人的辦公室坐下來，把腳放在辦公桌上，就這樣侵略了他們親近的領土。這些小的征服方式為數頗多，包括使用如煙灰缸之類的東西，那些東西顯然並不是他們想要使用的。或向別人的秘書下達命令。這類遊戲的重要之處是在建立領土權力，並可顯示你較你的對手來得隨便。他們毫不拘束地把對方叫進自己的權力場所來下達命令，跑到部下的辦公室去發布警告、威脅及譴責。另外有種為許多人所熟知的特殊方法，就是在自己的辦公室召開會議，並讓座位不夠，使得參加會的人不是走掉，就是自己去拿椅子，或者坐在地上。這是一種讓別人不舒服以建立起自己權力的方式。

　　雖然冷面掌權似乎不是一種有希望的領導立威途徑，但如使用恰當，事實上卻是一種有效的武器。一個因嚴厲、易怒及敏感而出了名的領導者，通常可以迅速使組織中形成一種必須服從的氣氛，可以讓領導者的各種指令毫無困難地被落實和執行，可以讓領導者的權威在短期內急劇上升。歷史上很多以嚴厲、冷面出名的領導者如孫武、巴頓等，不僅個人威

信極高，而且所領導的部下與團隊常常在這樣的領導者統率下，攻無不克，戰無不勝。當然在現代組織中，或是在長期的領導過程中，單憑冷面和嚴厲來樹立領導威信還是遠遠不夠的。

 ## 領導要做領導的事情

一些領導之所以成天忙忙碌碌卻又做不到點子上，其原因就是抓權太多。這些領導一方面抱怨事情做不過來，另一方面又事無鉅細，什麼事都要親自管。當下級把矛盾上交時，他便親自去處理那些本應由下級處理的問題，陷在事務圈子裏不能自拔。這種包攬各種權力於一身、唱「獨角戲」的做法，與現代領導的工作方式毫無共同之處。有個著名的企業改革家就提出「分權而治，分級管理」，他平時只抓九個人，即四位副廠長、二位顧問，加上計畫經營、品質管制二位科長和一位辦公室主任。這些人再把權力一層一層地分下去，工作起來效率很高。過去一上班，辦公室裏就擠滿了人；晚上又找到家裏請示工作，商量問題。現在廠長辦公室清靜了，廠長可以把大部分的精力用在籌畫長遠規劃和抓改革上，只用少量的精力處理日常事務。晚上家裏有了看書學習和休息的時間，可以不斷汲取新知識，獲得旺盛的精力。具體地講，授權有以下幾條好處。

❶ 能夠減少領導的工作負擔，使之從瑣碎繁雜的事務中解放出來，騰出較多的時間和精力去考慮重要的、戰略性的、全局性的問題，更有效地進行決策和指揮。

❷ 能夠增強下級的榮譽感和責任心，發揮他們的工作熱情，調動他們的積極性，提高其工作效率。

❸ 有利於在工作實踐中培養和鍛鍊幹部，增長幹部的才幹。

❹ 能夠發揮下級的專長，彌補自己的不足。領導應當盡可能地把自己不擅長的工作，授權給在這方面擅長的人去做，以提高領導工作的品

質。

❺ 可以改善上下級之間的關係，使下級從等級服從、層層聽命的消極被動狀態，改變為合作共事、互相支援的積極主動狀態。

 # 不要過分
仰仗權力

「仰仗」這個詞帶有貶義，意為依靠或憑藉什麼東西來做不好的事。其中，仰仗權力好像比仰仗別的東西更為叫人討厭。領導者擔負有實現企業目標的任務，為了完成任務，他被賦予一種強制別人的力量，這種力量就是權力。它可以用作指示、指導，也可用以糾正過失。

雖然如此，但如果太仰仗權力，不管什麼事都採取強硬手段來壓制下屬，口口聲聲說：「我說這麼做就這麼做。」不厭其煩地一再向人們顯示自己的權力，則不能使下屬信服。

領導者應該認清的是指責應該根據事實，就事論事，要具有充分的理由。而不應因為被賦予了權力、賦予了使人服從的權勢而濫用指責。把強制及使人服從的力量深藏不露，才是最聰明的辦法。

部下能老實地接受指責當然最好，有些下屬非但不能接受，反而針鋒相對，此時有的領導就會火冒三丈，用「這是命令，一定要給我做到」的強制語氣來壓制對方。

聰明的領導不會這麼做，這是表現度量的重要時機，改變指責方式是必要的，從權力的寶座上走下來，以一種交換意見的態度，和氣地解決問題，才是上策。

本來身為下屬的人，就算不受強制，也會有服從的心理，如果領導者用一種以上凌下的態度對待下屬，即使性格溫順的人也會引起反感。所以領導者不能藉助權力壓人，靠本身的威信使人服從是最好的辦法。

不用考慮撤回成命是否有損威嚴，只要能達到指責的目的就夠了。

話雖如此，但有些頑固、剛愎自用的下屬，見領導以一種友善的態度與他們交談，反而擺出一副盛氣凌人的架勢。對這種下屬，當然不妨使用強制的手段。但一般情況下，大部分情形是不需要用壓制方法就可解決問題的。

　　權力是力量的源泉。但是當它用以責備時，只會招來對方的反感，助長其反抗心理，使領導者失去依賴。這一點是握權在手的人都須注意的。

　　我們可以打一個形象的比方。一個人自己沒有獨立的能力，只靠身後的樹幹才不至於倒下，而他卻還要抬起一隻腳來踢人，這不是很可惡也很可笑嗎？假如身後樹幹折斷的話，他必然應聲而倒。這時即使旁邊有人，也因為剛挨過他的一腳而不會過來攙扶他。

　　這根樹幹就是權力。領導者要自立，要以自己一貫的言行讓下屬信服。否則一旦失去權力，你必會是人人鄙視的廢人。

　　權力並不是萬能的鑰匙，你不用多表現，大家也知道你是領導。如果你經常把權力當作羊倌兒手中的鞭子使用，就會像不可一世的秦朝統治者，不會收到好的結果，終受其累。

　　威信比權力更重要。放棄權力的使用，把精力放在建立威信上，也許效果會更好。聰明的領導人很少會像封建社會那些專制的皇帝一樣隨心所欲、世間萬物為己一人所驅使，更不會像舊社會封建官僚那樣做權力的奴隸，信奉權力至上。他們往往是在務實工作中，通過一點一滴，通過自己能力的施展，通過自己良好的品德風範，逐步建立自己的威信。

　　有了威信，大家才能信服你，你的計畫才能得到迅速地實施。這時，你具備了無形的感召力，你所做的決定會得到大家的一致擁護，大家會齊心協力按你的決定去做，大家也才信任你。你的決定所帶來的良好效果，會得到大家的一致稱讚，你的威信同時也得到了進一步增強。

　　不講方式地隨意使用權力，只會使你失去威信、自信心下降，而學會如何巧妙地使用權力、建立領導威信，則會使你信心大增。大家對你的信任支持，是你開展工作的強大後盾。

樂於接受
反對意見

有些人自以為是，不善於接受別人的意見，所以根本無法治療自己的弱點，從而無法取得成功之道。

環顧我們生活的周圍世界，我們會十分明顯地感到，要想使每個人都對自己滿意，這是十分困難而且不大可能的。實際上，如果有一半的人對你感到滿意，這就算一件令人愉悅的事情了。要知道，在你周圍，至少有一半人會對你說的一半以上的話提出不同意見。只要看看西方的政治競選就夠了：即使獲勝者的選票占壓倒多數，但也還有百分之四十之多的人投了反對票。因此對常人來講，不管你什麼時候提出什麼意見，有一半的人可能提出反對意見，這是一件十分正常的事情。

當認識到這一點之後，你就可以從另一個角度來看待他人的反對意見了。當別人對你的話提出異議時，你也不會再因此而感到情緒消沉，或者為了贏得他人的讚許而即刻改變自己的觀點。相反，你會意識到自己剛巧碰到了屬於與你意見不一致的一半中的一個人。只要認識到你的每一種情感、每一個觀點、每一句話或每一件事，都總會遇到反對意見，那麼你就可以擺脫情緒低落的困擾。當我們做事之前已經預想到某種後果，而一旦出現這種後果時，你就不會出現很大的情緒波動，或者措手不及。因此如果你知道會有人反對你的意見，你就不會自尋煩惱，同時也就不會再將別人對你的某種觀點或某種情感的否定，視為對你整個人的否定。

無論你的主觀意願如何，反對意見總是在所難免的。你的每一個觀點，都會有與之不同甚至完全對立的意見。關於這一問題，美國總統林肯在白宮的一次談話中曾說過：「……如果要我讀一遍針對我的各種指責，……更不用說逐一作出相應的辯解，那我還不如辭職算了。我在憑藉自己的知識和能力而盡力工作，而且將始終不渝。如果事實證明我是正確的，那些反對意見就會不攻自破；如果事實最後證明我是錯誤的，那麼即使有十個天使起誓說我是正確的，也將無濟於事。」

當你遇到反對意見時，你可以發展新的思想，提高自我價值（這是你可以採用的最為有效的辦法）。除此之外，為了衝破尋求讚許心理的束縛，你可以試做以下幾件具體的事情。

　　——在答覆反對意見時，以「你」字開頭。例如你注意到爸爸不同意你的觀點，並且開始生氣了。不要立即改變自己的觀點，也不要為自己辯解，僅僅回答說：「你以為我的觀點不對，所以你有些惱火。」這樣將有助於你認識到，表示不贊同的是他，而不是你。在任何時候都可以用「你」字開頭的辦法，只要運用得當，就會取得意想不到的效果。在講話時，你一定要克制以「我」字開頭的習慣做法，因為那樣會將自己置於被動辯解的地位，或者會修正自己剛剛說過的話，以求為他人所接受。

　　——如果你認為某個人企圖通過不給予讚許來支配你的思想，不要為了求得他的讚許便含糊其辭、言不由衷，應該直截了當地向他大聲說：「通常我不會改變觀點，你要是不同意，那只有隨你的便了。」或者可以說：「我猜你是想讓我改變我剛才所說的話。」提出自己的看法這一行動，本身有助於你控制自己的思想和行為。

　　——別人如果提出有利於你的意見，儘管你可能不大欣賞，也還是應該表示感謝。表示感謝便消除了任何尋求讚許的因素。例如你丈夫說你太害羞，他不喜歡你這樣。不要因此就努力通過行動而使他滿意，只要謝謝他給你指出這一問題便足夠了。這樣一來，就不存在尋求讚許的問題了。

　　——你可以主動尋求反對意見，同時努力使自己不因此而煩惱。選擇一個肯定會提出不同意見的人，正視他的反對意見，沉著而冷靜地堅持自己的觀點。你將逐漸學會不因反對意見而感到煩惱，並且不輕易改變自己的觀點。你可以對自己說：早已預料到了這種「對立」，他完全可以有他自己的看法，這與你實在沒有任何關係。通過尋求、而不是迴避反對意見，你將逐步掌握有效對付反對意見的各種方法。

　　——你可以逐步學會不理睬反對意見，根本不要理會那些企圖通過指責來支配你的人。

信任能增強
領導的親和力

領導者要取信於下屬，就要對下屬有一種熱情。熱情不熱情，關鍵在感情。如果領導者自視清高，缺乏應有的熱情，既不會去親近下屬，更不會去信任下屬，當然也就難以使下屬產生親近感和信任感。

創業之初的微軟公司基本上都是年輕人，做業務、做推銷都是一把好手。可是弄起內務和管理方面的雜事，沒有人能有耐心。蓋茲的第一任秘書是個年輕的女大學生，除了自己分內的工作，對任何事情都是一副不聞不問的冷漠勁。蓋茲深感公司應該有一位熱心爽快、事無鉅細地把後勤工作都能攬下來的總管式女秘書，不能總讓這方面的事情分他的心。

他要求總經理伍德立即解雇現任秘書，並限時找到他要求的那種類型的秘書。

不久，蓋茲在自己的辦公室召見了伍德，伍德一連繳上幾個年輕女性的應聘資料，蓋茲看後都連連搖頭。「難道就沒有比她們更合適的人選了？」伍德猶猶豫豫拿出一份資料遞到蓋茲面前，「這位女性做過文秘、檔案管理和會計員等不少後勤工作，只是她年紀太大，又有家庭拖累，恐怕……」不等伍德說完，蓋茲已經一目十行地看完了這份應聘資料：「只要她能勝任公司的各種雜務而不厭其煩就行。」就這樣，蓋茲的第二任女秘書——四十二歲的露寶上任了。

幾天之後的早上，露寶坐在自己的位置上，看到一個男孩子直奔董事長蓋茲的辦公室，經過她面前時只是「嗨」地打了一聲招呼，像孩子對待母親似的那麼自然。然後他擺弄起辦公室的電腦。因為先前伍德曾特別提醒她，嚴禁任何閒人進入蓋茲的辦公室操作電腦，她立刻告訴伍德說有個小孩闖進了董事長的辦公室。伍德表情淡漠地說：「他不是小孩，他是我們的董事長。」後來露寶才知道自己的董事長只有二十一歲。這時她以一個成熟女性特有的縝密與週到，考慮起自己今後在娃娃公司應盡的責任與義務。

露寶到公司不久，有一天早上九點到公司上班，經過蓋茲辦公室，看見房門大開，蓋茲躺倒在地板上，她以為蓋茲因什麼事情暈過去，大驚失色，衝出去要叫救護車，後來才知道蓋茲睡得正香。由此，露寶理解了，軟體設計工作比其他工作更需要傾注心血。從此，每當露寶早上到辦公室時，看見蓋茲睡在地板上，她就像母親呵護兒子一樣，給他蓋好衣服，悄悄掩上門。關心蓋茲在辦公室的起居飲食，成了露寶日常工作的一項內容。這使蓋茲感到了一種母性的關懷和溫暖，減少了遠離家庭而帶來的種種不適感。而蓋茲也像對母親一樣對待他的這位雇員。壓根就沒考慮過再聘別人。

　　露寶在工作上是一把好手。蓋茲是談判的高手，不過第一次會見客戶時，也會使人產生小小誤會。客戶見到蓋茲時，總不免懷疑眼前的小個子是不是微軟公司的董事長，可能微軟公司真正的董事長正在做其他的事吧？他們伺機打電話到微軟公司核實，露寶接到這樣的電話，總是和藹可親地回答：「請您留意，他是一個年紀看上去十六、七歲，長一頭金髮，戴眼鏡的男孩子。如果見到的是這樣的形象，準沒錯。自古英雄出少年嘛。」露寶的話化解了對方心頭上的疑慮。

　　露寶把微軟公司看成是一個大家庭，她對公司的每個員工、對公司裏的工作，都有一份很深的感情。很自然，她成了微軟公司的後勤總管，負責發放工資、記帳、接訂單、採購、列印檔案等等。

　　露寶成了公司的靈魂，給公司帶來了凝聚力，蓋茲和其他員工對露寶有很強的依賴心理。當微軟公司決定遷往西雅圖，而露寶因為丈夫在亞派克基有自己的事業不能同去時，蓋茲對她依依不捨，留戀不已。蓋茲、艾倫和伍德聯名寫了一封推薦信，信中對露寶的工作能力予以很高的評價。臨別時蓋茲握住露寶的手動情地說：「微軟公司留著空位置，隨時歡迎你。你快點過來吧！」三年後，露寶先是一個人從亞派克基來到西雅圖，後又說服丈夫舉家遷來。露寶一直無法忘掉和蓋茲相處的日子。她對朋友說：「一旦你和蓋茲共過事，就很難長久離開他。他精力充沛，平易近人，你可以無憂無慮，很開心。」是的，蓋茲從露寶那裏得到了信賴，露

寶則從蓋茲那裏得到了尊重。

事實證明，比爾・蓋茲知人善任，從工作需求出發，他選擇了露寶，也同樣選擇了事業的成功。

作為一個領導者，對於自己的下屬和對於下屬的工作，一定要有能力努力去發現、去挖掘其優秀的一面。如果把自己的下屬看得一團糟，往往就是因為眼光有問題，有句話是這樣說的：「我們的周圍不是缺少美，而是缺少發現。」

善於發現美，善於發現下屬的長處，就能得到所需的人才。現代化管理學主張對人實行功能分析，這裏所說的「能」，是指一個人能力的強弱，長短處的綜合；這裏所說的「功」，就是看這些能力是否可轉化為工作成果。結論表明，寧肯使用有缺點的能人，也不用「沒有」缺點的平庸的「完人」。因為用人不同於治病，醫師治病時專挑人的病症，專挑人的缺點，用人則應該首先找他的長處，看他適宜做什麼。

「好風憑藉力，送我上青雲」。長袖善舞者，只不過能借助他人之力為自己所用。對於領導者來說，所謂的「借力作用」，主要指外部之力，通過借助下屬的智慧和能力，更好地完成自己的工作。

「你就是公司」，這是美國惠普公司經營哲學中最動人、最成功之處。公司有這樣一個傳統，就是設計師正在設計的東西，公司員工可以對其「百般挑剔」，以儘量採納眾多的高見。每個人都存在著渴望表現的心態，尤其希望通過施展才幹而得到領導的重視。作為一個成功的領導者，不能不明白下屬的這點心理需求，惠普公司正是把握了下屬的這個心理特點，才把下屬的能動性很好地提高到了「你就是公司」這樣的一個高度，調動下屬作出超出其職責的成就。事實上，惠普公司許多「拳頭」產品，都凝聚了每一位下屬的辛勤汗水。

總之，發現人美好的一面，利用人美好的一面，可以作為待人處世的最高原則和與人相處的經驗。

放手讓下屬
自己去幹

　　在用人用智方面，能夠用人之腦的，能夠合成眾人之智的，才算是最高明的領導者。睿智的領導者本身並不需要十項全能，但必須學會如何整合眾人的智慧以為己用。

　　人才是成就一番事業的關鍵，無論到什麼時候，人才都是立業之本。一位名人曾說：「我僅做兩件事情，一個是出主意，一個是用好人。」國內外眾多成功的領導人都把用人當作企業人力資源管理極為重要的內容。在進軍世界五百強的征程中，大陸張瑞敏始終保持著清醒認識：有競爭力的產品是有競爭力的人做出來的，國際化的名牌是國際化的人創造出來的。海爾總裁張瑞敏也曾說過：「我管理海爾，就是用好人和拿主意。」為此，他在海爾勇敢地推出了一系列的改革。

　　早在一九九八年九月八日，海爾就開始實施了流程再造，即推行「SBU 管理機制」。SBU 為 StracegicalBusinessUnit 的縮寫，是策略事業單位的意思。張瑞敏認為，如果不僅每個事業部而且每個人都是一個SBU，那麼海爾總的戰略就會落實到每一個員工。而每一個員工的策略創新，又會保證集團戰略的實現。

　　在傳統的金字塔式的組織結構中，企業的部門和部門之間，員工和員工之間存在著明顯的職能壁壘。海爾流程再造後，上下級關係變了，原來是職能關係，上級對下級下達指令和控制，現在是市場關係，上級為下級提供平臺和資源。如進行流程再造前，海爾各產品事業部要維修設備須層層上報，從事業部長開始層層批准，逐級分解，而且維修人員修得越多，工作效果就越好。再造後，設備事業部與生產工廠之間變為市場關係，目標是零停機，設備事業部必須提前維護設備，預防問題的發生。否則生產工廠按設備停機的時間向設備事業部索賠。

　　海爾雙動力洗衣機的設計者許升說：「流程再造後，我從一個開發人員變成型號經理，這不僅僅是名稱的變化，更重要的是我的市場目標發生

了本質的變化。過去領導要求開發什麼產品，我就開發什麼產品，銷售與我無關，現在則要按用戶需求決定開發什麼產品，市場好了，我的報酬才會多。」

海爾推行 SBU 機制的真正意圖，就是讓海爾的員工不再甘心成為其龐大企業機器裏的螺絲釘，「因為這種螺絲釘精神和海爾目前的目標——讓企業整個系統貼近顧客、迎合市場，存在矛盾。螺絲釘的本位意識是誘發身軀僵硬、行動遲緩的『大企業病』的原因所在。」

把大企業做小，就是提高企業在擴大規模的前提下，對官僚主義病毒具有免疫力，讓大企業具有小企業的內在活力，對市場更敏感。用大陸 IBM 前 CEO 郭士納的話來說就是，如何讓大象也能跳舞。

張瑞敏說：「企業不是看外表多麼大，關鍵是看它的細胞有沒有活力。搞企業的最大問題，就是如何使每個企業的細胞都是活的，而不在於活一天還是活五天，應該保持細胞的活力，如果有死掉的，再有新的出來。」為未來創造價值，為未來活著，是海爾永保活力的關鍵所在。可以說，海爾能夠得到迅猛地發展，與他們充分發揮下屬員工積極性有直接關係。

但現實中，也有一些單位的領導幹勁很足，精力充沛，處事明快，每天忙得不亦樂乎，但他們總是大事小事一把抓，事必躬親，即使讓下屬自己做一些小事，也是不放心，處處過問。這只能說明領導對下屬極不信任，不敢放手讓下屬自己做事。這樣的話，不僅窒息了下屬的活力，自己也孤掌難鳴，事倍功半，不會有好的成績。

把一些重要的事情交給下屬去做，體現他們的能力和重要性，這一舉動，恰恰表現你對下屬的信任，其他任何的方式，都不如這種領導方式來得直接、有效。而且領導人也能有精力和時間去處理更重要的事，這何樂而不為呢？

與下屬推心置腹，千萬不能只把這句話放在口頭上，而不是放到行動中。要把這句話牢記於心，並時時處處體現於行動之中，這才是一個領導難得的英明之舉。否則口頭上對下屬如何信任，而實際上卻對他們百般猜疑，那樣只能是事與願違。

作為一個有責任心的領導，用人一定要有一貫性，即使在下屬出現失誤時，也要敢於用人不疑，放手讓他們自己做。

有的領導者在下屬出錯時，表面一套，背後一套，明著去同情你、幫助你，表現出他如何仁義、大度，暗地裏卻懷疑你、出賣你，這種領導雖能欺騙一時，但最終必會被下屬識破，露出自己卑鄙的嘴臉。朋友之間相處，講究「患難朋友才是真正的朋友」。領導與下屬相處，一個重要的原則也是這樣，讚美下屬的忠誠，在他處於逆境時尤其要敢於信任他，把援救之手伸向他。只有這樣，才能體現出領導者的高明之處。

為下屬搭建「舞臺」

樹木的成長需要肥沃的土壤，人才的成長需要適宜的環境。明智的領導者總是根據人才成長的不同階段，為人才創造一個適宜的環境。一是在人才未顯之時，給人才創造一個脫穎而出的機遇，搭建一個施展才華的平臺，讓人才脫穎而出，一展才華。

戰國時期的平原君趙勝，如果不是給毛遂提供一個參與說服楚王結盟的機遇，恐怕毛遂還是一個默默無聞的小人物，同時也沒有趙楚聯盟，使趙國獲救。齊宣王更聰明，他為了聚集人才，在國都的西門外建造一座大學堂，專門接納往來的學者，不分國籍，只要是有真才實學，一律賜為上大夫，根據才學給予任用。這座大學堂最興盛時達數千人，造成了一個人才呈集束型湧現的局面。在什麼時候、什麼階段，採用什麼手段、什麼方式選拔和培養下屬，把發展潛力巨大、德才兼備的優秀人才挖掘出來，並加以培養，是所有領導者一項艱鉅而又實際的工作。

大陸聯想原總裁柳傳志就把培養下屬當成企業領導人的三大任務之一。在新生代職業經理人中，聯想包括楊元慶、郭為、朱立南等人在內的CEO 團隊久享盛譽。中關村傳說，聯想老一輩為了培養這些年輕經理人

費盡了心力。另有人說，柳傳志為了培養楊元慶，花了十年的時間，其中的甘苦足以寫一本書。

還是很早以前，柳傳志不斷地告誡楊元慶：「要有理想，但是不要理想化！」

一九九一年，楊元慶擔任聯想 CAD 部門的總經理。CAD 部門的業務主要是代理惠普公司的產品。柳傳志給了他一個溫暖的環境和適合的土壤，楊元慶就拼命地長。一九九一年到一九九三年，CAD 的銷售額從 五千萬人民幣到一億一千萬人民幣，再從一億一千萬人民幣到一億八千萬人民幣。柳傳志還將楊元慶拉到身邊培養。接觸一段時間之後，柳傳志發現楊元慶是一個執行能力很強的「將」才，而不是運籌帷幄、決勝千里的「帥」才，楊元慶事業心很強，政治野心很弱。這樣的苗子，柳傳志最喜歡。

一九九四年三月十九日，香港聯想上市後一個月，三十歲的楊元慶被任命為電腦事業部總經理。在很短的時間之內，楊元慶重組電腦事業部，電腦的銷量大幅度提升。柳傳志對於楊元慶的表現基本上滿意，但就是在推行改革的策略和手段方面，楊元慶還是顯得有些「急躁」，缺乏「全局觀」。柳傳志不斷地告誡楊元慶：「要有理想，但是不要理想化！」但楊元慶置若罔聞，柳傳志決定教育教育他。

有一天，當楊元慶為一個上海的項目又和公司大多數同事發生爭論，柳傳志抓住這個機會，當著公司的許多高層和楊元慶的一些下屬，劈頭蓋臉將楊元慶臭罵了一頓。在場的所有人都愣住了，大家跟隨柳傳志多年，他們還從沒有見過柳傳志發過這麼大的火。可喜的是楊元慶很快明白了柳傳志對自己的良苦用心，逐漸學會了妥協，學會了做事要有全局觀，學會運用策略而不是蠻幹。從此之後，柳傳志對楊元慶說的話，楊元慶一定會好好琢磨，細細推敲。

柳傳志對於楊元慶一邊「敲打」，一邊盡自己的所能為楊元慶掃清障礙。柳傳志在楊元慶身上的努力獲得了豐厚的回報：一九九六年財年結束的時候，聯想代表大陸國產品牌機，第一次登上大陸市場的第一名，聯想電腦在楊元慶的帶領下開始在世界 PC 市場嶄露頭角。柳傳志內心的天平

隨著楊元慶這顆新星的「冉冉升起」，開始慢慢地發生了變化，偏到了楊元慶這邊，使得楊元慶最終成為柳傳志的接班人，出任聯想集團總裁。

楊元慶也沒有讓柳傳志失望，年紀很輕就取得了巨大的社會聲望。楊元慶當選了亞洲「最有號召力商業領袖」，而這個獎項上一年的獲得者正是柳傳志。「打仗親兄弟，上陣父子兵」，柳傳志與楊元慶的親密關係幾乎已經超越了親情。而楊元慶也給聯想帶來了巨大的回報。

激勵手段
要隨機應變

作為一個企業領導，在不同的場合，應根據不同的下屬，採用不同的激勵方法。只有這樣，才能收到最大的效果。

激勵是不能鐵板一塊的，它必須根據不同情況靈活實施，體現一個變字。首先，應該根據需要而變。

假設人有五種不同層級的需求，依次為生理需求、安全需求、所屬與相愛需求、尊重需求以及自我實現需求。當較低層級的需求獲得相當滿足，依次較高一層級的需求便會主宰這個人的行為。

這五種需求，事實上沒有哪一種需求可能完全得到滿足，但是相當程度的滿足之後，這一種需求便不再具有激勵作用。激勵時必須瞭解被激勵者的真實狀況，才能夠判斷他具有什麼需求。如果有適當的仲介人選，不妨透過仲介與被激勵者溝通，然後依據他的需求，給予合理的激勵。

激勵可根據不同的需求，採取自助餐式，讓不同的被激勵者選擇各人的需求；而激勵者也要瞭解不同的對象，施以不同的激勵。

組織中不同階層的成員，也有不同的需求。一般而言，高階層人員比較希望大家尊重他，讓他覺得自己的確很高明，所以有不同意見，最好不要當面頂撞他，否則他就會惱羞成怒。但是也不能不告訴他，不然他也會懷疑有人要看他的笑話。必須單獨委婉地規勸，使其自然接受逆耳之言，

認為自己在改變。

中階層人員要告訴他目標，讓他自己去找答案，把細節想出來，他才會舒暢。如果給他問題，同時或很快又給他答案，他就會失望，認為自己的能力受到低估。若是他想不出來，可以給他一些啟示，還是要他覺得是自己找到了答案。

基層人員要清楚一點告訴他應該怎麼做，做到什麼程度就會滿意，最好有工作規範讓他按照規定去完成。成果符合標準要表示讚許，使其更加努力。

時間不同，激勵的方式也有差異。平常時期按照一般激勵，不必採取非常手段。除非發現原來的方法已經日久無效，必須擺脫老一套做法，這才全面更張，改採新的方式，否則不可想到就變，形成特例。

忙碌時期大家難免火氣較旺，耐力較差，這時要特別加以寬諒，不必計較細節，使大家得以忙而不煩。

緊張時期情緒不安，主管經驗較為老到，應該設法給予安慰，儘量放鬆大家的情緒，千萬不可以火上澆油，更增緊張氣氛。

危急時期有時需要特別措施，應該賦予更大的信賴，使其放心去做，否則他心裏害怕，勢必下不了決心。

救亡階段正是重賞之下必有勇夫的時刻，唯有重賞，才有拼死把公司救活過來的毅力，不可吝嗇。

單獨相處，比較不容易引起面子上的難堪，可以諄諄善誘。主管規勸部屬，或者曉以利害，最好單獨進行。

對上司忠言勸諫，如果欣然接受，就部屬而言，也是很大的激勵。不過最好選擇比較隱蔽的場合，不必讓第三者看見；若是不熟悉的生疏環境，更要留意隔牆有耳，以免流傳出去造成對己不利的阻力。

公開場合應該互相尊重，大家都有面子，否則就會造成反激勵。尤其應該重視職位、性別或關係親疏，表現適當的態度。

熟悉的場合，要引導較為陌生的同事，使其覺得相當親切。如果是私下的場合，例如同事的家，就應該主客分明。因為來者是客，不論其為上

司或部屬，都要給予合適的招呼。任何場合都可以配合身分實施激勵。

激勵必有反應，良好與否，乃是繼續或調整的關鍵。反應熱烈的時候，要不知不覺中把大家誘導到目標方向，使眾人的力量得以彙集。過分熱烈，有時還需要稍加冷卻，維持合理的程度，切勿把人力過度使用。

反應平平，要檢討原因，找出癥結所在，給予適當的調整。反應冷淡，同樣要找出原因，然後對症下藥，予以化解。務使激勵所產生的反應，符合預期的要求。若是反應欠佳，那就應該修正激勵的方式，從場合、身分、時機、情勢等方面來考慮，採取適當有效的措施。

如果反應惡劣，要馬上停止。不能一意孤行，非堅持到底不可。通過適當人選，徵詢有關人員的意見，待其反對情緒稍為冷卻，再做處置。

形勢的優劣會影響激勵的功效。要激勵居於劣勢的同事，只要適度看得起他，表示好好工作，便不會辜負他，甚至可以用先柔後剛的方式，讓他覺得敬酒不吃吃罰酒，他也會提起精神，努力振作一番。至於居於優勢的同事，難免自視頗高，必須儘量採取低姿態，使他覺得備受禮遇，甚至還要給予一些額外的好處，他才會不好意思而盡心盡力。

如果是雙方勢均力敵，最好的辦法是率先尊重他，讓他戴上高帽子，他就會覺得自己好像真的高人一等，因而顯現若干本領。面對下屬，要特別注意「能發也要能收」，如果控制不住，最好不要過度激勵，以免一發而不可收拾，反而造成對己不利的形勢，在下屬面前喪失權威，這就得不償失了。

有技巧地
批評下屬

批評下屬是一件不太輕鬆也不容易的事情，有時會令那些缺乏管理知識和經驗的領導者感到無所適從。但是誰都會犯錯誤，批評也是一種藝術。如果管理者不懂得如何批評下屬，就有可能降低部門的工作效率，甚

至影響整個團隊的工作情緒。

批評前弄清事實

弄清事實是正確批評的基礎。

有些管理者一時激動，就不分青紅皂白對下屬進行批評，而忽略了對客觀事件本身進行全方位的調查。

採用妥當的批評方式

批評的方式有很多種，這就需要管理者根據具體的當事人和事件進行選擇。比如性格內向的人對別人的評價非常敏感，可以採用以鼓勵為主、委婉的批評方式；對於生性固執或自我感覺良好的員工，可以直白地告訴他犯了什麼錯誤，以期對他有所警醒。另外，對於嚴重的錯誤，要採取正式的、公開的批評方式；對於輕微的錯誤，則可以私下裏點到為止。

問清下屬犯錯原因

雖然管理者可能自認為已經清楚地瞭解了事件的客觀真相，但在批評時，還是要認真地傾聽下屬對事件的解釋。這樣做有助於管理者瞭解下屬是否已經清楚了自己的錯誤，也有利於管理者進行進一步的批評。有意思的是下屬往往會告訴管理者一些管理者可能並不清楚的真相。如果管理者沒有辦法證實這些問題，則應立即結束批評，再做進一步的調查瞭解。

不要大發脾氣

有可能下屬所犯的錯誤令管理者非常生氣，但管理者千萬不要在批評時大發脾氣。這樣做的後果是管理者會在下屬面前失去自己的威信，並且給下屬造成對他有成見的感覺。

儘量對事不對人

雖說事情都是人做的，但在批評下屬時，還是要儘量對事不對人。這

樣做也是為了防止讓下屬認為你對他有成見。「對事不對人」不僅容易使下屬客觀地評價自己的問題，讓下屬心服口服；它的重要意義還在於這樣可以在部門內部形成一個公平競爭的環境，使下屬不會產生為了自己的利益去溜鬚拍馬的想法。

不要威脅下屬

威脅下屬容易讓下屬產生「仗勢欺人」的感覺，同時難免會造成管理者與下屬的對立。這種對立會極大地損傷部門內部的團結和合作。如果下屬感覺到自己的尊嚴和人格受到了侮辱，很難想像他能再全心全意地為公司工作。

在下屬認識到自己的錯誤後，管理者應該儘快結束批評。過多的批評會讓下屬感到厭煩。另外，管理者不應該經常將下屬的某個錯誤掛在嘴邊上，喋喋不休地反覆嘮叨。

如果在批評時下屬有抵觸情緒，在批評後的幾天之內，管理者應該找下屬再談談心，消除下屬可能產生的誤解；如果批評後下屬還沒有改正錯誤，要認真地分析他繼續犯錯的原因，而不應盲目地再次批評。

實際上，溝通是解決問題的最佳方法。大多數的錯誤不是由下屬主觀引起的，可能是多種因素的綜合結果。當管理者在批評下屬時，也要認真地反省自己應該承擔的責任。一味地批評別人，而不反省自己的錯誤，也是許多管理者的通病。

讓下屬成為你的同盟

企業組織中，除了正式關係之外，還會進一步地產生「親信」這樣的特殊群體。主管與部屬的領導關係中，雖包含了正式的工作契約，部屬承認上司的正式權威，也遵守組織的正式規範與準則，但主管在管理的時

候，發覺不能單純只用此種正式契約來規範下屬的行為，而且主管所處的組織越大、級別越高時，與部屬間的互動事務也就愈多，上司在時間與資源上無法負荷。因此上司必須依靠特殊的下屬。

親信在正式組織中所扮演的角色，與其他一般的部屬相同，都是遵循正式的工作契約所設定的職務與行為規範，但在非正式組織中，則具備不同的角色與權力。若想成為一位稱職的親信，能為中高層主管分憂，必須具備扮演多元化的角色能力，才能在非正式組織中，達成主管所交付的特殊任務，並提高主管的管理效率。到底親信在企業組織中應扮演何種角色呢？

──左右手

主管的時間與資源有限，在處理組織事務上會有力不能及之處，因而必須在組織中設立親信，以提高主管的管理效率，這也是親信形成的主要原因。因此親信必須具備超人一等的工作能力，能夠協助主管處理一些例行性的工作，讓主管有更多的時間，專心面對較重大與困難的工作。

此外，親信還必須在工作的價值觀上與主管相同，才得以培養出絕對的默契，所經手的例行性工作，其處理過程與結果都能獲得主管的認同，主管才能放心地將例行性事務交付親信代行。

──公關大使

主管與一般部屬間，因距離感而產生隔閡，親信必須成為主管人際關係的潤滑劑。當其他部屬對主管產生誤解或不友善的情緒時，親信必須在非正式組織中，尋找適當的場合，為主管的行為作解釋，以消除誤解。所以親信必須具備良好的人際關係與溝通技巧，方能代替主管在非正式組織中建立良好的形象。

──情報員

主管憑藉正式工作契約，可以從正式組織中獲得相關的資訊，但對於非正式組織中流傳的消息，主管通常不易獲取。此時，親信較之主管更易融入到非正式組織中，獲得並提供有關資訊，以協助主管在制訂和執行決策時作參考，可以使正式組織與非正式組織之間進行有效的溝通。例如當

主管想事先探知組織對某項政策或人事命令的效果，則可通過親信將該資訊傳達至非正式組織中，再彙集非正式組織的各種反映，可以藉此修正政策的方向，避免一些不良的政策影響。

——黑白臉

所謂「一個巴掌拍不響」，不管主管想在組織中擔任黑臉或白臉的角色，都無法以唱獨角戲的方式完成，必須有另一位部屬與主管搭配，以一搭一唱的方式上演完整一齣戲。

當主管對於某項提案有意見，卻又不便直接否決，以免蒙上「專斷」之名時，親信即須應主管的要求，扮演組織黑臉的角色，反對主管有意見或不贊同的方案；當主管扮演黑臉，大力抨擊或斥責組織內的不當行為後，親信必須即時扮演白臉的角色，解釋主管的苦衷與真正用意，以平衡因主管震怒所導致的組織衝突，消除組織的負面情緒，將之引導為具有正面效果的激勵行為。

親信是大型企業中的高層主管在非正式組織中所設置的特殊部屬，可以協助高層主管解決組織管理上的死角與盲點。對高層主管而言，在選擇親信時須深具慧眼，選拔具有潛質的人才，才能期待親信可以發揮其應有的功能，稱職地完成所交付的使命。至於想成為親信的部屬，不僅要在工作上具備卓越的專業技能，還要培養自己的人際溝通能力、協調能力、個人情商的控制力等技能，才能擔負起親信多元化角色扮演的重責。

如何建立
親信隊伍

領導者在建立「親信」的時候，不可避免地要考慮到自己較為親近、熟知的人。例如家屬、朋友、同學，或從前的同事等等，事實上，這未必是一種最好的方式。更為有效的途徑是從工作中物色人選，培養親信。

現代企業領導的用人之術是「人情」絕對不應該放在第一位。要樹立

自己的親信，更應該找準人。人情太重，因為與領導的某種沾親帶故，造成該處罰時沒有處罰，該解聘時沒有解聘，就會造成賞罰不明、管理不力，可能還會給企業整個部門造成損失。但是不講人情、冷酷無情也是用人之大忌，也不符合人性化管理。關鍵是要擺好「情」與「理」的位置，要先「理」後「情」，做到入理入情。

那麼如何從工作中入理入情地培養親信呢？

對「親信」的概念作理性的定位

領導者要有前瞻力，為企業的發展做出目標規劃，在此基礎上物色一些得力助手團結在自己周圍，齊心協力朝一個目標奮鬥。這是親信建立的感情基礎，這種感情基礎本身就具有理性的支援，是為了企業的整體發展。相反，若領導者建立親信是為了個人權勢的擴大，為了營私舞弊等個人目的的達成，這種不入理的感情基礎終究會誤人誤己。因此目標明確、合理是建立好親信的重要前提。

領導者會用敏銳的眼光觀察評價下屬在工作中的各種表現，從而對其個人作出理性的評估。當領導者在工作中考驗下屬，下屬在工作中若經得起考驗，兩者心靈上的距離就會步步拉近。當領導者對下屬一方面賞識其工作能力，另一方面又相信其品行修為；既是工作中的得力幹將，又能在思想上彼此靠近，領導者因此而建立的親信會比較可靠。

區分理性與人情

親信的建立是雙方努力的結果，而理性是貫穿始終的一個重要因素。一方面領導者自身要有理性的目標和對下屬理性的評估；另一方面下屬要在工作中樹立並保持端正積極的態度，要不斷提升自己的工作能力，更為重要的是保持對職業、對領導的忠誠，要明白並貫穿執行領導的工作思路。只有雙方達到了高度的共識，有了心靈的感應，領導才能對下屬予以真正的信任。「理性第一，人情第二」，這是親信建立的根本規則。

當然，只要有理性的支撐，不管是普通身分的職員也好，親屬也好，

故交也行，都可以成為領導者建立親信的參選對象。「情義」是一樣美好的事物，有情有義的領導者是一位具有人格魅力和強大吸引力的領導。所謂「英雄不問出處」，親信也不必追究其源於哪裡，只要他為企業兢兢業業地工作，忠心忠誠、有德有才，就可以成為領導者親近而信任的人。

「入情入理，合情合理」，這是建立親信的基礎和前提。而「運用之妙，存乎一心」，仍需要領導者在實踐中不斷摸索。

嫡系裏面選將才

你的下屬之中，不乏才能出眾的人。有的技術水準高，有的善於管理，有的擅於外交，各有所能。

適時適度地選拔人才，提升一些有能力的人，不僅有利於本部門、本單位的發展，還可以利用這些被提升的下屬，藉以瞭解其他下屬的思想狀況，並據此有的放矢地做好下屬的工作。

你所提升、選拔的下屬，多少會對你有些感激，至少對你有信任感。當你的領導工作遇到困難的時候，他們會首先伸出手幫助你渡過難關。當你的工作萬事俱備、只欠東風的時候，他們也往往會身先眾人，助你一臂之力，起到率先示範的作用。

被提升的下屬往往比你更容易接近其他下屬，而且他們之間的關係通常也比較密切。所以當你的某項正確決定不為人理解而難以貫徹實施時，被提升的下屬一帶頭，大家也許就跟著一起拼了，被提升的下屬如果和大家解釋你所決定的其中道理，大家可能會馬上明白和理解。在這裏，被提升的下屬無疑已成為你的得力助手。

在下屬之中選拔人才，加以提升，並不是胡亂的選拔、胡亂的提升，一定要建立在有所根據的基礎上。

首要的一條，被選拔、提升的下屬必須是德才兼備，令其他下屬所信服的。

一些下屬在業務能力、技術水準等方面的確高人一籌，出類拔萃，但是他們卻缺乏起碼的職業道德，經常違反工作條例，不能夠給予其他下屬

以好感。

　　這樣的人是有才無德，如果被你不加分析地選拔、提升上來，很難說服其他下屬，弄不好大家還會產生不良情緒，給你的領導工作帶來麻煩。

　　一些下屬善於拉攏人心，待人接物甚是可圈可點，工作上從沒有違反過工作紀律，對同事、上司和其他人都是一團和氣、八面玲瓏。但是這類人在實際工作中卻是水準低、能力差，工作任務勉勉強強能夠完成，且品質極差。

　　這種無才之人，儘管其他下屬都能給予一些好評，但絕不能提升。如果他真的被提升上來，新的更重要的工作會使他因招架不住而敗下陣來，既影響了本部門、單位的工作，也會讓你這位選拔者感到難堪。

　　更重要的是這種下屬雖然因為善於團結人而受到其他下屬的好評，但是如果他真的被選拔提升了，那麼其他下屬就會有意見。他們會認為這種人只是人緣好，才能並不比別人高，反而要差一點兒，為什麼提升他，而不提升我們呢？再說，他根本就勝任不了新的工作。這種意見的存在，無疑也是不利於工作的。

　　你在選拔、提升下屬的時候，要做到廣泛地徵求大家的意見，至少要使被選拔、提升的人讓多數人滿意。

　　單憑個人印象而去主觀臆斷，自己認為好的就提升上來，認為不好的就不去理會是錯誤的。

　　有些領導，還從自己的感情出發去選拔、提升人才。感情好的、支持和擁護自己的下屬，就被提升；有矛盾、感情疏遠的下屬就被壓制著，無出頭之日。這種做法是非常錯誤的，很容易激起那些被壓制的下屬的憤怒，而和你撕破臉皮，鬧個天翻地覆，或暗地裏對你進行報復。這無論對你的領導工作，還是對你的領導職位，無疑都是有巨大的負面效應和衝擊作用的，也就是說你工作會遇到阻力。

　　作為領導，在選拔、提升下屬時，對那些有真才實學但卻曾與你有過矛盾的人，你不妨把心胸放寬一些，用理性支配自己的頭腦，拋開個人恩怨，從實際出發，把他們提升、選拔上來。你這種莫大的涵養，一定會引

起對方的尊敬和佩服，從而對你的一些偏見和仇恨也會化為烏有。你在按標準提升了一名下屬的同時，又改善了與下屬的關係，事半功倍，何樂而不為呢？

這樣一舉兩得的事情，只要你在實際工作中用心，就很容易做到。而如果只對選拔、提升下屬這一事來說，就是要嚴格地按照標準去進行。

你是否能做到以下這些呢？

一個曾受到眾人誹謗，大家公認不可救藥的人，經過你的仔細考察，發現事實並非如此，這人很有才華。因而，你大膽決定將這位下屬提升上來。

一個曾經當眾辱罵過你的下屬，仍然因為他專業能力強，而被你不計前嫌地提拔到你的身邊。

一個相貌醜陋、身材矮小的下屬，你並不是以貌而取之，而是考慮到他的真才實學，把他從眾人之中選拔上來。

一個過去是你的同事，現在是你的下屬的老朋友，在你選拔、提升下屬時，他與別人條件相同，但是你並不因為與他是老朋友，而失去公平地優先提拔他。

對一個曾經犯過錯誤的下屬，你能辯證地看待問題，發現這位下屬的可貴之處和閃光點，經過一段時間對他的培養、考察，把他提升到一個新職位上。

一個知識、能力都比你強的下屬，你不會因為嫉妒而不去提拔他，而是敢於把他提拔到重要的位置上來。

做到以上這些，才能使你的領導工作順利開展，你的領導威信才能逐步建立。雖然你提拔的人才可能一時還不能做得令大家滿意，但不必過於著急，是金子，終歸有一天會發光的，這只是遲早的事情。關鍵是你提拔的下屬是不是真正的金子。正確有效地提拔下屬，能很好地證明你這位作為選拔者的領導所具有的用人素質。

如果下屬能從你用人的態度上感到你辦事的公平合理和嚴格，那麼你就會受到下屬的信任，你的領導地位才能更穩固。

要成為一名優秀的人才選拔者，需要每一位領導者先要加強自身的素質培養，樹立正確的用人觀念，在複雜的條件下，仍然能保持清醒的頭腦，把握標準和尺度，不受其他因素的干擾。

當然，在選拔、提升每一位下屬之前，你都可對其進行一段時間的考察。有必要的話，還要對其進行有目的、有針對性的培養，以使其達到選拔提升的標準，避免造成名不副實的不良後果。然後你便可以在徵求眾人意見的基礎上，通過正常的途徑和方法，對其加以提拔。

用好圓滑的下屬

圓滑的下屬精於人情世故，在職場摸爬滾打之中練就了一套趨利避害、避實就虛的「防身之術」。他們心思縝密、城府頗深，善於隱藏「真我」，表露「虛我」，虛虛實實、真真假假，往往能讓自己一路順風順水。

認識「圓滑」，評估「圓滑」

圓滑用來「防身」尚可，但若用來「攻人」，則需要小心為上。「明修棧道，暗渡陳倉」，其殺傷力絕非一般，不可不防。因此領導者在應對圓滑下屬的時候，一定要摸清楚其底細，考察其人品素質，看其除了圓滑老到，是否還存在某些劣根性或致命缺點，是否有動機不純、野心勃勃等思想動態，這是最為關鍵的地方。如果確定該下屬本質尚好，只是較之他人多了一層自我保護意識，而在其行為上仍能全心全意為企業出謀策劃、貢獻力量，那麼領導者也不應抓其一點錯誤任意擴而大之，以免打擊該下屬的進取之心，挫傷其積極性。相反，需要以寬容之心理解該下屬的哪怕是過於「厚實」的自我保護本能，這既是領導者的容人胸懷，也是領導者為企業謀發展的職責所在。

當然，如果該下屬不僅善於保護自我，更精於捉弄他人，或者對己有

利者伸手擒來，對己有害者避而不見；對權力一味追求，對責任一律推脫等等，抱有如此心態者，領導者絕不可以再施以關懷。

「圓滑」用來防身尚，用來「攻人」切忌

當然，作為下屬，須時刻謹記：雖防人之心不可無，但害人之心絕不可有，品行端正、動機純良是對任何一個有良知和責任感的人的起碼要求。走正道，會有一個問心無愧的歸宿，會給自己一種無可替代的踏實感和安全感，這是人生最為可貴的精神財富。而走旁門歪道，即使能在一定時期達成目的、如願以償，然隱匿再深，仍會露出「尾巴」，以致損人不利己，讓自己成為過街之鼠、眾矢之的。

用好有「背景」的下屬

有「背景」的下屬在企業中也會存在，「背景」是其區別於他人的標誌，也可以成為其閃耀於人前的一個「光環」。這種「光環效應」會不時地引起他人的駐足觀望，讓領導者、「背景下屬」和普通下屬處於一個互相參照的微妙關係之中。領導者的處理意見，特別是對待「背景下屬」的方式方法上，會引起企業其他下屬更多關注的目光，從而對領導者威望的認可、對企業的管理力度有著特別的影響。

保持對「背景下屬」的平常心態

領導者要保持一如既往的用人原則，不卑不亢。不戴「有色眼鏡」看待「背景下屬」，不主觀臆斷、先入為主給其「定性」。事實上，有「背景」的下屬不一定就是靠「背景」吃飯的人，相反，因為擁有高於常人的「背景」支持，他們很有可能接受了更好的教育，懂得了更多事理，培養了更為優秀的個性品質和心理素質，思路更廣、見識更開闊。

因此領導者應該積極引導，給其提供一個盡展才華的舞臺，充分發揮其自身資源優勢，為企業創造價值。這是一種實事求是的工作風格，是唯才是用的企業文化的真實寫照。

巧妙對待「有問題」的「背景下屬」

「背景下屬」也可能成為「問題職員」，或者成為領導者身上的「腫瘤」。坐視不理，將會惡化；馬上「手術」，又須承擔風險。其主要原因在於下屬的「背景」對領導者而言是一個現實因素，甚至因為「人情」或其他客觀因素的制約，不得不予以充分重視和權衡。個別「背景下屬」會在工作中有意無意地展現其特殊背景，顯示出「與眾不同」以獲取一些工作中的便利，或者也是為了滿足自己的虛榮心。更為甚者也有倚仗特殊性，工作責任感不強、表現平平甚至違規違紀，工作中「一路紅燈」，處罰上卻指望「一路綠燈」。凡抱此心態的「背景下屬」，都當格外謹慎對待。

當然，首要任務在於做好「思想大動員」，入情入理地提出企業用人的基本思路，直言不諱地指出企業用人的具體要求，指出其思想動態和可能導致的不良後果，引導其行為朝著良性發展。在此之後，對其工作態度和行為予以密切關注，在沒有實現思想「蛻變」之前不要委以重任。相反，應當將其安排在不顯眼的崗位上，一方面在於扭轉其認識偏差，控制其優越感的膨脹，同時也是給其一個躬身自省、磨練品質和能力的機會，使其能快速成長；另一方面也是為了降低企業的管理和運行風險，避免產生危害企業發展的行為。如果領導者的種種良苦用心仍收不到預期效果，又礙於「背景」會引出某些「麻煩」，就只好給其設一個虛銜，使之做閒事便罷。

調整自我，平衡前進

當然，對「背景下屬」而言，「背景」不是一切，重在踏實地工作和誠實地為人，只有這樣才會得到他人的首肯，也才會給「背景」添光彩，才會不負所望，獲得真正的成功。

用好女下屬

有人說：女人是一本書。這話不假。高明的領導，往往能輕而易舉地

讀懂女性下屬這本書，並善加使用；而一個不高明的領導則不能。

女性的感情一般是比男性較為敏感的，她們由對方一個舉動或一句話，便可以聯想到許多事來。例如看見上司接見面試者，就揣測某位同事可能會被調走或解雇。

最奇怪的是一般神經過敏的女性下屬，只是對於私人事件較感興趣，卻不能用在公事上。這實在是非常可惜的，但是女員工並無感到不妥，只是一貫地保留好奇的性格。

對待想像力過強的女性下屬，上司不宜經常做出澄清，以免招致更多的話柄。在任何時候均如常地工作，不跟她們談公事以外的事情。雖然你明知道是哪一位下屬造謠，但是絕不能因為她搬弄你的私事而對她怎樣。除非她涉及損害公司聲譽的行為，否則毌須理會，也可以說是不要與她們一般見識。

上司更應該避免跟她談私事，讓她跟隨你的作風，在她面前批評公司以外她不認識的人，但切記不能以公司內或大家認識的人為靶子，這樣才能使她自我反省。

這種人只要在不影響工作的情況下，是無須過分關注的，故此平時應多注意其工作，使她能投入到工作中。

初踏足社會工作的女性下屬，均有努力的優點。除非本身素質太劣，否則她們是會努力於工作上力求表現的。一些小心眼的女性下屬有很優厚的潛質，其敏感的觸覺，可以發現一些別人忽略的小節。例如客戶的企圖和意願，往往是女性員工較早預知，因而能採取適當的應付方法的。她們用心工作，對環境要求頗高，而且容易產生排斥新人的行為。尤其是一些被認為對她們的地位有威脅的同事，更加排斥之。這種過分關注小處的作用，可能忽略了重要環節，未能為大局著想。

面對這類下屬，身為主管應正視她們的優點，另一方面，引導她們處理一些大問題。她們在開始時，會有逃避處理較複雜事項的心理，你不讓她們故意逃避，反而要她們多想、多做，久而久之，即能訓練下屬在處理工作時鉅細無遺，效率更見提高。

電話聊天，特別是私人電話，對工作造成的影響不單只是效率方面，也會因為電話源被佔用而影響工作進度。

無論為了什麼原因，經常用電話來聊天均不宜姑息遷就。不過偶一為之，則可能是該下屬私生活出現問題，必須靠電話與某方面保持聯絡，例如親友生病、朋友有困難等。

主管應予以體諒有真正需要的下屬，但對於經常使用電話聊天的下屬，可做出以下的應付方法：

A、給她較多的工作量，並限時完成。

B、暗示公司不欣賞經常電話聊天的下屬。

C、關切地詢問她是否有難題，並勸她趕快解決，以免影響情緒。

由於女性較為敏感，日常所遇到的事情未能灑脫處理；有些則在公事上理智，私事上卻感情用事。主管應多瞭解下屬的性格，做出適當的引導，使她們知道公事被私務困擾是不明智的。只要掌握上述訣竅，讀懂女性下屬這本書應該不是難事。

用好比你強的下屬

上司從來都是一個比下屬強勢的名詞，但是當一個上司突然發現自己的下屬竟然讓自己感到威脅時，情況將會怎樣？這是個讓人頭痛卻又無可迴避的話題。

作為上司，遇到比自己能力強的下屬，首先是應該承認這個現實。如果這個人真是各方面都比你強，他可能有一天會成為你的上司。但他現在還是下屬，對你來說關鍵還是怎麼來利用他的能力。正如一位企業領導者所說：「納眾言方能得人心，得人心方能得人智，得人智方能成大事。一個優秀的企業管理者，就是一個出色的織錦人，只有善於借用下屬人員的智慧，才能織成美麗的錦裳；也只有下屬之中人才輩出，才能錦上添

花。」

　　事實上，下屬中確實有一些能人，但他之所以還是下屬，就是因為他還有所欠缺；或者是某些方面能力強，但綜合能力不行；或者是恃才傲物等。所以對能人第一是要用，給他挑戰性的工作，千方百計地調動他的積極性，讓他出色地完成工作，讓他的潛能得到最大發揮，讓他的才華得到施展，給他以舞臺和滿足感。

　　第二是要管，能人毛病多，恃才傲物，有時甚至愛自作主張。因此必須要管，要有制度約束，要多與之進行思想溝通交流，力爭達到共識和共鳴。溝通的目的在於相互瞭解，防止因互不瞭解而產生誤會和用人失當，出現麻煩和損失。

　　第三是要養，能人往往容易招致組織成員的嫉妒，而且能人自身往往把握不住自己的表現慾，過分張揚，這就更容易引起別人的反感。因此能人很容易成為組織成員中的眾矢之的，如果領導一味的偏愛，領導自己也可能受到攻擊和孤立；但如果領導順應組織中其他成員的心理需求，對能人給予打擊排斥，能人很可能離開組織或使組織效益受損。

　　妥善的解決辦法就是領導要採用養的辦法，如果能人是魚，組織就是水，而組織就是由組織中的每一位成員組成，也包括能人自己。因此要引導能人少說多做，除有成績外，還要善意地有藝術性地幫他改正缺點，同時也要教導組織成員解放思想、更新觀念、見賢思齊，使組織形成團結合作、積極進取的健康氛圍。這樣一來再引導能人和組織成員融合的同時，自然就能養住能人，而且還能湧現更多的能人。

11

CHAPTER

贏得成功人士的支持

成功人士的背後是更為成功的人在支持

凡是事業上成功的人都有一個共同的特點，即來自主觀上的自己不懈的努力，和來自客觀上他人的幫助，尤其是成功人士的幫助。不管你多麼聰明，不管你具備多麼優越的條件，只要沒有人幫助你，或者有人故意刁難你，那麼你就很難成為一個成功的人士。

如果你經常讀成功人物傳記，會發現：許多人能夠成功，完全是因為緊緊跟在一位成功人士的後面。因此你的未來和你的上司或者老闆關係密切。

美國微軟公司董事長比爾‧蓋茲之所以成功，也是因為他在創業初期遇上了名叫史蒂芬‧賈伯斯的一位成功人士的幫助。不管你從事的事業大小與否，如果沒有成功人士相助，你就很難獲得成功。

漢斯從哈佛大學畢業之後，進入一家企業做財務工作，儘管賺錢很多，但漢斯很少有成就感，沮喪的情緒經常籠罩著他。漢斯其實不喜歡枯燥、單調、乏味的財務工作，他真正的興趣在於投資，做投資基金的經理人。

漢斯為了排遣自己的沮喪情緒，就出去旅行。在飛機上，漢斯與鄰座的一位先生攀談起來，由於鄰座的先生手中正拿著一本有關投資基金方面的書籍，雙方很自然地就轉入了有關投資的話題。漢斯覺得特別開心，總算可以痛快地談論自己感興趣的投資，因此就把自己的觀念以及現在的職業與理想，都告訴了這位先生。

這位先生靜靜地聽著漢斯滔滔不絕的談話，時間過得飛快，飛機很快到達了目的地。臨分手的時候，這位先生給了漢斯一張名片，並告訴漢斯，他歡迎漢斯隨時給他打電話。

這位先生從外表來看就是一名普通的中年人，因此漢斯也沒有在意，就繼續自己的旅程。

回到家裏，漢斯整理物品的時候，發現了那張名片，仔細一看，漢斯

大吃一驚，飛機上鄰座的先生居然是著名的投資基金管理人！自己居然與著名的投資基金管理人談了兩個小時的話，並留下了良好的印象。漢斯毫不猶豫，馬上提上行李，飛往紐約。一年之後，漢斯成為一名投資基金的新秀。

對每個人來說，必須具備良好的人際關係。尤其碰上了成功人士，你就會覺得心情豁然開朗、耳目一新，成功的大門也隨之向你敞開。成功人士遠在天邊，近在眼前。但很多人卻不能夠得到他們的青睞和支持，這是為什麼呢？

我發現，每一個成功人士在事業成功之前，都有一套招納成功人士的謀略。他們慧眼識成功人士，熱誠對待他們，虛心聽取他們的建議。與此相反，失敗的人士卻往往不識他們的重要性，自以為是，小看成功人士，遠離成功人士。在這種情況下，不管你有多大的實力和本事，你的事業之金字塔終究會土崩瓦解，夷為平地。

那麼如何結識成功人士？如何獲取他們的支持？為了敘述方便，我們把成功人士分為政界成功人士，商界成功人士，學界成功人士，其他成功人士（律師，會計師，記者等）。但是我們並沒有提供關於贏取最後兩類人士支援的內容。原因在於贏得政界成功人士支持的原則和技巧，與贏取商界成功人士的技巧有比較大的差異，而贏得學界和其他一些成功人士的支持，卻與贏得商界人士的支持在方法上有許多相似之處。

「在中國做生意，每時每刻都要與政府官員打交道！」

「一個到中國做生意的外國人學到的第一個詞就是 guanxi，意為『關係』。正如你在任何一本《如何在中國做生意》之類的書中都會看到的，『關係』在中國既是有用的又是必需的，在很大程度上說，它是中國的商業文化的最基本因素。一到中國來，你會時不時聽到有人對你說：「我們跟部長很熟，我們能得到你需要的所有這方面的資訊。」

這是一篇談中國的商業環境的文章中的一段話。在英文中，guanxi 差不多已成為一個被普遍接受的外來語。除 guanxi 之外，還有一個來自於漢語的外來語——mianzi，即「面子」。在涉及中國的社會關係和商業環

境的語境時，西方人常常用這兩個詞而不是其對應的 relationship 和 face。只有對中國的商業環境有切身感受的人，才知道「搞好關係」、「看誰的面子」之類的說法的真實含意。「關係」和「面子」和「社會資本」與西方人所說的「商業生態」、「社會資本」、「社會關係」相近，但卻不能等同於它們當中的任何一個。中國人的 guanxi 與西方所說的 relation 之不同，就如同太極拳與拳擊大相逕庭。一個在法律關係、經濟關係清晰的西方社會生活的人和企業來到中國，勢必會經受巨大的「文化震驚」（cultureshock）。如果他們要想在這個國家成功地做生意，他們必須首先學會在「關係」和「面子」上獲得競爭優勢。這就是說，商業上的贏家首先必須是在與政府官員建立「關係」的贏家。

的確，生活在「大政府」下的中國人或是外商，其實每個人經歷過和政府官員拉近關係，以求得到某些方便或者利益上的好處的情況。小到遷移戶口、子女工作求人，大到工程招標、銀行貸款找領導批公文，還有市場准入、公司註冊、爭取批文等，無一不是在尋求得到與政府官員的支持。只是這些活動往往是通過私下請吃請喝、送錢送禮甚至投擲「脂粉炸彈」等見不得陽光的方式進行，從而使「院內公關」蒙上了一層曖昧的色彩。然而經過這麼多年的廉政教育和作風整頓，大陸政府的形象已經大有改觀，無論是服務態度還是辦事效率，都有了很大改善和提高。那種靠金錢和美色打通大陸政府官員關節的想法，在不少地方已經行不通了。那麼在新的環境中，如何才能和政府官員建立關係，並且得到他們有力的支援呢？

成為政府官員的益友

和政府官員打交道，一定要保持高度警惕，既不能太近，也不能太遠。太近說不定哪一天哪一根繩子串起來，就進監獄裏去了，這就麻煩

了，本來做事情想做一輩子，但是才剛剛做幾年就栽倒了，企業也沒法再辦得下去。但是和政府離得太遠也不行，離得太遠，很多門檻就進不去，比如說，人家拿得到的好地塊，你就拿不到。所以一定要掌握和政府官員打交道的技巧，你的目的要非常明確。通常，你和政府官員完全可以成為諍友、益友而非損友，並非像現在這樣，一提個人和政府官員交朋友，就一定有什麼東西不可告人。現在很多政府官員，在他那個圈子裏面很難聽到真話。但是如果你作為局外人，旁觀者清，你可以就他所關心的事情，去和他研究和探討，給他講別人講不出來的話，你就會得到他的認同。比如說社會上的很多很多弊端，社會上對他這個地區有很多很多的看法和意見，你如果能夠開誠佈公地去同他交談，就他關心的問題進行討論，你就可以成為他的朋友，而這種朋友是君子之交淡如水，沒有金錢的關係。沒有金錢關係的交往才是長遠的。

建立誠信的
人際關係

「在中國做生意，每時每刻都要與政府官員打交道！」百威啤酒中國政府關係顧問遠海鷹說。百威啤酒在進入中國之時，就曾經與計委、內貿部、外經貿部、國家稅務總局、國家財政總局、國家環保總局、農業部等相關的政府主管部門進行有關投資政策的交涉；而在選定武漢作為投資地時，再和當地的政府、勞動、公安、環保部門進行具體投資事宜的溝通。

對於外國資本來說，在中國這樣的發展中國家投資最大的障礙不是硬體設施不足，而是市場不公開、不透明，政府干預、限制過多。這樣的投資環境往往使它們的管理系統和經營經驗失去作用。因此如何入境隨俗，搞好與當地政府的關係就愈顯重要；而跟政府「混」個臉熟，建立誠信的人際關係，打造厚實的「政府背景」，事情就好辦得多了。

加拿大籍華人王輝耀在任加拿大 SNC 工程諮詢公司董事經理時，善

於搞「院內公關」，他經常來往於蒙特利爾和渥太華之間，穿梭於加拿大政府的國際開發署、出口發展局、外交部、工業發展部等部門之間，以他的真誠結交了好多政界朋友。有一次，加拿大出口發展局請王輝耀把他的公司的實力寫一份詳細情況給發展局，以便決定發展局對王輝耀所在公司的態度。有人想故意拔高公司的實力，想用一些泡沫資料欺騙政府，王輝耀認為此舉不可為，因為騙政府官員一次，以後一旦被識破，在政府心目中就砸了牌子，得不償失，公司最後如實上報了自己的實力，並向政府官員提出好多合理化建議。由於王輝耀的真誠，這些政府部門的官員經常向他通報加拿大和其他國家經貿關係發展的最新動態，邀請他參加各種出訪和國外來訪的活動，經常和企業一起召開圓桌會議，聽取新的建議。在特大專案的行銷中，加拿大政府官員有時就成了他最好的推銷員，部長甚至總理都可以出面。這也是王輝耀成功的一大秘訣。王輝耀還聘用加拿大前政府官員、前部長、前駐外大使、前商務參贊為公司顧問，來作為公司與政府打交道的橋樑，因為他們非常熟悉政府的運作規律和辦事程序。

讓你的企業和政府官員的利益相通，高於一切技巧

對於很多政府官員而言，他們最需要的是樹立良好的政績。因此如果能夠幫助他們在政績上有所突破，無疑將會得到他們的大力支持。可以考慮讓政府關係掛靠指導你的企業。盡力讓他們明白，如果把你們公司經營好了，你們還要追加投資，還可以勸說其他投資者來到這裏投資。還有，如公司能給地方提供更多的稅收，讓地方財政也有錢。這都符合現在很多政府官員的利益。而一旦公司經營好了，上級政府看到地方有這樣的優秀公司，也會認可這些政府官員的能力，因此這種方法通常比較奏效。

另外，你也可以考慮讓你的企業通過參與各種社會公益活動，充分展示自己的良好形象，在政府心目中留下一個好的「第一印象」，事業就成

功了一半。比如一家能源公司為了爭取西氣東輸項目策劃了一次政府公關活動，由該公司投資五百萬美元在北京長城附近種植一條綠化林帶，並題名為「友誼林」。這項活動既保護了環境，又提升了該公司關心環保、公益事業的形象，自然也為它贏得了政府官員的好感，增加了招標成功的籌碼，可以說是多全其美。

另一個例子來自福特。二〇〇五年福特在大陸投入鉅資設立了環保獎，並授予荒山造林四千畝的河北農民李榮「福特汽車環保黃河獎」。當然，福特也得到了它想要的。在環保獎的啟動儀式上，原林業部副部長董智平，全國人大常委、環境與資源保護委員會主任曲格平，都高度稱讚了福特的環保貢獻。福特中國公司總裁程美瑋坦言，這樣的活動既增加了政府官員的信任，又增加了品牌的美譽度。

其實貧在合法的範圍內進行政府公關，可以有各種各樣的方式，如贊助殘疾兒童、貧困學生、支援舉辦活動等，向大學、科研機構提供科研器材等等。只要換一種方式思考，政府公關就可以海闊天空，贏得發展的法律空間。

主動接觸
成功人士

生意場上，初創業者往往起步艱難，如果能得到事業有成人的幫助，一定會飛得快，跑得遠。因此你的交際圈子中有幾位大老闆為你「呼風喚雨」是非常重要的，但你這個「小字輩」又如何與他們接觸，並如何讓他們喜歡你呢？

首先，必須掌握大老闆的社會關係。大公司或知名老闆是很難與一般老闆會面的，但是如果能與他們合作或與他們交上朋友，那真是很榮幸也很珍貴的，因為從他們那裏你會大開眼界，學到許多平常學不到的東西。

要與大老闆交往，最基礎的工作就是要掌握他們的社會關係。大老闆

是人，不是神，他們有各種社會關係，有各種各樣的業務，也有各種各樣的喜好、性格特徵。特別是現代媒體，經常關注一些大老闆的情況，你從中定會瞭解一二。你可以從他的歷史上認識他的過去、他的經歷、他的祖輩、父輩，也可以從他的親屬、他的朋友、他的子女等那兒認識瞭解他。

從業務上瞭解大老闆也是一條好途徑。他經營的業務範圍主要是哪些，次要的是哪些，他的分公司、子公司分佈在什麼地方，這些公司的經營者是誰，他多長時間會查看分公司、子公司等等。

從興趣愛好上瞭解大老闆。他喜歡什麼運動、什麼物品、什麼性格的人，他喜歡或經常參加什麼聚會，他休閒、娛樂的方式有哪些，常到什麼地方去等等。

總之，要結交一個大老闆又沒有機會的時候，你不妨從以上幾個方面去瞭解，總會發現一些機會的。

其次，製造初次見面的氛圍。當你發現了或者創造了與大老闆見面的機會後，最重要的便是如何製造一種特殊的會面氛圍。因為在眾多人物中，也許你本身就是芸芸眾生中的一員，說不定連話都跟大老闆說不上。

在共同出席的會議或聚會上，選擇位置時，一定要選擇一個與大老闆盡可能近的位置，以便他能發現你，並且一有機會便可搭上關係。

同時，要以穿著表現自己的個性，因為與人第一次交往，別人往往是從服飾上得來第一印象。著裝要表現個性、特色，給人舒服的感覺。

要針對大老闆關注的事予以刺激，要儘快發現對方關心注意何事，找到適當的話題，抓住對方的注意力，刺激對方對自己的興趣。話語要力求簡潔、有獨創性，使對方產生震撼，留下較為深刻的第一印象。

最後，適當展示自己的能力，以贏得大老闆的青睞。大老闆一般都愛才、惜才，如果你一貫表現出對他意見的贊同，不敢表現自己獨到的見解，他會反感你的。因此適當地表現自己的獨特才幹，是會受大老闆喜歡的。當然，你不能表現得太過鋒芒畢露，讓人一見就覺得有喧賓奪主之感。

與大老闆有過幾次接觸，並感覺到他對你態度不錯，那麼別出心裁送

贈禮品是聯繫大老闆情感的重要方式。這要針對大老闆的具體情況，不能千篇一律，也不能委託他人。不一定昂貴就是好禮品，要贈送，就要送他特別喜愛的東西才是。同時在贈送方式上也要別出心裁，從包裝樣式、贈送儀式都要顯得別具一格。

寫信是交流思想、聯繫感情的好方式。隨著電訊事業的發展，電腦技術的開發，很多人的聯繫方式都是通過電話、電子郵件、手機等形式聯繫，很少再看見以書信方式交流了。你用書信方式向大老闆請教問題，交流思想，他會感到很親切，所以這是你結交大老闆的恰當的方法。

有時候你也許需要採取一些別具一格的方式，比如藉搭乘頭等艙的機會來結識成功人士。搭乘頭等艙的乘客大都是政界人物、企業總裁、社會名流。在他們身上可能會存在許多潛在商機。也許你乘坐一次頭等艙，就可改變你的人生。

為何要搭乘頭等艙呢？是為了更舒適？享受更多的服務？還是為了比其他乘客早二十秒起飛，早二十秒著地呢？或是為了更安全起見？統統不是，我不是享受主義者，更不是貪生怕死之徒。我要強調的是為了搭建自己更高層次、更高品質、更高價值的人脈網。

這樣的例子並不少見，我自己及朋友都有過在短短幾個小時的飛行中，就談成幾筆生意的事情。常有機會結下難得的友誼，這在經濟艙內的旅行團體中是很難碰到的。我說友誼，不是指趨炎附勢。坐頭等艙的人都希望瞭解同艙裏的其他乘客，為什麼願意多付那麼高的費用來換取喝香檳，比其餘乘客早到二十秒著陸的權利。特別是在長途的國際旅行中，你真的可以結識一些飛行伴侶，從而建立珍貴的友誼。

有技巧的讚美
成功人士

在積累人脈資源的過程中，懂得如何讚美別人是討得對方歡心的最佳方式。「良言一句三冬暖」，適當的讚美，溫暖別人的心，也溫暖自己的心，縮短了心與心的距離。讚美是一門學問，其中的奧妙無窮。

「讚美」的實質是能抓住讚美的事物的實質。許多人常犯的錯誤，見了什麼都說好，見了誰都說高，有的是不懂裝懂，有的是只知其一，不知其二，語言不到位，說不到點子上去，切不中要害，缺乏力度。在書法展上我們經常聽到一些似懂非懂，不懂裝懂的人發出這樣的讚歎：「這字寫得真好！」問他究竟好在哪裡，他支吾半天說不出個一二三來。或者有人慨歎：「這手字真乃絕活！我一個也認不出來！」如此讚揚，自露淺薄。

做一個讚美者，要懂專業知識。「隔行如隔山」，現代社會中專業分工很細，各專業相對獨立，自成相對封閉的系統。如果知識面狹窄，無疑就成了「門外漢」，空懷一顆善良的心，卻找不到讚美的話題。

首先，要善於使用專業術語。術語是構成一門學問的細胞，是其基本構成要素和基本概念。

其次，對某一行要有一定的造詣，你的讚美才會令人接受，並視你為知己好友。

讚美者還要表現獨具慧眼。獨具慧眼的讚美者善於發現別人發現不了的優點、長處和意義。

瞭解引以為榮的事

人不是歷史的符號，但在每個人成長發展的歷史過程中又滿載著歷史記錄，其中不乏自己引以為榮的事情。對這些引以為榮的事情，每個人都渴望得到別人較高的評價，如果能夠得到衷心地肯定和讚美，更是讓人高興和自豪的事。

對於陌生人，則可以從他的職業、所處環境及歷史年代，大體判斷其

引以為榮的事情的範圍。一位將軍引以為驕傲的資本，往往是他曾經取得的累累戰功，一位研究歷史的教授，則必然對自己發表的論文和專著引以為豪，律師則會以自己辦的影響力較大的案子而得意，縱使是一個農民，也會為他比別人種得好的莊稼生出幾分成就感。

真誠地讚美一個人引以為榮的事情，可以使你更好地與對方相處。

讚美一個人引以為榮的事情，可以使他更容易接受你的建議，從而改正自己的一些錯誤行為。

經常讚美老人一生中引以為榮的事情，可以使老人晚年更加幸福。

稱讚一個人引以為榮的事情必須注意三點：其一，讚美的話語表達要準確，不能偏離事實。其二，讚美必須是由衷的，發自肺腑的言語，不要誇張。其三，讚美之時要專注，讓被讚美者感到你有享其光榮和快樂的心情。

瞭解愛好

幾乎每個人都有自己的愛好，有自己擅長的事物，琴、棋、書、畫，養花種草，甚至吸煙喝酒也算得上是愛好。愛好是一個人的樂趣所在。為了自己的愛好，比如集郵，每個人都捨得花錢，也捨得投入時間和精力，有的甚至達到廢寢忘食的境界。對有些人來說，愛好就是他的命根子，你若衝撞他的愛好，輕則討人嫌，重則怒氣衝天。尊重別人的愛好，可以贏得別人喜歡。常言所說的志趣相投，很大程度上是指興趣、愛好接近，從而才使兩人走到一起。

要做一個讚美的高手，必須瞭解別人的愛好，尊重別人的愛好，讚美別人的愛好。要想使你的讚美真正能夠「投其所好」，必須有一「技」之長。

❶ 首先要把握好正當愛好與有分歧的愛好之間的界限。

正當愛好多不勝數，當前很熱的如足球、集郵、氣功等。這些愛好有益於大家身心健康，易為人接受，頗受大眾歡迎，人們在評價上也沒多少分歧，比較容易稱讚。比如你讚揚一群足球迷時，不論誇他足球知識淵

博，勁頭足，還是讚揚他喜愛的球隊，他都會感到高興。

❷ 虛心請教是高超的讚美

一般說來，愛什麼懂什麼。一個人愛好書法，必定有豐富的書法知識；一個人愛釣魚，釣魚經驗必定豐富，你沒有必要恭維其愛好如何如何，這樣的話他必然聽得太多，如一陣風吹過耳畔，腦中留不下半點痕跡。這時只要你虛心地討教一番，作畢恭畢敬狀，他定會耐心地向你傳授其中一二奧秘。

❸ 不妨把自己變得「外行」一些

愛好相同的兩個人相處時，談得最多的自然是他們的愛好，兩人即使是萍水相逢，也可能一見如故。對於愛好相同者，其互相切磋、玩味的全神貫注狀，令人好生佩服。他們可能互相交流經驗、也可能為某一技術性問題爭得面紅耳赤，然而有時候你想恭維對方，不妨把自己表現得「外行」一些或水準更低一些。

讚美的高境界應該是沁人心田而不露痕跡。

利用機會求人辦事——
如何求成功人士幫助自己

有時你看準的人，他卻不一定願意與你相處，與你共事，為你效勞。怎麼辦？世上沒有攻不破的堡壘，更沒有感動不了的人。你求人幫助，尤其求那些功成名就的人，那些身懷絕技的人，那些個性特異的人，是需要下一番工夫的。

清光緒某年，鎮江知府大人想為他的母親做八十大壽，消息傳到周炳記木號，周老闆愁眉頓開，高興萬分。周老闆為何高興？原來那時鎮江木號的木材，大部分堆在江裏。為此，清政府每年要索納幾千兩銀子的稅貼。木號的老闆們為了放寬稅貼，只好向知府大人送禮獻媚。可這位知府自稱清正廉明，所贈禮品均拒之門外。

周老闆正在設法尋找接觸的機會，聽說知府的老母要做大壽，頓時覺得這是一個機會。他知道知府大人是位孝子，對老夫人的話是百依百順。只要打動了這位老夫人，也就等於說服了知府大人。

周老闆派人打聽老夫人喜歡什麼，得知她最喜歡花。可眼下初入寒冬，哪來的鮮花呢？周老闆靈機一動，有了辦法。

老夫人做壽這天，周老闆帶著太太一行早早來到知府大人的後衙。周太太一下轎，丫環們就用綠色的綢緞從大門口一直鋪到後廳，周太太在地毯上款款而行，每一步就留下一朵梅花印。朵朵梅花一直「開」到老夫人的面前，祝老夫人「壽比南山，福如東海」。老夫人聽了笑眯眯的，連忙請他們入席。

宴席期間，上了二十四道菜，周太太也換了二十四套衣服，每套衣服都繡著一種花，什麼牡丹、桂花、荷花、杏花……看得老夫人眼花繚亂，眉開眼笑。直到宴席結束，周太太才說請知府大人高抬貴手，放寬木行稅貼。老夫人正在興頭上，忙叫兒子過來，吩咐放寬周炳記木號的稅貼。既然母親開了「金口」，孝子不能不點頭答應。

從此，周太太成了知府家中的常客，每次來都「借花獻佛」。那孝順的知府大人也因母命難違，就對周老闆另眼相看。

有些人並不是心甘情願地為你做貴人的，這就要想辦法，讓他行也得行，不行也得行，像周老闆就很會想辦法，他先從老太太入手，給知府大人施加壓力，使知府大人不得不做自己的貴人。

當然，這種逼人上轎的辦法，只能是不得已而為之，並非最善之策。如能在滿足對方需求的前提下，讓對方自願效勞是為上策。

直接請求人幫忙，如果未蒙應允，於事無益，心中反而留下芥蒂。不妨利用機會，請第三者幫忙說合，一來成功的機會更大，二來也可以避免下不來台的尷尬。

替他人著想才有說服力——
如何說服成功人士

美國汽車大王福特說過一句話:「假如有什麼成功秘訣的話,就是設身處地替別人著想,瞭解別人的態度和觀點。」因為這樣不但能得到你與對方的溝通和諒解,而且能更清楚地瞭解對方的思想軌跡及其中的「要害點」,瞄準目標,擊中「要害」,使你的說服力大大提高。

曾經有人說,要想讓別人相信你是對的,並按照你的意見行事,首先必須要人們喜歡你,否則你就要失敗。可是如果我不能設身處地站在別人的角度,找到別人的訴求,又怎麼可能讓對方喜歡呢?

卡內基有一次租用某家飯店的大禮堂來講課。有一天,他突然接到通知,租金要增加三倍。卡內基去與經理交涉。他說:「我接到通知,有點兒震驚,不過這不怪你。如果我是你,我也會那樣做。因為你是飯店的經理,你的職責是盡可能使飯店獲利。」

緊接著,卡內基為他算了一筆帳:「將禮堂用於辦舞會、晚會,當然會獲大利。但你攆走了我,也等於攆走了成千上萬有文化的中層管理人員,而他們光顧貴飯店,是你花五千元也買不到的活廣告。那麼哪樣更有利呢?」經理被他說服了。

卡內基之所以成功,在於當他說「如果我是你,我也會那樣做」時,他已經完全站到了經理的角度。接著,他站在經理的角度上算了一筆帳,抓住了經理的訴求:盈利,使經理心甘情願地把天平砝碼加到卡內基這邊。

有家電視臺,每週播出一次關於人生問題講座的節目,收視率比其他時段的節目要高出許多。

收視率之所以偏高,當然有許多原因,但其中最重要的原因是觀眾們欣賞節目中的巧妙答話。

大多數有疑難問題而上電視請教的觀眾,在開始時會對解答者所做的種種忠告提出反駁或辯解,並且顯得十分不情願接受對方所言。但久而久

之，於不知不覺中就會對解答者所說的每一句話都頷首稱是，看著電視畫面，覺得比在電影院看一場電影還要好。

凡電視臺的主持人或問答者，無不是精挑細選才產生出來的，所以光是聽聽他們的說服方式也獲益不少。

對於不易說服的人，最好的辦法就是使對方認為你與他是站在同一立場的。通常出現在這類探討有關人生問題的電視節目上的觀眾，以離婚女子占多數。此時負責解答疑難者常說的一句話是：如果我是你，我會原諒你，而且絕不與他分手。

你千萬別認為話中的「如果我是你」，只是短短的單純的一句話而已，殊不知它能發揮的效力是多麼不可限量！而這也是由於人人都認為「自己是最可愛的」心理所致。

如果你在說服別人的過程中，無意間使用了一些不太妥當的言詞，由於你巧妙地運用這句「如果我是你」，結果就會彌補你言詞上的過失。不僅如此，它還能促使對方做自我反省，並終於感覺到唯有你的忠言，才是對自己最有利的。

善於傾聽專業人士的話

專心地聽別人講話，是我們所能給予別人的最大的讚美；或許多人去找醫生，但實際他們所需要的不過是一名聽眾而已；我們生來兩隻耳朵一張嘴，就是叫我們少說多聽。因為聆聽是世界上最動聽的語言。

喬・吉拉德說：「有兩種力量非常偉大，一是傾聽，二是微笑。」「傾聽，你傾聽得越久，對方就會越接近你。」

喬・吉拉德對這一點的感觸很深，因為他從他的客戶那裏學到了這一道理。喬花了近半個小時才讓他下定決心買車，而後，喬所需要做的只不過是讓他走進喬的辦公室，簽下一紙合約。

當他們向喬的辦公室走去時，那人開始向喬提起他的兒子，因為他兒子就要考進一所有名的大學了。他十分自豪地說：「喬，我兒子要當醫生。」

「那太棒了。」喬說。當他們繼續往前走時，喬卻看著其他的推銷員。

「喬，我的孩子很聰明吧，」他繼續說，「在他還是嬰兒時我就發現他相當聰明。」

「成績非常不錯吧？」喬說，仍然望著別處。

「在他們班是最棒的。」那人又說。

「那他高中畢業後打算做什麼？」喬問道。

「我告訴過你的，喬，他要到大學學醫。」

「那太好了。」喬說。

突然地，那人看著他，意識到喬太忽視他所講的話了。「嗯，喬」，他突然說了一句「我該走了」，就這樣他走了。

下班後，喬回到家裏想想今天一整天的工作，分析他所做成的交易和他失去的交易，喬開始考慮白天他客戶離去的原因。

第二天上午，喬給那人的辦公室打個電話說：「我是喬・吉拉德，我希望您能來一趟，我想我有一輛好車可以賣給您。」

「哦，世界上最偉大的推銷員先生」他說，「我想讓你知道的是我已經從別人那裏買了車。」

「是嗎？」喬說。「是的，我從那個欣賞、讚賞我的人那裏買的。當我提起我對我的兒子吉米有多驕傲時，他是那麼認真地聽。」

隨後他沉默了一會兒，又說：「喬，你並沒有聽我說話，對你來說我兒子吉米成不成為醫生並不重要。好，現在讓我告訴你，你這個笨蛋。當別人跟你講他的好惡時，你得聽著，而且必須全神貫注地聽。」

頓時，喬明白了他當時所做的事情。喬此時才意識到自己犯了個多麼大的錯誤。

「先生，如果那就是您沒從我這兒買車的原因」喬說，「那確實是個

不錯的理由。如果換做是我，我也不會從那些不認真聽我說話的人那兒買東西。那麼十分對不起。然而，現在我希望您能知道我是怎樣想的。」

「你怎麼想？」他說道。

「我認為您很偉大。我覺得您送兒子上大學是十分明智的。我敢打賭，您兒子一定會成為世上最出色的醫生。我很抱歉讓您覺得我無用，但是您能給我一個贖罪的機會嗎？」「什麼機會，喬？」

「有一天，如果您能再來，我一定會向您證明我是一個忠實的聽眾，我會很樂意那麼做。當然，經過昨天的事，您不再來也是無可厚非的。」

三年後，他又來了，喬賣給他一輛車。他不僅買了一輛車，而且也介紹了他許多的同事來買車。後來，喬還賣了輛車給他的兒子，吉米醫生。

這就是傾聽的力量，它是給我們帶來人脈的通道，也是帶來財脈的最好方法，只要會傾聽，它不需要你付出多少努力，這樣看來，是不是賺錢太容易了呢？只要懂得傾聽就夠了。

因此如果你想成為一名優秀的談話家，就做一個注意聽話的人。正如查理斯·洛桑所說的：「要令人覺得有趣，就要對別人感興趣——問別人喜歡回答的問題，鼓勵他談談自己和他的成就。」請記住：跟你談話的人對他自己，他的需求和他的問題，比他對你和你的問題，更感興趣千百倍。別忘了這點——當你下次開始跟別人交談的時候！因此如果你要成為優秀的談話家，請記住：做一個好的聽眾！

給成功人士一個
實幹的印象

踏踏實實做人，實實在在辦事。任何一個雙手插在口袋裏的人，都爬不上成功的梯子。給人留下一個實在的形象，給自己的成功增添一份夯實的基礎，從實際出發，對自己負責。

敬業，實幹家的成功保障

　　有條不紊和細心認真是實幹家必備的素質，超乎尋常的敬業精神是成功的可靠保障。雙手插口袋的人，爬不上成功的梯子。

　　洛克菲勒是美國石油大亨，他的老搭檔克拉克這樣說他：「他有條不紊和細心認真到了極點，如果有一分錢該歸我們，他要取來；如果少給客戶一分錢，他也要客戶拿走。」

　　洛克菲勒對數字有著極強的敏感，他常常精打細算，以免錢從指縫中悄悄溜走。他曾給西部一個煉油廠的經理寫過一封信，嚴厲質問：「為什麼你們提煉一加侖火油要花 1 分 8 厘 2 毫，而另一個煉油廠卻只需 9 厘 1 毫？」這樣的信還有：「上一個月你廠報告還有 1119 個塞子，本月初送給你廠 10000 個。本月份你廠用去 9537 個，卻報告現存 1012 個。其他 570 個塞子哪去了？」這樣的信據說洛克菲勒寫過上千封。他就是這樣從書面數字——精確到毫、厘、分，分析出公司的生產經營情況和弊端所在，從而有效地經營著他的石油帝國。洛克菲勒這種嚴謹認真的工作作風是在年輕時養成的。他十六歲時初涉商海，是在一家商行當簿記員。他說：「我從十六歲開始參加工作就記收入支出帳，記了一輩子。它是一個能知道自己是怎樣用掉錢的唯一辦法，也是一個人能事先計畫怎樣用錢的最有效的途徑。如果不這樣做，錢多半會從你的指縫中溜走。」

把每一份工作都做好

　　不要強調任何客觀原因，踏實做好你的每一份工作。休斯·查姆斯在擔任「國家收銀機公司」銷售經理期間，曾面臨著一種最為尷尬的情況，該公司的財政發生了困難。這件事被在外頭負責推銷的銷售人員知道了，並因此失去了工作的熱忱，銷售量開始下跌。到後來，情況極為嚴重，銷售部門不得不召集全體銷售員開一次大會，在全美各地的推銷員皆被召去參加這次會議。查姆斯先生主持了這次會議。

首先，他請手下最佳的幾位銷售員站起來，要他們說明銷售量為何會下跌。這些銷售員被喚到名字以後，一一站起來，每個人都有一段最令人震驚的悲慘故事要向大家傾訴：商業不景氣、資金缺少、人們都希望等到總統大選揭曉以後再買東西等等。

　　當第五個銷售員開始列舉使他無法完成銷售配額的種種困難情況時，查姆斯先生突然跳到一張桌子上，高舉雙手，要求大家肅靜。然後，他說道：「停止，我命令大會暫停十分鐘，讓我把我的皮鞋擦亮。」

　　然後，他命令坐在附近的一名黑人小工友把他的擦鞋工具箱拿來，並要求這名工友把他的皮鞋擦亮，而他就站在桌上不動。

　　在場的銷售員都嚇呆了。他們有些人以為查姆斯先生發瘋了，他們之中開始竊竊私語。在這同時，那位黑人小工友先擦亮他的第一隻鞋子，然後又擦另一隻鞋子，他不慌不忙地擦著，表現出第一流的擦鞋技巧。

　　皮鞋擦亮之後，查姆斯先生給了小工友一毛錢，然後發表他的演說。

　　「我希望你們每個人，」他說，「好好看看這個小工友。他擁有在我們整個工廠及辦公室內擦皮鞋的特權。他的前任是位白人小男孩，年紀比他大得多，儘管公司每週補貼他五元的薪水，而且工廠裏有數千名員工，但他仍然無法從這個公司賺取足以維持他生活的費用。」

　　「這位黑人小男孩不僅可以賺到相當不錯的收入，既不需要公司補貼薪水，每週還可存下一點錢來，而他和他的前任的工作環境完全相同，也在同一家工廠內，工作的對象也完全相同。」

　　「現在我問你們一個問題，那個白人小男孩拉不到更多的生意，是誰的錯？是他的錯還是他顧客的錯？」那些推銷員不約而同地大聲說：「當然了，是那個小男孩的錯。」「正是如此。」查姆斯回答說，「現在我要告訴你們，你們現在推銷收銀機和一年前的情況完全相同：同樣的地區，同樣的對象以及同樣的商業條件。但是你們的銷售成績卻比不上一年前。這是誰的錯？是你們的錯，還是顧客的錯？」同樣又傳來如雷般的回答：「當然，是我們的錯！」

　　「我很高興，你們能坦率承認你們的錯。」查姆斯繼續說，「我現在

要告訴你們。你們的錯誤在於你們聽到了有關本公司財務發生困難的謠言，這影響了你們的工作熱忱，因此你們就不像以前那般努力了。只要你們回到自己的銷售地區，並保證在以後三十天內，每人賣出五台收銀機，那麼本公司就不會再發生什麼財務危機了。你們願意這樣做嗎？」

大家都說「願意」，後來果然辦到了。

用滿腔的工作熱忱把每一份工作都做好，它們就成了你人生晉級的一個個臺階。

雙手插在口袋裏的人，爬不上成功的梯子

「只想不做的人只能生產思想垃圾。」布萊克說，「成功是一把梯子，雙手插在口袋裏的人是爬不上去的。」

從前，有一位滿腦子都是智慧的教授與一位文盲相鄰而居。儘管兩人地位懸殊，知識水準、性格有天壤之別，可兩人有一個共同的目標：如何儘快富裕起來。每天，教授翹著二郎腿大談特談他的致富經，文盲在旁虔誠地聽著，他非常欽佩教授的學識與智慧，並且開始依著教授的致富設想去實現。

若干年後，文盲成了一位百萬富翁，而教授還在空談他的致富理論。

思想固然重要，但行動往往更重要。我們的本性是主動行動而不是消極等待。這一本性不僅能使我們選擇對某種特定環境的反應，而且能使我們創造環境。

採取主動並不意味著緊催硬逼、令人生厭或尋釁好鬥。它的真正含義是承認我們有責任使事情發生。許多人等待著事情發生，或等待著別人照顧他們。但那些最終獲得好職位的人，都是那些解決了問題而不是為問題所困住的能動型的人，這些人按照正確的原則掌握主動，做了需要做的事件，完成了工作。

那些發揮主動性的人和那些不發揮主動性的人有著天壤之別。我們指的不是效力上的百分之二十五至百分之五十的差別，而是五十倍以上的差別，如果那些發揮主動性的人是聰明、有見地和反應敏銳的人，那就更是這樣了。

耐心——事緩則圓，不必急在一時

要擺脫人與事的困境，就難免要求人，求人就難免要低三下四，但著眼於未來的成功，即使像蟑螂一樣的生活，也應在所不惜，風水畢竟輪流轉。放下架子，該屈就屈，能屈能伸，屈中見伸方為英雄！

像蟑螂一樣生活

不管你遭到的不如意程度如何，只要你在主觀感受上已到了沮喪、消極、痛苦，幾乎要毀滅的地步，那麼我要告訴你的就是：像蟑螂一樣地活著。人生難免要受點委屈嘛！

大部份城市每年都要搞一次全市的滅蟑螂運動。沒有人喜歡蟑螂，因為它長相奇醜，生命力極強，到處都有，打了一隻，待會又出來一隻，有縫就鑽，有洞就躲，一般的殺蟲劑它們也不太在乎。最近在閱讀了一本有關昆蟲的書之後，我對蟑螂的印象有了一些改變。

據研究，蟑螂是和恐龍同時期的昆蟲，可是恐龍早已死光了，蟑螂卻仍在地球上存活，並且大量繁衍。那篇文章還說，蟑螂可以在最惡劣的環境中生存，只要有那麼一小滴水，它就可以活下來。

蟑螂的這種生存能力是自然演化的結果，但自從我讀了那本書後，對蟑螂卻有了一些「尊敬」，雖然我看到蟑螂還是要追它打它。我常想，人如果也有蟑螂的韌性，還有什麼日子不能過，還有什麼樣的苦不能吃呢？

在人的一生當中絕對會碰上不如意的時候，這些不如意有很多種，例如生意失敗、失戀、人事鬥爭落敗、被羞辱、工作不順、家道中落等等，而依各人承受程度的不同，這些不如意也會對各人形成不同的壓力與打擊，有人根本不在乎，認為這只是人生中必然會碰到的事；有人則很快就可以掙脫沮喪，重新出發；但有些人只要被輕輕一擊就倒地不起。

蟑螂是牆縫裏可活、壁櫥裏可活、陰溝裏也可活的昆蟲，當你遇到不如意事，無論是客觀環境造成的，還是人為的，不就有如在牆縫裏、壁櫥

裏、陰溝裏一樣嗎？如果你因為過著這樣陰暗、充滿髒臭與羞辱的日子而灰心喪志，失去活下去的勇氣，那麼你連一隻蟑螂都不如。恐龍已經絕跡，蟑螂卻仍然活著，而且生命力更加旺盛。所以你也要在最黑暗的時刻，最卑賤的時刻，最痛苦的時刻，頑強地活下來。也就是說，在這種時候，你不要去計較面子、身分、地位，也不要急著出頭，這種日子很容易讓人沉不住氣，但只要沉得住氣，只要「存在」就有希望，就有機會。

如果人能像蟑螂一樣地活下來，必然會有一些收穫。重新出頭的那一天，你會得到更多的尊敬，因為人雖然屈服於強者之下，但打不死的勇者卻有更強的號召力和感染力。有過蟑螂般的生活經驗，便不怕他日身處逆境，換句話說，對不如意事更能悠然面對，能屈能伸。陰暗的日子能過，風雨的日子能過，人到了這種地步，還有什麼事能為難他呢？所以不要做恐龍橫行一時，要學蟑螂生存無數年。

放下身段，前方是大道

有一位大學生，在校時成績很好，大家對他的期望也很高，認為他必將有一番了不起的成就。他是有成就，但不是在政府機關或在大公司裏有成就，而是賣蚵仔麵線賣出了成就。

原來他是在畢業後不久，得知家鄉附近的夜市有一個攤子要轉讓，他那時還沒找到工作，就向家人「借錢」，把它買了下來。因為他對烹飪很有興趣，便自己當老闆，賣起蚵仔麵線來。他的大學生身分曾招來很多不以為然的眼光，但卻也為他招來不少生意。他自己倒從未對自己學非所用及高學低用產生過懷疑。現在呢，他還在賣蚵仔麵線，但也搞投資，錢賺得比一般人不知多多少倍。

「要放下身段。」這是我那位同學的口頭禪和座右銘，「放下身段，路會越走越寬。」那位同學如果不去賣蚵仔麵線或許也會很有成就，但無論如何，他能放下大學生的身段，還是很令人佩服的。你不必學他非得去做類似的事情不可，但在必要的時候，實在也要有他的勇氣。

人的「身段」是一種「自我認同」，並不是什麼不好的事，但這種「自我認同」也是一種「自我限制」，也就是說：「因為我是這種人，所以我不能去做那種事」，而自我認同越強的人，自我限制也越厲害。千金小姐不願意和下女同桌吃飯，博士不願意當基層業務員，高級主管不願意主動去找下級職員，知識份子不願意去做「不用知識」的工作……他們認為，如果那樣做，就有損他的身分。

其實這種「身段」只會讓人路越走越窄。我並不是說有「身段」的人就不能有得意的人生，但我相信，在非常時刻如果還放不下身段，那麼會讓自己無路可走。像博士如果找不到工作，又不願意當業務員，那只有挨餓了；如果能放下身段，那麼路就越走越寬。

你如果想在社會上走出一條路來，那麼就要放下身段，也就是放下你的學歷、放下你的家庭背景、放下你的身分，讓自己回歸到「普通人」。同時，也不要在乎別人的眼光和批評，做你認為值得做的事，走你認為值得走的路。

「放下身段」比放不下身段的人在競爭上多了幾個優勢：

能放下身段的人，他的思考富有高度的彈性，不會有刻板的觀念，而能吸收各種資訊，形成一個龐大而多樣的資訊庫，這將是他的本錢。

能放下身段的人能比別人早一步抓到好機會，也能比別人抓到更多的機會，因為他沒有身段的顧慮。

有一則這樣的故事：一千金小姐隨著婢女在饑荒中逃難，乾糧吃盡後，婢女要小姐一起去乞討，千金小姐說「我是小姐」不願意去。結果呢？您自己猜吧！

誠信──誠信帶來財富與地位

「一個人有兩樣東西誰也拿不走，一個是知識，一個是信譽。我只要

求你做一個正直的公民。不論你將來是貧或富，也不論你將來職位高低，只要你是一個正直的人，你就是我的好兒子。」這是著名企業大陸聯想集團董事局主席柳傳志父親小時候教誨他的話語。此後，無論做什麼事情，柳傳志都以誠信為先，以真誠為首，這一思想一直到後來他任聯想集團總裁的時候都未曾改變。

聯想的成功，誠信是它的因素之一，它取信於銀行，取信於員工，更取信於投資者，而這一切都離不開柳傳志這位當家人。柳傳志的父親「正直做人」的教誨，也許就是聯想的精神支柱。

一九九七年，香港聯想因為庫存積壓造成一億九千萬港元的虧損，這在當時是個相當大的數字。在這危急的時候，聯想的領導層竟然選擇了首先告之銀行虧損的消息，然後再申請貸款。一般人認為，先借錢再通知銀行虧損狀況或者乾脆不通知銀行會比較容易借到錢。但是聯想集團寧願付出天價，也不願失去銀行的信任。此舉果然贏得銀行的信任，並再次貸到了款。如果不是聯想長期守信用，這件事根本就做不成。

聯想集團靠誠信贏得了很高的社會信譽，也贏得了巨大的財富。這就是誠信的力量！誠信不但是人性的基礎，而且是創造財富的基石。做人要講誠信，經商要講誠信。但真正的誠信是不能掛在嘴上的，要放在心裏，要用心去做。所以誠信是有價的，也是無價的。強調別人誠信，自己也得誠信。社會道德需要人們用誠信來維護；誠信的社會沒有坑蒙拐騙，人們普遍得到安全和受益。

靠誠信創造的財富誰也拿不走，物質沒有了，精神還在，而精神又可以創造財富。聯想不僅僅是一個例子，不僅僅是一種感動，它讓更多的人思考。早在南朝范曄的《後漢書》中就有這句話：「精誠所至，金石為開。」一語道出了待人以誠在社會交往中的作用。一個誠實的人是值得信賴的，他不會當面說別人的好話，背後卻陷害人；他不會違心地騙取他人的好感，換來對方對自己的信任，而達到自己的不可告人的目的。誠實的人是光明磊落的，他的心靈毫不遮掩地向朋友、同事等開放，他忠實於自己，也忠實於別人。

然而，「畫龍畫虎難畫骨，知人知面不知心」，人的心是很難捉摸的，有些人為人虛偽，但他表面上卻裝作謙恭的樣子。虛偽與誠實，如同水與火，兩者是不相容的。一個誠實的人，一個渴望真誠的人，必須拋棄虛偽。

　　在義大利的羅馬，有一座有名的雕像，是一位老人張著大口，好像在呼喊什麼。這座雕像非常有名，傳說一個人如果把手伸進老人的嘴裏，就能知道這個人是誠實的還是虛偽的，對於誠實的人，他的手安然無恙，如果是個騙子，他的手就會被雕像咬掉。傳說雖是這樣，但是千百年來，從未聽說過這座雕像曾咬掉過誰的手。這座雕像的存在以及關於他的傳說，只不過說明了人世間的真誠是難以考驗的，而也正由於它的難以考驗，不真誠才永遠不能絕跡，人們對真誠的嚮往同樣也永遠不消失。

　　「敦厚之人，始可託大事」，一個人如果不夠誠實，往往為人兩面三刀，在社會上成為圖利棄友的市儈小人，這樣的人是沒有朋友的，有朋友也只是利用朋友來達到自己的目的，把朋友當作工具。這種關係不會維持長久。交友如果不交心，一切都是見利而為，勢利眼的最後下場都是不太好的。人難免有勢利眼，但應該保護更多的是誠實，這樣會抵消一些由於勢利所帶來的惡果。可有的人完全勢利化了，他喜歡往熱鬧處尋找自己的利益，但他所追隨的人一失意，他立刻轉身而去。這樣的人容易被人看出他的心理動機，所以多被誠實的人所不屑，被誠信社會所不取，故而他的人緣環境是不會很好的，表面上的風光也是暫時的，經不得風吹雨打的。而誠實的人卻是被人們廣泛推崇的，他即使有時會吃點虧，但對整個人生來說，卻是問心無愧，這樣的人不去努力結交朋友，也會有人願意與其相處的。和他打交道沒有顧慮，沒有戒備，猶如走在乾乾淨淨的溪水邊，多麼愜意快樂啊。

　　宋朝著名詞人晏殊，還沒有成年時就參加殿試，他一拿到試題，說：「我十天前已做過這個題目了，而且文章草稿還保存著，請皇上換別的題目吧。」結果真的換了試題。

　　宋真宗特別喜歡晏殊的誠實。有一年，宋真宗允許臣僚們挑選旅遊勝

地舉行宴會，各級官員都踴躍參加。晏殊這時手頭拮据，沒錢參加這項活動，便留在家裏讀書。這天，宋真宗挑選輔佐太子的官職，出人意料地在百官中選任晏殊。宰相問真宗是什麼用意，真宗解釋說：「我聽說各級官員，無不遊山玩水，大吃大喝，通宵達旦，歌舞不絕，唯有晏殊閉門與兄弟讀書，如此謙厚，正可擔當輔佐太子的重任。」晏殊聽說後，便老老實實向真宗說：「我並不是不喜歡遊樂吃喝，只是因為我實在沒錢。如果有錢，這些旅遊宴會我也會參加的。」宋真宗越發佩服晏殊的誠實，又因為晏殊懂得為臣之道，便越來越受到真宗的重用，到宋仁宗時，晏殊被任命為宰相。

像晏殊這樣的人是多是少呢？這個問題的提出，就關係到我們如何面對他人了。營造良好的社會環境，人人都有責任，可它又不是幾句號召就能實現的，全民素質的提高，是一個較長過程。一個成熟而富有健全理性的人，會以一種平常的心態來看待現實生活中的不誠實的人以及他的行為，例如對於謊言，就要保持清醒的頭腦，不為它所迷惑。

一天，老洛克菲勒在家中和小孫子玩得十分高興，小孫子在屋裏跑來跑去。老洛克菲勒把孫子抱到窗臺上，使勁地鼓勵他從窗臺上縱身向下跳。孫子跳下的時候，爺爺雙手接住，然後又把孫子放到窗臺上，讓他繼續跳，並仍舊伸手做出接的動作。孫子有了上次的經驗，覺得這樣很好玩，毫不猶豫地跳下去。但這一次，老洛克菲勒突然縮回手，結果孫子摔在了地板上，痛得「哇」地哭起來。

這時，一位賓客正好從旁邊經過，目睹此情此景，十分驚訝，便走上前去詢問這位大亨為何這樣對待自己的孫子。老洛克菲勒笑著說：「我要讓他從小就知道，任何人的話都不可輕信，包括自己的爺爺。」

這就是洛克菲勒對人的態度，一個商人的為人處世之道。真的不相信所有的人話？不，是不輕信！否則他不可能有合作夥伴的。不輕信是一種自我保護，正如俗話說的「害人之心不可有，防人之心不可無」，如果我們和人相處時，心中先存幾分戒心，那麼世界上絕大數騙局都將被識破。儘管你是誠實的，是以誠待人的，但不等於這樣就可以確保無誤了。在承

認人性是美好的這一前提下，還要相信不誠實的人也是很多的。你在誠實待人的同時，要多留一個心眼。不誠實的人沒有市場，誠實的人人際環境就會更好。

12
CHAPTER

贏得客戶朋友的支援

關愛顧客
就是關愛錢脈

任何一椿生意或多或少都要和自己的客戶朋友打交道。和客戶朋友打交道，一方面，我們要讓客戶朋友接受自己的產品或者服務，另外一方面，我們也要讓客戶能夠為我們提供資訊、尋找機會、融通資金等一系列支持。我們不僅可以讓客戶朋友成為我們的產品和服務的消費者，也要成為推廣我們產品和服務的「銷售員」，這樣我們就能夠取得更多的成功。

但是在現實中，很多人在做生意的時候，不僅不能夠讓客戶朋友持久地接受自己的產品和服務，更不能夠讓客戶朋友為自己的生意搖旗吶喊。他們不知道如何讓自己的客戶成為朋友，不知道如何培養客戶朋友對自己的產品和服務的忠誠度，不知道如何和客戶朋友作感情投資，不知道如何和客戶談生意，不知道如何讓客戶朋友為自己推銷，也不知道如何避免客戶朋友和自己產生衝突甚至被客戶朋友所坑害。一句話，他們不知道如何讓客戶成為自己真正的錢脈。

而如果得不到客戶朋友在上述各個方面的有效支援，顯然我們的事業就變成了水中之月。因此學會解決上述問題是非常關鍵的。怎麼解決？下面的內容就是你想要的答案。

首先把客戶
變成自己的朋友

博恩·崔西是世界一流的潛能大師，一流的效率提升大師，一流的銷售教練。他的書籍被翻譯成多種文字，他的訓練幫助了千千萬萬的生意人。他的秘訣就在於：讓客戶成為自己的朋友。他相信，只有客戶成為自己真正的朋友，他們才會真正地為你的生意著想，才有可能成為持續推動你的生意前進的重要力量。

那麼他是如何做到讓客戶成為自己的朋友呢？

——在客戶身上投資更多的耐心，花更多的時間與顧客待在一起，為顧客設想，與顧客建立商業上的友誼。

博恩・崔西在和客戶相處的時候，他絕對不會急著趕時間。他要向人表明，他願意花足夠的時間去幫助顧客做出正確的購買決定，他絕對不會對顧客沒耐心。

——真誠地關懷客戶

你越關懷客戶，他們就越有興趣和你做生意。關懷的感情因素是那麼的強烈，往往使得價格、相對品質、交貨效率、公司在市場上的規模，都敵不過它的威力。一旦客戶認定你是真正關懷他和他的處境，不管銷售的細節或競爭者怎麼樣，他都會向你購買。

——尊敬所遇到的每一個顧客

常言道，一個人有所為有所不為，都是為了博得你所重視的人對你的尊敬。一個人的驕傲、尊嚴、自我肯定，大部分都來自於受到別人的尊敬程度。你越在意別人的意見，別人對你的尊敬程度就越會影響你的行為。

每當我們感受到別人的尊重，我們就會對那個人特別重視。假如有人尊敬我們，我們就會認為那個人比較優秀，比較有判斷力，比較有內涵，而且個性也比較好。

——絕不批評、抱怨或指責顧客

絕對不要站在你的立場上批評任何人或任何事，不要惡言相向或批評你的競爭者。每當你聽到別人提起競爭者的名字時，只要微笑地說：「那是一個很不錯的公司。」然後就繼續做你的產品介紹。假如有人告訴博恩・崔西，他的競爭者是如何地批評他，他只會一笑置之。

讓我們彼此尊重吧！

——毫無條件地接受

希望能夠被他人毫無條件地接受，是所有人最重要的需求之一。你只需要用微笑，並且表現溫和友善，就可以表達你接受他人的態度。一般人都喜歡和那些能夠接受他們本性的人在一起，而不想受到任何評判和批

評。

你越能夠接受別人，他們就越願意接納你。

——贊同顧客

每當你稱讚並同意他人所做的任何事，他就會感到快樂會變得更有精神。他的心跳會加快，會覺得自己很棒。當你在每個場合都竭力找機會對他人表示讚揚及同意的時候，你就會成為到處受人歡迎的人物。

——感謝每一個幫助過你的顧客

不管你感謝任何人所做的任何事，都會讓彼此的自我肯定上升。你會讓他覺得自己更有價值也更重要。

你一定要養成隨時感謝他人所做所為的習慣，尤其要向那些會讓你期望的好事連連不斷發生的人，表達感謝之意。

——羨慕

每當你羨慕一個人的成就、特質、財產時，就會提高他的自我肯定，讓他更得意。只要你的羨慕、贊同、感謝都是發自內心，別人就會因此而得到正面的肯定的影響。他們對你產生好感的程度，會相當於你讓他們對自己及生活的滿意度。

——絕不與顧客爭辯

你只要別跟客戶爭辯就好了。不管客戶說什麼，你只要點頭、微笑，並且欣然同意。顧客喜歡和與自己英雄所見略同的人打交道，他們不喜歡和愛抬槓的人相處。甚至當客戶明顯犯錯時，他還是討厭你把他的問題揪出來。把眼光放在建立關係上面，以建立關係的利益來考量。

——集中注意力，傾聽顧客在說什麼

當客戶在說話時，你把注意力集中在他的身上，就是對他最大的恭維。你讓他覺得自己很有價值，而且很重要。

你的任務就是成為一個人際關係高手，成為一個人際關係專家。你的任務就是去成為一個在行業中最好、最有人緣的人。

讓你的產品和服務，替你贏得客戶朋友的心

一些老闆經常詫異地說：「不久前與客戶的關係還好好的，一會兒『風向』就變了，真不明白。」客戶流失已成為很多人在做生意時所面臨的尷尬，他們大多也都知道失去一個老客戶會帶來巨大損失，也許需要再開發十個新客戶才能予以彌補。但當問及客戶為什麼流失時，很多老闆一臉迷茫，談到如何防範，他們更是誠惶誠恐。

客戶的需求不能得到切實有效的滿足，往往是導致客戶流失的最關鍵因素。一般來講，你應從以下幾個方面入手來堵住客戶流失的缺口，讓客戶對你的產品和服務保持足夠的忠誠度。

實施全面品質行銷

顧客追求的是較高品質的產品和服務，如果我們不能給客戶提供優質的產品和服務，終端顧客就不會對他們的上游供應者滿意，更不會建立較高的顧客忠誠度。因此企業應實施全面品質行銷，在產品品質、服務品質、客戶滿意和生意盈利方面形成密切關係。

另外，在競爭中為防止競爭對手挖走自己的客戶，戰勝對手，吸引更多的客戶，就必須向客戶提供比競爭對手具有更多「顧客讓渡價值」的產品。這樣才能提高客戶滿意度並加大雙方深入合作的可能性。為此，你可以從兩個方面改進自己的工作：一是通過改進產品、服務、人員和形象，提高產品的總價值；二是通過改善服務和促銷網路系統，減少客戶購買產品的時間、體力和精力的消耗，從而降低貨幣和非貨幣成本。

某老闆為了更好地吸引客戶，將銷售收入的百分之三用於新產品的研製開發，生產市場上有良好需求的產品，還投入了大量的費用改進產品的各種性能，提高產品的價值。而且把全國市場劃分為北、中、南、東、四個部分，出資建立了四個倉庫，每個倉庫都配備專門的送貨車。另外承諾客戶不管什麼時間要貨，只要一個電話，保證二十四小時內送到。解決了

客戶缺少貨源問題，節省了貨物運輸的時間、費用，客戶購買產品的成本大大降低，受到眾多客戶的好評，這位老闆的企業當年的銷售額就比往年增加了二成多。

很多人在做生意的時候，為了發現自身存在的問題，經常雇一些人，裝扮成潛在顧客，報告潛在購買者在購買公司及其競爭者產品的過程中發現的優缺點，並不斷改進。

著名的肯德基速食店就經常採用這種方法。美國的肯德基國際公司的子公司遍佈全球六十多個國家，達近一萬多個分店，但如何保證他的下屬能循規蹈矩呢？一次，上海肯德基有限公司收到了三份總公司寄來的鑑定書，對他們外灘快餐廳的工作品質分三次鑑定評分，分別為 83、85、88 分。分公司中外方經理都為之瞠目結舌，這三個分數是怎麼定的呢？原來肯德基國際公司雇用、培訓一批人，讓他們佯裝顧客潛入店內進行檢查評分，來監督自身完善服務。

這些佯裝購物者甚至可以故意提出一些問題，以測試企業的銷售人員能否適當處理。例如一個佯裝購物者可以對餐館的食品表示不滿意，以試驗餐館如何處理這些抱怨。企業不僅應該雇用佯裝購物者，經理們還應經常走出他們的辦公室，進入他們不熟悉的企業以及競爭者的實際銷售環境，以親身體驗作為「客戶」所受到的待遇。經理們也可以採用另一種方法來做這件事，他們可以打電話到自己的企業，提出各種不同的問題和抱怨，看企業的員工如何處理這樣的電話。從中我們很容易發現客戶的流失，是不是由於員工的態度而流失，發現公司的制度及服務中存在哪些不足，以便改進。

善於傾聽客戶的意見和建議

客戶與你的企業間是一種平等的交易關係，在雙方獲利的同時，你還應尊重客戶，認真對待客戶提出的各種意見及抱怨，並真正重視起來，才能得到有效改進。在客戶抱怨時，認真坐下來傾聽，扮好聽眾的角色，有必要的話，甚至拿出筆記本將其要求記錄下來，要讓客戶覺得自己得到了

重視，自己的意見得到了重視。當然僅僅是聽還不夠，還應及時調查客戶的反映是否屬實，迅速將解決方法及結果回饋給客戶，並提請其監督。

客戶意見是你的企業創新的源泉。很多老闆要求其管理人員都去聆聽客戶服務區域的電話交流或客戶返回的資訊。通過傾聽，我們可以得到有效的資訊，並可據此進行創新，促進企業更好地發展，為客戶創造更多的經營價值。當然，還要求企業的管理人員能正確識別客戶的要求，正確地傳達給產品設計者，以最快的速度生產出最符合客戶要求的產品，滿足客戶的需求。

在一次進貨時，某傢俱廠的一個客戶向其經理抱怨，由於沙發的體積相對大，而倉庫的門小，搬出搬進很不方便，還往往會在沙發上留下劃痕，顧客有意見，不好銷。要是沙發可以拆卸，也就不存在這種問題了。兩個月後，可以拆卸的沙發運到了客戶的倉庫裏。不僅節省了庫存空間，而且給客戶帶來了方便。而這個創意正是從客戶的抱怨中得到的。

建立強力督辦系統，迅速解決市場問題，保證客戶利益

如竄貨問題導致客戶無利可圖，你應迅速解決。某分銷商是 A 品牌在南部地區的銷售大戶。有一段時間，該分銷商為謀取年底豐厚的返利，自恃在 A 品牌銷售體系中的銷售地位及預期利潤回報，開始以低價向鄰近地區竄貨，給相鄰的經銷商帶來了很大的損失。A 品牌及時發現了該經銷商「圖謀不軌」的行為，並果斷採取了斷貨的措施。除此之外，還以年終扣點向該分銷商提出了嚴厲的警告。沒想到 A 品牌會動真格的，該分銷商眼見自己的大批下游客戶因拿不到貨倒戈相向、另投明主，迫於內外交困的言論，迅速恢復了正常的區域分銷及價格體系。而 A 品牌為了保證其他客戶的利益，承諾承擔因竄貨而導致的損失，有效防止了客戶的流失。

定期派出業務人員到市場上進行巡查，一旦發現竄貨跡象，要及時向企業反映，以爭取充足的時間來採取措施控制竄貨的發生，從而降低經營風險。因為在很多情況下，猖獗的竄貨往往致使客戶無利可圖，最後客戶

才無奈放棄產品經營而遠離企業而去。

對竄貨的監督是必要的，而對業務員來說，檢查客戶在有關如何使用產品方面，是否得到了適當的指導、培訓和技術性的幫助也是其職責。

建立投訴和建議制度

百分之九十五的不滿意客戶是不會投訴的，僅僅是停止購買，最好的方法是要方便客戶投訴。一個以客戶為中心的企業，應為其客戶投訴和提建議提供方便。許多飯店和旅館都備有不同的表格，請客人訴說他們的喜憂。寶潔、通用電器、惠而浦等很多著名企業，都開設了免費電話熱線。很多企業還增加了網站和電子信箱，以方便雙向溝通。這些資訊流為企業帶來了大量好創意，使它們能更快地採取行動，解決問題。3M 公司聲稱它的產品改進建議有超過三分之二的是來自客戶的意見。

建立預測系統，為客戶提供有價值的資訊

一飼料廠的廠長曾談到這個問題，企業真正為客戶著想，在預測到飼料價格短期內將上浮的消息時，總會及時告訴經銷商，而瞭解到這個消息的經銷商就會大批量地進貨，以賺取更多的差價。而一旦預測到近期內市場的需求量將下降，企業在減少生產量的同時，也通知經銷商降低庫存，以減少不必要的資金積壓和成本費用。資訊就是財富，客戶對廠家自然是感激不盡。

與客戶建立關聯

通過為客戶建立檔案、利用客戶關係管理系統(CRM)建立客戶資源資料庫或管理中心等手段，可以對客戶資源進行有效的管理，幫助出口企業鑑別、吸引和留住有價值的客戶。

「客戶關係管理」（CRM）是一個嶄新的課題。Oracle 大陸公司負責ERP(企業資源管理)銷售的曹悅小姐介紹道，很多企業發現自己斥鉅資購買了傳統的 ERP 系統，對企業內部資源(被稱為「後臺」)進行優化和整

合，並沒有產生顯著的收益和持續擴張的動力。

利用客戶關係管理系統，不僅能有效地控制因業務人員流動導致客戶流失的情況，而且企業能利用該系統搜集、追蹤和分析每一個客戶的資訊，從而知道他們是誰，他們需要什麼，並把客戶想要的送到他們手中。CRM 還能觀察和分析客戶行為對企業收益的影響，使企業與客戶的關係及企業盈利得到最優化，從而最大限度地滿足客戶需要和最大限度地降低企業成本。

一些外貿公司目前使用的財務、業務管理的軟體中，最重要的一個模組就是客戶管理中心，屬於客戶關係管理系統。外貿公司使用該系統的最初目的是防止外銷業務人員的頻繁流動而導致公司客戶流失。該系統將公司客戶分為國內的供應商(即生產廠家)和國外的客戶(外商)兩大部分。

這個模組的資料庫主要錄入了：

❶ 客戶的詳細聯繫資料；

❷ 客戶的基本資訊，如公司規模、成立時間、資信情況、經營範圍和發展戰略等；

❸ 該客戶與公司的聯繫記錄；

❹ 該客戶與公司交易的情況如歷史記錄和現況：合同號碼、成交金額、合同執行的主要過程、貨款的支付情況、累計交易額、主管人員的變動情況等；

❺ 新客戶的資料，如潛在客戶的地區和產品分佈、對其瞭解的狀況等。

錄入工作由具體分管的業務人員負責、部門經理審查複核，所有資訊一旦進入資料庫，就只有經過總經理授權才能修改和複製，不同部門和業務人員的交叉檢索和查詢須經過授權。

所有出口企業的出口業務部門都有出口合同登記本、出口合同檔案或公司固定的出口業務專案審批表，實際上，這些就可以視為最原始的客戶資源管理。這些手工的寫在紙張上的歷史資料，為日後的電腦資料庫初始化，提供了重要的資料來源。

隨著電腦的日益普及，出口商在企業內部就可以建立一個客戶資源資料庫或客戶關係管理系統。最簡單的方法是在現有的電腦上使用MSOFFICE 的 ACCESS，就可以做出自己需要的客戶資源資料庫。也可以購買現成的客戶資源管理軟體，或一套外貿業務管理軟體，來實施客戶資源管理。

對於中小出口企業來說，自己或委託別人建立一個客戶資料庫，將最近二～三年中的歷史資料整理出來並同時錄入電腦，為滿足將來公司日益成長和發展的需要，通常應注意如下一些常識：

❶ 將企業的實際應用與資料倉庫解決方案聯繫起來；

❷ 良好的可擴充性；

❸ 確保資料品質：儘管企業的資料倉庫解決方案越來越複雜，資料的精煉和存儲管理工具也越來越豐富，但是資料的品質問題仍舊很嚴重。

多對顧客朋友
做感情投資

在你和你的顧客朋友的商務交際之中也需要「感情投資」。所謂感情投資，說簡單點，就是在生意之外多了一層相知和溝通，能夠在人情世故上多一份關心，多一份相助。即使遇到不順當的情況，也能夠相互體諒，「生意不成人情在」。

這種情況往往有多種表現。一種是自然形成的，在生意交往的過程中遇到比較投緣的客戶朋友，有了成功的合作，感情自然融洽起來，這就是我們常說的有緣分的人。有緣自然有情，關係好的時候，互相付出自然不在話下。問題在於如何保持和持續這種私人關係，繼續愛護它、增進它，使其長久。

其實就是有緣，彼此能夠一拍即合，要保持長期的相互信任、互相關照的關係也不那麼容易，仍然需要不斷進行感情投資，尤其在商場上。各

自都為自己的利益，很容易彼此起疑心。結果緣就會由合作變成對立，人情變成了敵意。為什麼走到了這一步？往往是忽略了「感情投資」的結果，甚至已經忘掉了這一點。

很多人都有這種毛病，一旦關係好了，就不覺得自己有責任去保護它了，往往會忽略雙方關係中的一些細節問題。例如該通報的資訊不通報，該解釋的情況不解釋，總認為「反正我們關係好，解釋不解釋無所謂」，結果日積月累，形成難以化解的問題。而更不好的是人們關係好了之後，總是對另一方要求越來越高，總覺得別人對自己好是應該的，稍有怠慢或者照顧不到，就有怨言。由此很容易形成惡性循環，最後損害雙方的關係。

可見，感情投資應該是經常性的。在你需求客戶朋友支援的過程中不可沒有，也不可似有似無，而應該從小處細處著眼，時時落在實處。

 ## 人情做足
才有殺傷力

對朋友要真誠相待，但畢竟達到莫逆之交，或可以深交的朋友還是少數，大部分的朋友不可能深交，與他們之間的情誼是要用人情來維繫的。如果和他們之間沒有人情往來，友誼就會淡漠，甚至消失。和顧客朋友之間關係的維持更是如此。

人情是人維繫群體的最佳手段和人際交往的主要工具。但你要是以為好心都有好報，做完了人情必能換來交情，就未免太過迂腐了。有人為朋友兩肋插刀，最後卻落得罵名或傾家蕩產，反目成仇的事並不少見。

當然，做人情做出禍事來的只是極少數，但人情白做了，弄得雙方都不愉快的事隨時可能發生。所以人情要做，但事前要權衡利弊，有害自己的盡可能不要做，有弊的少做。朋友的人情不但要做，而且一定要做足。

做足，包含兩個含義：一是人情要做完；二是人情要做充分。

如果顧客朋友求你辦什麼事，你滿口答應：「沒問題。」但隔了幾天，你給他一個半零不落的結果，對方雖然口頭上不說什麼，但心裏肯定會說：「這哥兒們真不夠意思，做就做完，做一半還不如不做，幫倒忙。」

做人情只做一半，叫幫倒忙，越幫越忙，非但如此，還會影響信任度，說話不算數的朋友誰都不願意結交。人情做一半，叫出力不討好。

人情做充分，就是不僅要做完，還要做好，做得漂亮。如果你答應幫顧客朋友辦某種事，就要盡心去做，不能做得勉勉強強。如果做得太勉強了，即使事情成了，你勉強的態度也會讓他在感情上受到傷害。

比方說你買了一本好書，朋友來借，你先說：「我剛買的，還沒看完呢，你想看就先拿去吧。」

其實前面的廢話又何必說呢？最後的結果是借給人家了，你不說也是借，說了還是借，與其說些廢話，還不如痛痛快快借給他。書總是你的嘛，還回來你盡可以看一輩子，何不把人情做圓滿呢？

應牢記：人情做足才有「殺傷力」。人情做足了，自然會贏得朋友的萬分感激，讓對方記掛你一輩子。

唐朝皇帝李隆基親自為他手下的一個將領煎藥，在吹風鼓火時，燒著了鬍鬚，當侍從們趕來時，他莞爾一笑，說：「但願他喝了這藥病就好了，鬍鬚有什麼可惜的呢？」

一個皇帝為他的屬下親自煎藥，這真是天大的人情，把人情做得如此之足，怎不叫屬下以死相報呢？人情的殺傷力可謂大矣！

把人情做足，好人做到底，你就要想朋友之所想，急朋友之所急，在他最困難、最需要幫助的時候，給朋友一個人情，殺傷力更大。

三國爭霸之前，周瑜在袁術手下為官，做一個小縣的縣令。這時候地方上發生了饑荒，百姓沒有糧食吃，活活餓死了不少人，士兵們也餓得失去了戰鬥力。周瑜作為父母官，看到這悲慘情形急得心慌意亂，不知如何是好。

周瑜聽說附近有個樂善好施的財主魯肅，就登門去借。兩人寒暄一

陣，周瑜就直接說：「不瞞老兄，小弟此次造訪，是想借點糧食。」魯肅聽後哈哈大笑：「此乃區區小事，我答應就是。」魯肅親自帶周瑜去查看糧倉，這時魯家存有兩倉糧食，魯肅痛快地說：「也別提什麼借不借的，我把其中一倉送你好了。」周瑜及手下一聽他如此大方，都愣住了，要知道，在饑荒之年，糧食就是生命啊！魯肅可謂送了周瑜一個大人情。魯肅做足了人情，和周瑜交上了朋友。後來周瑜發達了，當上了將軍，他牢記魯肅的恩德，將他推薦給孫權，魯肅終於得到了大展鴻圖的機會。

做足人情，還有一個意思，就是你欠了朋友的人情，還的時候要還足，甚至還更多。你的人情大於他的，他就得記著你的人情，朋友之間的帳，永遠也算不清，從某種意義上講，這種算不清的帳，無疑成了與朋友之間聯繫的一種紐帶。

朋友之間的情誼，是用人情維繫的，所以在做人情方面，一定要看得開，決定去做的人情，一定要做足，做足人情並非自己「自作多情」、「一個願打，一個願挨」，而是「放長線釣大魚」。人情做足了，才具有殺傷力，才能把想辦的事辦好。

人情要做足，要舉重若輕，而不能拈輕怕重。

舉重若輕，並非叫你像武俠小說裏說的一樣，為了朋友，可以傾家蕩產，可以慷慨赴死，一派輕鬆的樣子，那是為了「俠義」，而這裏的舉重若輕是為了人情。

朋友之間常常有這樣的應答：「哎呀，可太謝謝你了。」「咱哥們，誰跟誰啊，沒事。」這其實就是舉重若輕，朋友找你辦的事，若他能辦，也不會來找你了，所以你辦成了，你就要學乖點，不能以此自誇。應輕鬆點，不放在心上，會讓朋友更加器重和感激你。

一個朋友去找你，讓你給他的一個「關係戶」找份工作，你答應了，利用職權或人情之便，給對方找到了工作，並且你平時還要給對方以小小的關心、照顧。朋友面前，你是不應說什麼的，你要淡然處之。你用不著擔心他會不知道，自有人告訴他。

舉重若輕，你還要自己送「貨」上門，把人情送給正需要你的朋友，沒準，你會讓他萬分感動，涕淚滂沱。

　　舉重若輕，你就要想友之所想，急友之所急。在他最困難、最需要幫助的時候，你的出現對他來說，就彷彿暗夜裏的一道光芒，讓他難以忘卻。

把顧客朋友從競爭對手那裏奪過來就是客戶對你最大的支援。

　　我們的顧客朋友不僅包括我們自己所掌握的那些人，還包括競爭對手的顧客朋友。很多人沒有意識到這一點。試想一下，如果你能夠把競爭對手的顧客朋友搶過來，從他們那裏瞭解競爭對手，對於你的事業會有多麼大的幫助。

　　那麼我們如何能夠扭轉競爭對手客戶的態度，如何與競爭對手客戶保持長期的溝通，如何讓競爭對手客戶客觀地評價我方與競爭對手的產品與服務，最終如何能夠成功地趕走競爭對手，贏得競爭對手客戶呢？

　　首先，你要做好規劃：

❶ 分析你與競爭對手相比的優勢與劣勢。

❷ 瞭解目標客戶的背景和需求特點。

❸ 你的優勢與目標客戶的需求相聯繫。

❹ 若你不能比競爭對手更好地滿足客戶需求，你需要做的是提高自身能力，而不是盲目地去搶對手的客戶。

　　在與目標客戶接觸，初期以「資訊提供者」的身分進入，而不能一開口就推銷自己的產品。

　　雖然已經選擇好了長期的供應商，但為瞭解市場行情的變化資訊，加強對供應商的控制，他們需要供應商提供市場訊息，並會對提供此類資訊的人表示出好感，這對我們與其保持長期的溝通創造了契機。溝通方式中，我們可以在客戶下班前不忙的時候，給他打個電話，關心一下他們的生產、銷售情況，再有目的地說說行業與市場訊息，熟了可以聊點私人話題；或以裝作路過的方式做個拜訪，作個簡短的溝通。

切記，這類溝通要做到：

❶ 不詆毀競爭對手。

❷ 多宣傳自身近期的業績。

❸ 不作推銷。

❹ 體現你對行業的理解。

❺ 多引導對方說出使用情況和潛在需求。

通過多次的溝通，你可以讓客戶瞭解你們的企業與產品，同時你也可以更加深刻與細緻地瞭解客戶的需求。

當你在目標客戶心中建立了一定的信任後，可以針對你所瞭解的客戶的需求特點，客戶所在行業的發展趨勢的要求，或與競爭對手比較優勢，提出一個比競爭對手更符合客戶需求的有競爭力的解決方案。

由於有前期的廣泛的接觸，客戶對你們企業、對你的專業能力，有了一定的瞭解和一些基本的信任；同時在心裏也對你的執著與敬業產生一點肯定與讚賞。這時，你的方案中的優勢會被目標客戶所重視，同時客戶對方案的評價也會更加嚴肅與公正。

適度的距離反而 讓你贏得客戶朋友更多的支援

在辦公室以外的地方，你和你的客戶朋友通常比較放鬆，談話也常常涉及個人的情感世界與興趣。因為共同的興趣，你們之間的關係也會變得密切起來，建立起親密的友情。在很多情形之下，這種親密的人際關係確實能夠為後續的合作鋪平道路，順利地轉化為生意關係；然而在大多數情形下，出現這種情況卻是弊大於利。

第一，過度親密的人際關係有可能使商務關係受損。友誼為雙方都帶來了不言而喻的責任。朋友之間就要始終互相關照、互相幫助，在商務中建立的友誼也不例外。你也許就認識一些人，他們與某些客戶交往甚密。

他們的產品總是能在客戶發布的廣告中得到特別推薦，在商店裏擺在特別顯眼的位置。這確實很好，但卻可能要付出代價。這種友誼大多數是短暫的。如果客戶換了工作、被解雇或退休了，而你卻依然沿用以前的操作方式，關係就會以不愉快而告終。

一旦建立了友誼，有些銷售人員就會把這些商場中的朋友視為當然的客戶，也就不再一如既往全心全意地提供服務。客戶方面會立刻感覺到這種懈怠，但是為了維持友誼，他們很少把自己的失望迅速回饋給這位新交，而往往是聽任情況繼續惡化下去。

反過來，客戶方又將怎樣回應呢？在這種情況下，買方常常會要求種種特別的優惠待遇，比如更大的折扣、優先購買權、寬鬆的退貨條件與付款期限等等。如果你答應了諸如此類的要求，就會傷及公司及其他合作夥伴的利益。其他的客戶或潛在客戶就無法分享這些只有「朋友」才能享受的額外服務，長此以往，會給公司的業務帶來相當的負面影響。而且如果你拒絕朋友的請求，就肯定會對感情造成傷害，一旦出現意想不到的狀況的話，很可能連朋友都沒得做了。

第二，會給公司帶來昂貴的交際成本。你在和客戶朋友交往的過程中，通常會負擔全部的娛樂交際花銷，而且向關係密切的客戶提供第一流也是最昂貴的娛樂節目。這些客戶也就逐漸習慣於享受最好的待遇。

大多數時候，你都會對交際費用設定一個上限，一般會是總銷售額的0.25％到0.5％。比如一位客戶的月均購貨額為五十萬元，按規定，你每月花費在這個客戶身上的錢就不能超過二千五百元。在現在的社會中，這筆錢大約只夠支付四人外出吃一頓普通的晚餐、或幾頓工作午飯、也許再買一件小禮物，根本不可能進行一些檔次較高的交際活動，例如打一次高爾夫球等。但是客戶方代表卻未必暸解這些。他們可能提出超過你承受能力的要求。要親口告訴一位朋友，憑他（她）這樣的客戶，公司每月只能拿出二千五百元來應酬，試問你能說得出口嗎？

與商界的朋友應酬或者與客戶培養友情並沒有錯，但是如果這種關係過於密切就不妥了，明智的做法是與客戶保持一定的距離。應當設定一個

界限，保持一點嚴肅和尊敬，並且明確雙方的角色。如果這種關係處理不好，就很可能會出現不幸的局面。

第三，與某些客戶過度親密的交際會造成各種關係難以平衡。你一旦與某個買家建立了牢固的友誼，行業內的人們很快就會知道。你說其他的客戶對這種友誼會怎麼看呢？幫助朋友、以最優惠的價格給朋友提供最好的產品與服務是順理成章的事情。你在公司的競爭對手會不會知道呢？當然會。只要你在生意上為朋友提供了優惠的服務，其他人就一定會知道。即便你沒有給朋友優惠，他們仍然會認為你的朋友占了便宜，你會兩邊不討好。

與朋友做生意和普通客戶一樣，你有時必須向對方施加壓力，爭取更大的訂單，催繳貨款，甚至以某種理由拒絕送貨。比如說你要求買方增加訂貨量，而買方可能會把這個要求當作笑談置之不理。無論他們的要求多麼強烈，客戶方也不再認真地對待這些朋友。這樣一來，同樣會引起你的強烈不滿。你期望這些朋友在需要時拉自己一把，但有時卻辦不到。所以一定要劃清友情和商務的界限。在生意場上與個人生活中一樣，廣交朋友是件好事。但是絕不能把個人友誼與商務關係混為一談，讓友情影響到商務關係。要理解你的客戶朋友工作的環境以及種種約束，同時也要讓他們瞭解到你的難處。

CHAPTER

贏得合作夥伴的支持

合作夥伴，
為您打開致富的大門

　　曾經有人採訪比爾‧蓋茲成功的秘訣，比爾‧蓋茲說：因為又有更多的成功人士在為我工作。陳安之的超級成功學也提到：先為成功的人工作，再與成功的人合作，最後是讓成功的人為你工作。成功的人很多，但在生活中你可能不認識，也沒有辦法去為他工作，而讓成功的人為你工作，在現階段你可能更沒有這個實力。只有合作，可能是你最喜歡和最欣賞的。

　　在世界產業界聞名遐邇的索尼公司，有一個讓人們傳為美談的故事，創始人井深與盛田昭夫在長達五十一年的時間裏，共同經營索尼。他們從青年時期一起走過困境，步入輝煌，進入垂暮，甚至到中風失去說話能力，兩個人始終相互沉醉於彼此的高度默契之中。

　　其實，合夥創業就像選擇婚姻伴侶，好的伴侶能帶來幸福，壞的伴侶只剩下災難。儘管誰也不會在結婚時就能預料到離婚的那一天，美滿的婚姻不僅僅需要婚後保持溫度的技巧，也需要在婚前對伴侶進行深入、細緻的瞭解與調查。因此如果你想開創一番事業，選擇什麼樣的合作夥伴就顯得非常重要。只有選擇合適的合作夥伴，才能夠互相配合和扶持。當然，合作往往並非一帆風順，合作夥伴往往會因合作實體的組織機制和內部矛盾，而最終勞燕雙飛。因此對於那些正在尋找合作夥伴進行創業──也許不限於創業，比如合作研究──的人們而言，如果想得到合作夥伴的支持，不妨從解決如下三個問題入手：

　　「我真的需要和他在一起嗎？」這是在進行合夥創業時首先要問自己的一個問題。你是需要合夥人投入資金呢？還是需要合夥人幫助你擺脫孤獨和剛開張公司的不穩定性呢，還是需要在管理風格上互補？專家建議在選擇創業夥伴時應有一個基本標準，比如是否具備共同的理想和信念；在管理風格和公司行為上的理解是否有一定的協同性；彼此之間是否瞭解和信任等等。

「我怎樣考慮組織結構的設計？」在組織結構的設計上，應該儘量避免可能預見的損失，在企業內部應該將權力適當地分散與集中，由科學的分工和權力制衡機制來實施管理。特別是伴隨著企業由創業期走向發展期，企業在分配方式、企業組織、企業文化、領導方式、經營戰略上都要相應地做出新的調整。

「有了矛盾怎麼辦？」震動起源於企業內部的各種矛盾。股東內部的矛盾、董事會與經營者之間的矛盾、經營者內部的矛盾，都是非常正常的。由於觀念、文化不同、資訊不對稱、價值觀差異等，都會導致矛盾。有了矛盾並不可怕，關鍵是看矛盾是否能及時得到解決，這樣才能防患於未然。比如說因為利益分配，那麼通過調整分配方式是否可以解決這個問題？再比如內部資訊不對稱，是否可以通過溝通解決這個問題？

許多人合夥創業到最後總不免產生爭議的原因，經常是以前合夥條件未談妥寫明、合作後夥伴的行為態度產生變化等兩大要素為主。從合夥權責的分派、利潤的分享、損失的分攤、資訊的披露，到退出合夥機制與爭議仲裁機制的設立等，合夥契約寫得愈清楚明白，對合夥人彼此的保護程度也就會愈高。當然若有律師朋友能一同協助合夥契約的擬訂，並於合夥雙方簽署契約後送往法院公證，則是最好不過的了。

商業是利益的結盟，需有明確的利益保證條款。索尼公司最早的資金全部是盛田的父親久作工門為長子籌備的，每有需要都解囊相助，每一項相助都在股份形式上得到確認。現在不清楚最初索尼公司的股權結構，但是久作工門最多也只占到百分之十七，可見索尼公司起步時期，就已經為管理團隊的知識產權留下了足夠的迴旋餘地。正是這樣明確的界定，穩固了公司的結構。

選擇好的合作夥伴

選擇一個好的合作夥伴並不難，一個首要的原則就是儘量「不要與陌生人說話」。仔細研究真正合作創業成功的企業選擇合作夥伴的方向不難發現，選擇你熟悉、瞭解的人通常是條捷徑。

但是並非所有的熟人都可以成為我們的合作夥伴。我們必須要找到那些合乎我們胃口並且能夠帶來合作效益的熟人才行。

合作夥伴要具備哪些素質？

那麼哪些人可能符合你的胃口呢？一般而言，具備如下素質的合作夥伴是最受人歡迎的。

——不甘心。二十一世紀最大的危機是沒有危機感，最大的陷阱是滿足。人要學會用望遠鏡看世界，而不是用近視眼看世界。順境時要想著為自己找個退路，逆境時要懂為自己找出路。

——學習力強。學歷代表過去，學習力掌握將來。懂得從任何的細節，所有的人身上學習和感悟，並且要懂得舉一反三。主要的是學習，其實是學與習兩個字。學一次，做一百次，才能真正掌握。學，做，教是一個完整的過程，只有達到教的程度，才算真正吃透。而且在更多時候，學習是一種態度。只有謙卑的人，才真正學到東西。大海之所以成為大海，是因為它比所有的河流都低。

——行動力強。只有行動才會有結果。行動不一樣，結果就不一樣。知道不去做，等於不知道，做了沒有結果，等於沒有做。不犯錯誤，一定會錯，因為不犯錯誤的人一定沒有嘗試。錯了不要緊，一定要善於總結，然後再做，一直到正確的結果出來為止。

——要懂付出。要想傑出一定得先付出。斤斤計較的人，一生只得兩斤。沒有點奉獻精神是不可能創業的。要先用行動讓別人知道，你有超過所得的價值，別人才會開更高的價。

——有強烈的溝通意識。溝通無極限，這更是一種態度，而非一種技巧。一個好的團隊當然要有共同的願景，非一日可以得來。需要無時不在的溝通，從目標到細節，甚至到家庭等，都在溝通的內容之列。

——誠懇大方。每人都有不同的立場，不可能要求利益都一致。關鍵是大家都要開誠佈公地談清楚，不要委曲求全。相信誠信才是合作的最好基石。

——有最基本的道德觀。

曾經有一個記者在家寫稿時，他的四歲兒子吵著要他陪。記者很煩，就將一本雜誌的封底撕碎，對他兒子說：「你先將這上面的世界地圖拼完整，爸爸就陪你玩。」過了不到五分鐘，兒子又來拖他的手說：「爸爸我拼好了，陪我玩！」記者很生氣：「小孩子要玩是可以理解的，但如果說謊話就不好了。怎麼可能這麼快就拼好世界地圖！」

兒子非常委屈：「可是我真的拼好了呀！」

記者一看，果然如此。不會吧？家裏出現了神童？他非常好奇地問：「你是怎麼做到的？」

兒子說：世界地圖的背面是一個人的頭像。我反過來拼，只要這個人好了，世界地圖就完整了。

所以做事先做人。做人做好了，他的世界也就是好的。

 ## 要不要與
窮人合作？

一個有意思的問題：是永遠不要與窮人合作？

上面提到，選擇合作夥伴一定要選擇合乎自己胃口，而且具備一定資源的人。那麼這就導致一個有意思的問題，即是不是永遠不要與窮人合作呢？

窮人的特點是急於談條件，招聘窮人做員工，會先談必須給什麼職

務、什麼工作環境、多少薪水、多少獎金、多少乾股，低了少了不幹。這樣的人，工作的目的是實現條件，心態不好，對企業沒有忠誠度。投資人也一樣，也有窮的投資人，投資額不大，但患得患失，贏得起輸不起，這樣的投資人合作起來很麻煩。

既然如此，作為創業者如何與各式各樣的「窮」人打交道，才更有利於事業？

首先，認識和瞭解「窮」人。根據生存狀態和心態兩個因素，將商圈中人做個分類，會發現所謂窮人大致跳不出這四種類型：

第一種人面臨較大的生存壓力，心態上又急於成就，這種人是所謂的典型「窮人」，稱為「窘迫型」人。

第二種人同樣面臨較大的生存壓力，但心態上比較樂觀，這類人稱為「大度型」人。

第三種人目前過得比較滋潤，暫時沒有太強的危機感，稱為「從容型」人。

第四種人雖然物質上有了相當的積累，但始終存在危機感，仍然急於成就，對人對己都不夠寬容，這類人稱為「壓迫型」人。

窘迫型人是典型的窮人，又窮又急，隨時都在倒計時，要在危機爆發前，闖出一條生路來。

大度型人是想得比較開的窮人，相信成事在人，謀事在天，車到山前必有路，實在沒路，就棄車攀岩。

壓迫型人雖然完全有資本表現得從容優雅，但由於內心的壓力和焦慮，不能釋然地享受生活和周遭的人際關係。壓迫型人是心態上的窮人。

只有「從容型」人看來不窮，但亦為數不多，畢竟享受從容既要有堅實的物質基礎，又要有長期修煉的良好心態，有多少人可以二者兼備呢？按照「不要和窮人合作」的理論，理想的合作夥伴就僅限於從容型人了。

其實不然，其他三種類型的人在不同情況下，也都有其合作的價值。據瞭解，美國一家著名媒體在招聘關鍵員工時，就特別青睞年屆三十、心智成熟但走投無路之人。這類人會有時不我待的緊迫感和強大的成就驅動

力，給一個舞臺，就會竭盡全力舞出精彩。

相反，一些公司近來招聘一些過於「從容」的員工，家境好，又沒有強烈的成就慾望，漸漸表現出散漫、不服從調度的行為，令公司很頭痛。不過對於挑選老闆或投資人，「從容型」人的確比「窘迫型人」更具吸引力。跟著「窘迫型」的老闆要承受很大的風險和壓力，不光是要拿青春賭明天，更要常常在他面前體現價值創造能力，否則會給臉色看，因為這類老闆是急於看到收益的。

為這類老闆做方案，一定要注意把握投入產出的節奏，一定要有階段性、滾動的產出。否則方案就不切合實際的，肯定不會被接受。至於「窘迫型」的投資人，除非有投入盈利快的商業模式，並且有過人的耐力、熱情和心態，否則建議還是敬而遠之。

當然，「從容型」投資人並不見得永遠從容，試想，投資二千萬，管理團隊乾股占百分之六十五，夠從容吧？但是錢用完了還不能收支平衡，「從容型」投資人就要開始「壓迫」了：調高考核指標、壓縮預算、調整管理層、參與管理……資本開始顯現出它的本來面目，資本的目的就是回報。有「壓迫型」投資人對企業未嘗不是好事。

壓迫型的對立面是「大度型」，大度型雖然處在為立身而奮鬥的階段，但仍站得高、看得遠，心態良好。這類人，一為成就大事者；一為清心寡慾，內心祥和者。前者，值得冒險追隨；後者，值得做一個終生的朋友。說了半天，這四種人沒有好不好，只有適合不適合。

要不要與窮人合作？答案是「要！」

窮人並非沒有合作價值，只是大部分情況下，要與「窮」得合適的人，用合適的方式合作。投資人是「從容型」和「壓迫型」的組合，工作團隊是「大度型」、「窘迫型」、「從容型」和「壓迫型」的組合，彼此間的合作很愉快。

相互尊重——
合作之道

　　大陸知名企業家孫大午之前在北京因一隻小小的塑膠鞋套和生意合作夥伴反目。起因僅僅是他在生意夥伴家中做客時，認為主人為他提供塑膠鞋套對其人格造成極大侮辱。

　　古語有云，道不同不相為謀。由於對一小事存有理解的分歧，竟也能導致生意合作夥伴反目，損失的數目恐怕不是一雙塑膠鞋套所能承受的。

　　主人肯定是尊重客人的，要不也不會熱情邀請客人來家做客。主人的理解是客人進家換塑膠套，全北京城都是這樣，甚至不僅北京，各地都是這樣。這是一種習慣，對誰都一樣，這次自然也不例外。而客人的理解是讓自己換鞋套，就是表示自己不衛生，就是對自己人格的侮辱，於是矛盾就凸現了。

　　其實每個人有每個人的生活習慣，每個人對生活的理解也不盡相同，要想和諧相處，關鍵是互相瞭解，相互尊重。在我看來，作為主人，不能將自己的習慣強加於客人的身上，既然邀請了客人，就應該瞭解客人的情況（包括客人的經歷、生活習慣以及敏感內容等）；既然邀請了客人，就應做好麻煩的打算（包括客人弄髒房間、離開後要打掃等）；發現了客人對自己的要求不悅，就應及時作些調整，而不應一意孤行。作為客人，應入鄉隨俗。國家尚如此，何況個人？尊重主人家的生活習慣，是作為客人對主人邀請的一種尊重。

　　分歧的實質背後是利己意識的高升，是方便他人思想的嚴重削弱。主人要求客人套塑膠鞋套，請問，你的塑膠鞋套就是一定乾淨嗎？有沒有每次都消毒過？客人不想套塑膠鞋套，請問，你的鞋底就一定乾淨嗎？會不會給對方的房間弄髒？只要想著對方，多替對方考慮，自然不會節外生枝，也不會引出如此大的風波。說穿了，兩人都為自己考慮的多，沒有為他人方便和臉面著想！

　　雙方都是有身分的人，竟然為了一件小事而導致反目，且影響了合

作，看起來似乎是件可笑的事。但透過現象，我們還是看到了寬容因數的缺失，看到相互尊重實踐的艱難跋涉。不管是誰，只要他（她）不將「尊重」根植於心中，終將生出諸多不必要的事端。

相互尊重是合作的前提。現代市場經濟就是相互尊重倫理的經濟。在現代社會中，自我利益追求的自主主體之間的相互人格尊重，是社會生活得以進行的基本倫理前提。在市場經濟活動中，大量的日常性交易活動，如果沒有人格互尊的倫理，就不能進行。商品的交易是在追求自我利益的人之間進行的等價交換活動。相互尊重的倫理體現的是對對方主體人的承認與尊重。在這個意義上，現代市場是一個講究相互尊重的經濟。

相互尊重才是真正的生活之道，也是經濟交易之道，任何人都不能置之度外。

雙贏——
繼續合作的基礎

激烈的競爭，需要真誠的合作，長久的合作需要「雙贏」為保證，協作的任何一方，不贏反虧，就失去了繼續合作的基礎，處在合作中受到傷害，那必然會陷入「你死我活」的遊戲惡圈中。

有這麼一則寓言故事。

一隻獅子和一隻狼同時發現一隻小鹿，於是商量好共同追捕那隻小鹿。它們合作良好，當野狼把小鹿撲倒，獅子便上前一口把小鹿咬死。但這時獅子起了貪心，不想和野狼平分這隻小鹿，於是想把野狼也咬死，可是野狼拼命抵抗，後來狼雖然被獅子咬死，但獅子也深受重傷，無法享受美味。

試想一下，如果獅子不如此貪心，而與野狼共用那隻小鹿，豈不就皆大歡喜了嗎？這個故事講述的道理就是人們常說的「你死我活」或「你活我死」的遊戲規則！

我們說，人生猶如戰場，但畢竟不是戰場。戰場上敵對雙方不消滅對方就會被對方消滅。而人生賽場不一定如此，為什麼非得爭個魚死網破，兩敗俱傷呢？大自然中弱肉強食的現象較為普遍，這是出於他們生存的需要。但人類社會與動物界不同，個人和個人之間，團體和個體之間的依存關係相當緊密，除了競賽之外，任何「你死我活」或「你活我死」的遊戲對自己都是不利的。

　　當你在社會上行走時，建議你也採用「雙贏」的競爭策略，這倒不是看輕你的實力，認為你無力扳倒你的對手，而是為了現實的需要，如前面所說，任何「單贏」的策略對你都是不利的，因為它必然會有這樣的結果：除非對手是個軟弱角色，否則你在與對方進行爭鬥的過程當中，必然會付出很大的心力和成本，而當你打倒對方獲得勝利時，你大概也已心力交瘁了，甚至所得還不足以彌補你的損失。

　　在人類社會裏，你不可能將對方絕對毀滅，因此你的「單贏」策略將引起對方的憤恨，成為你潛在的危機，從此陷入冤冤相報的循環裏。

　　在進行爭鬥的過程當中，也有可能發生意外的情況，而這會影響本是強者的你，使你反勝為敗！

　　所以無論從什麼角度來看，那種「你死我活」的爭鬥在實質利益、長遠利益上來看都是不利的，因此應該活用「雙贏」的策略，彼此相依相存。

　　在人脈資源上，注重彼此和諧與互助合作，面對利益時與其獨吞，不如共用。

　　在商業利益上，講求「有錢大家賺」，這次你賺，下次他賺，這回他多賺，下回你多賺。

　　總而言之，「雙贏」是一種良性的競爭，更適合於現代社會的相互競爭。不過人在自己處於絕對優勢時，常會忘記前面那則寓言所描述的狀況，其最終的結果也必然是贏得淒慘，這種贏又有何意義？

與人商量
好辦事

每個人都具有或強或弱的逆反心理，尤其不願意接受別人強硬的話。為官者對部屬以喝斥的口氣發號施令，雖然暫時能征服對方，但對方的內心是抵抗的、反感的，只不過迫於權力等等什麼壓力才屈從了。所以讓對方「心悅誠服」地接受自己的觀點或看法，才是最佳的方法。

苦味的藥丸大多裹著一層糖衣，使人先感到甜味，容易一口吞下肚子裏去。藥物進入腸胃，藥性發生效用，疾病也就好了。你在要求別人做某件事時，與人好好商量，使人先嘗一些甜味，然後你再命令他做事，即使是對方覺得委屈的事，人家也會接受。

如果你要人家遵照你的意思去做事情，總應該用商量的口氣。「我要你這樣那樣做。」不可這麼說，而要用商量的口氣說：「你看這樣做好不好呢？」假使在一個盛夏的中午，一群工人正在休息，一位監工走上去把大家臭罵一頓，說拿了工錢坐著不做工是不對的。工人們怕監工，當然立刻站起來去工作了，可是當監工一走，他們便又停手了，這是肯定無疑的。因為那位監工不瞭解人們的心理，用一種強硬的態度，反而使人們產生了逆反心理，更要與你做對。如果那位監工上前和顏悅色地說：「天氣真是熱死人，坐著休息還是不斷地流汗，這怎麼辦？朋友，現在工作任務緊，我們忍耐一下趕一趕好嗎？我們早點做好，早點回去洗一個澡，怎麼樣？」我想，工人們聽到這話，一定會忍著酷暑去工作。

哪個人不喜歡聽柔和的話呢？小洛克菲勒深明此理，他就是一個善於與人商量的人。一九一五年，小洛克菲勒還是科羅拉多州一個不起眼的人物。當時發生了美國工業史上最激烈的罷工，並且持續達兩年之久。憤怒的礦工要求科羅拉多燃料鋼鐵公司提高薪水。小洛克菲勒正負責管理這家公司。由於群情激憤，公司的財產遭受破壞，軍隊前來鎮壓，因而造成了流血事件，不少罷工工人被射殺。

那樣的情況可說是民怨沸騰。小洛克菲勒後來卻贏得了罷工工人的信

服。他是怎麼做的呢？小洛克菲勒是個有平民思想的人，花了好幾個星期結交工人朋友，並向罷工者代表們發表了一次充滿人情味的演說。那次演說可稱之不朽，它不但平息了眾怒，還為他自己贏得了不少讚譽。他的演說始終是以誠懇的商量的口氣：

「這是我一生當中最值得紀念的日子，因為這是我第一次有幸能和這家公司的員工代表見面，還有公司行政人員。我可以告訴你們，我很高興站在這裏，有生之年都不會忘記這次聚會。假如這次聚會提早兩個星期舉行，那麼對你們來說，我只是個陌生人，我也只認得少數幾張面孔。由於上個星期以來，我有機會拜訪整個南區礦場的營地，私下和大部分代表交談過，我還拜訪了你們的家庭，與你們的家人見了面，大家談得很開心，讓我懂得了許多道理。因而今天我站在這裏，不算是陌生人，可以說是朋友了。基於這份互助的友誼，我很高興有這個機會和大家討論我們的共同利益。由於這個會議是由資方和勞工代表所組成的，承蒙你們的好意，我得以坐在這裏。雖然我並非股東或勞工，但我深感與你們關係密切。從某種意義上說，我也代表了資方和勞工。」

多麼出色而感人的演說，這可能是化敵為友的最恰當的表現形式之一，假如小洛克菲勒採用的是另一種強硬的態度，與礦工們爭得面紅耳赤，用不堪入耳的話罵他們，或用話暗示錯在他們，用各種理由證明礦工的不是，那會是什麼結果呢？可想而知，只會招來更多的怨恨和暴行。

必要的契約

民營公司要想做大，不能單打獨鬥，要有可靠的合夥人。一個不能聯手經營的公司，永遠只能是個「小蝦米」，終有一天會被大魚吃掉。但是「一年合夥、兩年紅火、三年散夥」這一民營企業走不出的怪圈，卻又讓許多創業者談起合夥就變色。

「真沒想到，都是很好的哥兒們，他居然這樣做，而且我們之間什麼協議都沒有簽，對他個人也沒有什麼法律約束」，杜曉峰懊惱地對律師說，杜是一家民營企業的董事長兼總經理。公司的另一個發起人陳旭是專利技術持有人，沒想到在合作了四年之後，公司步入正軌、業績也開始提升時，卻提出要帶著技術另立門戶。杜曉峰當然十分氣憤，但也無可奈何，在沒有任何法律和協定保證的情況下，公司的運轉瀕臨癱瘓。而陳旭卻也有自己的道理，公司運營了四年，資產已經有了很大提升，可是既沒分過紅，也沒有股權上的說法，現在有了更大的公司請他帶著技術去合作，條件更優厚，他當然選擇離開。

創業者中類似這樣合合分分的事情似乎天天都在上演。一項調查顯示，每天新誕生二十家公司，但同時又有至少兩家公司歇業或散夥。親朋好友合攢一家公司，創業時能志同道合，但稍有起色便鬧分家，甚至對簿公堂。相對於大企業來說，中小企業的合夥人「分手」事件更多，對企業的影響也更大。

據一家研究機構對一百家成長最快的小公司所做的調查，發現其中有一半的創業團隊無法在公司頭五年中順利存活，而在另一家機構所研究的十二個創業團隊的個案中發現，只有兩家在創立後的五年後，創業團隊還保持創立初期的完整。

合夥是一種契約，契約也就是合同，它規定了訂立契約或合同的人相互之間的義務和權利。比如、彼此之間出資的比例、利潤的分配方法、不同的合夥人應該承擔的債務份額、各自在公司中的地位等。這樣，根據契約人的結成關係，合夥人也可以分成好幾種形式：普通合夥人、名義合夥人、有限合夥人、秘密合夥人、匿名合夥人、不參加管理的合夥人等。所以合夥不是別的，就是幾個人或幾個組織和公司聯合起來做生意，不管他們採取什麼樣的形式，也不管他們把自己的公司登記成什麼樣的法律名稱。

14

CHAPTER

赢得陌生人的支持

不要和
陌生人說話

對於要不要和陌生人接觸，我們大部分人恐怕從潛意識裏面都會說不。從小時候開始，我們就被灌輸了陌生人的種種可怕之處，長大之後可能多多少少受到陌生人的騷擾，所以我們在潛意識裏面大都形成了對陌生人的抵觸情緒。

但是在生活中，我們卻面臨著許多不得不和陌生人打交道的情形。你在舉辦一個產品發布會的時候，你需要面對那些跟你幾乎沒有什麼關係的記者；你在公開演講的時候，你需要面對素昧平生的聽眾；當你一個人出差或者旅遊到某地時，你需要面對陌生的當地居民；當你求職面試的時候，你需要面對著陌生的面試官……無論是工作、學習，還是生活，你都需要和陌生人交往。因此我們不得不放下習慣的心理抵觸情緒，開口和陌生人說話、交往。這樣我們才能從他們那裏獲取有益的資訊以及適當的指點，這無疑有助於我們的成功——甚至直接決定了我們的成功。

「身心靈成長協會」的創辦人賴淑惠開房產仲介時，有著利用陌生人獲取事業成功的經典案例。當時賴淑惠住在一個大廈裏，同時兼營這個樓的房產仲介，經她一番細心觀察後，發現凡是對大廈有興趣的買家，第一個總是先詢問大門管理員，「最近有沒有住戶要賣房子啊？價錢多少呢？」有趣的是，每次管理員的回答幾乎是：「你去問住在八樓的賴小姐，她很喜歡買賣房子，這樣就不必再去找其他仲介商了。」此外，該樓誰急等錢用要賣房子的消息，也總是第一個傳到她的耳朵裏。也因此，賴淑惠在首都大廈一個物業上，整整賺進一千多萬元。

為什麼管理員願意幫賴淑惠的忙？說穿了是她將任何人都當成家人般關心，賴淑惠每天出入大門，必會向當日值班的管理員打招呼，出差返回也會順道帶些當地名產略表心意。這樣自然就贏得了值班管理員這位看起來和賴淑惠的工作毫不相關的貴人的支持。

有很多人認為贏得陌生人的支持幾乎是不可能的。上面的例子證明了

這種看法是錯誤的。其實只要我們方法得當，我們一樣能夠得到陌生人的支持。很多人卻做不到這一點，是因為他們對別人缺乏興趣，這是因為他們在待人接物方面既沒有與生俱有的天賦，也不願做後天的努力以資補救所致。

一見如故，這是成功交際的理想境界。無論是誰，如果具有跟大多數初交者一見如故的能耐，他就會朋友遍天下，做事就會左右逢源；反之，如果缺乏跟初交者打交道的勇氣，不善於跟陌生人交談，他就會在交際中處處受阻，事業也就難以成功。對大多數人來說，交際面越來越廣，跟初交者一見如故的交際才能，越來越顯出其重要性。可以說，讓陌生人跟你一見如故，是讓陌生人支持你的最核心的思想。

怎樣才能跟初交者一見如故？下面介紹的幾種方法，就能收到立竿見影的奇效。

讓陌生人和你說話：找準共同點

和陌生人初次見面，良好的談話是打破陌生感的不二法門。那麼怎樣才能打開和陌生人談話的局面呢？心理學表明，如果能夠找到和陌生人的共同點，就可以打開初次見面互相不熟悉且心存戒備的窘境。

察顏觀色，尋找共同點

一個人的心理狀態精神追求、生活愛好等，都或多或少地要在他們的表情、服飾、談吐、舉止等方面有所表現，只要你善於觀察，就會發現你們的共同點。一退伍軍人乘車和一陌生人相遇，位置正好在駕駛員後面。汽車上路後不久就拋錨了，駕駛員車上車下忙了一通還沒有修好。這位陌生人建議駕駛員把油路再查一遍，駕駛員將信將疑地去查了一遍，果然找到了病因。這位退伍軍人感到他的這絕活可能是從部隊學來的。於是試探

道：「你在部隊待過吧？」「嗯，待了六七年。」「噢，算來咱倆還應算是戰友呢。你當兵時部隊在哪裡？」⋯⋯於是這一對陌生人就談了起來，據說後來他們還成了朋友。而這就是在觀察對方以後，發現都當過職業軍人這個共同點的。當然，這察顏觀色發現的東西，還要和自己的情趣愛好相結合，自己對此也有興趣，打破沉寂的氣氛才有可能。否則即使發現了共同點，也還會無話可講，或講一兩句就「卡殼」。

以話試探，偵察共同點

陌生人為了打破沉默的局面，開口講話是首要的，有人以招呼開場，詢問對方籍貫，身分，從中獲取資訊；有人通過聽說話口音、言辭，偵察對方情況；有的以動作開場，邊幫對方做某些急需幫助的事，邊以話試探；有的甚至借火吸煙，也可以發現對方特點，打開口語交際的局面。兩個老年人從某縣城上車，坐在一條長椅上。其中一人問對方：「在什麼地方下車？」「到底，你呢？」「我也是，你到南京什麼地方？」「我到南京山西路一親戚家有事，你就是此地人吧？」「不是的，我是從南京來拜訪親戚的。」經過雙方的「火力偵察」，雙方對縣城熟悉，對南京瞭解，都是親戚的共同點就清楚了。兩個人發現對方共同點後談得很投機，下車後還互邀對方做客。這種融洽的效果看上去是偶然的，實際上也是有其必然原因的：「火力偵察」，發現共同點，向深處掘進而產生的效應。

聽人介紹，猜度共同點

你去朋友家串門，遇到有生人在座，作為對於二者都很熟悉的主人，會馬上出面為雙方介紹，說明雙方與主人的關係，各自的身分、工作單位，甚至個性特點、愛好等等，細心人從介紹中馬上就可發現對方與自己有什麼共同之處。一位是物價局的股長和一位「國中」的教師，在一個朋友家見面了，主人把這對陌生人作了介紹，他們馬上發現都是主人的同學這個共同點，馬上就圍繞「同學」這個突破點進行交談，相互認識和瞭解，以致變得親熱起來。這當中重要的是在聽介紹時要仔細地分析認識對

方，發現共同點後再在交談中延伸，不斷地發現新的共同關心的話題。

揣摩談話，探索共同點

　　為了發現陌生人同自己的共同點，可以在需要交際的人和別人談話時留心分析、揣摩，也可以在對方和自己交談時揣摩對方的話語，從中發現共同點。在廣州的某百貨商店裏，一位在南海艦隊的人對服務員說：「請你把那個東西拿給我看看。」還把「我」說成字典裏查不到的地道的蘇北土語。另一位也是蘇北的人在廣州某陸軍部隊服役。聽了前者這句話，也用手指著貨架上的某一商品對營業員說了一句相同的話，兩句字裏行間都滲透蘇北鄉土氣息的話，使兩位陌生人相視一笑，買了各自要買的東西，出了店門就談了起來，從老家問到部隊，從眼下任務談到幾年來走過的路，介紹著將來的打算。身在異鄉一對老鄉的親熱勁，不知情的人怎麼也不會相信，是因為揣摩對方一句家鄉話而造成的結果。可見細心揣摩對方的談話，確實是可以通過找出雙方的共同點，使陌生的路人變為熟人，發展成為朋友的。

步步深入，挖掘共同點

　　發現共同點是不太難的，但這只能是談話的最初階段所需要的。隨著交談內容的深入，共同點會越來越多。為了使交談更有益於對方，必須一步步地挖掘深層的共同點，才能如願以償。一個渡假的大學生和一位在法院工作的人，在一個共同的朋友家聚餐，經主人介紹認識後，陌生人談了起來，慢慢地二人都發現對社會上的不正之風的看法有共同點，不知不覺地展開了討論，他們從令人不滿的社會現象，談到產生的土壤和根源，從民主與法制的作用，談到對黨和國家的期望。越談越深入，越談雙方距離越縮短，越談雙方的共同點越多。事後雙方都認為這次交談對大學生認識社會，對法院的同事瞭解外面的資訊和群眾要求，增強為糾正不正之風盡力的自覺性都是有益處的。

　　尋找共同點的方法還很多，譬如面臨的共同的生活環境、共同的工作

任務、共同的前進方向、共同的生活習慣等等，只要仔細發現，陌生人無話可講的局面是不難被打破的。

讓陌生人在你面前敞開心扉

有一種人，在容貌、才能、說話方面並沒有什麼卓越之處，可是與人交往卻堪稱能手，能夠迅速地和一些陌生人稱為朋友。「若論長相，我還比他英俊幾分呢，可是為什麼他的交際能力勝我一籌？」你是不是偶爾在腦海中閃現過這個疑問？

其實他之所以受歡迎，關鍵不在容貌、才能，而是在他是個能夠衷心與朋友在一起而感到快樂的人。任何人都希望自己被愛、被認定自己的價值。再小的願望，只要獲得滿足，一個人的心就會平靜、祥和。你如果想得到這些願望，首先要學會「愛朋友」。就像愛自己一樣去愛朋友，為朋友「奉獻」，愛朋友的人，最終會得到朋友的愛。善於讓朋友傾情相訴的人，最容易獲得朋友的衷心愛戴。隨便打斷他人談話最不禮貌。我們把打斷他人講話的作為叫做「插嘴」。這個「插嘴」起著很壞的干擾作用。下面讓我們看看「插嘴」在講話時充當一個什麼樣的角色吧。「插嘴」作為交流混亂狀態的副產品，是一種自發性的毛病。人們的講話，大致上是按照自己的思維順序先後表達出來的，各種各樣的想法，心裏怎麼想的，嘴巴就怎麼說。

可是這個事實對於作為聽者的你來說，卻是大問題。因為你必須按照對方的思路，收集對方思考的片段，把它們理順，看看對方要表達個什麼意思。有時要耐心地聽，才能得到幾句有意義的話，有時還要核實對方的話。這就像用拼圖玩具製作巨型圖畫那樣，不耐心不認真是難以完成的。不懂這個道理的人，總是胡亂打亂他人的講話。在他人講話時插嘴，打斷人家的講話，突然發問，搶他人的話頭，不讓對方往下說，硬要他人沿著

自己的思路說話。這樣「插嘴」分散了講話者的注意力，混亂了講話者的思路，擾亂了有條有理的講話內容，因而使人討厭。

　　如果你不同意他的話，你也許很想打斷他。不要那樣做，那樣做很危險。當他有許多話急著要說的時候，他不會理你的。因此你要耐心地聽著，抱著一種開闊的心胸，誠懇地鼓勵他充分地說出自己的看法。事情常常是這樣：即使是朋友，也寧願對我們談論他們的成就，而不太喜歡聽我們大擺自己的成就。

　　法國哲學家羅西法古說：「如果你要得到仇人，就表現出比對方優越吧！但如果你要得到朋友，就讓你的對方表現出比你優越。」弗拉達爾電氣公司的約瑟夫·韋伯，也有相同的發現。那時他在賓夕法尼亞州的一個富饒的荷蘭移民地區作一次視察。「為什麼這些人不使用電器呢？」經過一家管理良好的農莊時，他問該區的代表。「他們一毛不拔，你無法賣給他們任何東西，」那位代表厭惡地回答，「此外，他們對公司火氣很大。我試過了，一點希望也沒有。」

　　也許真是一點希望也沒有，但韋伯決定無論如何也要嘗試一下，因此他敲開一家農舍的門。門打開了一條小縫，屈根堡太太探出頭來。「一看到公司的代表，」韋伯先生開始敘述事情的經過，「她立即就當著我們的面，把門砰地一聲關起來。我又敲門，她又打開來；而這次，她把反對公司和對我們不滿的話一股腦兒地說出來。」屈根堡太太，我說，很抱歉打擾了您，但我們來不是向您推銷電器的，我只是要買一些雞蛋罷了。「她把門又開大一點，懷疑地瞧著我們。」

　　「我注意到您那些可愛的多明尼克雞，我想買一打鮮蛋。」「門又開大了一點，你怎麼知道我的雞是多明尼克種？」她好奇地問。「我自己也養雞，而我必須承認，我從沒有見過這麼棒的多明尼克雞。」「那你為什麼不吃自己的雞蛋呢？她仍然有點懷疑。」「因為我的來亨雞下的是白殼蛋。當然，你知道做蛋糕的時候，白殼蛋是比不上紅殼蛋的，而我的妻子以她的蛋糕為自豪。」

　　到這時候，屈根堡太太放心地走出來，溫和多了。同時，我的眼睛四

處打量，發現這家農舍有一間修得很好看的牛棚。「事實上，屈根堡太太，我敢打賭，你養雞所賺的錢，比你丈夫養乳牛所賺的錢要多。」這下，她可高興了！她興奮地告訴我，她真的是比她的丈夫賺錢多。但她無法使那位頑固的丈夫承認這一點。「她邀請我們參觀她的雞棚。參觀時，我注意到她裝了一些各式各樣的小機械，並向她請教了幾件事。片刻間，我們就高興地在交流一些經驗了。」

「不一會兒，她告訴我，附近一些鄰居在雞棚裏裝設了電器，據說效果極好，她徵求我的意見，想知道是否真的值得那麼做……」「兩個星期之後，屈根堡太太的那些多明尼克雞就在電燈的照耀下，滿足地叫喚了。我推銷了電器設備，她得到了更多的雞蛋，皆大歡喜。」通過這次交往，他們也成為了朋友。

在紐約《先鋒論壇報》經濟版上出現了一幅巨大的廣告，徵聘一個具有異常能力和經驗的人。查理斯‧古比裏寄去了應徵的信。幾天以後回音來了：請他去面談。在去面談以前，他花了許多時間在華爾街，盡可能地打聽有關那個公司老闆的一切情況。在面談時，他說：「如果能替一家你們這樣的公司做事，我將感到十分驕傲。我知道你們在二十八年前剛成立的時候，除了一個小辦公室、一位速記員以外，什麼也沒有，對不對？」幾乎每一個功成名就的人，都喜歡回憶自己多年奮鬥的情形，這位老闆也不例外，他花了好長時間，談論自己如何以四百五十元和一個新穎的念頭開始創業。

他講述自己如何在別人潑冷水和冷嘲熱諷之下奮鬥著，連假日都不休息，一天工作十六個小時。他克服了無數的不利條件，而目前華爾街生意做得最好的那幾個人，都向他索取資料和請教。他為自己的過去而自豪。他有權自豪，因此在講述過去時十分得意。最後他只簡短地詢問了一下古比裏的經歷，就請一位副董事長進來，說：「我想這就是我們所要找的人。」古比裏先生花了功夫去瞭解他未來老闆的成就，表示出對對方和他的問題感興趣，並鼓勵對方多說話，因此而成為成功者所欣賞的朋友，並給別人留下了一個很好的印象。

迄今為止，你的傾聽能力怎麼樣呢？有過打斷他人講話的情形嗎？當然，為了理解對方所表述的內容，有時提出疑問是必要的。只是一般說來，只要時間充分，在講話者敘述過程中，你的疑問會得到解釋。即使有一些疑問，也應在對方講話停頓時提出來。如果在對方講話告一段落時，提出疑問效果更好。

讓對方自己表達自己的思想，在對方講話結束時提出問題，就是向對方傳達你在傾聽他的講話這一事實。德國人有句諺語：「Dir reimse Freude ist die Schadom-freude。」翻譯出來大意是：「極大的快樂是從強者的弱點中得到滿足。」是的，你的一些朋友也許正具有這種心理。因此我們對自己的成就要輕描淡寫，要謙虛，這樣做，永遠會受到歡迎。

讓陌生人
親近認同你

在陌生人敞開胸口和我們說話後，如果你要想得到他們的支援，那麼你應該接下來思考這樣一個問題：怎麼讓他能夠認同我？問題的答案很簡單：恰到好處地適應陌生人的情感需求。你只有打通了陌生人的情感需求通道，才能讓他徹底放下戒心，才會從心眼裏認同你。

關心他最親近的人

任何人總是關心著自己最親近的人，如果一旦發現了別人也在關心著自己所關心的人，大都會產生一種無比親近的感覺。交際就可以利用人們這種共同的心理傾向，從關心他最親近的人切入，拉近交際的距離。

曾和日本前首相佐滕榮作實力相當的河野一郎，最會利用人們的這個微妙的心理。有一次河野一郎在作歐美旅行時，在紐約遇到了多年不見已顯生疏的朋友米倉近先生。兩人在互道近況後，都留下了在國內的住址和電話，知道彼此都成了家。當晚，河野一郎回到旅館第一件事，便是掛了

個長途電話給米倉近太太：「我是米倉近的老朋友，我叫河野一郎，我們在紐約碰面了，他一切都很好。」

米倉近太太沒想到丈夫的這位朋友會對丈夫這麼關心、體貼，感動得熱淚盈眶。米倉近後來知道了，專程去向他表示感謝。

在他心中建起「同胞」意識

「同胞」意識也就是親情意識。《三國演義》裏，關羽、張飛何以對劉備如此忠貞不渝呢？主要原因就是劉皇叔在與關、張相識之初就和他們義結金蘭，結拜為「同胞兄弟」了，「同胞」意識在關、張心目中牢牢地紮下了根。能在交際之初迅速建立起「同胞」意識，就可以使對方放鬆對自己的警戒之心，而把自己接受為「自己人」。

田中義一是日本很有名氣的政治家，他非常善於利用人們的親近心理，營造溫馨的交際環境，來取得預期的交際效果。有一次，他到北海道進行政治遊覽，有位穿著考究看來很像當地知名人士的男子走出歡迎行列向他表示問候。田中義一急忙走上前去，緊緊握住那人的雙手，十分熱情地說道：「啊，您辛苦了。令尊還好嗎？」那個男子感動得一時說不出話來。田中義一的政治遊覽，也因此大獲成功。事後，田中義一的隨從對主人的親密舉動十分不解，忍不住問道：「那人是誰？」田中義一的回答出人意料：「我怎麼知道，但誰都有父親吧！」

田中義一的交際成功，無疑在他選擇了一個比較好的交際切入點，即在男子心目中迅速建立了親情意識，使男子覺得他是一個值得信賴、和藹可親的人，從而在心理上對田中義一產生了認同感。

為他人助上一臂之力

熱情相助最能博得人的好感。日常生活中，那些具有古道熱腸、為人厚道、不吝嗇、好助人的人，總能在鄰里之間、同事之間獲得好名聲。因為人們一般都樂意與這些熱心腸的人相識相交。比如你幫正在上樓的鄰居倒一下垃圾，你就可以成為他家中的常客；替一個剛剛上車的旅客擺放好

行李，你的旅途就多一個夥伴；為忙碌的同事沖一杯茶，你就會得到善意的回報。

用溫情暖化他人心中的堅冰

人們一般都認為，雙方的矛盾爆發之後的一段時間，是交際的冰點。但如果此時一方能主動作出一個與對方預期截然相反的善意舉動，就會使對方在驚愕、感歎、佩服、敬意之中認同你，從而化敵為友。交際的冰點就成了成功交際的切入點。

美國開國總統華盛頓還是一位上校的時候，他率領著部隊駐守在亞歷山大曆亞。在選舉弗尼亞議會的議員時，有一個名叫威廉·佩恩的人反對華盛頓所支持的候選人。同時，在關於選舉問題的某一點上，華盛頓與佩恩形成了對抗。華盛頓出言不遜，冒犯了佩恩；佩恩一怒之下，將華盛頓一拳打倒在地。華盛頓的部下聞訊，群情激憤，部隊馬上開了過來，準備教訓一下佩恩。華盛頓當場加以阻止，並勸說他們返回營地，就這樣一場干戈暫時避免了。

第二天一早，華盛頓派人送給佩恩一張便條。要求他儘快趕到當地的一家小酒店來。佩恩懷著凶多吉少的心情如約到來，他猜想華盛頓一定要和他進行一場決鬥，然而出乎意料，華盛頓在那裏擺開了豐盛的宴席。華盛頓見佩恩到來，立即站起來迎接他，並笑著伸過手來，說道：「佩恩先生，犯錯誤乃人之常情，糾正錯誤是件光榮的事。我相信昨天是我不對，你已經在某種程度上得到了滿足。如果你認為到此可以解決的話，那麼握住我的手，讓我們交個朋友吧。」華盛頓熱情洋溢的話語感動了佩恩。從此以後，佩恩成為一個熱烈擁護華盛頓的人。

滿足對方的心理需求

　　人們在交際中既有明顯的個性心理，也有普遍的共性心理。如果能針對人們的共性心理切入交際活動，就可以獲得滿意的交際效果。人們的共性心理有稱許心理、成就心理、自炫心理、自信心理、年輕心理、共趣心理、尊敬心理、好勝心理等等。把滿足對方的心理需要作為交際的切入點，是交際活動取得成功的捷徑。

讚揚法滿足人的稱許心理

　　人們都有一種顯示自我價值的需要。真誠的讚揚不僅能激發人們積極的心理情緒，得到心理上的滿足，還能使被讚揚者產生一種交往的衝動。某工廠的小王是一位書法愛好者，他一直想結識退休的趙副廠長，想和他一起切磋毛筆書法藝術，可惜一直沒有良機。一次，工會舉辦退休人員書畫展，小王前去參觀，正碰上趙副廠長也在展覽現場。小王默默地走在趙副廠長的身邊，待走到趙副廠長的參展作品時，小王似在自言自語地說：「趙副廠長的這幅作品好，無論是佈局還是字的結構、筆法，都顯得活而不亂，留白也地道。」「就是書寫的變化凝滯了些，放得不夠開。」旁邊的趙副廠長介面說道。這樣，他們你一言我一語，自然而然地進入了對下幅作品的品評。小王與趙副廠長的相交取得了初步的成功。

激勵法滿足人的成就心理

　　人們都希望儘量做好自己喜愛的工作，並取得令人稱道的成就，這種成就心理如果能得到別人的激勵，就必定能引起他的感激心理和報償心理。一位經常來看望我父親的人有一次對我說的話，成為我記憶中最難忘記的話語之一。他說：「多年來我一直從心底裏感激您的父親，並把您父親的話尊奉為我的致富法寶。在我生活最窮困的時候，您的父親曾拍著我的肩膀說：『孩子，振作起來，天總有晴的時候。』」

求教法滿足人的自炫心理

人們對於自己具備的技能都有一種引以為榮的心理，如果想和這些人結識相交，那採取求教法是最有效的切入。比如前例中愛好書法的小王，就是這樣和趙副廠長結交的：小王拿著自己的書法習作來到趙副廠長家裏：「趙老，上次聽您談論書法作品，我感到受益匪淺，我自己寫了幾幅習作，想請您給指教指教。」「噢，我來看看。」他們就圍繞著書法問題談論開了。小王從此與趙副廠長結成了忘年之交。

欣賞法滿足人的自信心理

一個人往往對自己所崇拜的對象或採取的做法堅信不移，有時寧願相信自己一向認定的事實，也不願意接受來自他人的糾正。他所喜歡的東西如果能夠得到你的欣賞，你便能得到他的認可。有對新婚夫婦訂做了一套傢俱。一天，一位熟人來訪，一眼就看到了新傢俱，用欣賞的目光打量起傢俱和居室的佈置，並一再表示傢俱的色澤、式樣和居室的搭配十分和諧。主人的心情格外開朗，談話的氣氛也十分的融洽。

降歲法滿足人的年輕心理

人們都希望在別人面前表現得更年輕，更具有青春的活力。如果交際從滿足人的年輕心理切入，很快便能營造出溫馨和諧的交際氛圍，為成功交際開啟一扇方便之門。

投合法滿足人的共趣心理

生活中我們常常聽到這樣的話。誰與誰說不到一塊去，一見面就頂牛；誰與誰很投緣，恨不得能穿一條褲子。說不到一塊去就是沒有共同的興趣和愛好，很投緣就是情趣相投。人們一般都喜歡和那些與自己有「共同語言」的人交往，而情趣相左的人交往則往往不大容易成功。那麼如果你希望交際成功，就可以從尋找共同情趣切入。

問候法滿足人的尊敬心理

社會交往中，獲得尊重既是一個人名譽地位的顯示，也表明了他的德操、品行、學識、才華得到了認可。無論是年長者還是年輕者、位尊者與位卑者都期望別人尊重自己。因此那些懂得尊重別人的人，人們對他產生好感就是情理之中的事了。而主動問候就是最便捷、最簡單地表達一個人的敬意的交際行為。從問候切入交際活動，十有八九會有一個圓滿的結果。

退讓法滿足人的好勝心理

請看一個例子：一個客戶欠了迪特毛料公司一百五十美元。一天，這位顧客憤怒地衝進迪特先生辦公室，說他不但不付這筆錢，而且一輩子也不再買迪特公司的東西。待那人說了將近二十分鐘，迪特才接著說：「我要謝謝你告訴我這件事，你幫了我一個忙。既然你不能再向我們買毛料，我就向你推薦一些其他的毛料公司，我們會把你的欠帳一筆勾銷的。」最後，這個顧客又簽下了一筆比以往都大的訂單。他的兒子出世後，他給起名叫迪特，後來他一直是迪特公司的朋友和顧客。迪特的成功，就在於他明智地做出退讓，很好地滿足了對方的好勝心理。

讓陌生人
和你有共同的利益

在交友做生意的過程中，如果讓對方知道你和他有著共同的利益，雙方必須結成利益同盟，才能取得共同的利益，那事情就好辦多了。

交友辦事，如果讓對方覺得他與你有相同的利益，對方辦事就會更主動，就會收到更好的效果。這就好比戰場上同一個戰壕的戰友一樣，戰友之間有著相同的利益，共生死同存亡，每一個人都要勇敢地去戰鬥，才能取得共同的勝利。

做生意也是如此，合作雙方在溝通與合作上，只要讓對方感覺到你與他有相同的利益關係，往往可以迅速地拉近彼此間的距離，使對方努力去做。這一技巧如果應用的好，往往會獲得意想不到的好效果。

找到你和陌生人之間
利益的共同點

有一家工廠效益不是太好，工人們的工資很低，當工人們要求增加工資時，老闆就對他們說：「各位，你們希望公司倒閉嗎？」當然沒人希望自己的工廠倒閉，如果倒閉了，就會失業，連眼前的低工資都拿不到了。

老闆繼續說：「如果工廠倒閉了，大家一分錢工資也拿不到了，我也不希望工廠倒閉。我與你們有著共同的利益。工廠倒閉對你我都沒有好處。如今我們團結一致，共同渡過難關，工廠辦好了，大家才會有飯吃。」

工人們聽了老闆的話，感覺到老闆與自己有著共同的利益關係，覺得工廠辦好了，老闆發財了，自己工資收入就會提高。結果這些工人齊心協力，個個努力工作，果真把工廠搞得有聲有色，老闆和工人們都實現了自己的願望。

和陌生人交往也是如此，只要讓對方感覺到你與他的利益是一致的，就會主動去幫助你，為你提供支持。

讓對方
看到好處

再倔強的人只要有利可圖，也會看到好處上鉤的。要想達到自己的目的，就必須刺激其對方的慾望，讓對方知道，只要能辦成事，他就能夠得

到回報，得到好處，並不是給些甜頭，讓人相信你所說的並非空話。

在和陌生人談生意，談合作，卻讓對方看不到好處，對方自然不會去做，你說一百句動聽的話，還不如讓對方得到一點實實在在的好處。

有一位寫小說多年的作者，可是小說總是難以發表。他通過途徑認識一個刊物的編輯，兩年的時間給這個編輯送了十多篇小說稿，可每一次這位編輯看了就說，稿子還沒有寫到位。一會兒推辭小說的題材太陳舊了，一會兒說稿子已經排滿了；不是這兒有問題，就是那兒有問題，總而言之，就是發不了。

一個星期天，這個作者又到那位編輯家裏送稿，正巧碰上這個編輯的電腦顯示幕壞了要拿去找人修理。這個作者也算個文人，平日臉皮薄，羞於給編輯送些禮物或好處什麼的。這次他就逮著這個機會，於是對編輯說，我家裏還多餘一個顯示幕，我拿來你先用吧。於是編輯沒有推託。這個作者趕緊回家去，把自己電腦用的顯示幕拆下來送給了這位編輯。事實上，這位作者並沒有多餘的顯示幕，他不過是把自己買了還不到一年的顯示幕拿過來送人而已。

果然，這位編輯拿到他送的顯示幕，立即熱情起來，當即認真地把他送來的小說稿看了一篇，馬上肯定這篇小說稿不錯，並說沒想到你的小說寫得越來越入神了，決定把小說發表在當期的刊物上。

這位作者巧妙地給編輯送上了好處，輕鬆地把自己多年沒有辦成的事情辦好了。

要想得到陌生人的支持和幫助，道理也同樣如此。好處是合作的天平。讓雙方知道合作後會得到好處，得到回報，讓對方覺得與你合作值得，那麼你就能輕鬆地達成了自己的目的了。

15

CHAPTER

贏得同學的支持

同學資源
你開發了嗎

　　有人說，現代人最重要的人脈資源第一就是同學資源，因為現代人接受教育的時間通常都很長，接受教育的機會通常也很多，同學們來自五湖四海，去向大江南北，各種各樣的職業經歷和學識背景，使每個人都是一項獨特的人脈資源。這大概也就是現在社會上同學會很盛行的原因之一吧。僅大陸北京大學，各種各樣的同學會就不下幾十個，據說其中有一個由金融投資家進修班學員組成的同學會，僅有二百餘人，控制的資金卻高達一千二百億人民幣，殊為驚人。據說大陸最好的工商管理學院之一的上海中歐工商管理學院，除了在上海本部有一個學友俱樂部外，在北京還有個學友俱樂部分部。人大、北大、清華等名牌大學在北京、上海、廣州、深圳都有同學會或校友會分會，在這些地方，形形色色的同學會數不勝數。

　　週末的時候，到北大、清華、人大等校園走走，會發現有很多看上去不像學生的人在裏面穿梭。其中有許多人是花了大錢從全國各地來進修的。學知識是一方面的原因，交朋友是更重要的原因。對於那些「成年人班」，如企業家班、金融家班、國際 MBA 班等班級的學生，交朋友可能比學知識更加重要，有些人唯一的目的就是交朋友。一些學校也看清了這一點，在招生簡章上明白無誤地告訴對方：擁有學校的同學資源，將是你一生最寶貴的財富。

　　在我們研究的數千個創業者案例，以及親身走訪過的數百名創業者中，在許多成功者的身後，都可以清楚地看到他們同學的身影，有的是少年時代的同學，有的是大學時代的同學，還有各種成人班級如進修班、研修班上的同學。一位創業者在接受我們的採訪時說，他創立公司前，曾經花了半年時間到北大企業家特訓班上學、交朋友。他開始的十幾單生意都是在同學之間做的，或是由同學幫著做的。同學的幫助，在他創業的起步階段起了很大的作用。

實際上，同學之間本來就有守望相助的義務，在現今這個時代，帶著商業或功利的目的走進學堂，也並沒有什麼不妥。同學之間因為接觸比較密切，彼此比較瞭解，同時因為少年人不存在利害衝突，成年人則大多數從五湖四海走到一起，彼此也甚少存在利害衝突，所以友誼一般都較可靠，純潔度更高。對於創業者來說，是值得珍惜的最重要的外部資源之一。

那麼怎麼做，才能獲得同學這種外部人際資源源源不斷的支持呢？首先，必須從現在開始整理和積累同學資源，這樣你才能夠談得上和他們取得聯繫。其次，要學會幫助你的同學，互相幫助才能讓你贏得同學的回報。最後，你要學會整合你的同學資源。什麼意思呢？很多人在和同學交往的過程中，往往只是去接觸那些和自己脾氣相投做事情合得來的同學，這部分同學往往是少數。這樣一來，你就喪失了其他大部分可能和你脾氣不合的同學的潛在支持。因此要想獲得大部分同學的支持，你必須要處理好這些同學和你之間的關係，做到獲取最多同學的支持。

下面我們就為你介紹贏取同學幫助的具體原則和方法。

同學要多交：
閒時多燒香，急時有人幫

正如我們介紹的那樣，要想得到同學的幫助，你首先得擁有同學這種人脈資源。那麼怎麼獲得同學這種人脈資源呢？最重要的是不斷交往，善於交往。

整理同學資料

畢業經過數年後，你的同學可能會分散在各地，從事各種不同的行業，有的甚至已成為某一行業或某一領域的「重量級」人物。當有需要時，憑著老同學的關係，相信會在某種程度上給你幫忙。這種老同學關係

可從大學向下延伸到高中、初中、小學，如能加以掌握，這將是人生中一筆相當大的資源。因此你可以按照一定的類別，比如學校，將你的同學資料整理一下。這樣至少可以讓你知道你究竟有多少同學資源，直到可用的同學資源的聯絡方式。

多參加同學會

如今有許多類型的同學會，比如各種大學畢業生的同學會，留學生同學會。還有一些基於ＭＢＡ、ＥＭＢＡ等培訓機構成立的同學會，這種同學會直接將同學會歸類為交際手段，學員以企業老闆、券商和政府部門要員為主，性質上更接近一種俱樂部的性質，是一種純粹的社交方式。專門有評論詮釋了此種同學關係與普通學校同學的區別：普通學生們關心「誰是我的老師」；ＭＢＡ則關心「誰是我的同學」。更多的人在加盟後者的同時，尋找可能的商機以及合作夥伴。因為這個部落的成員原本就擁有豐厚的社會財富資源，在他們之間再建立一種學友關係，無異於是一個加固手段。

這種先天帶有功利色彩的同學會，在行銷手段中是被肯定的「提供服務、增進交流、豐富生活、發現商機、永續情誼和擴大影響」。因此要想積累同學人脈資源，一定多要參加同學會。

參加同學會一定要注意禮儀，否則很容易給同學帶來不良的形象。同學聚會應該注意的禮儀如下：

——準時：參加同學聚會和商務洽談一樣，應該準時赴約。有些人認為大家已經是老朋友、老同學了，遲到一會兒無所謂。但是讓大家等待是非常失禮的。如果當時確實有事要晚到，也應該打電話給聚會的發起人，說明情況並表示歉意，當然，也要說清楚自己抵達的時間。

——憶舊：同學們聚在一起，肯定會暢談過往今朝。但是在言談中也要注意，也許您想提一段自己覺得很有意思的往事來助興，可是要看看同學有沒有帶著配偶或朋友來參加聚會，也要想一想，提起這段往事會不會讓同學感到尷尬或是不自在，如果起到了反效果，那麼還不如不提。同

樣，如果有外人在場的情況下（如同學的朋友、配偶等），那麼也不要輕易亂喊小時候互起的綽號，說不定別人就很在乎呢。

——飲酒：同學聚會中，很多人都會選擇喝酒。但一定注意要有所節制，如果醉酒鬧事，不但會讓大家掃興，而且還會成為同學中的笑柄。中年人士同時還要想想，自己的脂肪肝、心肌炎能不能多喝酒？在被當年豪情衝擊的同時，也要顧及自己的身體健康。

平時多聯繫

現代人生活忙忙碌碌，沒有時間進行過多的應酬，日子一長，許多原本牢靠的關係就會變得鬆懈，同學關係之間逐漸互相淡漠。這是很可惜的。萬望大家珍惜人與人之間寶貴的緣分，即使再忙，也別忘了溝通感情。

有位剛去美國的同學來信說：「我們在那兒沒有什麼社交生活，我們難得去看看同學，這當然是因為我們初到異境，認識的同學不多，但後來我聽說，其他的人也一樣……」

「我們每星期工作五天，星期六和星期天都去郊外，這是一種家庭式的生活。就是說要去郊外，就跟自己的家人去。」

「我們不能利用假期去探望同學，因為一到假期，誰都不在家，除非同學患病在床……」

「平時我們也不可能利用下班後的時間去看同學，因為交通太擠。」

「但我們常常和同學通電話，這是我們唯一可以聯繫同學的方法，我們無事也打電話，哪怕是寒暄幾句，或者講些無關緊要的事。」

「但有事情時，我們會立刻聚在一起的，比方上星期我兒子肚子痛，我急忙起來打電話給友人江醫生想辦法，他馬上駕車從七十公里外趕到，初步診斷，認定他患了盲腸炎，就用他的車子送孩子進醫院做了手術……」

有事之時找同學，人皆有之；無事之時找同學，你可曾有過？

拜冷廟，燒冷灶，交落難英雄

俗話說：「平時不燒香，臨時抱佛腳。」那樣的菩薩雖靈，也不會幫助你。因為你平常心中就沒有佛祖，有事才來懇求，佛祖怎會當你的工具呢？所以我們求神，自應在平時燒香。而平時燒香，也表明自己別無希求，完全出於敬意，而絕不是買賣；一旦有事，你去求它，它念在平日你的燒香熱忱，也不致拒絕。

如果要燒香，就找些平常沒人去的冷廟，不要只挑香火旺盛的熱廟。熱廟因為燒香人太多，神仙的注意力分散，你去燒香，也不過是眾香客之一，顯不出你的誠意，神對你也不會有特別的好感。所以一旦有事求它，它對你只以眾人相待，不會特別照顧。

但冷廟的菩薩就不是這樣了，平時冷廟門庭冷落，無人禮敬，你卻很虔誠地去燒香，神對你當然特別在意。同樣的燒一炷香，冷廟的神卻認為這是天大的人情，日後有事去求它，它自然特別照應。如果有一天風水轉變，冷廟成了熱廟，神對你還是會特別看待，不把你當成趨炎附勢之輩。

有的人能力雖然很平庸，然而風雲際會，也會成為萬事亨通的人物。人在得意的時候一切就看得很平常，很容易，這是因為自負的緣故。如果你的境遇地位與他相差不多，交往當然無所謂得失。但如果你的境遇地位不及他，往來多時，反而會有趨炎附勢的錯覺。即使你極力結納，多方效勞，在對方看來也很平常，彼此感情不會有多少增進。只在對方轉入逆境，以前友好，翻臉若不相識；以前車水馬龍，今則門可羅雀；以前一言九鼎，今則哀告不靈；以前無往不利，今則處處不順，他的繁華夢醒了，對人的認識也比較清楚了。

如果你認為對方是個英雄，就該及時結納，多多交往。或者趁機進以忠告，指出其所有的缺失，勉勵其改過遷善。如果自己有能力，更應給予適當的協助，甚至施予物質上的救濟。而物質上的救濟，不要等他開口，隨時採取主動。有時對方很急著要，又不肯對你明言，或故意表示無此急需。你如得知情形，更應盡力幫忙，並且不能有絲毫得意的樣子，一面使他感覺受之有愧，一面又使他有知己之感。寸金之遇，一飯之恩，可以使

他終生銘記。日後如有所需，他必奮身圖報。即使你無所需，他一朝否極泰來，也絕不會忘了你這個知己。

每個人生活在社會上，都要靠同學的幫助。但平時禮尚往來，相見甚歡，甚至婚喪喜慶、應酬飲宴，幾乎所有的同學都是相同。而一朝勢弱，門可羅雀，能不落井下石、趁火打劫就不錯了，還敢期望雪中送炭、仗義相助嗎？

「人情冷暖，世態炎涼。」趁自己有能力時，多結納些潦倒英雄，使之能為己而用，這樣的發展才會無窮。

平時不屑往冷廟上香，臨到頭再來抱佛腳也來不及了。一般人總以為冷廟的菩薩不靈，所以才成為冷廟。其實英雄落難，壯士潦倒，都是常見的事。只要一朝交泰，風雲際會，仍是會一飛沖天、一鳴驚人的。

從現在起，多注意一下你周圍的同學，若有值得上香的冷廟，千萬別錯過了。

 ## 同學要多幫：
幫人即幫己，有事大家幫

「好風憑藉力，送我上青雲」。人際交往，互利互惠。幫助別人，就是在自己的人情信用卡儲蓄，特別是在人患難之際施於援手，救落難英雄於困頓。真心助人，其回報不言而喻。積累足夠多的同學資源，這還不夠，你還需要多幫助你的同學，這樣才能進一步贏得同學的幫助。

送人玫瑰，手有餘香；幫人發達，自己沾光。

英國能成為世界強國，海運事業的高度發達起到了重大的作用。酒店、咖啡店等地方成了這些闖蕩大海的人的必到之地。一九六〇年，勞埃德在英國的泰晤士河邊開了一家咖啡館。很快，這家咖啡館就成了船老闆、商人、船員等聚會的地方，很多資訊都在這裏交流，這裏成了一個資訊集散地。

他們在這裏暢談海外的奇聞軼事，回首航海中的風雨歷程。這裏有喜怒哀樂，這裏有悲歡離合。高興的人慶賀自己一帆風順，滿載而歸；悲傷的人哀歎自己海上遇險，血本無歸。

一天，咖啡館老闆勞埃德聽到一個海員在喝咖啡的時候，說有一個倫巴第人在搞海運保險。這隨隨便便的一句話，在勞埃德的心中卻掀起了波瀾。

他想：我何不利用現在的條件，與這些老顧客們聯手做一下海運保險呢？

他把計畫告訴別人，很多人都說，這是很危險的，大海無情，海浪很容易把一條大船掀翻的，你賠得起嗎？這就等於拿著英磅往大海裏扔！

他感到有些猶豫，又不斷地諮詢那些從事海上貿易的老闆，老闆們對此很感興趣。接著很多船長、船員、貨主、商販等紛紛表示，如果哪個人願意來搞海運保險，他們都參加。這些人觀點明確，在有了保障的前提下，誰都想碰碰運氣，即使失敗了，也不會血本無歸。

有了這些人的支持，勞埃德終於下了決心。保險業開始的時候是不需要很多資金的，只要物色好了機構辦事人員，就可以開張了。不久，一家「勞埃德保險公司」就在泰晤士河畔成立了。

很顯然，他的保險公司生意一下子就火起來了，昔日一個小小咖啡店的老闆，搖身一變，成了保險業的領軍人物。

勞埃德保險公司的發展是很迅速的，他除了海運保險，還發展了大到火箭發送、人造地球衛星、受到戰火威脅的超級油輪，小到電影明星的漂亮臉蛋、脫衣舞女的秀腿等業務。真是無所不保，無奇不有。

勞埃德，英國人引以自豪的世界上最大的保險業巨頭！

勞埃德的做法不難理解，而洛克菲勒的舉動著實讓人吃了一驚。

第二次世界大戰結束不久，戰勝國決定成立一個處理世界事務的聯合國。可是聯合國設在什麼地方，一時間成了一個頗費周折的問題。按理說，聯合國的地點應該設在一座繁華的城市。可是在任何一座繁華的城市建立聯合國的總部，都必須有大量的土地來建造樓房，這批土地必須花費

大量的資金。可是剛剛起步的聯合國總部卻無力支付這樣一大筆鉅款。

正當各國的首腦們頗費躊躇的時候，美國的洛克菲勒家族知道了這個消息，立即出八百七十萬美元的鉅資，在世界級的大城市紐約買下了一塊土地，無償捐給了聯合國，並且同時買下了這塊土地周圍的全部土地。

聯合國大廈建起來之後，左右周圍的土地價格立即飆升上去。沒有人能夠計算出洛克菲勒家族經營這片土地到底賺回來多少個八百七十萬美元。

洛克菲勒家族之所以能夠收穫這豐厚的回報，就是因為他們播下了一粒智慧的種子。這是睿智，這是膽略，這是智謀。

生活從來不會主動向人們訴說什麼，只有時間會告訴人們真理。洛克菲勒家族的成功告訴我們：幫助別人就是幫助自己，要想收穫就必須先給予，而關鍵是看準了就要大膽地去做。

同學要多讓：
謙虛待人得理讓人

我有一位同學愛好交際，也熱情幫助同學，可是同學們卻對他評價不高，見到他就想躲開，更別提幫助支持他了。為什麼？原因在於我這位同學往往得意忘形，對同學動輒重言重語，因此他得不到同學們真正的尊重，也就得不到同學互相守望的好處。

其實有一些人和同學交往，也有類似的問題。他們不夠謙虛，不會退步，不會提出建議，他們忘了和同學交往，也需要很好的「情商」才行。

處世唯「謙」字了得！若一味狂妄自負、驕傲自大，只會失去處世的根本。

不可目中無人

目中無人高高在上，不但不能引起別人的尊重，反而會引起他人背後

甚至當面的譏笑。獲得別人尊重的唯一要訣，就是練好「謙」功，先尊重別人。

佛蘭克林年輕時，是一個驕傲自大的人，言行不可一世，處處咄咄逼人。造成他這種個性的最大原因，歸咎於他的父親過於縱容他，從來不對他的這種行為加以訓斥。倒是他父親的一位摯友看不過去，有一天，把他喚到面前，用很溫和的言語規勸他一番。這番規勸，竟使佛蘭克林從此一改往日的行為，踏上了他的成功之路！

那位摯友對他說：「佛蘭克林，你想想看，你那不肯尊重他人意見，事事都自以為是的行為，結果將使你怎樣呢？人家受了你幾次這種難堪後，誰也不願意再聽你那一味矜誇驕傲的言論了。你的朋友們將一一遠避於你，免得受了一肚子冤枉氣，這樣你從此將不能再從別人那裏獲得半點學識。何況你現在所知道的事情，老實說，還只是有限得很，根本不管用。」

佛蘭克林聽了這一番話，大受感動，深知自己過去的錯誤，決意從此痛改前非，處世待人處處改用研究的態度，言行也變得謙恭和婉，時時慎防有損別人的尊嚴。不久，他便從一個被人鄙視、拒絕交往的自負者，一變而成為到處受人歡迎愛戴的成功人物了。

如果佛蘭克林當時沒有接受這樣一位長輩的勸勉，仍舊事事一意孤行，說起話來不分大小，不把他人放在眼裏，那很難設想他日後能成為一位偉人。

言行妄自尊大，將使與你接觸的人們，個個感覺頭痛，獲得一個不快的印象，從此你所能交往的新同學，將遠沒有你所失去的老同學那樣多，直到了眾叛親離的絕境而後已。試想到了那時，你做人還有什麼趣味？你行事還有什麼偉大的成就？你的名譽還能靠誰來傳揚呢？

要改正目中無人的不好癖習，並不是一件難事，只要記住：未來要去成就的豐功偉業還多著呢，現在即使有了一點點小成就，比起未來的成就只是微乎其微。即使有人已對你大加讚美，也只是表明他們的眼界太低，而不能說是你的成就已達頂峰。當你對人說話時，應該打定主意：你是在

向對方吸取學識經驗，而不是把你淺薄的學識全部搬出來炫耀。你發表意見，必須抱著求人將它改善的目的，而不是用來壓倒人。因為實際上沒有一個人是情願被迫接受任何意見的。

人們都不喜歡那些常愛自吹自擂的人，你當然不願人家也是這樣看待你。那麼最好的辦法就是在乎自己談吐行動之間，處處給人留下一個自由旋轉的餘地，如果你的意見的確是對的，他們經過思索之後，自然會樂於接受的。萬一他們抱著一種成見，始終堅持不接受，那你也必須知道：過分強調、誇大的語氣，並非是征服他們的武器，反而易使他們更走異端，與你深溝高壘地對峙起來了。

有本事不必自誇

歐洲有一著名格言：「愈是喜歡受人誇獎的人，愈是沒有本領的人。」反之，我們也可以說：「愈是有本領的人，愈是不需要別人的誇獎。」

美國南北戰爭時，北軍格蘭特將軍和南軍李將軍率部交鋒，經過一番空前激烈的血戰後，南軍一敗塗地，潰不成軍，李將軍還被送到愛浦麥特城去受審，簽訂降約。

格蘭特將軍立了大功後，是否就驕奢放肆、目中無人起來了呢？沒有！他是一個胸襟開闊、頭腦清晰的大人物，他絕不會做出這種喪失理智的行為來！

他很謙恭地說：「李將軍是一位值得我們敬佩的人物。他雖然戰敗被擒，但態度仍舊鎮定異常。像我這種矮個子和他那六尺高的身材比較起來，真有些相形見絀，他仍是穿著全新的、完整的軍服，腰間佩著政府獎賜他的名貴寶劍；而我卻只穿了一套普通士兵穿的服裝，只是衣服上比士兵多了一條代表中將官銜的條紋罷了。」

這一番謙虛的話聽在別人耳裏，遠比自我炫耀、自吹自擂好得多。唯有對自己的成就發生疑問的人，才愛在別人面前吹牛，以掩飾那些令人懷疑的地方。一個真正成功的人，是不必自我吹噓自我炫耀的，因為你的成績、你的成功，別人會比你看得更清楚。

也許你以為格蘭特將軍的自謙，固然值得讚美，而李將軍以敗將的身分，居然也昂首挺胸、衣冠整齊，似乎有些示之驕傲呢？其實不然，李將軍雖然戰敗，但仍能坦然忍受恥辱，這正是他勇敢堅毅的地方。他這樣做，是表示他把失敗當做一種經驗，而非一種恥辱，如果能再給他一次機會的話，他仍能挺身奮戰、爭取光榮。所以他也可以說是不失為一位偉大軍人的風度。他之所以與格蘭特持相反的態度，並非不肯謙虛，實在是由於兩人所處的環境不同。

　　格蘭特將軍不但讚美了李將軍的態度，而且也沒有輕視他的戰績。他認為自己的成功和李將軍的失敗，都是偶然的機會造成。他說：「這次勝負是由極湊巧的環境決定的，當時敵方軍隊在佛吉尼亞，幾乎天天遇到陰雨天氣，害得他們不得不陷在泥淖中作戰。相反地，我們軍隊所到之處，幾乎每天都是好天氣，行軍異常方便，而且有許多地方往往是在我軍離開一兩天後便下起雨來，這不是幸運是什麼呢！」

　　格蘭特將軍把一場決定最後命運的大勝利，歸功於天氣和命運，這正表示他有充分的自知之明，始終沒有被名利的慾念所埋沒。曾經有人說：「愈是不喜歡接受別人讚譽的人，愈是表示他知道自己的成功是微不足道的。」

　　假使你常常為芝麻小事而得意忘形，接受別人的稱讚，自己拍自己的肩膀，把它當做一椿了不得的事情，那你無異是在欺騙自己，就像那些被魔術欺騙了的觀眾一樣。從此你將走上失敗之路，因為你早已沒有自知之明，盲人騎著瞎馬亂闖，怎麼會有成功的希望呢？

　　實際上，只要我們仔細思考，就知道我們百分之九十九的成功，其實有不少是機運的成分夾雜在裏邊的，我們應該看清這些機運所在，準備將來如有同樣事情發生，又缺乏這些機運時，知道怎樣應付。

請教不擇人

　　向同學請教，不必注重對方身分的高下，但必須問對人。

　　在羅斯福任美國總統期間，當他去打獵的時候，便去請教一個獵人，

而不是去請教身邊的政治家；反之，當他討論政治問題時，他也絕不會和獵人商議，而是和政治家開會。

有一次，羅斯福和一個牧場工頭出外打獵，羅斯福看見前面來了一群野鴨，便追過去舉起槍來，準備射擊。但這時那個工頭早已看見在那邊樹林中還躲著一隻獅子，忙舉手示意羅斯福不要動，羅斯福眼看野鴨快要到手，於是對那命令不予理睬。結果獅子在樹林中聽到了響聲，便立刻跳了出來，竄到別處去了。等到羅斯福瞧見了，再趕緊把他的槍口移向獅子時，已經來不及而被它逃脫了。

牧場工頭立刻瞪著憤怒的眼睛，向他大發脾氣，罵他是個傻瓜、冒失鬼，最後說：「當我舉手示意的時候，就是叫你不要動，你連這點規矩都不懂嗎？」

羅斯福對於自己受到身分那樣低下的牧場工頭所訓斥，會怎樣應付呢？大發雷霆嗎？打他兩記耳光嗎？不，他是深明「求教原則」的人，絕不會做出那樣喪失理智的事情來。他對於那頓責罵，竟安然「逆來順受」，並且以後也毫不懷疑地處處對他服從，好像小學生對待老師一般。他深知在打獵上，對方確實高他一籌，因此對方的指教是不會錯的。

「各得其所」是做任何事都不變的原則。就拿人格擔保來說吧！一個演說家也許可以用人格來擔保其人演講起來一定精彩，但是他沒有資格擔保某種飲料的品質一定高超。同樣地，一個正直的傳教士，也許可以保證某人是一個好人，但不能保證某種藥品確實有效。否則他自己固然難免受人矇騙，就是別人也將因而上當。

所以我們向人求教時，切勿先被一種成見所蒙蔽，以為自己平日對於某人的印象極佳，那人說出來的話，便一定沒有錯，這就是失去了理智的行為。實際上，你應該先知道那人對於你所問的事情懂不懂、有沒有經驗才是。美國雜貨業大王凡瑞邁可說：「年輕人平時最大的錯誤，就是對於任何事自己都先存了一種成見，當他們去請教於人時，實際上，並沒有存著探索真理或搜求有識者經驗的目的。他們最後無非是希望對方對他的意見大加誇獎一番，如果對方給了他一個否定的回答，他往往不區別事情曲

直，只是大失所望，最後還是依自己的意思去做。」

同學相勸也宜留三分

有時人難免因一時糊塗做一些不適當、「錯誤」的事。遇到這種情況，就需要把握住指責別人的分寸。既要指出對方的錯誤，又要保留對方的面子。這種情況下，如果分寸把握得不當，或者會使對方很難堪，破壞了交往的氣氛和基礎，可能因此帶來一系列嚴重的後果；或者讓對方占「便宜」的願望得逞，給己方造成不必要的損失。

心理學的研究表明，誰都不願把自己的錯處或隱私在公眾面前「曝光」，一旦被人曝光，就會感到難堪或惱怒。因此在交際中，如果不是為了某種特殊需要，一般應儘量避免觸及對方所避諱的敏感區，避免使對方當眾出醜。必要時可委婉地暗示對方已知道他的錯處或隱私，便可造成一種對他的壓力。但不可過分，只需「點到而已」。

在一家著名的大酒店，一位外賓吃完最後一道茶點，順手把精美的景泰藍食筷悄悄「插入」自己的西裝內衣口袋裏。服務小姐不露聲色地迎上前去，雙手擎著一隻裝有一雙景泰藍食筷的網面小匣子說：「我發現先生在用餐時，對我們景泰藍食筷頗有愛不釋手之意。非常感謝您對這種精細工藝品的賞識。為了表達我們的感激之情，經餐廳主管批准，我代表本店，將這雙圖案最為精美並且經嚴格消毒處理的景泰藍食筷送給您，並按照大酒店的優惠價格，記在您的帳單上，您看好嗎？」

那位外賓當然會明白這些話的弦外之音，在表示了謝意之後，說自己多喝了兩杯「白蘭地」，頭腦有點發暈，誤將食筷插入內衣袋裏。並且聰明地藉此「臺階」，說：「既然這種食筷不消毒就不好使用，我就『以舊換新』吧！哈哈哈。」說著取出內衣裏的食筷恭敬地放回餐桌上，接過服務小姐給他的小匣，不失風度地向付帳處走去。

英國首相邱吉爾也曾成功地處理過一件類似的事情。一次，英國首相邱吉爾和夫人克萊門蒂娜一同出席某要人舉行的晚宴。席間，一位著名的外國外交官將一隻自己很喜歡的小銀盤偷偷塞入懷裏，但他這個小小的舉

動被細心的女主人發現了，她很著急，因為那只小銀盤是她心愛的一套古董中的一部分，對她來說很重要。怎麼辦？女主人靈機一動，想到求助於邱吉爾夫人把銀盤「奪」回來，於是她把這件事告訴了克萊門蒂娜。邱吉爾夫人略加思索，向丈夫耳語一番。只見邱吉爾微笑著點點頭，隨即用餐巾作掩護，也「竊取」了一隻同樣的小銀盤，輕輕地走近那位外交官，很神秘地掏出口袋裏的小銀盤說：「我也拿了一隻同樣的小銀盤，不過我們的衣服已經被弄髒了，所以應該把它放回去。」外交官對此語表示完全贊同，兩人將盤子放回桌上，於是小銀盤物歸原主。

即使是手下人犯了錯誤，你不得不批評他（她）時，在批評的時候也要言之有理。既要堅持原則性和鬥爭性，敢摸老虎屁股，又要以理服人，切不可口出惡語，挖苦諷刺，侮辱人格。同時要做到情理結合，情真理切，特別是對落後者的批評，更要注意親近他們，滿腔熱情地幫助他們進步，才能收到好的效果。

要想與某人的關係更進一層，除了一般的關懷和讚美外，還要善於對他的缺點提出善意的批評，對他的不足提出忠告，這樣往往能贏得對方的信任，甚至將自己視為他的知己。

良藥苦口利於病，忠言逆耳利於行。忠告的話聽起來一般都讓人難以接受，甚至會引起他人反感或抵抗，取得相反的效果。商朝末年，紂王昏庸無道，丞相比干多次進諫，紂王非但不聽，還下令將比干剖心處死。在商業行為中，對領導指出忠告很有可能遭致他的嫉妒，結果自己被炒，走人了事；對於下屬的忠告也往往引起他們的不滿情緒。那麼怎麼進行忠告呢？

忠告要體現出「忠」

忠告首先應該是對他誠心誠意的關懷。當你對某人提出批評時，如果對方發現你並不是為了關心他才批評他，而是出於你個人的某種意圖，他馬上會站到與你敵對的立場上。對人提出忠告的時候，應該抱著體諒的心情。他誠然在某些方面做得不對，但是他可能有難言的苦衷。所以在提出

忠告的時候，還要體諒他的難處，不要一味地強求或大加責難。必要的時候要深入他的內心，幫助他徹底地解決「心病」。

從實際出發

忠告要想獲得成功，必須瞭解真實情況，不要捕風捉影。

只有瞭解了事實，你才能清楚地判斷是否有必要提出忠告，提出忠告的角度怎麼選擇，忠告以後會有怎樣的效果。如果你是公司的一位職員，對公司的計畫背景缺乏瞭解時，就對其提出自己的看法，你不可能獲得領導的信賴，相反，他會認為你思考問題不夠週到。不瞭解朋友的意圖，就對他的行為妄加非議，他會認為你對他沒有盡一個朋友的責任。憑藉聽到的資訊忠告別人，容易引起誤解。這時補救的辦法是與他溝通，聽聽他怎麼說，等瞭解清楚事實之後再想辦法消除誤解。

選擇措辭

掌握了事實真相和對方的心理，就該拿出勇氣來忠告，指出他應該改善的錯處。當然要注意你的措辭，否則就容易得罪人。

「現在的年輕人自以為是」，「別理他，反正我們沒有損失」，「這樣太可笑了……」，作為一名領導，諸如此類的措辭永遠都是失敗的。領導有指導屬下的義務，對下屬應有深切的愛護之情，以懇切的忠告作為幫助他們進步的動力，能夠很快地獲得愉快的人際關係。如果害怕得罪人，一味地保持緘默，做個老好人，最終無法獲得良好的人際關係。

注意場合

要注意，提出忠告切忌在大庭廣眾之下。因為提出忠告的時候必然涉及他的短處，觸動他的傷疤，而每個人都有自尊心，被當眾揭短時，情面上很容易下不了臺，從而很容易產生抵觸情緒。在這種情況下即使你是善意的，他也會認為你是在故意讓他當眾出洋相。

把握時機

在當事人感情衝動的時候不適合提出忠告。因為在他衝動的時候，理智起不到半點作用，也判斷不清你的用意。這時提出忠告，不僅不能解決問題，反而會火上澆油。

簡潔而突出重點

提出忠告的時候，要注意簡潔中肯，按照「一時一事」的原則。若是再加上回溯起對方過去的缺失，再予以責備，當然會引起對方的反感，不理睬你的好心了。所以要掌握重點，不要隨便提及其他的事情是很重要的方法。

留有餘地

在提出忠告的時候要給對方留有餘地，不要把他指責得一無是處，否則很容易引起他的逆反心理。「既然我已經這樣了，那就乾脆一錯到底」，最後反而不如不提忠告。必要的時候可以多列舉對方的一些優點，比如你可以這樣說：「你平時工作努力，表現積極，唯一的缺點就是想問題的時候稍微草率了一點，如果你思考問題再慎重些，就很有前途了。」用這種口氣跟他說話，他會備受鼓舞，很容易地接受你的忠告。

忠言逆耳，你的一句話可能贏得他的尊敬，也有可能招來他的怨恨。因而在提出忠告時，要注意策略，慎之又慎，點到為止，留有餘地是非常必要的。

唐朝天際年間的石頭大師替世人開過一劑人生的處方，教的是如何待人接物，寫得很有意思，其中有熱心腸一副、溫柔兩片，說理三分等等。有的聰明人可能會問：奇怪，這說理為什麼是三分而不是十分呢？

「說理三分」，講的其實是一種技巧。你若有理，聰明人一點就通，不用十分，三分就足夠了，不必畫蛇添足；碰到蠢人（或一時走進死胡同的人），你再多費口舌也無用，何必執著，不妨讓他自己慢慢去悟；至於蠻橫漢，他本不講理，你即使講上十二分，也無異於是對牛彈琴。

「說理三分」，講的也是寬容。人總有缺點，或多或少總有不周全的地方，他或許並不明白，你巧妙地說上幾句，點到為止，這會讓他心存感激。若是窮追猛打，非要弄得人家連面子都留不住，只怕是兩敗俱傷。

做人不能太露，太露了不可取。含蓄是一種大氣、一種風度，真正會做人的人，總是含蓄的，總是懂得明明占理十分只說三分，總記得「得理也讓人」。

不過做到這一點是很難的。人性的弱點之一是「一吐為快」，何況在理兒上的，常常會不知不覺「理直氣壯」起來。因此許多人雖然有高僧所說「熱心腸一副」，也自認為不乏「溫柔兩片」等等，卻總成不了氣候——常常就在這多說幾句之中，將功勞一筆勾銷了。

「說理三分」，實在是一種大智慧。

同學要整合：
團結那些難相處的同學

很多人也積累了相當多的同學資源，也能夠得到相當多同學的支持。可是總是感覺上差了那麼一點。比如在自己危急亟需同學幫助時，有些同學儘管也對自己採取了支持，但是很難算得上是鼎力相助。還有一些人的同學擁有良好的資源，但是由於這些同學個性不合，也沒法得到這些同學的支持和幫助，白白浪費了很多成功的機會。

要想得到這些人的盡心盡力的支持，你必須要學會用非凡的氣度和處理困難局面的技巧來折服他們。只有這樣，你才能夠得到這些人盡心盡力的幫助。

給不合群者予指導

同學之中往往有這樣一些人，缺乏正確的社會觀，對自己在社會中的地位和作用認識不清，不能合理地對待社會中某些與自己意願不一致的現

象，一遇到困難、挫折之後，就陷入與社會格格不入的漩渦，或者頹廢，或者喪失信念，或者悲觀厭世……不能從種種困惑中解脫出來。

同這類同學交往，首先要幫助他們樹立正確的社會觀，擺正個人價值和社會的關係。只要是人，都有價值；個人的價值是通過社會表現出來的。所以一個人要想使自己的價值得到發揮和承認，就應當在準確地估計個人價值的前提下，對社會有所創造。如果把自己估價過高，你就會把社會公平的待遇看作壓制人才，就會有很多困惑。

其次，要幫助同學分析某種不公正的現象，看清現象的主流。一個人遭到挫折，產生社會不公平和自己前途暗淡的心理原因，是在於對自己和眼前的一切缺乏冷靜、透徹地分析。應當看到，在我們國家裏，文明現象是主流，醜惡現象是支流，不要看到一點不順眼的現象，就認為沒有光明，寸步難行。再說，我們只要嚴格地自我解剖，也會發現自己的某些思想、行為，並不完全與社會的文明習慣相合拍，這時候埋怨社會不公平，就感到自己不公平了。

再次，要幫助同學正確認識「外來阻力」的客觀性和攻克阻力的主觀性。外來阻力是外因，主觀阻力是內因。人們進入社會，想成就一番事業，以無愧於盛世。但是一遇挫折，就成了洩了氣的皮球，自我退卻，那就不對了。正確的態度應當是冷靜地想一想，如果自己的想法和做法是正確的，不能取得成功，那的確是遇到了阻力，就必須堅持信念，不顧壓力，戰勝客觀阻力，去取得成功；否則就應當反省，修正想法和做法，另闢蹊徑。

還有社會是發展的，但道路是迂迴曲折的，佈滿變幻的風雲。一個人要想做一番事業，沒有足夠的種種準備，光憑一股熱情或願望是不夠的。因此對與社會格格不入的同學，我們還要幫助他們克服盲目性，從如下一些方面進行錘煉，不斷提高自己取得成功的能力。

給貪小便宜者予感化

現實社會中，不管是誰，都喜歡和那些豪爽熱情、開朗大方的人往

來，而不太願意和貪小便宜的人打交道，這種心理無可非議。然而，都這樣就會出現一些問題。對自己，縮小了交朋友的範圍；貪小便宜者則陷入孤獨，這樣對工作和事業也都不利。社會心理學告訴我們，一個人的行為與動機並非是一對一的，它們之間存在著錯綜複雜的關係。同一動機可以產生不同的行為；同樣，同一行為亦可能由不同動機所引起。「貪小便宜」是行為表現，並不完全是渾身沾滿銅臭的利己的反映；即使是利己主義者，亦非不可救藥者，況且各人表現的程度不盡相同。

一般說來，貪小便宜者有兩種。一種是受生活習慣所影響；另一種是受生活觀念所支配。因此和不同心理狀態的貪小便宜者的相處，就應持不同的態度，用不同的鑰匙去打開他們的「心鎖」。

一些人貪小便宜的毛病是受社會環境（尤其家庭環境）的影響，而形成的一種生活習慣。這種人往往缺乏遠大的理想，胸無點墨，生活作風隨便，自尊要求低，得過且過，不求上進。這種人一般心地不壞，而且性格外向，毫無隱諱，容易深入瞭解。和這種貪小便宜者打交道，要注意正面批評，引導他們在學習上和工作上下功夫，以提高其理想層次。理想層次提高了，自尊的要求就會隨之增長，貪小便宜的毛病便會相應地得到克服。對這類人貪小便宜的毛病，切不可姑息，對他們的姑息，只會加重這種不良生活習慣。另外，也不可對他們進行諷刺挖苦。因為諷刺挖苦會影響其自尊需要的提高。

還有一種貪小便宜的人，他們的行為是受一定意識形態支配的，其貪小便宜的行為反映著其生活觀念。這種人往往具有比較特殊的生活閱歷，在生活中受過磨難，生活觀常常表現為以「自我」為中心。和這類貪小便宜者打交道，採取一般化的說教方法，是無法解決其觀念形態的問題的，應真誠地與之相處，用自己的博大胸懷去感化。在工作、學習、生活中，真誠地、無微不至地去幫助他們，使他們在自己的行動中得到感化。比如外出時，熱情地拉著他，坐車、吃飯、看電影、逛公園、照相爭著花錢，而對他從不表現出一點兒不滿和鄙視。平時，又總是講一些他所欽佩的人的恢宏大度，不計個人得失的事例，使他逐漸意識到自己的不足。

貪小便宜不管源於哪一種心理狀態,「冰凍三尺,非一日之寒」,要他們一下改掉並不現實,只能潛移默化,而且允許出現反覆。如果一個人去感化猶嫌力量不足,可動員幾個要好的朋友來共同感化他們。當貪小便宜者真正理解你一顆真誠的心後,他是會永遠感激你的,由此所建立起來的友誼,也一定是純潔的、牢固的。

給深沉者予真誠

所謂城府較深的人,指的是那種不願讓別人輕易瞭解其心思,或知道其在想什麼,有什麼要求,而總是通過各種方式保護自己,深藏不露的人。這種人往往說話不著邊際,對任何問題都不作明確的表示,經常會含糊其辭,顧左右而言他。和這種人打交道,常常是很難溝通的。由於很難得到他們真正的想法,所以人們往往也不願把自己的內心世界向他們敞開,而是有所保留,甚至對他們有所防備。

城府較深的人通常有以下幾種情況。首先,他可能是一位工於心計的人,這種人為了在與別人打交道時獲得主動,或者出於某種目的不願讓別人瞭解自己,而把自己保護起來。而且這種人還總希望更多地瞭解對方,從而在各種矛盾關係中週旋,使自己處於不敗之地。其次,他也可能是一位曾經受過挫折和打擊,並受到過傷害的人。過去的經歷使這種人對社會、對別人有一種十分強烈的敵視態度,從而對自己採取更多的保護。還有一種情況是他可能對某些事情缺乏瞭解,拿不出有價值的意見。在這種情況下,為了掩飾自己的無知,從而以一種未置可否的方式,含糊其辭的語氣與人交往,並裝出一種城府很深的樣子。

顯然,對第一種人你應該有所防範,警惕不要為之所利用,並成為某人的工具,不要讓他完全得知你的底細。對第二種人則應該坦誠相見,以誠感人。這種人的城府並不是為了害人,而是為了防人。所以你對他不應有什麼防範,為了真正達到溝通的目的,甚至可以無保留地對他敞開你的心扉。對第三種人則不要有什麼太高的期望,也不必要求他提供某種看法或判斷。

總之，對某些城府較深的人，如果你不得不與之打交道，則應該真正對他們加以區分，看其屬於哪一類人，然後確定自己的行為方式。

給饒舌者予坦蕩

　　己所不欲，而施於人，這大概是人的劣根性之一吧！背後議論，人之常情。然而由於個人認識的侷限性，人與人之間的好惡與向背的情緒又難免滲進議論。因此議論往往也就不由自主地偏離事物真相。如果議論者是有意識的，藉議論造謠、中傷、挑撥離間，那就是心理的變態。

　　這裏所說的「搬弄是非的人」，就是指那些以背後說人壞話、挑撥離間為能事的心理變態的人。與這種人相處，的確不容易，非掌握一些訣竅不可。

　　一是坦蕩。人生在世，全然不被人議論，是不可能的。

　　背後議論，就其內容而言，有符合事實的，有不符合事實的；就其動機而言，有善意的，也有惡意的。但不管怎樣，都應坦蕩置之，不要因聽到好議論而忘乎所以，覺得自己一下子高大起來，也不因聽了難聽的議論而怒髮衝冠，耿耿於懷，或痛心疾首、惶惶不可終日。否則心理就有失去平衡、做出蠢事，以中搬弄是非者之奸計的危險。

　　俗話說，君子坦蕩蕩，小人常戚戚。的確，一個強者，是為自己的目標而活著；只有弱者，才為周圍的議論所左右。

　　二是正直。背後議論別人是一種不道德的行為，不能遷就，必須正直地站出來，幫助議論者改正不良習慣，幫助搬弄是非者改正惡習。行之有效的辦法是尊重對方，以朋友式的態度，進行善意的規勸；同時，巧妙地引導對方獲得正確地認識人的方法。比如當對方談論他人時，可以先順著對方的話音，談談這個人確實存在的缺點，然後再談他的大量長處，從而形成一個正確的結論。

給孤僻者予開導

　　現實生活中有這樣一種人，他們感情內向，整日禁錮在鬱鬱寡歡、焦

躁煩惱的樊籠裏，心境陰沉，缺乏生活樂趣。

這種人我們稱之為「性格孤僻的人」。和這種人打交道不容易，必須掌握一些訣竅。心理學認為，性格是一個人表現在對現實的穩定態度和相應的習慣行為方式上的個性心理特徵。一棵參天大樹，不可能有兩片完全相同的樹葉；芸芸眾生之中，也不可能有兩個性格完全相同的人。每個人的性格都是他的全部生活史的縮影。因此我們要和性格孤僻的人進行成功的交往，重要的是必須瞭解其所以孤僻的原因，以便採用合適的措施。

不管性情孤僻者的孤僻源於什麼原因，我們與之相處，都應以給予溫暖和體貼為準繩，讓他們通過友誼體驗人間的溫暖和生活的樂趣。因此在學習、工作和生活的細節上，我們要多為他們做一些實實在在的事，尤其是當他們遇上自身難以克服的困難時，更應主動地站出來，著實盡力。實踐說明，只有友誼的溫暖，才能消融他們心中的冰霜。

性格孤僻的人一般不愛說話。有時候儘管他們對某一事情特別關心，也不願主動開口。不談話，是難以交流思想感情的。因此我們與之相處交談時，既要主動，還要善於選擇話題。一般說，只要話的內容觸到他們的興奮點，他們是會開口的。

性格孤僻的人往往喜歡抓住談話中的細微環節，進行聯想，胡亂猜疑。一句非常普通的話，有時也會引起他們不高興，並久久銘刻於心，以致產生很深的心理隔閡。而這種隔閡，他們又不直接表露，而是以一種微妙的形式加以反映，使當事人難以察覺。因此我們與之交談，要特別留神，措詞、選句都要細加斟酌，疏忽大意是不行的。

在與性情孤僻的人有了初步的交往後，我們就應多引導他們讀一些有關的書籍，幫助他們樹立正確的世界觀、人生觀、社會觀，並在此基礎上建立正確的友誼觀、愛情觀、婚姻觀和家庭觀，逐步和諧人際關係。經驗表明，只有這樣，才能使交往真正深化下去。

在和性情孤僻的人有了初步的交往後，我們應該引導他們參加一些團體活動，促使他們從孤獨的小圈子中解脫出來，投入社會的懷抱，變得開朗起來。在活動的內容和形式上，應考慮他們的特點，選擇一些輕鬆愉快

的主題。比如聽聽輕音樂、唱唱卡拉 OK；看看喜劇、體育比賽；遊覽一下名勝古蹟等。

孤僻的性格並非一朝一夕形成的，有的已經形成了生活方式，很難改變，你要和他們打交道，有時難免會遭到冷遇，甚至不愉快。所以必須耐心，當他的心鎖被你啟開後，你們的友誼就將與日俱增，成為摯友。

給狹隘者予大度

心胸狹窄者的基本心理特徵有哪些？我們應當怎樣與之相處才好？要明白這兩個問題，且聽一則三國時代的故事。

《三國演義》中詳細敘述周瑜與諸葛亮的故事。周瑜是東吳的都督，諸葛亮是西蜀的丞相。他們為了抵抗曹操大軍的南下，共商國計。周瑜見諸葛亮處處高自己一籌，便妒火中燒，屢次加害；諸葛亮則處處從聯合抗曹的大局出發，不計較個人的得失與榮辱，從而保證了吳蜀的軍事聯盟，打敗了曹操的八十三萬大軍，為自己的事業奠定了興旺發達的基礎。

這則故事中的周瑜，就是一個心胸狹窄的人。其基本的心理特徵有二：一是容不得人；二是容不下事。心胸狹窄的人，對比自己強的人嫉妒，對不如自己的人又看不起。他們生性多疑，一點小事也常常折騰得吃不好睡不著。

朋友因心胸狹窄，做出了對不住自己的事，不忍讓又怎麼辦呢？除非鬧翻，分道揚鑣。所以這時作為朋友就應當忍讓。忍讓，絕不是軟弱，而是心胸寬闊、人格高尚的表現。

忍讓，並不意味著放棄原則。一個人為什麼會心胸狹窄？

一個重要的原因就是由於他習慣於孤立地、靜止地看問題，因而目光短淺，不能認識事物的多維性。

給不善理解者予理解

現實生活中常有些朋友不善理解人。你出現失誤、疏漏，他不能原諒、理解不說，即使你是正確的、願望良好的，他也不能充分認識和善意

相待，甚至會抱怨聲聲，說三道四，直至極力阻撓。對這些不善理解人的人，你也許會表現出不可理喻的態度，冷然相對，不屑一顧。結果雙方誤解加深，關係越鬧越僵，不利於雙方合作共事，也無益於彼此融洽交往。

不善理解人的人，首先是他不善於認識和瞭解別人。他們比較內向，孤僻執拗，既不願作深入細緻的瞭解、透徹合理的分析，又習慣於想當然，而且狐疑重重，愛鑽牛角尖。在他面前，你最好把自己袒露出來，尤其是他關心的東西，或直接與他相關的問題，應主動促使他來認識瞭解你。這樣他會對你建立正確認識，也會對你的行為舉動有個透徹理解。

從心理狀況看，不善理解人的人封閉、孤傲，自我意識強，性格執拗，自以為是，常把自己與別人割裂開來，對立起來。你應據此出發，把他挽到你的一邊，讓他設身處地從你的角度看人待事，多商議，多解釋，請他參與，他便會打破封閉，與你走到一起，豈能不對你持認同和欣賞態度？所謂不理解又從何而起？

不理解人的人在交際上有個致命的弱點，就是在交往上態度被動，行為消極，從而對大多的事情和別人不能理解和認同，保持一種對立的或對抗的情緒。你應從他的這一實情出發，主動親近他，溫暖他，與他增加友情，發展友誼，讓他消除對你的疏淡感、距離感。當你與他的關係進入融洽的境界，他會對你有良好的感受，表現出積極的情緒反應，便不易產生不理解之舉了。

不善理解人的人做出不理解人的行為，讓人感到大出意外，莫名其妙，還會令人無可奈何，不覺心中有氣，但你能冷然以對嗎？他的表現一般並不超出正常的範圍，也許在某種程度上他確有乖張怪異行為，的確顯得不善理解人，但你得善於理解他。當你理解他了，也會影響著他去學會理解你。此時你會感到他變得善於理解人了。

兩種手法應付高傲之態

虛偽高傲的人總是追求片刻的榮耀，而沒有其他渴求。

自己高傲自大、擺架子，也無非是將「自我」提高起來。那麼只要我

們顧全他那可憐的虛榮心，即使他得到的是失敗，他也不會認為是件多麼了不起的事。如果這種愛虛榮的觀念一旦在他的腦海裏根深蒂固，那種渴求人家頌揚的心理簡直是迫不及待。只要有人對他頌揚和諂媚，對他來講簡直是不能抵抗的。

這種人因過分地注重、珍視虛榮，養成了一種十分幼稚的習慣。內心既然有過分的虛榮，外部就難免誇誇其談，其結果必定很糟。因為他在誇耀自己的同時，必然表露和證明了他的種種特殊的弱點。

馮玉祥任職陝西督軍時，得知有兩個外國人私自到終南山打獵，打死了兩頭珍貴的野牛，馮玉祥把他們召到西安，責問道：「你們到終南山行獵，和誰打過招呼？領到許可證沒有？」

對方回答：「我們打的是無主野牛，用不著通報任何人。」

馮玉祥將軍聽了，帶著怒氣說：「終南山是陝西的轄地，野牛是中國領土內的東西，怎麼會是無主呢？你們不經批准私自行獵，就是違法。」兩個外國人狡辯說：「這次到陝西，在貴國發給的護照上，不是准許帶槍嗎？可見我們打獵已經獲得貴國政府的許可，怎麼是私自打獵呢？」

馮玉祥將軍反駁說：「准許你們攜帶獵槍，就是准許你們打獵嗎？若准許你們攜帶手槍，難道就表示你們可以在中國境內隨意殺人嗎？」

其中一個外國人不服氣，繼續說：「我在中國十五年，所到的地方沒有不准打獵的，再說，中國的法律也沒有規定外國人不准在境內打獵。」馮將軍冷笑著說：「的確是沒有規定外國人不准打獵的條文，但是難道就有准許外國人打獵的條文嗎？你十五年沒遇到官府的禁止，那是他們昏庸。現在我身為陝西的地方官，我沒有昏庸，我負有國家人民交託的保家衛國之責，就非禁止不可。」聽著馮玉祥將軍咄咄逼人、理直氣壯的話語，看看他的凜然正氣，兩個外國人發毛了，只好承認了錯誤。

正氣凜然、咄咄逼人的說服方式，的確具有非凡的效果，只是要把握好分寸，不到萬不得已，或對方實在刁蠻時，最好不要用，因為這樣會顯得氣氛緊張，雙方的關係也容易鬧僵。

美國的鋼鐵與煤炭大王佛立克在他的早年時期，便能掃清障礙，走入

坦途，是因為他不僅勤勞吃苦，而且又善於取勝虛偽高傲的人。

　　佛立克出生在一個偏僻的小鄉村，最初在一個小店裏當夥計，以求溫飽。隨後在馬克倫姆和伽裏色大商場做店員，每月收入也很少。當時他共事的地方共有二十多個夥計，個個努力工作，拼命競爭，而佛立克是其中最後一個進店的店員。

　　不久以後他在店員冊上居然名列前茅了。這本來就令人刮目相看了，但更令人驚訝的是他與所有在各方面都不如他的人，都有著相當好的友情，別人對他都抱以好感。

　　在佛立克尚未步出眾人行列之前，有位叫做柏賴爾的店員，頗得人們的讚許。不但被認為是「領袖店員」，並且他還享有「服務於頭等客人的權利」。對於這些，其他店員只有拱手相讓。

　　當時，佛立克想攻擊和擊倒的便是這種特殊的店員和這種特殊店員的特殊權利。不過佛立克並沒有想到以敵意對待他。

　　他先把柏賴爾認認真真地品評一番，從中知道柏賴爾富於虛榮心，而且傲氣十足，自以為是。佛立克斷定柏賴爾所企盼的只是讓人知道他如何了不起，他認為這是一種既簡單又容易滿足的企求。針對柏賴爾的這一性情，佛立克輕而易舉地制勝了他。雖然佛立克的取勝使柏賴爾感到「悲酸苦澀」，有些時候很是不自在，但他卻能體會到柏賴爾的感情。佛立克施以圓滑溫和的手段，不久便拉攏了全體店員，博得了他們的愛戴。

　　從中我們可以看到他的處世為人是多麼老道、成熟。在說服高傲的人時，氣勢起著非常關鍵的作用。若你畏畏縮縮、矮人一截、不敢和人針鋒相對，他就不會把你的意見當成一回事。反之，如果你理直氣壯、臨威不懼，在氣勢上壓倒對方，對方就會很自然地接受你的意見。

　　戰國時，驕橫的秦王想要吞併安陵，便無理地表示欲以五百里土地交換安陵。安陵君不同意，便派唐雎出使秦國。

　　當秦王聽說安陵君不願交換土地時，頓時臉色大變，怒氣沖沖地對唐雎說：「你聽說過天子發怒嗎？」

　　唐雎回答說：「我沒有聽說過。」

秦王說：「天子發怒，能讓百萬人屍骨成山，血流成河！」

唐雎說：「大王聽說過百姓發怒嗎？」

秦王說：「平民百姓發怒，不過是摘下帽子，赤著雙腳，拿腦袋撞牆罷了。」

唐雎說：「那是庸人的發怒，不是勇武者的發怒……如果勇武的人真的發了怒，倒下的雖不過兩人，血水淌過的地面也只有五六步，但是普天下都得披麻戴孝。現在勇士發怒了！」說完，他拔出寶劍，挺身而起。秦王一見頓時慌了，忙對唐雎說：「先生息怒，先生請坐下來談，何必生這麼大的氣。現在我明白了，韓國、魏國都滅亡了，獨有安陵君這個僅有五百里地的小國還存留下來，就是因為有先生這樣的勇士啊！」在這一過程中，唐雎針對秦王的貪得無厭，臨危不懼、據理力爭，甚至拔劍而起，在氣勢上壓倒了秦王，使秦王打消了吞併安陵的念頭，達到了出使說服的目的。

我們對於虛偽高傲的人，應將他各方面的表現綜合起來加以品評、判斷，以明瞭他的真實情況，這樣做很有益處。

一方面可以免除我們的失望；另一方面也省得他人的不良動機得逞，妨礙我們的事業。

這種類型的人有些是很有發展前途的，只是由於種種原因使他們自覺不如人，相反地表現出一種驕傲的心理思維與活動。

聖路易斯大百貨商店的總經理就利用一種巧妙的方法，挽救了一名即將被革職的年輕人。

這位年輕人常與顧客及同伴作對，部門經理準備辭掉他。

聖路易斯商店的總經理威津遜知道這個青年與其他雇員不太一樣，別人都不太喜歡他、也不願與他共班。但威津遜發現他「渴求上進」。於是威津遜就想法去幫助他、挽救他。

一天晚上，威津遜走到絲綢部，那兒有一大堆存貨，他便告訴他如何去將這批貨上架、佈置，同時還向這位青年講了一些關於店員該具備的條件、素質及才能和技術等方面的事。威津遜說：「我想讓他知道我是信任

他的。」

　　第二天上班後，威津遜又來到他的櫃檯前，讓部門主任對他佈置的靈巧加以讚賞，並給予一些勉勵的話語。

　　後來威津遜說：「這點小小的指導，對他後來的發展確實起了很大的作用。」這位青年有了做好工作的自信心，工作也出色多了，與顧客及同班的同事的關係也變得融洽了。從此，別人對他的印象來了個大轉變，使他更加增添了勇氣。不久以後，這位原先被準備辭退的青年當上了該部門的領班。

　　原來，威津遜早已知道了這位店員的癥結所在。他為人不和氣、與人作對，是因為他自以為不如人，於是便裝著高傲，以滿足自己顯得空蕩蕩的心理。

　　那麼從這個例子中我們可以瞭解到，對待這類人，補救的法子是什麼呢？那就是相信他，對他表示信賴，並在適當的場合給他一點取勝的機會，讓他把自己的自信心建立起來，並養成一個好的習慣，以代替那種為滿足自己虛榮心而表現出來的盛氣凌人的傲慢態度。

　　大凡高傲自負的人，一般都有一顆纖細的心。因此他們需要補償。對待這類人，絕不能簡單粗暴，要給他表現自己真實才華的機會，要讚頌他、鼓勵他、肯定他。

　　此外，還有一種自負的人，那就是傲慢驕縱。他無論到什麼地方，總是以為「人不如我」。這種人自以為其他人都不如自己。這種人將他的驕氣潛藏在虛偽的謙和之中。那麼怎樣對付這樣的人呢？有位名家說得好：「有許多人讚美他不免是件危險的事，因他自命不凡，一經抬高，他就要跌得粉碎。狠狠地揍他一頓，也許是良策益方。」在人際交往中，有些人以自己的地位、學識、年齡等優勢而表現出一種傲氣，或者極端地蔑視他人，或者大肆地攻擊他人，有的甚至還肆意地侮辱他人。這種人的行為勢必給別人帶來不愉快或者嚴重地影響他人的情緒。因此必須予以抑制而不能讓其惡性發展。那麼怎樣對付這種傲氣的人呢？

抓住痛處挫
其傲氣

一九五九年，美國副總統尼克森赴前蘇聯主持美國展覽會。

在尼克森赴蘇之前不久，美國國會通過了一項關於被奴役國家的決議，前蘇聯領導人赫魯雪夫對此極端不滿。因此當尼克森與他會晤時，他極端傲慢無禮，表現出一種從未有過的傲氣，他十分氣憤而又極端蔑視地對尼克森說：「我很不瞭解你們國會在這麼一次重要的國事訪問前夕，通過這種決議。這使我想起了俄國農民的一句諺語，『不要在茅房吃飯。』你們這個決議臭得像剛拉下來的馬糞，沒有比這馬糞更臭的東西了。」對這傲慢無禮的言辭，尼克森毫不容氣地回敬道：「我想主席先生大概搞錯了，比馬糞還臭的東西是有的，那就是豬糞！」赫魯雪夫聽後，傲氣大挫，不由得臉上泛起了羞澀的紅暈。

原來他年輕時做過豬官，毫無疑義聞過豬糞的氣味，因此機智的尼克森立刻抓住赫魯雪夫這一痛處，使赫魯雪夫自討了沒趣，自然傲氣也就煙消雲散了。

誠然，我們運用這種方法對於傲氣者的痛處一定要抓準，而且傲氣者的這種痛處必須是客觀存在，而又是相當一部分人知道的。只有這樣，才能動搖其傲氣的根基而反思自己的行為，從而收斂自己的傲氣。

抓住弱點
攻其傲氣

前英國駐日公使巴克斯是個傲氣十足的人，他在和日本外務大臣寺島宗常和陸軍大臣西鄉南州打交道時，常常表現出對他們不屑一顧的神態，並且還不時地嘲諷寺島宗常和西鄉南州。但是每當他碰到棘手的事情時，他總喜歡說一句話：「等我和法國公使談了之後再回答吧。」寺島宗常和

西鄉南州商量決定抓住這句話攻擊一下巴克斯，使其改變這種傲氣十足的行為。一天，西鄉南州故意問巴克斯：「我很冒昧地問你一件事，英國到底是不是法國的屬國呢？」

巴克斯聽後又挺起胸膛傲慢無禮地回答說：「你這種說法太荒唐了。如果你是日本陸軍大臣的話，那麼完全應該知道英國不是法國的屬國，英國是世界上最偉大的立憲君主國，甚至也不能和德意志共和國相提並論！」西鄉南州冷靜地說：「我以前也認為英國是個強大的獨立國，現在我卻不這樣認為了。」巴克斯憤怒地質問道：「為什麼？」西鄉南州說：「閣下無論事情大小，都先與法國公使商談，如果英國不是法國的附屬國，請問你每次這麼做，有這個必要嗎？」巴克斯聽罷，氣得說不上話來，但同時，由於西鄉南州挫了他的傲氣，他再也不敢隨便輕視西鄉南州了。對於驕傲自大的人，用子之矛，陷子之盾，反而收到贏得重視和尊敬的效果。這也是用兩種方法面對兩種性質的人，所採取的必要策略。

國家圖書館出版品預行編目資料

你認識誰，決定你是誰？：人脈經營黃金法則／賀斐編著. --

修訂一版. -- 臺北市：菁品文化, 2020. 04

面； 公分. --（創智系列；128）

ISBN 978-986-98476-7-4（平裝）

1. 人際關係　2. 成功法

177.3　　　　　　　　　　　　　　　　　109002816

創智系列 128

你認識誰，決定你是誰？：人脈經營黃金法則（暢銷修訂版）

編　　　著　賀斐
發 行 人　李木連
執 行 企 劃　林建成
封 面 設 計　上承工作室
設 計 編 排　菩薩蠻電腦科技有限公司
印　　　刷　博客斯彩藝有限公司
出 版 者　菁品文化事業有限公司
　　　　　　地址／11490 台北市內湖區民權東路6段180巷6號11樓之7
　　　　　　電話／02-22235029　傳真／02-87911367
　　　　　　E-mail：jingpinbook@yahoo.com.tw
郵 政 劃 撥　19957041　戶名：菁品文化事業有限公司
總 經 銷　創智文化有限公司
　　　　　　地址／23674新北市土城區忠承路89號6樓（永寧科技園區）
　　　　　　電話／02-22683489　傳真／02-22696560
版　　　次　2020年4月修訂一版
定　　　價　新台幣360元　（缺頁或破損的書，請寄回更換）